이 지극히 아름다운 책을 구입하여 하루하루 읽어 간다면 우리의 하나님을 만나는 꿀처럼 달고 설레는 기쁨을 경험할 것입니다. 여기에 수록된 글의 저자들인 청교도가 그러한 기쁨을 누렸기 때문입니다. 이 책과 더불어 청교도의 목소리를 듣는 일 년 동안 여러분은 날마다 그들에게 부어주신 성령 하나님의 음성을 듣는 자리로 나아갈 것입니다. 그리고 진리와 경건의 빛 가운데로 이끌림을 받았던 청교도가 만났던 바로 그 사랑의 하나님을 감동적으로 만나실 것입니다. 여러분은 어느새 줄을 그어가면서 읽게 될 것이며, 여러분의 마음속에서 은혜의 줄기와 위로와 담대함이 떠나지 않게 될 것입니다. 이것은 이 책을 통해 하나님께 드리는 여러분의 헌신과 사랑이 받는 상입니다. 이 책을 읽는 것은 아마도 여러분의 신앙 여정의 길에서 특별히 기억될 하나님의 섭리로 고백될 것입니다.

— 김병훈 합동신학대학원대학교 조직신학 교수

『365 청교도 묵상』은 결코 쉽거나 피상적이거나 그저 감정적으로만 사람의 기분을 좋게 만드는 경건 서적이 아닙니다. 이 책은 참된 묵상의 정수가 무엇인지를 보여줍니다. 참으로 청교도들은 그 시대의 영혼의 의사들이었습니다. 그 의사들은 지금은 죽고 없지만 여전히 그들의 책으로 오늘날에도 살아서 수많은 병든 영혼들을 고치고 있습니다. 영혼의 의사들로서의 청교도들의 작품에서 선별한 『365 청교도 묵상』의 특징은 교리적이며 동시에 체험적이었습니다. 여기 편집자 리처드 러싱이 선별한 365가지의 주제는 모두 성경적 교리를 풍성하게 담고 있을 뿐만 아니라, 청교도 저자들이 스스로 체험한 것들이며, 따라서 병든 마음과 영혼을 진단하고 치료하기에 최고의 도구였습니다. 청교도들이 살던 시대에도 청교도를 멸시하고 죽기보다 혐오하는 자들이 있었으니, 오늘날 청교도를 조롱하는 악하고 무익한 자들이 있다는 것은 새삼스러운 일이 아닙니다. 그들은 청교도라 불리는 사람들이 자신의 병든 영혼을 가장 정확하게 치료하고 회복시켜 준다는 것을 조금도 경험하지 못하기 때문입니다. 그러나 이 사실을 경험을 통해 아는 사람들은 이 세상의 성자들로 살았던 청교도들의 주옥같은 작품을 통해 계속해서 영혼에 큰 유익을 얻게 될 것입니다. 저자의 소망대로 이 책이 청교도들의 글에서 발견되는 엄청난 영적 보고로 들어갈 수 있는 문이 되어주기를 기도합니다.

— 신호섭 올곧은교회 담임목사, 고려신학대학원 교의학 겸임교수

칼빈은 참된 신자는 매일 하나님의 은혜를 갈구한다고 적었습니다. 토머스 굿윈도 역시 그리스도의 성령과 의와 은혜는 신자들에게 매일 열려 있다고 말했습니다. 여러분들이 들고 계신

이 책 『365 청교도 묵상』은 "매일 은혜"를 누리도록 돕는 너무나도 좋은 책입니다. 신자가 날마다 은혜를 누리기 위해 반드시 읽어야 하는 책은 성경입니다. 이 책도 성경 구절을 먼저 제시합니다. 그런데 성경 외에는 경건 서적이 우리 신앙에 큰 도움이 된다고 할 수 있습니다. 그러나 모든 경건 서적이 동일하게 유익하지는 않습니다. 어떤 책은 잘못된 신학에 근거하여 올바르지 않은 길로 우리를 인도하기 때문입니다. 하지만 『365 청교도 묵상』은 삶과 죽음, 회개와 성화, 고난과 위로, 시련과 축복, 순종과 약속, 믿음과 기도, 구원과 섭리, 죄와 유혹, 하나님의 영광과 행복한 삶에 대한 지극히 성경적인 관점을 제공해 줍니다. 리처드 백스터, 토머스 굿윈, 윌리엄 거널, 토머스 왓슨, 존 오웬, 조지 스윈녹, 토머스 브룩스, 스티븐 차녹, 새뮤얼 루더포드, 존 플라벨, 토머스 보스턴, 리처드 십스, 토머스 맨톤, 매튜 미드, 토머스 케이스, 제레마이어 버러스, 존 번연, 데이비드 클락슨, 에제키엘 홉킨스, 조나단 에드워즈 등 기라성 같은 저자들의 작품 가운데서 너무나도 은혜롭고 경건한 글만을 엄선했기 때문입니다. 그러나 이 책이 "매일 은혜"가 되는 단 한 가지 중요한 이유를 들라고 한다면 저는 주저 없이 "그리스도께서 나타나시기 때문"이라고 말하겠습니다. 존 오웬은 그리스도께서 사실상 성경의 모든 페이지에서 발견되기 때문에 신자들은 성경 속에 기록된 그리스도의 인격과 사역의 모든 것을 전력을 다해 깊이 숙고해야 한다고 가르쳤습니다. 제가 보기에는 이 책 역시 거의 매 페이지마다 그리스도께서 살아 숨 쉬고 계십니다. 그렇기에 이 책을 읽는 분들은 그리스도와 생생한 교제를 누리면서 "매일 은혜"를 경험하게 될 것입니다. 하루의 고요한 시간에 이 책을 한 페이지 읽으면 가슴이 뜨거워질 것입니다. 온 가족이 둘러앉은 식탁에서 이 책을 한 페이지 읽으면 그 자체로서 가정예배가 될 수 있습니다. 이 좋은 책이 모든 그리스도인 가정의 책상과 식탁에 놓이기를 진심으로 소망합니다.

– 우병훈 고신대학교 신학과 교의학 교수

한국 장로교회는 선교 초기부터 청교도적인 삶을 한국 신자들에게 강조했었고, 장로교 신학의 정초자 중 한 사람인 죽산 박형룡 박사(1897-1978) 역시 "청교도 개혁주의 신학"을 표방하곤 했었습니다. 하지만 몇몇 작품들 외에는 국내에 청교도 문헌이 알려지지 않았고, 전문적인 연구자들이 생겨난 것도 20세기 후반에 이르러서였습니다. 그간에 출간된 청교도 저술들은 작은 책장 하나를 채우고도 남을 것이고, 청교도 관련 서적들도 여러 권 이미 출간되어 있습니다. 물론 국내에 청교도나 청교도 사상에 대해 긍정적인 평가만 있는 것은 아니고, 상당히 극단적인 비평과 비난의 목소리도 한쪽에서는 크게 들려옵니다. 그러나 청교도 문헌에 담긴 신학 사상과 경건에는 여전히 배울 점들이 많이 있습니다. 안타깝게도, 직접 청교도 문헌을 붙잡고 씨름하는 일은 엔간한 결단과 시간 투자로는 가능하지가 않습니다. 좋다는 말이나 중요하다는 말을 듣고 책을 읽어 보려고 하지만 무엇부터 어떻게 읽어야 할지 모르는 분들이 많이 있을 것입니다. 이와 같을 때 러싱 편집의 『365 청교도 묵상』이 역간된 것을 기쁘게 생각합니다. 이 책은 중요한 청교도 저술들 가운데서 핵심 구절을 추려서 매일 한 쪽씩 읽을 수 있도록 만들어졌기에 큰 부담 없이 청교도 문헌의 맛보기를 할 수 있도록 편집된 입문자용 안내서입니다. 성경 묵상과 더불어 이 책을 찬찬히 읽고 내용을 묵상하면 영적으로 크게 유익하리라 생각합니다. 때로 마음에 깊은 도전을 주는 저자와 책을 만난다면 해당 책을 구입하여 독서해 보는 것도 좋으리라 생각합니다. 부디 이 책을 통하여 한국의 많은 그리스도인이 하나님 앞에서 경건하고 존절하게 살아가는 것이 무엇인지를 깨우치는 기회가 되기를 소망하면서 권독하는 바입니다.

— **이상웅** 총신대학교 신학대학원 조직신학 교수

Voices from the Past

ⓒ Richard Rushing 2009
Originally published in English under the title
Voice from the Past: Puritan Devotional Readings edited by Richard Rushing
by THE BANNER OF TRUTH TRUST, 3 Murrayfield Road, Edinburgh EH12 6EL, UK
P.O. Box 621, Carlistle, PA 17013, USA.
All rights reserved.

Translated and used by permission of The Banner of Truth Trust
through arrangement of rMaeng2, Seoul, Republic of Korea.

This Korean edition ⓒ 2021 by Reformed Practice Books, Seoul, Republic of Korea.

이 한국어판의 저작권은 알맹2를 통하여 BANNER OF TRUTH TRUST사와 독점 계약한 개혁된실천사에 있습니다.
신 저작권법에 의해 한국 내에서 보호받는 저작물이므로 무단 전재와 무단 복제를 금합니다.

365 청교도 묵상

편집	리처드 러싱
펴낸이	김종진
옮긴이	조계광
편집	김예담
초판 발행	2021. 12. 31.
등록번호	제2018-000357호
등록된 곳	서울특별시 강남구 선릉로107길 15, 202호
발행처	개혁된실천사
전화번호	02)6052-9696
이메일	mail@dailylearning.co.kr
웹사이트	www.dailylearning.co.kr

책값은 뒤표지에 있습니다.
ISBN 979-11-89697-26-6 03230

365 청교도 묵상

리처드 러싱 편집 | 조계광 옮김

개혁된실천사

나의 사랑하는 어머니께

어머니는 내게 죽기까지 신실한 본을 보여 주셨습니다.
어머니의 마지막 전투에서
어머니는 결코 믿음과 소망을 잃지 않으셨습니다.
어머니는 확신에 차서 말씀하셨지요.
'우리는 이것을 구하지 않았다. 하지만 하나님은
우리가 이것을 통과하게 하실 것이다.'

그리고 나의 아버지께

아버지는 아버지의 신실한 삶을 통해
어떤 비용을 치르더라도 인격적 온전함을
유지하는 일의 중요함을 내게 보여주셨습니다.

그리고 나의 친구 이안 머레이에게

그는 나에게 매우 친절한 목사이며,
1998년 6월 3일 배너오브트루쓰 콘퍼런스에서 전한
'고난을 통한 청교도의 성공'이라는 메시지를 통해
청교도에 대한 관심을 내 안에 불러일으켰습니다.

이들에게 나의 사랑의 수고를 기쁘게 헌정합니다.

3월 March

- [ ] **1일** 범죄하는 그 영혼은 죽으리라
- [ ] **2일** 아버지께서 나를 세상에 보내신 것 같이
- [ ] **3일** 너희는 이 세대를 본받지 말고
- [ ] **4일** 뜻이 하늘에서 이루어진 것 같이
- [ ] **5일** 주여…우리에게도 (기도를) 가르쳐
- [ ] **6일** 구하라 그러면 너희에게 주실 것이요
- [ ] **7일** 욕심이 잉태한즉 죄를 낳고
- [ ] **8일** 그가 찔림은 우리의 허물 때문이요
- [ ] **9일** 그러므로 하나님의 능하신 손 아래에서
- [ ] **10일** 여호와의 증거들을 지키고
- [ ] **11일** 영원부터 영원까지 주는 하나님이시니이다
- [ ] **12일** 내가 땅의 기초를 놓을 때에
- [ ] **13일** 너희 안에서 착한 일을 시작하신 이가
- [ ] **14일** 사람의 행위가 자기 보기에는
- [ ] **15일** 내가 내 몸을 쳐 복종하게 함은
- [ ] **16일** 사람이 친구를 위하여 자기 목숨을 버리면
- [ ] **17일** 주께서 자기 백성을 아신다
- [ ] **18일** 네가 여호와 안에서 즐거움을 얻을 것이라
- [ ] **19일** 이 교훈의 목적은 청결한 마음과
- [ ] **20일** 능히 너희를 보호하사
- [ ] **21일** 그리하면 육체의 욕심을 이루지 아니하리라
- [ ] **22일** 모든…얽매이기 쉬운 죄를 벗어 버리고
- [ ] **23일** 자기 양심이 화인을 맞아서
- [ ] **24일** 끝으로 너희가 주 안에서와
- [ ] **25일** 우리는 십자가에 못 박힌
- [ ] **26일** 내가 네 기도를 들었고
- [ ] **27일** 죄가 더한 곳에 은혜가 더욱 넘쳤나니
- [ ] **28일** 보소서 우리가 모든 것을 버리고
- [ ] **29일** 너희 자신을 죄에 대하여는 죽은 자요
- [ ] **30일** 시험에 들지 않게 깨어 기도하라
- [ ] **31일** 내 형제들아 너희가 여러 가지 시험을

4월 April

- [ ] **1일** 이 세상의 임금이 오겠음이라
- [ ] **2일** 우리를 시험에 들게 하지 마시옵고
- [ ] **3일** 주께서 경건한 자는 시험에서
- [ ] **4일** 깨어 믿음에 굳세게 서서
- [ ] **5일** 이는 우리로 사탄에게 속지 않게
- [ ] **6일** 나를 떠나서는 너희가 아무것도
- [ ] **7일** 시몬아, 시몬아, 보라 사탄이
- [ ] **8일** 그러므로 우리는 긍휼하심을 받고
- [ ] **9일** 하나님이여 나를 살피사
- [ ] **10일** 마음에 가득한 것을 입으로 말함이라
- [ ] **11일** 근신하라 깨어라 너희 대적 마귀가
- [ ] **12일** 약속하신 이는 미쁘시니
- [ ] **13일** 사람이 숯불을 밟고서야
- [ ] **14일** 너희가 영생을 얻기 위하여
- [ ] **15일** 오늘 구원이 이 집에 이르렀으니
- [ ] **16일** 너희가 이것을 알고 행하면
- [ ] **17일** 전도자가 이르되…헛되고 헛되니
- [ ] **18일** 하나님은 이르시되 어리석은 자여
- [ ] **19일** 쉬지 말고 기도하라
- [ ] **20일** 하나님이 그 아들의 영을
- [ ] **21일** 나의 도움은 천지를 지으신
- [ ] **22일** 그러므로 하나님의 뜻대로 고난을
- [ ] **23일** 너희 안에서 행하시는 이는 하나님이시니
- [ ] **24일** 우리의 싸우는 무기는 육신에
- [ ] **25일** 무릇 하나님께로부터 난 자마다
- [ ] **26일** 선진들이 이로써 증거를 얻었느니라
- [ ] **27일** 그 날에 그가 강림하사
- [ ] **28일** 하나님의 나라는 먹는 것과
- [ ] **29일** 만물보다 거짓되고 심히 부패한 것은
- [ ] **30일** 모든 성도 중에 지극히 작은 자보다

5월 May

- [ ] **1일** 하나님이여 사슴이 시냇물을 찾기에
- [ ] **2일** 이 하나님은 영원히 우리 하나님이시니
- [ ] **3일** 오늘 우리에게 일용할 양식을 주시옵고
- [ ] **4일** 본래 하나님을 본 사람이 없으되
- [ ] **5일** 신령한 자는 모든 것을 판단하나
- [ ] **6일** 너희는 하나님으로부터 나서
- [ ] **7일** 사람이 만일 온 천하를 얻고도
- [ ] **8일** 나의 간절한 기대와 소망을 따라
- [ ] **9일** 악은 어떤 모양이라도 버리라
- [ ] **10일** 영으로써 몸의 행실을 죽이면 살리니
- [ ] **11일** 주신 이도 여호와시요
- [ ] **12일** 너는 내게 부르짖으라
- [ ] **13일** 이는 그가 모든 지혜와 총명을
- [ ] **14일** 그리스도께서 우리를 위하여
- [ ] **15일** 아빠 아버지
- [ ] **16일** 하나님의 장막이 사람들과 함께 있으매
- [ ] **17일** 그러므로 너희가 그리스도와 함께
- [ ] **18일** 우리가 담대하여 원하는 바는
- [ ] **19일** 너를 치려고 제조된 모든 연장이
- [ ] **20일** 너희도 상을 받도록 이와 같이 달음질하라
- [ ] **21일** 주의 전을 사모하는 열심이
- [ ] **22일** 내가 잠잠하고 입을 열지 아니함은
- [ ] **23일** 나의 영혼이 잠잠히 하나님만 바람이여
- [ ] **24일** 누구든지 나를 따라오려거든
- [ ] **25일** 네 하나님 여호와께서 이 사십 년 동안에
- [ ] **26일** 만일 누가 죄를 범하여도
- [ ] **27일** 그는 우리를 위한 화목 제물이니
- [ ] **28일** 누가 능히 하나님께서 택하신 자들을
- [ ] **29일** 아버지여 나를 구원하여
- [ ] **30일** 주께서 인생으로 고생하게 하시며
- [ ] **31일** 나도 하나님과 사람에 대하여

6월 June

- [ ] **1일** 로마에서 하나님의 사랑하심을 받고
- [ ] **2일** 여호와 하나님은…정직하게 행하는 자에게
- [ ] **3일** 주께서 심지가 견고한 자를 평강하고
- [ ] **4일** 그 날 밤에 왕이 잠이 오지 아니하므로
- [ ] **5일** 무릇 하나님께로부터 난 자마다
- [ ] **6일** 우리가 먹을 것과 입을 것이 있은즉
- [ ] **7일** 날마다 우리 짐을 지시는 주
- [ ] **8일** 우리를 구원하시되
- [ ] **9일** 예수의 피가 우리를 모든 죄에서
- [ ] **10일** 보라 내가 너를 연단하였으나
- [ ] **11일** 주의 말씀은 내 발에 등이요
- [ ] **12일** 고난 당한 것이 내게 유익이라
- [ ] **13일** 너는 마음을 다하여 여호와를 신뢰하고
- [ ] **14일** 모든 지각에 뛰어난 하나님의 평강이
- [ ] **15일** 우리는 미쁨이 없을지라도
- [ ] **16일** 주의 앞에는 충만한 기쁨이 있고
- [ ] **17일** 이 물을 마시는 자마다
- [ ] **18일** 하나님 아는 것을 대적하여
- [ ] **19일** 그의 이름은 임마누엘이라 하리라
- [ ] **20일** 주님 무엇을 하리이까
- [ ] **21일** 우리가 알거니와 하나님을 사랑하는 자
- [ ] **22일** 그 보배롭고 지극히 큰 약속을
- [ ] **23일** 마귀의 간계를 능히 대적하기 위하여
- [ ] **24일** 능력이 있어 여호와의 말씀을 행하며
- [ ] **25일** 아버지가 자식을 긍휼히 여김 같이
- [ ] **26일** 너희가…좋은 것으로 자식에게
- [ ] **27일** 오늘 우리에게 일용할 양식을 주시옵고
- [ ] **28일** 백성들아 시시로 그를 의지하고
- [ ] **29일** 여호와를 의지할지어다
- [ ] **30일** 우리가 구하거나 생각하는 모든 것에

7월 July

- [ ] **1일** 내가 결코 너희를 버리지 아니하고
- [ ] **2일** 아브람아 두려워하지 말라
- [ ] **3일** 어떻게 할 줄도 알지 못하옵고
- [ ] **4일** 어떤 형편에든지 나는 자족하기를
- [ ] **5일** 세월을 아끼라 때가 악하니라
- [ ] **6일** 오히려 너희가 그리스도의 고난에
- [ ] **7일** 차라리 세상을 떠나서 그리스도와
- [ ] **8일** 기도를 계속하고 기도에 감사함으로
- [ ] **9일** 여호와여 아침에 주께서 나의 소리를
- [ ] **10일** 의인의 간구는 역사하는 힘이 큼이니라
- [ ] **11일** 그 보배롭고 지극히 큰 약속을
- [ ] **12일** 그가 말씀하시매 이루어졌으며
- [ ] **13일** 평강의 하나님이 속히 사탄을
- [ ] **14일** 우리의 씨름은 혈과 육을 상대하는 것이
- [ ] **15일** 볼지어다 내가 문 밖에 서서
- [ ] **16일** 그런즉 우리는 몸으로 있든지 떠나든지
- [ ] **17일** 너를 치려고 제조된 모든 연장이
- [ ] **18일** 너희가 순종하는 자식처럼
- [ ] **19일** 죄의 삯은 사망이요
- [ ] **20일** 모든 육체는 풀이요
- [ ] **21일** 내가 네 갈 길을 가르쳐 보이고
- [ ] **22일** 순종함과…택하심을 받은 자들에게
- [ ] **23일** 오직 주 예수 그리스도로 옷 입고
- [ ] **24일** 육체의 소욕은 성령을 거스르고
- [ ] **25일** 내가 내 눈과 약속하였나니
- [ ] **26일** 아버지 앞에…비노니
- [ ] **27일** 믿음을 따라 하지 아니하는 것은
- [ ] **28일** 내가 너를 위하여
- [ ] **29일** 하나님은 한 분이시요
- [ ] **30일** 자기의 죄를 숨기는 자는
- [ ] **31일** 범사에 감사하라

8월 August

- [ ] **1일** 내가 여호와를 항상 송축함이여
- [ ] **2일** 그러므로 너희가 이제 여러 가지 시험으로
- [ ] **3일** 하나님이 미리 아신 자들을
- [ ] **4일** 진리를 사되 팔지는 말며
- [ ] **5일** 뱀은 여호와 하나님이 지으신 들짐승 중에
- [ ] **6일** 그러므로 너희 죄가
- [ ] **7일** 순종이 제사보다 낫고
- [ ] **8일** 여호와를 기뻐하라
- [ ] **9일** 나의 죄악을 말갛게 씻으시며
- [ ] **10일** 참새 두 마리가 한 앗사리온에
- [ ] **11일** 그가 너로 말미암아 기쁨을
- [ ] **12일** 화평하게 하는 자는 복이 있나니
- [ ] **13일** 무릇 하나님의 영으로 인도함을 받는
- [ ] **14일** 우리가 아직 죄인 되었을 때에
- [ ] **15일** 그들의 모든 환난에 동참하사
- [ ] **16일** 그들을 내 손에서 빼앗을 자가 없느니라
- [ ] **17일** 그 때에 의인들은
- [ ] **18일** 이는 내가 악인의 형통함을 보고
- [ ] **19일** 그의 뜻대로 무엇을 구하면 들으심이라
- [ ] **20일** 미리 정하신 그들을 또한 부르시고
- [ ] **21일** 푯대를 향하여…달려가노라
- [ ] **22일** 까마귀를 생각하라 심지도 아니하고
- [ ] **23일** 항상 기도하고 낙심하지 말아야
- [ ] **24일** 이름이 거룩히 여김을 받으시오며
- [ ] **25일** 우리가 살아도 주를 위하여 살고
- [ ] **26일** 너희는 나를 불러 주여 주여 하면서도
- [ ] **27일** 주의 길에서 나를 살아나게 하소서
- [ ] **28일** 고난 당한 것이 내게 유익이라
- [ ] **29일** 여호와여…주의 길을 내게 가르치소서
- [ ] **30일** 나는 천지에 충만하지 아니하냐
- [ ] **31일** 나라가 임하시오며

11월 November

- [ ] **1일** 내가 속한 바 내가 섬기는 하나님
- [ ] **2일** 경건은 범사에 유익하니
- [ ] **3일** 운동장에서 달음질하는 자들이
- [ ] **4일** 모든 것 위에 믿음의 방패를 가지고
- [ ] **5일** 너는 마음을 다하여 여호와를 신뢰하고
- [ ] **6일** 이 썩을 것이 반드시 썩지 아니할 것을
- [ ] **7일** 디두모라고도 하는 도마가
- [ ] **8일** 우리가 지금은 거울로 보는 것 같이
- [ ] **9일** 네 짐을 여호와께 맡기라
- [ ] **10일** 환난 날에 나를 부르라
- [ ] **11일** 그들이 부르기 전에 내가 응답하겠고
- [ ] **12일** 내가 나의 마음에 죄악을 품었더라면
- [ ] **13일** 여호와의 눈은 의인을 향하시고
- [ ] **14일** 항상 성령 안에서 기도하고
- [ ] **15일** 우리는 우리 자신이 사형 선고를
- [ ] **16일** 그가 병들어 죽게 되었으나
- [ ] **17일** 여호와의 인자와 긍휼이 무궁하시므로
- [ ] **18일** 어떠한 형편에든지 나는 자족하기를
- [ ] **19일** 만일 마음을 다하고 뜻을 다하여
- [ ] **20일** 죄가 더한 곳에 은혜가 더욱 넘쳤나니
- [ ] **21일** 주의 법이 나의 즐거움이
- [ ] **22일** 아버지여, 아버지의 이름을
- [ ] **23일** 나의 영혼도 매우 떨리나이다
- [ ] **24일** 여호와여…아침에 내가 주께 기도하고
- [ ] **25일** 구하라 그리하면 너희에게 주실 것이요
- [ ] **26일** 구하는 이마다 받을 것이요 찾은 이는
- [ ] **27일** 나의 원대로 마시옵고
- [ ] **28일** 내가 아노니 하나님을 경외하여
- [ ] **29일** 이 세상이나 세상에 있는 것들을
- [ ] **30일** 그리스도의 말씀이 너희 속에

12월 December

- [ ] **1일** 간절한 마음으로 말씀을 받고
- [ ] **2일** 내게 줄로 재어 준 구역은
- [ ] **3일** 마땅히 행할 길을 아이에게 가르치라
- [ ] **4일** 내 어머니의 태로부터 나를 택정하시고
- [ ] **5일** 나의 하나님이…너희 모든 쓸 것을
- [ ] **6일** 지존자의 은밀한 곳에 거주하며
- [ ] **7일** 그런즉 서서
- [ ] **8일** 뜻이 하늘에서 이루어진 것 같이
- [ ] **9일** 마음으로 하나님의 뜻을 행하고
- [ ] **10일** 내가 주의 말씀을 얻어 먹었사오니
- [ ] **11일** 분을 내어도 죄를 짓지 말며
- [ ] **12일** 아버지께서 내게 주시는 자는
- [ ] **13일** 우리의 형상을 따라
- [ ] **14일** 여호와 하나님이…나무가 나게 하시니
- [ ] **15일** 한 사람으로 말미암아 죄가 세상에
- [ ] **16일** 그의 많으신 긍휼대로 예수 그리스도를
- [ ] **17일** 예수께서 이르시되
- [ ] **18일** 땅이 혼돈하고 공허하며
- [ ] **19일** 그런즉 누구든지 그리스도 안에 있으면
- [ ] **20일** 데마는 이 세상을 사랑하여
- [ ] **21일** 간음한 여인들아 세상과 벗된 것이
- [ ] **22일** 네 마음을 지키라 생명의 근원이
- [ ] **23일** 그러므로 하나님의 전신 갑주를 취하라
- [ ] **24일** 항상 성령 안에서 기도하고
- [ ] **25일** 내가 여호와를 기다리고 기다렸더니
- [ ] **26일** 우리에게 있는 대제사장은
- [ ] **27일** 아버지께서 내게 주시는 자는
- [ ] **28일** 수고하고 무거운 짐 진 자들아
- [ ] **29일** 성령이 하나님의 뜻대로 성도를 위하여
- [ ] **30일** 위에서 주지 아니하셨더라면
- [ ] **31일** 의인과 악인의 부활이 있으리라

머리말

지난 50년간 청교도의 글에 대한 관심이 크게 재개되었다. 그들의 글을 읽음으로 여러 나라의 하나님의 백성들이 큰 유익을 얻었다. 청교도 목회자들과 설교자들이 하늘의 상급에 들어간 지 이미 오랜 세월이 흘렀다. 하지만 그들은 남긴 글을 통해 여전히 말하면서 세계 여러 곳의 그리스도인들에게 많은 유익을 끼치고 있다. 청교도들은 성령의 능력 안에서 하나님의 말씀을 가르치고, 적용하는 방법을 참으로 알고 있었다.

나는 청교도들의 글에서 엄청난 유익을 얻었고, 내가 가장 좋아하는 청교도 작가들의 글에서 발췌하여 이 묵상집을 펴냈다. 하나님의 영광과 속성, 신적인 섭리, 하나님과의 교제, 거룩한 삶, 죄 죽임, 하늘에 생각을 고정하기, 기도, 복음전도의 열심, 고난과 하나님에 대한 신뢰 등을 주제로 하는 청교도들의 글을 읽는 것은 참으로 전율케 하는 경험이었다. 매 페이지마다 이 진리들이 달콤한 영적 묵상의 대상으로서 우아하게 제시되고, 신실하게 적용되고, 친절하게 가르쳐진다. 내가 좋아하는 청교도 저자들의 글을 발췌해 하루에 한 대목씩 읽을 수 있게 만든 이 책이 이 영적 거장들의 글을 더욱 깊이 탐구하도록 고무하는 자극제가 될 수 있기를 기도한다.

이 책에 인용된 묵상의 글들 가운데는 원문을 거의 그대로 옮겨 적은 것들이 더러 있다. 현대 어법에 맞춰 고쳤을 때 원문의 예리함이 무뎌질 수 있는 글은 옛 표현을 그대로 인용했고, 현대적 어구를 사용해도 저자의 의도와 열정을 정확하게 전달할 수 있다는 확신이 들 때는 원문을 새롭게 고쳐 표현했다. 묵상의 글 가운데는 묵상을 위한 한 편의 글을 완성하기 위해 긴 내용을 간략하게 압축해 놓은 글들도 있다. 그런 작업을 하는 동안, 나는 항상 저자의 의도에 충실하려고 노력했고, 원본의 내용을 확인할 수 있도록 인용문의 출처를 표시해 두었다. 묵상의 글이 때로 느닷없이 청교도 저자의 사고의 흐름을 끊어 버리는 것처럼 보이는 이유는 여러 쪽에 걸친 내용을 편의상 대략 350개 단어로 짧게 압축해야 했기 때문이다. 각 장의 서두에 인용한 성경 구절은 묵상 주제에 맞춰 선택한 것일 뿐, 청교도 저자가 일일이 직접 선택한 것은 아니다. 성경은 〈ESV 역본〉을 사용했다.

아무쪼록 이 묵상의 글이 많은 사람에게 청교도들의 글에서 발견되는 엄청난 영적 보고寶庫로 들어갈 수 있는 문이 되기를 간절히 바란다. 나의 영적 삶이 청교도들로부터 큰 영향을 받게 된 것에 대해 하나님께 깊이 감사드리고, 오래되었지만 귀하디 귀한 그들의 책을 새로운 세대의 그리스도인들이 쉽게 접할 수 있게 만들겠다는 비전과 결의를 보여준 '배너 오브트루쓰 출판사'의 설립자들에게도 심심한 사의를 표한다.

2009년, 캘리포니아 마르티네즈에서
리처드 러싱

"너는 젊으니 유혹과 덫을 조심하고, 무엇보다 은혜의 수단을 꾸준히 사용하는 데 주의를 기울여야 하며, 선한 사람들과 어울려야 한다. 청교도로 불리며 조롱을 당하더라도 개의 치 말고, 오히려 기뻐하고 즐거워하라. 이 악하고 무익한 세상으로부터 조롱과 멸시를 당하고 청교도로 불리는 사람들이 너를 그들의 동류로 인정해 줄 것이다. 네게 꼭 말해줄 것이 있다. 나는 청교도로 불리는 사람들로부터 주어지는 위로 말고는 하늘 아래 어떠한 이차적인 수단(second means)에 의해서도 내 영혼의 위로를 발견할 수 없다. 그들은 적절한 때에 지친 영혼에게 위로의 말을 건넬 수 있는 사람들이다. 나는 이곳에 거처를 정한 이후로 그런 사실을 경험으로 알게 되었다."[1]

---

1. 'The Last and Heavenly Speeches, and Glorious Departure, of John, Viscount Kenmure', in *Scottish Puritans— Select Biographies*, Vol. 1, (Edinburgh, Banner of Truth, 2008) p. 400.

하나님이 우리를 위하시면 누가 우리를 대적하리요

하나님과 동행하기로 결심했을 때 어려움과 반대에 부딪히더라도 낙심하지 말라. 낙심은 많은 사람들을 믿음에서 떠나게 하고, 많은 새신자들을 믿음에서 돌아서게 만드는 크나큰 유혹이 아닐 수 없다. 이스라엘은 광야 생활을 하면서 늘 애굽으로 되돌아가려는 유혹을 느꼈다. 하나님은 시련을 통해 자신의 종들과 그들 속에 두신 은혜를 시험하고, 훈련하신다. 사탄은 우리가 믿음의 항해를 시작하는 순간에 즉시 폭풍우를 일으킨다. 그러나 하나님은 우리의 편이시다. 그분은 우리의 모든 원수를 통제할 뿐 아니라 그들을 저지하거나 순식간에 멸하실 수 있다. 귀신들이나 한갓 흙에 불과한 인간의 분노가 어찌 전능하신 하나님을 대적할 수 있으리오! 우리가 하나님과 언약을 맺고 그분이 우리와 함께하시면, 우리는 가장 견고한 바위와 난공불락의 요새 안에서 세상이나 지옥의 적대 세력들을 가볍게 물리칠 수 있다. 하나님이 우리를 구원하실 수 없다면 그분은 우리의 하나님이 아니시다. 그분이 우리를 구원하지 않으시면 스스로 언약을 파기하는 셈이 된다. 진실로 하나님은 고난과 박해로부터는 물론, 그 가운데서나 그것들을 통해 우리를 능히 구원하실 수 있다. 우리는 "이 모든 일에 우리를 사랑하시는 이로 말미암아 넉넉히 이"길 수 있다 (롬 8:37). 전장에서 무력으로 박해자들을 정복하는 것보다 그리스도를 위해 고난을 받으며 인내로 이기는 것이 훨씬 더 탁월하고 바람직하다. 성도들이 하나님을 자랑하며 외친 승리의 함성을 생각해 보라. 그들은 "하나님은 우리의 피난처시요 힘이시니 환난 중에 만날 큰 도움이시라"(시 46:1)라고 소리쳤다. 온 세상이 다 우리의 편이라고 해도 여전히 두려워할 이유는 있을 것이다. 그러나 하나님을 우리 편으로 삼으면 아무것도 두려워할 것이 없다. 구원의 대장이신 그리스도께서 우리보다 먼저 그 길을 걸어가셨다. 그분은 지금 우리를 정복자로 만드는 일을 하고 계신다. 그리스도께서 그 길을 인도하시니 두려워하지 말라. 그분의 발자국과 피를 보고, 뒤로 물러서지 말라.

리처드 백스터, *A Christian Directory*, 1:43

쉬지 말고 기도하라

골방에서 홀로 기도하는 것은 매우 유익한 필수 의무가 아닐 수 없다. 그것은 마음을 넓히는 데 큰 도움이 된다. 가장 진지한 마음으로 하나님을 대하려면 조용히 홀로 있는 시간을 마련해야 한다. 그리스도께서도 깊은 고뇌를 느끼셨을 때 제자들을 잠시 떠나 한적한 곳을 찾으셨다. 성경에 야곱이 하나님과 씨름할 때의 상황을 "야곱은 홀로 남았더니"(창 32:24)라고 기록된 것은 주목할 만하다. 그는 진지한 마음으로 하나님과 마주하기 위해 자신의 일행을 먼저 보냈다. 위선자는 공적인 의무를 행할 때는 보란 듯이 많은 것을 드리는 척하지만, 하나님과 단둘이 있을 때는 정성을 쏟지 않고 피상적으로 행동한다. 그러나 하나님의 자녀들은 대부분 혼자 있을 때 그분 앞에 열정적으로 마음을 쏟아놓는다. 그들은 하나님과 씨름할 때 자신의 감정을 자유롭게 표현한다. 그로써 하나님과 가장 진지한 교제가 이루어지고, 마음이 한없이 넓어진다. 우리는 혼자 있을 때 어린아이와 같은 자유로움으로 편안하게 하나님을 대할 수 있다. 아무것에도 정신을 빼앗기지 않고 가장 자유로운 태도로 하나님께 마음을 쏟아낼 수 있는 이 의무를 소홀히 해서는 안 된다. 하나님의 성도들은 그분과 단둘이 있을 때 가장 은혜로운 경험을 할 수 있다. 하나님께 자주 구하지 않으면 영혼의 활력을 잃게 된다. 하나님께 구하지 않고 은혜로운 삶을 살기를 바라기보다는 차라리 씨앗을 뿌리지 않고 농작물을 거두기를 기대하는 편이 더 낫다. 골방에서 하나님을 외면하면, 그다음에는 가정에서, 잠시 후에는 교회에서 그런 일이 차례로 벌어진다. 은밀한 기도를 하지 않으면 큰 죄가 뒤따를 것이다. 하나님과 홀로 있는 시간을 자주 갖는 사람은 다른 사람들처럼 거리낌 없이 하나님을 노엽게 만드는 행위를 감히 저지르려고 하지 않는다. 그런 시간이 없으면 믿음은 서서히 죽어갈 수밖에 없다. 다른 것은 잊더라도 하나님은 잊어서는 안 된다. 하나님을 항상 기억하고, 신중하게 선택하라. 자신의 능력과 기회, 삶의 일정과 상황에 맞게 적당한 시간을 마련해 하나님께 바치라.

토머스 맨튼, *Works*, 1:13-20

우리를 사랑하시는 이로 말미암아
우리가 넉넉히 이기느니라

신자는 마지막 날까지 인내로 신앙생활을 잘 마쳐야 한다. 잘 아는 대로, 전장에 나가 한두 차례 군인의 임무를 수행하다가 곧 싫증을 느끼고 집으로 도망치는 사람들이 많다. 거짓 신앙고백자들은 너무나도 많고, 참된 그리스도인들은 너무나도 적다. 달리는 사람은 많지만 상을 받는 사람은 적고, 전장에 나가 사탄과 싸우는 사람은 많지만 승리하는 사람은 적다. 그런 과정에서 부딪치는 어려움을 힘써 극복하려는 용기와 신념을 지닌 사람은 쉽게 찾아보기가 어렵다. 이스라엘 백성은 기뻐하며 애굽을 빠져나왔지만, 허기가 조금 느껴지자 불명예스럽게도 깃발을 버리고 다시 애굽으로 돌아가려고 했다. 복음을 받아들인 사람들 가운데 시련이 찾아왔을 때 인내하지 못하는 사람들이 많다. 참으로 안타까운 일이 아닐 수 없다. 그들은 크게 낙담한다. 갈림길에서 그리스도를 떠나는 사람이 얼마나 많은지 모른다. 영웅적인 정신으로 자신의 혈통을 입증할 자신이 없다면, 곧 사람들과 귀신들의 방해에도 불구하고 거룩하게 살겠다는 담대한 마음이 없다면 "나는 하나님에게서 났고, 내 혈관에는 왕의 피가 흐르고 있다."라고 말하지 말라. 죄인은 담대하고 성도는 두려워 떤다면, 그보다 더 꼴사나운 일은 없을 것이다. 오, 성도들이여, 용기를 내고 강해지라. 우리의 명분은 선하다. 하나님이 친히 우리의 싸움을 싸우신다. 그분은 용기 있게 우리를 이끄시고, 명예롭게 임무를 완수하게 하실 것이다. 그분은 우리를 위해 살다가 죽으셨다. 하나님처럼 자신의 군사들에게 긍휼과 은혜를 베푸시는 분은 어디에도 없다. 그리스도께서는 우리의 상처를 치유하기 위해 자신의 피를 향유처럼 쏟아부으셨다. 그분은 결코 위험을 피해 도망치지 않으셨다. 그분은 지옥의 악의와 하늘의 정의가 전쟁터에서 자신을 대적할 때도 등을 보이지 않으셨다. 조금만 참고 싸우면 영광의 면류관을 쓰게 될 것이다. 그리스도인들이여, 우리가 믿음의 공훈을 세워 원수의 손에서 벗어날 때마다 하늘에서는 큰 함성이 울려 퍼질 것이다.

윌리엄 거널, *The Christian in Complete Armour*, 1:15-17

너희는 먼저 그의 나라와 그의 의를 구하라
그리하면 이 모든 것을 너희에게 더하시리라

우리의 마음을 세상에서 돌이키지 않으면 세상의 관심사에 쉽게 사로잡히고 말 것이다. 우리의 영혼을 세상과 분리해 정화하지 않으면 온갖 어리석은 생각으로 인해 기도가 혼탁해질 수밖에 없다. 우리는 예쁜 꽃보다 역겨운 잡초를 더 많이 섞어 서투른 솜씨로 친구를 위해 꽃다발을 만드는 사람처럼 하나님을 대할 때가 많다. 육신이 개입하고 속된 마음이 침투해 들어와서는 무익한 생각과 산만한 정신으로 기도를 더럽힌다. 우리는 향로를 가지고 와서 하나님께 향을 피워 드릴 때 향료와 유황을 한데 섞어 놓기 일쑤다. 따라서 하나님 앞에 나갈 때는 마치 하늘에 끌려 올라가서 그분의 영광에 온전히 감싸인 것처럼 마음을 세상으로부터 멀리하려고 노력해야 한다. 육신은 세상에 있지만, 영혼은 하늘에 있어야 한다. 세상의 안개 위로 솟아오르기 전에는 깨끗함과 위로를 얻을 수 없다. 하나님과 우리의 마음이 하나가 될 때, 시내에 아무것이 없어도 샘의 근원에는 많은 것이 있다는 것을 알 수 있다. 다시 말해, 세상에서는 가진 것이 아무것도 없더라도 하늘에서는 하나님을 소유할 수 있다. 하늘에서 하나님과 함께 있는 것, 이것이 우리의 위대한 목표다. 하나님의 거처는 하늘이다. 따라서 우리도 마음을 그곳에 두려고 힘써야 한다. 생활에 필요한 것을 구할 수도 있지만, 영적인 하늘의 것을 주로 구해야 한다. 즉 "먼저 그의 나라를 구해야 한다." 하나님이 하늘에 계신 우리 아버지이시라면, 그분의 존재와 탁월하심에 합당한 것을 가장 먼저 구해야 한다. 생활에 필요한 양식과 의복을 구해도 하나님은 우리의 요구를 들어주실 테지만 은혜를 구하면 그분을 훨씬 더 기쁘시게 해드릴 수 있다. 기도를 드릴 때마다 하늘의 아버지와 대화를 나누면서 하늘의 것을 더 많이 생각하려고 노력해야 한다.

토머스 맨튼, *Works*, 1:60-62

그리스도 예수로 자랑하고

그리스도를 아는 지식의 탁월함을 생각해 보라. 그것은 신자들의 위로가 흘러나오는 원천이다. 예수 그리스도께서는 신자들의 기쁨의 원천이시다. 그리스도를 아는 지식이 없으면 그리스도인들은 세상에서 가장 슬프고 우울한 존재가 될 것이다. 그리스도께서 자신을 나타내시고, 그분의 빛을 그들의 영혼에 비추실 때, 그들은 화형대에 입을 맞추고, 화염 속에서 찬양을 부르고, 죽음의 고통 속에서도 전리품을 나누는 사람처럼 함성을 지를 것이다. 그리스도를 아는 지식이 없으면 어떤 의무도 이행할 수 없고, 어떤 위로도 느낄 수 없으며, 구원을 받을 수도 없다(요 17:3). 그리스도를 아는 것이 영생이라면 그분을 모르는 것은 영원한 정죄일 것이다. 그리스도는 하늘을 여시는 문이고, 지식은 그리스도를 여는 열쇠다. 그 지식은 지극히 심오하다. 다른 모든 학문은 한갓 그림자에 불과하지만, 그리스도를 아는 지식은 끝이 없고 광대한 바다와 같다. 그 깊이를 잴 수 있을 만큼 충분한 다림줄을 가진 피조물은 이 세상 어디에도 없다. 지각에 뛰어난 그리스도의 지식은 무한한 너비와 길이와 높이와 깊이가 있다(엡 3:18-19). 영원한 시간이 흘러도 그분을 온전히 알 수 없다. 그것은 새로 발견한 나라를 탐험하는 것과 같다. 그런 경우는 그 나라의 심장부를 향해 조금씩 더 깊이 탐색해 들어간다. 우리 가운데 가장 뛰어난 자들도 아직 그 대륙의 경계선에 머물러 있을 뿐이다. 예수 그리스도를 깊이 알아가는 것은 영혼이 모든 관심을 집중해야 할 가장 고귀한 일이다. 천사들도 그 깊은 심연을 들여다보려고 몸을 낮춘다. 그리스도 안에서 발견한 진리는 영원 전부터 하나님의 품속에 감추어져 있던 비밀이다. 그리스도를 깊이 생각하며 알아가는 영혼 위에는 하늘의 영광이 임한다. 우리가 알 수 있는 그리스도의 지식은 무한한데 정작 우리가 가진 지식은 너무나도 미미하다. 다른 것을 연구하고, 세상의 직업에 종사하는 데는 참으로 많은 시간을 할애하면서 예수 그리스도를 탐구하고, 연구하는 데는 얼마나 적은 시간을 할애하는지 모른다. 홀로 있는 시간을 마련해 가장 은혜롭고 초월적인 연구에 정력과 시간은 물론, 우리 자신을 온전히 쏟아부으라.

존 플라벨, *The Fountain of Life*, 13-19쪽

그러므로 형제들아 우리가 예수의 피를 힘입어
성소에 들어갈 담력을 얻었나니

예수님은 우리를 위해 하나님 앞에 나타나셔서 아버지 앞에서 우리를 대변하신다. 예수님뿐만 아니라 모든 성도에게 천국에 들어갈 수 있는 자유가 주어졌고, 죽어서는 물론, 살아 있는 동안에도 그렇게 할 수 있다. 우리는 죽어서만이 아니라 지금도 담대하게 천국에 들어갈 수 있다. 휘장이 찢어졌고, 우리는 자유롭게 하나님과 대화를 나눌 수 있는 특권을 갖게 되었다. 하늘에 우리의 아버지가 계신다는 것은 참으로 크나큰 특권이 아닐 수 없다. 죽기 전까지는 개인적으로 하나님을 뵐 수 없지만, 예수 그리스도의 피를 의지해 담대하게 나아가 우리의 모든 필요와 소원을 그분께 아뢸 수 있다. 하늘과 땅 사이의 무한한 거리는 하나님과 교제를 나누는 데 아무런 걸림돌이 되지 않는다. 하늘에 우리의 친구가 계시기 때문이다. 따라서 우리는 지극히 편안한 마음으로 '하늘에 계신 우리 아버지여'라고 말할 수 있다. 우리는 그리스도 안에서, 그분을 통해 은혜로우신 하나님과 화목하게 되었다. 하늘에 우리의 아버지가 계시기 때문에 그곳을 자주 올려다봐야 한다. 특히 믿음의 눈으로 휘장 안을 열심히 들여다봐야 한다. 기도할 때는 하늘에 계신 하나님과 그분의 오른편에 계시는 그리스도를 바라봐야 한다. 보이지 않는 하나님을 보는 것이 믿음의 위대한 사역이고, 하늘에 계신 하나님과 그분의 오른편에 계시는 그리스도를 바라보는 것이 기도의 위대한 의무다. 어린아이는 어머니의 무릎이나 아버지의 품 안에 있을 때가 가장 안전하다. 그와 마찬가지로 우리도 하나님 앞에 나아가서 그분의 품 안에 안길 때가 가장 안전하다. 하늘에 계신 아버지의 집을 잊어서는 안 된다. 집에 빨리 가려면 날마다 하늘을 더 많이 생각하고, 위의 것을 구해야 한다. 기도할 때 세상에 집착하며 세상의 염려와 근심에 사로잡히는 이유는 우리의 마음이 세상 것들에 너무 사로잡혀 있기 때문이다.

토머스 맨튼, *Works*, 1:63-65

마음을 같이 하며 평안할지어다
또 사랑과 평강의 하나님이 너희와 함께 계시리라

이 사회가 번영하기를 원한다면 무엇보다도 다툼을 피해야 한다. 다투기를 좋아하는 사람들은 비참해질 것이다. 내가 이 교회의 목회자가 된 이후로 우리 가운데 있었던 다툼은 목회 사역을 하는 내내 가장 힘겨웠던 무거운 짐 가운데 하나다. 그동안 나뿐만 아니라 모든 사람이 서로 다투었다. 다툼, 악의적인 말, 격한 감정과 같은 것들은 기독교의 정신과 정면으로 충돌한다. 그런 것들은 특히 하나님의 성령을 우리 가운데서 떠나시게 만들고, 모든 은혜의 수단을 무력화하며, 우리의 외적인 위로와 행복을 파괴한다. 따라서 진지하게 권고하건대, 장차 좋은 일을 위하여 다투기를 좋아하는 마음을 버리려고 노력하라(벧전 3:10-11). 특히 지난번 논쟁에서 나를 지지한 사람들은 자신의 마음을 잘 살펴 다른 사람들에게 앙심을 품지 않도록 조심하기 바란다. 다른 사람들이 아무리 큰 잘못을 저질렀다고 생각되더라도 부지런히 깨어 있어 그리스도인의 온유함과 관대한 마음을 유지함으로써 생각이 다른 사람들을 존중하려고 노력하라. "자기의 마음을 다스리는 자는 성을 빼앗는 자보다 나으니라"(잠 16:32)라는 말씀이 가르치는 대로, 그것이 가장 뛰어난 승리다. 무엇을 하든 교만이나 다툼은 피하라. 어떤 경우든 복수하려는 마음을 가져서는 안 된다. 그런 마음을 갖지 않도록 조심하며 기도하라. 자신이 활용할 수 있는 수단을 모두 동원해 사회의 번영을 추구하라. 우리나 우리의 친구들이나 그리스도의 대의나 그분의 왕국에 우호적이든 아니든, 의롭든 해롭든, 의견이 같든 다르든 상관없이 모든 사람을 진지하고, 열정적이고, 현명한 태도로 사랑하지 않으면 그리스도인답게 처신했다고 생각하지 말라.

조나단 에드워즈, 'Farewell Sermon', Works, 1:206-207

이름이 거룩히 여김을 받으시오며

우리는 시기심이 많다. 하나님이 우리를 합당하지 않게 여기시고, 다른 사람들을 통해 자신의 이름을 영화롭게 하시는 것을 보면 만족하기가 매우 어렵다. 다른 사람들이 우리보다 하나님을 더 많이 영화롭게 하고, 우리보다 더 거룩하고, 더 유용하고, 더 신중하게 행동하면 마음이 편하지가 않다. 그러나 이제 이 기도를 하나님께 드림으로써 그분이 원하시는 대로 사용할 도구를 선택하시게 해야 한다. 그리스도께서 높임을 받고 존귀하게 되신다면, 우리는 주목을 받지 못하거나 멸시를 받더라도 기꺼이 만족해야 한다. 하나님을 영화롭게 하는 일에 능동적으로 이바지할 때는 물론, 수동적으로 머물러 있을 때도 못마땅하게 생각해서는 안 된다. 하나님이 우리의 가난이나 수치나 고통이나 질병을 통해 자신을 영화롭게 하시더라도 만족해야 한다. 예수님은 "아버지여 나를 구원하여 이 때를 면하게 하여 주옵소서 그러나 내가 이를 위하여 이 때에 왔나이다 아버지여 아버지의 이름을 영광스럽게 하옵소서"(요 12:27-28)라고 기도하셨다. 예수 그리스도께서는 그렇게 겸손히 복종하셨다. 우리도 그래야 한다. 순교자들은 하나님이 그분의 이름을 영화롭게 하는 도구로 자기들을 선택하셨다는 것을 알고, 화형대에 묶이는 것을 만족스럽게 여겼다. 바울은 "나의 간절한 기대와 소망을 따라…살든지 죽든지 내 몸에서 그리스도가 존귀하게 되게 하려 하나니"(빌 1:20)라고 말했다. 우리는 하나님이 원하시는 목적을 지향하면서, 그것을 이루는 수단은 그분이 자유롭게 선택하시게 해야 하다. 그것이 무엇이 되었든 우리가 처한 상황 속에서 하나님이 영광을 받으시게 해야 한다. 우리가 충족하고 부유하게 되는 것이 하나님의 뜻이면 우리의 풍부함을 통해 영광을 받으시게 해야 하고, 우리가 가난하고 천하게 되는 것이 그분의 뜻이면 우리의 인내를 통해 영광을 받으시게 해야 하며, 우리가 건강한 것이 그분의 뜻이면 우리의 수고를 통해 영광을 받으시게 해야 하고, 우리가 병에 걸리는 것이 그분의 뜻이면 우리의 고통을 통해 영광을 받으시게 해야 하며, 우리가 사는 것이 그분의 뜻이면 우리의 삶을 통해 영광을 받으시게 해야 하고, 우리가 죽는 것이 그분의 뜻이면 우리의 죽음을 통해 영광을 받으시게 해야 한다(롬 14:8).

토머스 맨튼, *Works*, 1:77

하나님을 욕되게 하거나 불명예스럽게 만들지 않으려면 거룩해야 한다. 하나님의 백성이 저지르는 죄는 그분의 명예를 훼손하고, 그분의 이름을 더럽힌다. 하나님의 백성을 자처하면서 속되고 방탕하게 살면 하나님의 명예가 크게 실추될 수밖에 없다. 사람들은 보이는 것으로 판단하기 때문에 하나님의 종들을 보고 그분을 판단하기 마련이다. 그리스도께서는 거룩하시니, 그리스도인들도 세상 사람들보다 더 온당하고, 의롭고, 건전하게 살아야 한다. 세상 사람들은 하나님을 예배하는 사람들, 곧 하나님과 친밀하며 그분의 사랑을 받는다고 자랑하는 사람들을 보고 그분에 대해 생각한다. 따라서 우리는 주의 깊게 행동함으로써 우리의 삶을 통해 하나님께 영광을 돌려야 한다. 하나님의 뜻을 알고 행하는 법을 배우지 못하면 그분을 온전히 영화롭게 할 수 없다. 그렇게 하지 않으면 우리도 마귀가 그리스도께 했던 대로 할 수밖에 없다. 마귀는 그리스도를 산 아래로 밀어뜨릴 의도로 그분을 산꼭대기에 데리고 올라갔다. 우리의 행위로 그리스도를 부인하고, 그분의 명예를 더럽히는 것은 그분을 산 아래로 밀어뜨리는 것이다. 그릇된 삶을 사는 것은 믿음을 욕되게 하고, 하나님의 명예를 더럽히며 훼손한다. 하나님 앞에 나아가 필요한 것을 구할 때는 그분을 기쁘시게 하고, 그분의 이름을 영화롭게 할 수 있는 은혜를 구해야 한다. 그리스도인들은 또한 다른 사람들이 모두 하나님을 영화롭게 하기를 바라야 한다. 불은 주위에 있는 것을 모두 불태우고, 누룩은 반죽 전체에 퍼진다. 은혜의 속성도 마찬가지다. 은혜는 널리 퍼지는 특성이 있다. 다른 사람들에게 영향을 미치는 사람이 되어야 한다. 거짓 신자들은 주위 사람들에게 관심을 기울이지 않는다. 그러나 참 신자는 이 문제를 진지하게 받아들여 큰 관심을 기울인다. 따라서 우리는 하나님의 이름이 거룩히 여김을 받을 수 있도록 열심히 기도해야 한다.

토머스 맨튼, *Works*, 1:78-79

그런즉 너희가 먹든지 마시든지 무엇을 하든지 다 하나님의 영광을 위하여 하라

이 세상에서의 삶은 하나님을 영화롭게 하는 기회로 활용할 때만 가치가 있다. 우리가 세상에 태어난 이유는 우리 자신이 아닌 하나님을 위해 살기 위해서다. 우리가 우리 자신을 창조했다면 우리 자신을 위해 살 수 있다. 우리 삶의 가장 중요한 이유가 우리 자신이라면, 우리 자신을 삶의 목적으로 삼을 수 있다. 그러나 하나님이 자기를 위해 우리를 창조하셨고, 자기를 위해 우리를 세상에 보내셨다. 우리는 하늘에서만이 아니라 온갖 유혹과 시련이 난무하는 땅에서도 하나님을 영화롭게 해야 할 의무가 있다. 자기 자신만을 위해 열매를 맺거나 나태하게 지내라고 세상에 보내심을 받은 사람은 아무도 없다. 우리는 세상에 사는 동안 하나님의 영광을 주된 목표로 삼고, 그것을 위해 열심히 노력해야 한다. 우리의 관심사만을 추구해서는 안 된다. 모든 사람은 일반적인 소명 외에도 개인적인 일과 섬김을 통해 하나님을 영화롭게 해야 할 의무가 있다. 예수님은 "아버지께서 내게 하라고 주신 일을 내가 이루어 아버지를 이 세상에서 영화롭게 하였사오니"(요 17:4)라고 말씀하셨다. 큰 집에서 사람들이 하는 일이 제각각 다른 것처럼, 하나님은 모든 사람에게 각자 해야 할 일을 정해주셨다. 어떤 사람은 이런 일을 하고, 어떤 사람은 저런 일을 한다. 그러나 모두가 각자 자신의 일과 섬김을 통해 하나님을 영화롭게 해야 한다. 우리는 아침마다 이런 소명 의식을 마음속에서 새롭게 일깨우며, "오늘도 나는 하나님과 동행하는 삶을 살겠어."라고 다짐해야 한다. 그리스도인은 아침에 집을 나설 때마다 자신이 그리스도께서 마음대로 사용하실 수 있는 도구라는 사실을 기억해야 한다. 그리스도인은 자기가 좋은 대로 해서는 안 된다. 그리스도인은 하나님과 대화를 나누거나 주어진 의무를 이행할 때는 물론, 운동이나 놀이나 일을 할 때도 원칙에 따라 행동하며, 하나님의 영광을 추구해야 한다. 그리스도의 이름으로 어떤 일을 한다면, 당연히 그 일을 그분의 뜻과 명령대로 행해야 하지 않겠는가? 우리는 무슨 일을 하든 하나님의 영광을 위해 해야 한다. 아울러 하나님을 위해 어떤 일을 할 때는 모든 말과 행동을 그분의 능력을 의지해서 해야 한다.

토머스 맨튼, *Works*, 1:81-82

전에는 우리도 다 그 가운데서…지내며

새 사람은 새로운 삶을 산다. 그의 삶은 하늘에 있다. 그리스도께서 유효한 은혜를 베풀어 누군가를 부르시면, 그는 그 즉시 그분의 제자가 된다. 하나님이 새 마음을 주시면 그는 그 후로 그분의 계명을 지키며 살아간다. 비록 죄가 귀찮은 불청객처럼 그 안에 거하지만 더 이상 그를 지배하지는 못한다. 그는 교회와 집에서의 모습이 다르지 않다. 그는 기도할 때는 성자처럼, 가게에서는 사기꾼처럼 행동하지 않는다. 그는 모든 죄에서 돌이켰고, 비록 완전하지는 않지만 진지한 태도로 하나님의 계명을 하나도 어기지 않고 다 지켜 행하려고 노력한다. 그는 말씀 안에서 즐거워하며, 기도에 힘쓴다. 그는 하나님과 사람들에게 죄를 짓지 않고, 선한 양심으로 모든 일을 정직하게 행한다(히 13:18). 물론, 선한 그리스도인을 자처하면서 건전하지 못하게 처신하는 사람들이 적지 않다. 그들은 마치 설익은 빵과 같다. 그들은 말에 빈틈이 없고, 정확한 거래를 하지만, 경건에 이르는 연습을 하지 않는다. 그들은 자신의 마음을 다스리는 데는 아무런 관심이 없다. 그들은 교회에서는 적절하게 행동하지만, 집에서는 세상의 것만을 추구한다. 그들은 골방에 있을 때도 자신의 영혼을 돌볼 생각이 별로 없다. 그들은 경건한 척하지만 자기 혀를 통제하지 않는다(약 1:26). 그들은 골방 기도나 가정 예배를 드리면서 가게에서는 거짓과 속임수를 일삼는다. 위선자는 온전히 순종하지 않는다. 그러나 새 사람은 경건의 열매를 맺는다. 비록 그는 많은 실수를 저지르지만 예수님의 율법과 생명을 일관되게 추구한다. 그는 하나님의 모든 계명을 존중하고, 사소한 죄나 의무에도 양심적으로 민감하게 반응한다.

조지프 얼라인, *A Sure Guide to Heaven*, 36-37쪽

주여 영생의 말씀이 주께 있사오니
우리가 누구에게로 가오리이까

하나님을 당신의 기쁨으로 여기는가? 마음의 소원을 어디에 두는가? 무엇이 가장 큰 만족의 원천인가? 아브라함처럼 자신의 주위, 곧 동서남북 사방을 둘러보라. 하늘이나 땅에서 무엇이 나를 행복하게 해준다고 생각하는가? 하나님이 솔로몬에게 하신 것처럼 소원을 들어주신다면 무엇을 구하겠는가? 기쁨의 동산에 들어가서 그곳에 있는 향기로운 꽃들을 모두 거둔다면 만족하겠는가? 재물이 가득한 창고에 들어가거나 존귀한 영예를 얻는다면 만족하고 행복하겠는가? 만일 그렇다면 그것은 당신이 회심하지 못한 육적인 사람이라는 증거일 것이다. 그러나 만일 그렇지 않다면 하나님의 탁월하심, 그분의 긍휼이 가득한 곳간, 그분의 능력이 숨겨진 은밀한 곳, 모든 것을 충만하게 하시는 그분의 측량할 수 없이 깊은 은혜 속으로 들어가려고 노력하라. 그것이 나를 가장 즐겁게 하고, 나에게 가장 적합하다고 생각하는가? "여기에 있는 것이 좋다. 나는 여기에 거할 것이고, 여기에서 살다가 죽을 것이다."라고 말하고 싶은가? 이것을 잃기보다는 차라리 온 세상을 다 잃는 것이 더 좋겠다고 생각하는가? 만일 그렇다면 그것은 당신이 하나님과 좋은 관계를 맺고 있다는 증거다. 그런 사람은 행복하다. 그런 사람은 세상에 태어난 것이 참으로 다행이다. 하나님이 행복하게 해주시면 행복할 수밖에 없다. 하나님이 그의 주님이 되시기 때문이다. 그리스도께 "주님의 아버지께서 나의 아버지가 되시고, 주님의 하나님이 나의 하나님이 되실 것입니다."라고 말하는가? 이것이 전환점이다. 거짓으로 회개한 사람은 하나님 안에서 안식을 누리지 못하지만, 회개의 은혜를 받은 사람은 은혜가 마음속에서 역사해 우상들에게서 돌이켜 살아 계시는 하나님께로 향하도록 이끌어 주기 때문에 타락으로 인한 치명적인 상처가 모두 치유된다. 따라서 영혼은 여기에 중심을 두고, 정착한다. 그것이 곧 천국의 문이다. 참된 회심자는 하나님께 관심을 기울인다. 당신도 그렇다고 생각하는가? 당신도 그런 경험을 하는가? 만일 그렇다면 주님께 속한 자이니 참으로 복되다고 말할 수 있다.

조지프 얼라인, *A Sure Guide to Heaven*, 43-44쪽

너희가 죄로부터 해방되고 하나님께 종이 되어

하나님께 진지하게 헌신하고, 그분의 계명에 동의했다면, 행동 방식과 추구하는 것을 180도 전환해 전에 세상이나 육신의 즐거움을 좇던 때보다 더 열정적으로 부지런히 하늘을 추구함으로써 그런 사실을 분명하게 보여주어야 한다. 경건한 삶은 단지 세속적인 삶을 자제하는 것으로 그치지 않고, 적극적으로 하나님을 위해 사는 것을 의미한다. 경건의 원리(핵심)는 하나님과 그분의 말씀, 그분의 길과 그분의 종들, 그분의 명예와 세상에 대한 그분의 관심을 사랑하고, 추구하는 데 있다. 경건은 영혼으로 하나님과 그분의 길을 즐거워하는 것이다. 경건은 하나님을 향하는 성향을 띠고서 그분을 추구함으로써 그분을 기쁘시게 한다. 경건은 하나님을 노하시게 하는 것을 싫어한다. 삶을 통해 경건을 표현하려면 하나님의 말씀이 명령하는 대로 항상 부지런히 내적 생명을 발현해야 한다. 우리가 신자이고, 하나님을 절대적인 주권자요 왕이요 재판관으로 인정한다면 어린아이가 아버지에게, 종이 주인에게 하는 것처럼 복종하는 태도로 그분을 기쁘게 해드리려고 노력해야 한다. 하나님이 종들을 데리고 있으면서 그들에게 아무런 일도 시키지 않으실 것 같은가? 종들이 아무 일도 하지 않고서 연말 정산을 할 때 "저는 어떤 해도 끼치지 않았습니다."라고 말한다면, 그것을 만족스러운 대답이나 설명으로 받아들여 칭찬이나 상을 베풀 주인이 과연 있겠는가? 하나님은 해를 끼치지 않는 것은 물론, 온 마음과 영혼과 힘을 다해 자기를 사랑하고, 섬기라고 우리를 부르셨다. 전보다 더 훌륭한 주인을 만났다면 전보다 더 열심히 일해야 한다. 마귀를 섬길 때보다 더 큰 열정으로 하나님을 섬겨야 마땅하지 않겠는가? 영혼을 구원하려면 전에 영혼을 파멸로 몰고 갈 때보다 더 열심히 노력해야 옳지 않겠는가? 전에 악을 행할 때보다 더 큰 열정으로 선을 행해야 하지 않겠는가? 우리가 참 신자로서 천국에 소망을 두고 있다면, 세상 사람들이 세상의 것을 구하는 것처럼 우리도 하늘의 것을 구해야 한다.

리처드 백스터, *A Christian Directory*, 1:23

끝으로 너희가 주 안에서와
그 힘의 능력으로 강건하여지고

바울 사도는 에베소 신자들에게 영적 싸움을 위한 거룩한 결의와 용기를 촉구하고 나서 그들 자신의 힘이 아닌 전능하신 하나님의 능력을 의지하라고 권고했다. 모든 성도의 능력은 만군의 주님에게서 비롯한다. 하나님은 우리의 손을 빌리지 않고서도 얼마든지 원수들을 제압하실 수 있지만, 우리는 그분의 팔을 의지하지 않으면 우리 자신을 보호할 수 없다. 다윗의 담력도 하나님에게서 비롯했다. 만일 하나님이 없으셨다면 그는 블레셋 사람의 말을 듣고 겁에 질렸을 것이다. 하나님은 그의 손의 힘이셨고, 그의 손가락에 싸우는 법을 가르쳐주신 장본인이셨다. 이처럼, 죄와 사탄을 대항하는 모든 성도의 능력이 하나님에게서 나온다(빌 2:13). 하나님의 능력으로 강건해지려면 두 가지 믿음의 행위가 필요하다. 하나는 주님이 전능한 능력을 지니고 계신다는 강한 확신이고, 다른 하나는 그분이 모든 시련과 유혹의 와중에서 우리를 보호하고, 굳게 붙들어 주실 것이라는 신념이다. 이것이 바울 사도가 말하려는 요점이다. 그는 우리 자신의 힘을 의지하지 말고, 사탄이 공격해 올 때마다 하나님의 전능한 능력을 마치 우리 자신의 것처럼 여겨 자유롭게 사용하라고 권고했다. 아버지가 자녀에게 의지할 팔을 내주는 것처럼, 하나님도 자신의 성도들에게 전능한 능력을 허락하신다. 하나님은 아브라함과 이삭과 야곱에게 '전능의 하나님'으로 나타나서 그들을 도와주셨다(출 6:3). 아브라함은 하나님이 약속하신 것을 또한 능히 이루실 것이라고 확신했다(롬 4:21).

한편, 하나님은 자신의 능력을 더욱 분명하게 기억하게 할 목적으로 종종 적대 세력의 준동을 잠시 허용하셨다가 위기의 순간에 자기 백성에게 긍휼을 베풀기도 하신다.

윌리엄 거널, The Christian in Complete Armour, 1:18-28

너희가…하나님과 같이 되어 선악을 알 줄

　영혼을 죄로 이끄는 사탄의 전략 가운데 하나는 갈고리를 숨긴 채 미끼를 제공하는 것, 곧 독즙이 담긴 금잔을 내밀고, 하나님의 진노와 불행이 뒤따를 달콤한 쾌락을 제시하는 것이다. 그는 이런 책략을 사용해 인류의 첫 조상을 낚았다. 그는 갈고리, 곧 죄의 수치와 하나님의 진노와 낙원의 상실을 숨겼다. 그는 먼저 마음의 눈을 열어 기대감과 기쁨을 느끼게 했고, 그다음에는 육신의 눈을 열어 수치와 혼돈을 보게 했다. 사탄은 전자를 약속했지만 진정한 의도는 후자에 있었다. 그는 그들을 속여 금단의 열매와 낙원을 맞바꾸게 했다. 사탄은 영예와 즐거움과 유익을 약속하지만 실제로는 가장 큰 경멸과 수치와 손실을 당하게 만든다. 따라서 우리는 죄를 멀리해야 한다(롬 12:9). 요셉은 그렇게 했지만, 다윗은 죄를 가까이하다가 타락했다. 죄는 세상에서 가장 전염성이 강한 역병이다. 죄를 두려워해 멀리하는 사람들이 너무나도 적다. 겉으로 보이는 죄의 달콤함은 순식간에 사라지고, 수치와 슬픔과 두려움만이 오래도록 지속된다. 독사에게 물리면 그 독액이 서서히 심장에 침투한다. 죄도 마찬가지다. 죄는 잠깐의 즐거움을 주지만 결국에는 영혼을 고통스럽게 만든다. 죄와 어울려 춤을 추고, 만찬을 즐기면서 나중에 하늘나라에서 아브라함과 이삭과 야곱과 함께 식탁에 앉게 될 것이라고 착각해서는 안 된다. 죄는 가장 크고 슬픈 손실을 영혼에 안겨준다. 죄는 생명보다 더 나은 하나님의 은혜, 말로 다 할 수 없이 영광스러운 기쁨, 지각에 뛰어난 하나님의 평강, 영혼에 활력과 생명과 능력과 기쁨을 가져다주는 성령의 역사를 비롯해 영혼이 누릴 수 있는 바람직한 외적 위로를 많이 빼앗아 간다.

토머스 브룩스, *Works*, 1:12-16

내가 두려워하는 날에는 내가 주를 의지하리이다

하나님이 전능하시다는 사실과 그분의 전능한 능력이 온갖 시련과 유혹을 겪는 우리에게 도움과 보호를 제공한다는 사실을 믿는 것이 신자의 의무이자 책임이다. 이런 믿음을 가질 수 있는 근거는 무엇일까? (1) **우리는 하나님의 사랑스러운 자녀들이다.** 모든 부모가 자기 자녀를 정성껏 보살핀다. 우둔한 암탉도 적이 나타나면 황급히 새끼들을 날개 아래로 모아들인다. 그러니 하나님은 더더욱 모든 능력을 쏟아 자기 자녀들을 지키지 않으시겠는가? (2) **하나님이 능력을 아낌없이 베푸시는 이유는 성도들을 극진히 사랑하시기 때문이다.** 신자의 영혼은 하나님의 가장 큰 사랑의 대상이다. 하나님은 성자를 사랑하는 사랑과 똑같은 사랑을 신자에게 베푸신다(요 17:26). 하나님이 신자를 사랑하시는 이유는 신자가 자신의 영원한 뜻에 따른 결과물이기 때문이다. 하나님은 창세 전에 그리스도 안에서 우리를 선택하셨다. 하나님은 신자를 영원한 목적이라는 모태 속에 그토록 오랫동안 품고 계셨다. 그런 피조물을 어찌 사랑하지 않으실 수 있겠는가? 하나님이 성도를 사랑하시는 또 하나의 이유는 성자의 피로 값을 주고 사셨기 때문이다. 하나님은 성도를 위해 엄청난 대가를 치르셨다. 성도를 얻기 위해 성자의 피를 기꺼이 흘리게 하셨는데 어찌 능력을 베풀어 그들을 보호하지 않으시겠는가? (3) **하나님이 전능한 능력을 베푸시는 이유는 언약을 맺으셨기 때문이다.** 하나님은 "나는 전능한 하나님이라 너는 내 앞에서 행하라"(창 17:1)고 말씀하셨다. 하나님은 자기 백성을 위해 신성의 모든 능력을 아낌없이 베푸신다. 하나님은 자기가 가진 것을 조금씩 나눠주지 않으신다. 그분은 성도들에게 자기가 가진 것은 무엇이든 모두 제 것으로 여겨 사용하라고 독려하신다. 하나님은 자신의 이름에 걸맞는 본성을 지니고 계신다. 그분은 영원히 언약을 지키는 하나님이시다. (4) **성도가 하나님을 의지하며 고난 중에 그분의 도움을 기대하면 하나님은 기꺼이 능력을 베풀어 그들을 건지신다.** (5) **그리스도께서 하늘에서 하나님 앞에 나아가 어떤 상황에서든 힘과 능력을 다 쏟아 전장에 있는 성도들을 보호해 달라고 강력히 요청하신다.** 그분은 우리에게 항상 새로운 은혜와 도움을 허락해 달라는 중보기도를 드리신다.

윌리엄 거널, *The Christian in Complete Armour*, 1:28-30

주는 나를 돕는 이시니

성도는 언제라도 하나님의 능력을 의지할 수 있다는 것을 알아야 한다. 성도는 모든 의심과 두려움이 사라질 때까지 이 사실을 영혼 속에 깊이 각인시켜야 한다. 우리는 이 능력을 우리의 분깃으로 여기고, 그것에서 비롯하는 위로를 밭에서 농작물을 수확하듯 자유롭게 얻어 누릴 수 있다. 하나님은 아브라함에게 "나는 전능한 하나님이라"라고 말씀하셨다. 이것이 우리의 분깃이니 스스럼없이 받아 누리라. 사도는 "내가 결코 너희를 버리지 아니하고 너희를 떠나지 아니하리라 하셨느니라"(히 13:5)라고 가르쳤다. 신자라면 누구나 "하나님이 도와주실지도 몰라."가 아니라 "하나님이 반드시 도와주실 거야."라고 말할 수 있다. 우리가 사람들과 귀신들 앞에서 그렇게 담대하게 주장할 수 있는 이유는 전능하신 하나님이 그렇게 말씀하셨기 때문이다. 우리의 순종과 위로는 이런 사실을 믿는 우리의 믿음에 따라 약해질 수도 있고, 강해질 수도 있다. 아브라함은 믿음이 강했고, 그의 순종은 자기 아들을 제물로 바칠 만큼 영웅적이었다. 하나님의 전능한 능력이 우리를 돕는다는 믿음만큼 우리에게 의무를 이행할 수 있는 강력한 힘을 제공하는 것은 없다. 하나님은 기드온에게 "가서 이 너의 힘으로 이스라엘을…구원하라 내가 너를 보낸 것이 아니냐"(삿 6:14)라고 말씀하셨다. 이것은 마치 하나님이 "어찌 내가 기꺼이 너를 도와 네 일을 이루게 하지 못하겠느냐?"라고 말씀하신 것처럼 들린다. 기드온은 하나님이 기적을 베푸실 것을 믿고 담대하게 나갔다. 이런 사실을 믿지 못하는 영혼은 견실하고, 일관된 태도로 순종하기가 불가능하다. 그런 영혼은 사람들의 위협에 부딪힐 때마다 쉽게 낙심할 뿐 아니라 자신의 등 뒤에 계시는 하나님을 볼 수 있는 눈이 없는 까닭에 오로지 인간의 권력만을 바라본다. 하나님의 전능한 능력을 의지할 때 그리스도인의 위로는 더욱 증대된다. 많은 두려움이 파도처럼 우리를 덮친다. 그러나 자신이 전능하신 팔에 안겨 있다는 것을 아는 사람은 기쁨과 평화가 가득한 돛을 활짝 펼치고, 바람에 실려 힘차게 나아간다. 그런 사람은 폭풍우가 몰려오고, 가장 날카로운 가시가 가슴을 찔러도 즐겁게 노래를 부를 수 있다.

윌리엄 거널, *The Christian in Complete Armour*, 1:31-33

다 하나님의 영광을 위하여 하라

우리는 하나님의 영광을 삶의 목적으로 삼으려고 노력하지도 않고, 기도할 때 그것에 많은 관심을 기울이지도 않는다. 우리는 하나님의 영광을 세상의 유익이나 즐거움은 물론, 우리 자신의 생명보다 더 중요하게 여겨야 한다. 안타깝게도, 타락 이후로 우리는 본성이 부패했고, 이기심에 온전히 중독된 탓에 속된 재미와 하찮은 것을 하나님보다 더 좋아하게 되었다. 어떤 사람들은 하나님의 영광이나 불명예보다 자신의 명예나 자기에게 주어지는 손실과 비난에 더 민감하게 반응한다. 그들은 자신의 평판이 조금이라도 위태로워질 것 같으면 마음속으로 몹시 괴로워한다. 그러나 누군가가 하나님께 죄를 짓는 것을 보아도 무덤덤하다. 그런 사람들은 자신의 명예를 훼손하는 말을 한마디만 듣거나 조금만 무시를 당하는 것처럼 보이면 크게 분노하면서도 하나님의 이름이 모욕을 당할 때는 아무런 관심도 기울이지 않는다. 그들이 외적인 축복을 구하는 이유는 하나님을 위해서가 아니라 그들 자신의 정욕을 채우기 위해서다. 그것은 그들 자신의 과시욕과 부절제한 욕망을 채우기 위한 것일 뿐이다. 그들이 영적 활력과 관대함을 구하는 것도 자신의 명예를 드높이기 위해서다. 그들이 천국을 위해 이바지하는 이유는 자신의 욕심을 채우기 위해서다. 그들은 악한 의도를 품고, 심지어는 하나님을 이용해 마귀를 섬기기까지 한다. 사실, 우리 가운데 가장 훌륭한 사람들조차도 기도할 때 하나님의 영광은 조금도 생각하지 않고, 마음속 깊은 곳에서 스스로의 필요만을 생각할 때가 많다. 하나님이 그분에게 합당한 영광을 받으시는 것이 무엇보다 중요하다. 하나님의 영광 외에 세상 만물이 추구해야 할 다른 목적은 없다. 세상 만물은 하나님의 영광을 위해 창조되었고, 존재한다(롬 11:36). 하나님이 우리를 창조하신 목적은 우리가 아닌 하나님 자신의 영광을 위해서다.

하나님이 우리에게 역사하시기 전만 해도 우리는 생각과 말과 행위로 그분을 얼마나 욕되게 했는지 모른다. 이제 주님이 우리의 마음속에 은혜를 두셨으니 우리는 그분의 영광을 위해 창조된 백성이다. 하나님은 "내 이름으로 불려지는 모든 자 곧 내가 내 영광을 위해 창조한 자를 오게 하라"(사 43:7)고 말씀하신다.

토머스 맨튼, *Works*, 1:71-72

너희가 서로 영광을 취하고
유일하신 하나님께로부터 오는 영광은 구하지 아니하니

우리의 이름과 하나님의 이름이 서로 은밀하게 갈등을 겪고 있는 것처럼 보인다. 기도할 때마다 누구의 이름이 영광을 받아야 하는지를 분명하게 기억해야 할 필요가 있다. 그래야만 어떤 기도를 드리든 하나님을 기도의 목적으로 삼을 수 있다. 우리는 하나님께 구할 때 우리 자신만을 생각할 때가 너무나도 많다. 우리의 마음은 우리 자신의 이름과 명예에만 관심을 기울인다. 우리는 하나님을 우리의 계획과 목적에 끌어들이려는 이기적인 의도로 그분 앞에 나올 때가 비일비재하다. 그러나 자신의 명예와 영예에만 집착하고, 오로지 그것들만을 열정적으로 추구하는 사람보다 하나님을 영화롭게 하는 데 더 부적합하고, 그분이 더 싫어하는 사람은 없다. 따라서 그리스도께서는 우리 안에 존재하는 이런 본성적인 성향과 뚜렷한 대조를 이루는 방식으로 "이름이 거룩히 여김을 받으시오며"라고 기도하라고 가르치셨다. 하나님께 가장 큰 영광을 돌리는 것은 믿음이다. 아브라함은 "믿음으로 견고하여져서 하나님께 영광을 돌렸다"(롬 4:19-20). 우리 자신의 이름을 빛낼 목적으로 헛된 영광을 구하는 것은 믿음과 상충된다. 믿음은 하나님께 영광을 돌린다. 사람들의 존경을 받으려고 애쓰고, 그것을 삶의 주된 목표로 삼는다면 하나님의 영광은 땅속에 처박히고 말 것이다. 고대 세계의 가장 큰 죄는 우리의 이름을 내려고 한 것이었다(창 11:4). 하나님을 배제한 채 계획을 세운 그들의 행위는 그야말로 사악하기 그지없었다. 하나님은 스스로의 명예에 그토록 크게 집착하는 사람들을 신속히 심판하실 것이다. 무엇을 하든 하나님의 영광이 아닌 우리의 영광을 구한다면 그것이야말로 멸망으로 치닫는 가장 빠른 지름길이 아닐 수 없다. 느부갓네살은 "이 큰 바벨론은 내가 능력과 권세로 건설하여 나의 도성으로 삼고 이것으로 내 위엄의 영광을 나타낸 것이 아니냐"(단 4:30)라고 자랑했다. 하나님은 그런 그를 한없이 낮추어 들짐승 가운데 거하게 하셨다. 만일 우리의 마음이 우리 자신의 명예만을 추구한다면 우리도 큰 실패와 심판을 경험하게 될 것이다.

토머스 맨튼, *Works*, 1:85

성령이 친히 우리의 영과 더불어
우리가 하나님의 자녀인 것을 증언하시나니

우리 안에 계시는 거룩한 영은 우리가 하나님의 소유임을 증명하는 그분의 인장seal이다. 성령께서는 장차 올 영광의 보증이시다. 따라서 그분을 우리의 모든 행위의 원리로 삼아 그분께 순종해야 할 뿐 아니라 그분이 하나님과 교제를 나누도록 감동하실 때는 기꺼이 응해야 한다. 성령의 감동하심을 사탄의 충동이나 우리 자신의 욕망이나 교만함이나 육신적인 지혜와 혼동하지 않도록 주의해야 한다. 성령께서는 어리석거나 불안정한 책략이 아닌 신령한 지혜만을 가르치신다. 그분은 사랑과 일치와 온유와 거룩함과 인내의 영이시다. 그분은 우리가 그리스도께 순종하도록 이끄신다. 이것이 그분의 감동인지 아닌지 분별할 수 있는 확실한 시금석이다. 그분이 우리 안에서 역사하시는 이유는 완전한 성화와 순종을 이루게 하기 위해서다. 하찮고 무익한 것, 절망, 고통스러운 걱정거리, 마음의 혼란은 의무를 이행할 수 없게 하고, 하나님에게서 멀어지게 만든다. 그런 것들은 성령의 역사에서 비롯한 것이 아니다. 성령께서는 우리의 마음을 하나님께로 이끌고, 우리를 신령하고, 경건하게 만들며, 항상 하나님의 영광을 추구하신다. 성령께서 마음의 문을 두드리고 계신다는 확신이 들 때는 아무 소리도 들리지 않는 것처럼 행동해서는 안 된다. (1) **성령님에게 신속하게 순종해야 한다.** 지체하는 것은 감사하지 않고 거절하는 것이나 다름없다. (2) **성령님에게 철저하게 순종해야 한다.** 절반의 순종은 불순종이나 다름없다. (3) **성령님에게 항상 순종해야 한다.** 이따금 성령께 귀를 기울이지 않는 것은 그분을 무시하는 것과 다름없다. 성령께서 도움을 주기 위해 정해주신 은혜의 수단들을 소홀히 하지 말라. 기도하고, 묵상하고, 말씀을 읽고, 듣고, 최선을 다하고, 그분의 축복을 기대하라. 쟁기질하고 씨를 뿌려도 태양과 비와 하나님의 축복이 없으면 농작물을 수확할 수 없고, 태양과 비는 있더라도 우리의 쟁기질과 파종의 수고가 없으면 그 역시 수확을 기대하기 어렵다.

리처드 백스터, *A Christian Directory*, 1:71

그리스도께서는 희생제물이 되어 우리의 죄를 친히 담당하여 제거하셨다. 여기서 '담당하다'라는 말은 단지 담당할 뿐 아니라 담당하여 제거한다는 풍부하면서도 명확한 의미를 담고 있는 용어다. 이것은 곧 죄의 정화를 뜻한다. 참으로 크나큰 긍휼이 아닐 수 없다. "허물의 사함을 받고 자신의 죄가 가려진 자는 복이 있도다"(시 32:1). 이런 행복한 상태를 과연 누가 표현할 수 있겠는가? 죄 사함을 받은 독자여, 간절히 권하건대 차용증이 해지되고 얼마나 많은 채무가 면제되었는지 곰곰이 생각해 보라. 타고난 본성을 기억해 보라. 그 본성이 용서받았다. 아무 대가 없이 온전하고 결정적인 용서가 주어졌다. 사악한 죄인을 거저 받아준 은혜의 발아래 엎드려 절해야 마땅하지 않겠는가? 얼마 전까지도 우리는 우리의 죄악을 짊어지고 있었다. 그런데 이제는 동이 서에서 먼 것 같이 우리의 죄악이 우리에게서 멀어졌다(시 103:11-12). 그리스도의 희생은 참으로 더할 나위 없는 효력을 지닌다. 그 효력은 과거와 현재는 물론, 미래의 죄까지 예외 없이 모든 죄에 미친다. 하나님은 자기 아들을 아끼지 않으셨다. 그리스도께는 조금의 긍휼도 주어지지 않았고, 그분이 감당하신 고난과 진노는 단 한순간도 줄어들지 않았다. 공의의 심판은 잠시도 멈추지 않았다. 독자들이여! 만일 이런 희생에 무관심하다면 그보다 더 슬픈 일은 없을 것이다. 그런 태도는 그리스도께서 하나님이 택하신 사람들을 대신해 감당하신 무한한 진노를 더욱 무겁게 만드는 것이다. 중보자 없이 공의로운 하나님을 대해야 할 사람은 영원히 화와 저주를 당하게 될 것이다. 하나님의 자비하심으로 권하노니 자신의 영혼에 주어진 그 모든 사랑을 잊지 말고, 이 기회를 놓치지 말기 바란다. 이 희생에 신속히 관심을 기울이라. 광대한 영원 속으로 들어가야 할 순간에 자신의 상태가 어떨지 생각해 보라. 죽는 순간에 "나는 용서받았다. 이것이 나의 위로다."라고 말할 수 있는 사람은 복되다. 그리스도의 피가 그 어떤 죄도 깨끗하게 한다는 것을 잊지 말라(요일 1:7).

존 플라벨, Works, 1:161-164

이 하나님은 영원히 우리 하나님이시니

우리 하나님은 안전하고 확실한 분깃이시다. 그분은 그 누구도 빼앗을 수 없는 분깃이시다. 하나님은 그 누구도 빼앗거나 건드릴 수 없는 분깃이요, 속여 빼앗거나 강탈해 갈 수 없는 분깃이시다. 친구든, 적이든, 마귀든 그 누구도 우리에게서 하나님을 빼앗을 수 없다. 오, 그리스도인들이여! 그리스도 안에서 하나님이 우리의 소유가 되셨다. 그분은 언약과 약속과 희생을 통한 획득과 탈취, 혼인과 교제, 성령의 보증, 성령의 감화와 증언을 통해 우리의 소유가 되셨다. 이 세상의 그 어떤 권세도 우리의 분깃을 도둑질하거나 속여 빼앗을 수 없다. 하나님은 단지 현재뿐 아니라 영원토록 우리의 하나님이시다. 하나님이 일단 우리의 분깃이 되셨으면 그분은 영원히 우리의 분깃이 되신다. 세상의 분깃은 쉽게 빼앗길 수 있다. 바다의 폭풍우나 무력과 폭력이나 사기와 속임수나 사악한 거짓말과 헛된 맹세로 세상의 분깃을 잃어버린 사람들이 많다. 세상의 분깃은 배신, 위증, 강탈을 통해 잃을 수 있다. 세상의 분깃을 헛되이 허비하는 사람도 있고, 에서처럼 어리석은 행동으로 잃어버리는 사람도 있으며, 방탕한 생활로 낭비하는 사람도 있고, 죄를 지어 없애는 사람도 있다. 아합은 나봇의 포도원을 빼앗고 싶어서 손이 근질거렸다(왕상 21:1-5). 어떤 사람이 세상의 분깃을 즐기는 순간, 또 다른 사람은 그것을 빼앗고 싶어 안달한다. 그러나 하나님은 불도 태울 수 없고, 홍수도 쓸어갈 수 없고, 도둑도 훔칠 수 없고, 적도 노략할 수 없고, 군인도 강탈할 수 없는 분깃이시다. 사람들이 우리의 금은 빼앗을 수 있을지언정 하나님은 빼앗을 수 없다. 하나님은 영원한 사랑과 성자의 보혈과 언약과 맹세를 통해 자기 백성과 하나가 되셨기 때문에 그 어떤 피조물의 힘도 그분과 그분의 백성을 갈라놓을 수 없다.

토머스 브룩스, *Works*, 11:26, 27

믿음은 바라는 것들의 실상이요

인간의 부패한 마음은 현재의 만족을 전부로 알기 때문에, 우리는 정욕을 제어하고, 소망을 구체화할 수 있는 믿음을 지녀야 한다. 죄의 쾌락은 일시적이고, 지극히 하찮은 것이지만 당장에 누릴 수 있기 때문에 먼 미래에 있을 천국의 기쁨보다 영향력이 더욱 클 수밖에 없다. 적은 음식을 위해 장자의 권리를 내팽개친 에서의 어리석음은 그저 놀랍기만 하다(히 12:16). 정욕이 일어나 만족을 구할 때는 영원한 영광과 축복에 관한 생각은 깡그리 사라지고, 오로지 정욕을 채우는 데만 급급해진다. 기독교의 기쁨을 헐값에 팔아넘기는 사람들이 많다. 사람들은 작은 쾌락, 적은 이득, 작은 행복 때문에 정직하고, 거룩한 것을 서슴없이 내버린다. 그런 사람들의 어리석음은 도무지 이해하기 어렵다. 그들이 그렇게 행동하는 가장 큰 이유는 "데마는 이 세상을 사랑하여 나를 버리고"(딤후 4:10)라는 말씀대로, 감각을 좇아 살기 때문이다. 그런 것들은 즉각적이다. 여기에 미끼가 놓여 있다. 다시 말해, 세상의 즐거움은 맛볼 수 있고, 육신의 쾌락은 느낄 수 있지만 내세의 행복은 보이지도 않고, 아직 알려지지도 않았다. 육신적인 마음을 소유한 사람들은 모두 "내일 죽을 터이니 먹고 마시자"(고전 15:32)라고 말한다. 현재의 이익과 허영은 지극히 작고, 하찮은 것이지만 미래에 있을 좋은 것들과 우리의 마음을 매료시켜 하나님께로 이끄는 약속들보다 더 강력한 영향력을 발휘해 우리를 왜곡시킨다. 바로 여기에 모든 유혹의 힘과 근원이 숨겨져 있다. 엄격한 삶을 요구하는 믿음은 현재로서는 불편하게만 느껴진다. 육신이 느끼기에 믿음은 무미하고, 고달프기만 하다. 우리의 상급은 아직 오지 않은 미래에 있다. 그렇다면 감각을 좇아 사는 삶을 어떻게 제어할 수 있을까? 우리의 소망을 구체화하는 믿음이 해결책을 제공한다. 믿음은 미래의 일을 이미 누리고 있는 현실처럼 만들어 준다. 믿음이 '보이지 않는 것들의 증거'로서 강력하게 살아 역사하는 곳에서는 어떤 유혹이든 아무 힘도 발휘하지 못할 것이다.

토머스 맨튼, *By Faith, Sermons on Hebrews 11*, 10-11쪽

현재의 고난은 장차 우리에게 나타날 영광과 비교할 수 없도다

　　믿음은 '바라는 것들의 실상'이기 때문에 고난 속에서 가장 큰 도움을 준다. 믿음은 우리가 소망으로 유혹에 맞설 수 있게 도와준다. 마귀가 우리를 연약하게 만들어 하나님의 일을 게을리하도록 부추길 때면 믿음은 현재의 어려움이 일시적인 것일 뿐이라고 일깨워 준다. 마귀가 의무 이행을 성가시게 여기도록 유도할 때면 믿음은 의무 이행에 무한한 즐거움이 뒤따른다는 사실을 상기시켜 준다. 신자는 쾌락과 더불어 지옥에 가는 것보다 수고와 함께 천국에 가는 것이 더 낫다는 것을 잊어서는 안 된다. 그것이 모세가 승리를 얻게 된 이유였다(히 11:26). 내세의 상급을 깊이 생각하면 우리 삶에 좋은 영향을 받게 된다. 천국을 미리 맛보면 우리 마음에 강한 영향이 미쳐 세상의 그 어떤 것도 우리의 영적 목적을 방해하거나 좌절시킬 수 없다. 속된 이익을 위해 의무를 소홀히 하고픈 유혹을 느낄 때, 믿음은 우리의 고귀한 소명과 하늘의 예루살렘의 풍요로움을 기억하라고 고무한다. 우리가 세상의 명예를 추구하고픈 유혹을 느낄 때, 믿음은 하나님이 마지막 날에 우리에게 주실 의의 면류관을 바라보라고 소리친다. 놀림을 당할까봐 두려워 의무 이행을 늦추거나 게을리할 때, 믿음은 악인들이 장차 어린 양의 보좌 앞에 서는 순간에 짓게 될 당혹스러운 표정을 생각해 보라고 격려한다. 십자가 아래에서 불평하며, 투덜거리고픈 유혹을 느낄 때, 믿음은 그 길은 험하지만 마지막은 행복할 것이라는 확신을 심어준다. 하나님의 약속이 우리의 마음을 모든 유혹으로부터 보호하고, 우리의 영혼을 보존해 거룩하고 용기 있게 하나님을 위해 살도록 도와준다. 하나님의 약속은 예수 그리스도의 마음에서 기쁨의 강물이 흘러나올 것이고, 하나님과 더불어 영원히 즐거워하며 만족을 누릴 것이라고 말한다. 시간이 다 되어 내세에 들어갈 때가 이르렀다면 무엇을 주고 삶을 다시 살 수 있겠는가? 우리에게 영원을 의식하는 마음이 있다면 더없이 부지런하고, 신중하고, 진지해질 것이다.

토머스 맨튼, *By Faith, Sermons on Hebrews 11*, 10-16쪽

그리스도 예수 안에 있는 은혜 가운데서 강하고

소명과 관련된 의무와 섬김이 무겁고, 힘들게 느껴진다면 더욱 분발해 하나님의 능력을 의지하라. 자신의 어깨가 연약한 탓에 소명의 의무가 너무 무겁게 느껴질 때는 가장 무거운 짐을 하나님의 어깨 위에 올려놓으라. 일이 지겨워 요나처럼 도망치고 싶은 생각이 들거든 하나님이 기드온에게 "가서 이 너의 힘으로…구원하라 내가 너를 보낸 것이 아니냐"라고 말씀하신 것을 기억하고 용기를 내라. 하나님이 요구하시는 사역을 꾸준히 이행하면 그분의 능력이 임할 것이고, 사역을 피해 도망치면 하나님이 폭풍우나 그 외의 수단들을 통해 도망치는 자신의 종을 다시 되돌리실 것이다. 끝까지 버틴 용감한 군인은 안전하게 구원받아 명예를 누리지만, 겁쟁이는 도랑이나 울타리 밑에서 목숨을 잃을 때가 많다. 고난받으라는 부르심을 받았는가? 그렇다면 두려워 도망치지 말라. 십자가를 짊어질 능력이 없다고 생각하지 말라. 하나님은 십자가를 짊어지게 하실 때 그것을 짊어졌다는 느낌조차 들지 않게 해주실 수 있다. 감옥에 가거나 형틀에 한쪽 발이 묶이거나 도마 위에 목이 놓일 때까지 아무런 위로를 발견하지 못했더라도 절망하지 말라. 그런 순간에 하나님은 자신의 은혜로운 얼굴을 보여 주심으로써 잔인한 죽음조차도 사랑스럽게 보이게끔 만들어 주실 수 있다. 하나님은 언제라도 큰 위로를 베푸실 수 있기 때문에 우리는 그분을 위해 감당하는 모든 고통과 수치 속에서도 그분이 우리와 함께 계신다는 것을 기꺼이 인정할 수 있다. 따라서 그리스도인들이여, 하나님을 의지하라. 날마다 은혜의 보좌 앞에 나가 능력을 끊임없이 공급해 달라고 기도하라. 하나님은 우리가 그런 식으로 자기에게 다가오는 것을 좋아하신다. 더 자주 다가갈수록 더 좋다. 더 많이 다가갈수록 더 많이 환영받는다. 하나님은 그런 관대한 마음을 지니고 계시기 때문에 우리가 작은 평화와 기쁨을 구하면 우리의 입을 넓게 벌리라고 요구하며 넘치도록 가득 채워 주신다. 우리의 필요를 전능하신 하나님 앞에 모두 아뢰자. 하나님은 그것을 다 채워 주고 남을 만한 능력을 지니고 계신다.

윌리엄 거널, *The Christian in Complete Armour*, 1:36-37

사람이 만일 온 천하를 얻고도 자기 목숨을 잃으면 무엇이 유익하리요

육체는 영혼의 집으로 일컬어진다. 집은 그 안에 사는 사람보다 훨씬 덜 중요하다. 그러나 참으로 안타깝게도 사람들은 영혼이 마치 생각하거나 돌볼 가치가 없는, 비천하고, 하찮고, 한심한 것인 양, 오로지 육체의 향상과 영광에만 시간과 염려와 정력과 관심을 쏟아붓는다. 어리석게도 우리는 육체에만 집착하고, 더 고귀한 요소인 영혼을 등한시한다. 영혼의 위대함은 영혼을 영광의 상속자로 만들기 위해 치러진 대가의 크기를 통해 분명하게 드러난다(벧전 1:18-19). 우리는 가격에 따라 물건을 평가한다. 지혜로우신 성부와 성자께서는 영혼의 구원을 위한 대가로 적절하다고 생각하신 가격을 지불하셨다. 영혼은 그만큼 위대하다. 우리는 영혼의 위대한 가치를 기꺼이 인정해야 한다. 왕이 사람들의 발에 무언가가 짓밟히는 것을 보고, 그것을 집어 가슴에 품기 위해 보좌에서 내려왔다고 상상해 보라. 왕이 낡은 편자나 핀이나 끊어진 신발 끈과 같이 하찮은 것을 줍기 위해 그렇게 했을 것이라고 생각하는가? 왕이 그런 노력을 기울일 정도면 매우 큰 가치를 지닌 것이 틀림없다고 생각해야 옳지 않겠는가? 그리스도와 영혼의 관계가 바로 그렇다. 그리스도께서는 왕이시다. 그분은 하늘 보좌에 앉아서 사람들의 영혼이 율법의 발에 짓밟히며 죽음의 형벌 아래 짓눌리고 있는 것을 보셨다. 그분은 어떻게 하셨는가? 그분은 보좌에서 내려와 땅을 향해 몸을 굽히고, 자신의 생명과 피를 내어주셨다(고후 8:9). 하찮은 것을 위해 그렇게 하셨는가? 그렇지 않다. 그분이 그렇게 하신 이유는 죄인들의 영혼을 하늘과 땅을 다 합친 것보다도 더 중요하게 여기셨기 때문이다.

존 번연, *Works*, 1:112-116

영혼은 불멸한다. 영혼은 영원히 지각력을 잃지 않는다. 하늘의 천사들과 땅의 인간들이 모두 힘을 합친다고 해도 한 영혼을 죽이거나 멸절시킬 수 없다. "하나님은 자신이 원하지 않는 일을 하실 수 없다."라는 말이 성립한다면 그분도 영혼을 멸절시킬 수 없다고 말할 수 있다. 하나님이 죄를 지은 영혼들에게 쏟아부으시는 엄청난 진노와 징벌에도 불구하고, 영혼들은 의식과 지각력을 그대로 유지한 채 그런 형벌을 견디며 감당한다. 영혼을 죽일 가능성이 가장 큰 것이 있다면 바로 사망일 것이다. 그러나 사실 사망도 영혼을 죽일 수 없다. 첫째 사망이나 둘째 사망이나 그럴 수 없기는 마찬가지다. 부자도 육체만 죽었을 뿐, 그의 영혼은 살아서 지옥에 있었다(눅 16:23). 둘째 사망도 영혼을 죽일 수 없다. 왜냐하면 구더기들이 영원히 죽지 않고 항상 영혼을 갉아먹으며 고통을 줄 것이기 때문이다(막 9:44, 킹제임스 성경). 이것은 영혼의 위대성을 보여 준다. 영혼은 영원한 생명을 지니고 있고, 항상 살아 있을 것이다. 영혼은 참으로 놀랍기 그지없다. 영혼은 보이지 않는 실체들, 곧 천사들과 가장 지고하신 하늘의 거룩하신 하나님을 인식하는 능력이 있다. 하나님은 인간의 영혼과 교제를 나누기를 원하셨다. 영혼은 죄의 어둠이 제거되면 하나님과 교제를 나눌 수 있다. 영혼은 지성이 있기 때문에 오직 하나님만이 드러내고, 가르치실 수 있는 숭고하고 장엄한 영적 비밀들의 깊이와 높이와 길이와 넓이를 알 수 있다. 그렇다. 영혼은 그런 비밀들을 깊이 파고들 수 있다. 하나님은 자기의 생각을 열어 보여주기 위해 그것을 듣고, 알고, 이해할 능력이 있는 피조물을 창조하셨다. 하나님이 세상을 창조하신 이유 가운데 하나가 그분이 만드신 것들을 통해 자신을 드러내고, 또 그것들에게 자신을 나타내시기 위해서였다고 말하더라도 그 어떤 인간은 물론, 하나님조차도 아무런 이의를 제기하지 않을 것이 틀림없다. 오, 인간의 영혼은 참으로 위대하기 그지없다.

존 번연, *Works*, 1:116-117

그가 또한 우리에게 인치시고
보증으로 우리 마음에 성령을 주셨느니라

믿음은 '바라는 것들의 실상'이다. 믿음은 우리가 먼 미래의 위로를 받기 전부터 만족을 누릴 수 있도록 도와준다. 그리스도인은 그리스도 안에서 하나님의 은혜를 이미 맛보았기 때문에 하나님을 온전히 즐거워할 때를 갈망한다. 믿음은 실질적인 성취와 똑같이 즐겁지는 않더라도 모든 점에서 그렇게 된 것만큼이나 확실하다. 신자는 믿음의 확실함에 근거해 세상에서 하나님이 명령하신 일을 행하면서 기다린다. 신자는 어려움을 겪으며 간절히 바라지만 인내하며 기다린다. 바울도 "내가…차라리 세상을 떠나서 그리스도와 함께 있는 것이 훨씬 더 좋은 일이라"라고 말했다(빌 1:23-24). 많은 사람이 그런 미래를 믿는다고 말한다. 그러나 그 믿음이 그들에게 어떤 영향을 미치고 있는지 궁금하다. 믿음으로 그런 미래를 현재의 것처럼 즐기고 있는가? 안타깝게도 일시적인 것들이 영원한 것들보다, 보이는 것들이 보이지 않는 것들보다 우리에게 더 많은 영향을 미친다. 우리는 작은 것에 유혹을 느끼고, 작은 즐거움이나 이익에 쉽게 마음을 내준다. 영적인 것에는 세상의 것에 기울이는 관심의 절반도 기울이지 않는다. 천국을 위한 수고와 관심이 그토록 적은 것을 보면 사람들이 천국을 소중히 여기지 않는 것이 분명해 보인다. 그들은 그런 것을 한 번도 들어본 적이 없거나 자기들이 듣는 것을 믿지 않는 것처럼 살아간다. 그들은 하늘의 것보다 하찮은 즐거움과 사소한 것들을 더 좋아한다. 가난한 사람이 자기가 큰 재산을 물려받게 되었다는 사실을 알면 그것을 자주 생각하며 즐거워하고, 그것을 속히 소유할 수 있기를 갈망하지 않겠는가? 복음 안에서 영원한 생명의 약속이 우리에게 주어졌다. 그러나 과연 누가 그것을 청구하고, 갈망하고, 소유할 것인가? 누가 그것을 얻기 위해 부지런히 수고할 것인가? 누가 가서 그것을 보기를 원할 것인가? '오, 내가 죽어 그리스도와 함께 있었으면 참으로 좋으련만!' 이 소망이 우리에게 그토록 적은 영향을 미친다면, 이는 곧 우리가 마음속으로 그것을 소중히 여기지 않는다는 증거다.

토머스 맨튼, *By Faith, Sermons on Hebrews 11*, 16-17쪽

진실로 진실로 너희에게 이르노니 너희가 무엇이든지
아버지께 구하는 것을 내 이름으로 주시리라

그리스도의 사랑은 날마다 우리에게 많은 유익을 가져다준다. 그분은 오로지 좋은 것만을 베푸신다. 그분은 우리의 저주와 유혹과 고난과 죄와 죽음조차도 축복으로 바꾸어 주신다. 그런 것들도 결국에는 우리에게 유익한 것으로 드러난다. 그분의 길은 무엇이 되었든, 우리에게 다 유익하다. 그리스도 안에서 우리를 사랑하시는 하나님의 길은 물론, 유기된 자들이나 귀신들처럼 우리를 미워하는 자들의 길도 모두 선을 이룬다(롬 8:28). 이것이 그리스도께서 사랑하는 자들이 누리는 큰 특권이다. 그들은 유익하지 않은 일은 어떤 일도 당하지 않는다. 그들은 어떤 상황을 겪고 있든 그것이 자신을 위한 최선이라고 확신할 수 있다. 만일 그것이 최선이 아니라면 그들은 결코 그런 일을 당하지 않았을 것이다. 또한, 그런 일이 더 이상 최선이 아닐 때는 그들은 더는 그 일을 겪지 않게 될 것이다. 이것은 가장 은혜로운 특권이지만, 때때로 우리의 감각과 이성이 큰 걸림돌이 되는 까닭에 가장 믿기 어려운 것이기도 하다. 그러나 이 특권은 엄연한 사실이다. 그리스도의 사랑은 우리에게 좋은 것은 무엇이든 다 준다. "여호와 하나님은…정직하게 행하는 자에게 좋은 것을 아끼지 아니하실 것임이니이다"(시 84:11). "젊은 사자는 궁핍하여 주릴지라도 여호와를 찾는 자는 모든 좋은 것에 부족함이 없으리로다"(시 34:10). 하늘과 땅과 그 안에 있는 모든 것을 비롯해 분명히 유익하다고 생각되는 것이 있으면 무엇이든 담대하게 그리스도께 구하라. 그분의 사랑은 그 요청을 부인하지 않을 것이다. 우리에게 죄와 마귀와 고난과 파괴가 없는 것이 유익하다면 그리스도의 사랑은 즉시 그것들을 없애줄 것이고, 세상의 모든 나라를 소유하는 것이 신자에게 절대적으로 유익하다면 그리스도의 사랑은 즉시 그에게 왕관을 씌우고 그것들을 다스리게 하실 것이다. 그리스도의 사랑은 우리가 바랄 수 있는 것은 무엇이든 허락할 것이다. 분별 있는 사람 가운데 유익한 것을 바라지 않을 사람이 누가 있겠는가? 하나님은 이미 유익한 것은 무엇이든 우리에게 허락하기로 약속하셨다(시 37:4).

데이비드 클락슨, *Works*, 3:8, 9

말할 수 없는 영광스러운 즐거움으로 기뻐하니

그리스도의 풍성하고 영광스러운 사랑은 오직 낙원의 언어로만 표현할 수 있다. 그것은 오직 황홀경에 들어가 삼층천으로 이끌려 올라간 영혼만이 이해할 수 있다. 성령께서 우리의 이해를 돕기 위해 사용하신 표현도 사실은 온전히 이해하기가 어렵다. 그분은 말로 다 할 수 없는 기쁨(벧전 1:8), 지각에 뛰어난 평강(빌 4:7), 지식에 넘치는 사랑(엡 3:18), 측량할 수 없는 충만함(엡 3:19)에 관해 말씀하셨다. 이것들은 모두 사랑에서 흘러나온 것이다. 그리스도께서는 그 원천이요 대양이시다. 이것들은 작은 불꽃이고, 그리스도께서는 태양이시다. 그분의 사랑은 영광스러운 삼위일체에 관한 관심을 일깨운다. 창조되지 않으신 거룩한 영이 우리의 소유가 되었다. 그분의 은혜와 위로가 우리의 것이다. 성부께서도 우리의 것이다. 그분의 존재와 영광스러운 속성들, 곧 그분의 충만하심과 지혜와 능력과 긍휼과 정의와 진리와 신실하심이 우리의 것이다. 하나님의 예정이 우리가 누리는 행복의 원천이다(엡 1:4-5). 그분의 섭리는 돛을 활짝 펴고 영광의 바다를 항해하도록 이끈다. 천국이 우리의 고향이고, 세상은 순례의 여행을 하는 동안 우리가 잠시 묵는 여관이다. 천사들은 우리의 경호원이다(마 4:6). 그리스도의 사랑이 우리에게 허락하지 않은 것은 하늘이나 땅 그 어디에도 없다. 그러나 우리에게 그리스도가 없다면 이 모든 것이 다 무슨 유익이 있겠는가? 그리스도가 없으면 세상은 지옥이 되고, 천국은 더 이상 천국이 될 수 없을 것이다. 그분은 세상의 소망이요 천국의 영광이시다. 그분의 사랑이 얼마나 위대한지 생각해 보라. 그분은 자기 자신은 물론, 모든 것을 자기와 함께 내어주셨다. 그분의 사랑은 우리에게 아무것도, 심지어는 자신의 생명조차도 아끼지 않는다. 그분은 자신의 생명을 우리를 위한 대속물로 내어주셨다. 그분은 자신의 피도 아끼지 않고, 그 피로 우리를 씻어주셨다. 또한, "내게 주신 영광을 내가 그들에게 주었사오니"(요 17:22)라는 말씀대로, 그분은 자기의 영광도 우리에게 허락하셨다. 오, 무한한 사랑이여! 측량할 수 없이 풍성한 그리스도의 사랑이여! 그리스도의 사랑과 그 풍성함에 관심을 기울이는 영혼은 참으로 행복하다.

데이비드 클락슨, *Works*, 3:10-11

너희는 여호와의 선하심을 맛보아 알지어다

스스로가 경험한 하나님을 생각해 보라. 그분의 선하심은 맛보아 알 수 있다. 이 경험은 자연적인 오성의 능력을 뛰어넘는다. 하나님을 구할 때 영혼 속에서 그분의 부드럽고 기쁨을 주는 감동이 느껴지며, 내적 축복이 촉촉하게 흩뿌려져 내리는 것을 경험해본 사람이 우리 가운데 많지 않은가? 또한 하나님에게서 멀어질 때 양심 속에서 그분의 부드러운 꾸짖음을 느껴본 적이 있지 않은가? 때로 실의에 빠졌을 때 모종의 보이지 않은 손이 당신을 일으켜 세워 주는 느낌이 들거나 뜻하지 않은 섭리의 역사가 일어나 출로가 생겨난 적이 있지 않은가? 우리의 마음은 그런 일이 우연이 아니라는 것을 즉각 알아차릴 수 있다. 우리는 하나님이 "자기를 찾는 자들에게 상 주시는 이"시라는 사실을 잘 알고 있다. 하나님의 존재를 부인하는 것이 어리석은 것처럼, 그분을 하나님으로 예배하지 않는 것도 어리석기는 마찬가지다. 하나님은 우리의 창조주요 우리가 누리는 행복의 원천이시므로 예배는 그분의 당연한 권리에 속한다. 하나님의 존재를 믿는다고 고백하면서 예배를 등한시한다면 그것은 곧 그분을 부인하는 것이나 다름없다. 하나님을 예배하지 않는 것은 그분의 존재를 부인하는 것만큼이나 어리석은 일이다. 유대인들은 인간이 안식일 전날 저녁에 창조되었다고 믿는 이유를 '인간의 삶이 창조주에 대한 예배와 함께 시작되었기 때문'이라고 설명했다. 인간이 자신이 피조물이라는 사실을 깨닫자마자 가장 처음 했던 엄숙한 행위가 바로 예배였다. 하나님은 자신의 영광을 위해 세상을 창조하셨다. 그분이 자기를 위해 인간을 창조하신 이유는 자신의 창조 사역을 통해 영광을 받으시기 위해서였다. 우리는 하나님 안에서 살며, 기동하기 때문에 또한 그분을 위해, 그분을 향해 살며 기동해야 한다. 하나님의 존재를 부인하는 사람은 그분의 본질을 부인하는 무신론자이고, 하나님께 대한 예배를 부인하는 사람은 그분의 영광을 부인하는 무신론자이다. 모든 생각 속에 하나님을 고려하지 않는 것은 불경건한 사람의 악한 속성이다. 기쁨과 공경의 태도로 하나님을 생각하지 않는다면 무슨 위로를 얻을 수 있겠는가? 하나님을 잊는다면, 그것은 곧 우리에게 하나님이 아예 존재하지 않으시는 것이나 똑같다.

스티븐 차녹, *The Existence & Attributes of God*, 65-66쪽

너는 마음을 다하여 네 하나님 여호와를 사랑하라

진리 안에서 그리스도를 고백하고, 그분을 믿는 귀한 믿음을 소유했다면 그분을 우리의 전부로 삼아야 마땅하지 않겠는가? 입으로만 그분에 관해 말하지 않고, 삶과 행위를 통해서도 그분을 잘 보여 주고 있는지 궁금하다. 그리스도를 구원자로 고백하는 사람은 많지만, 주님으로 인정하는 사람은 너무나도 적다. 거의 모든 것이 그리스도보다 중요시된다. 마당의 꽃이나 사냥개, 새 옷이나 유행하는 옷을 비롯해 온갖 하찮은 것들을 자신의 전부로 생각하는 사람들이 많다. 세상에서 돈의 위력은 그야말로 대단하다. 그러나 병에 걸렸을 때 나발이 돈을 향해 울며 부르짖어도 돈이 그를 양심의 고통에서 구해줄 수 없고, 가룟 유다와 같은 사람도 죽음과 심판의 날에 그의 돈이 아무런 위로도 주지 못한다는 것을 발견할 것이다. 삶의 경험이 우리에게 '모든 것이 헛되다'고 가르치지 않는가? 오직 그리스도만을 바라고, 앙모하라. 세상에 있는 하찮은 장신구들은 이 보물에 비하면 아무런 가치가 없다. 심지어는 '내가 그리스도를 소유했다면 얼마나 좋을까!'라는 미약하고, 열의 없는 소원조차 품지 않는 사람들이 대부분이다. 물론, 그리스도는 그렇게 나태하고, 미지근한 태도로 찾으면서 오직 세상의 것만을 바란다면 그분을 발견하기 어렵다. 다른 것을 그리스도보다 더 원하거나 그분과 동등하게 취급하거나 그분을 제외한 채 다른 것만을 바라는 사람은 절대로 그분을 소유할 수 없다. 그분을 발견하려면 온 마음과 힘을 다해 찾아야 한다. 그렇지 않으면 그분을 얻을 수 없다. 사랑의 팔을 활짝 벌려 그분을 안아라. 다른 것들을 바라는 마음을 모두 다 합치더라도 그것이 그분을 사랑하는 마음보다 더 강하면 안 된다. 그분은 우리를 위해 온갖 고난을 감당하셨다. 다른 경쟁자를 마음속에 두지 말고, 오로지 그리스도만을 우리의 전부로 삼아야 한다. 번쩍이는 육신의 미끼와 유혹에 현혹되지 않고 그리스도만을 기쁨으로 여기는 삶을 실천하는 것은 결코 쉽게 도달할 수 없는 영적 미덕이다. 그러나 우리의 영혼과 정신과 육체를 비롯해 우리 안에 있는 모든 것을 오롯이 그리스도께 바치는 것이야말로 우리가 인간으로서 행해야 할 가장 온전한 의무이다. 우리는 일평생 우리 자신을 온전히 바쳐 그리스도를 섬겨야 한다.

새뮤얼 워드, *Sermons*, 6-11쪽

내 심령에 이르기를 여호와는 나의 기업이시니

우리 하나님은 지극히 적합한 분깃이시다. 그 어떤 것도 우리의 심령에 그분만큼 적합한 것은 없다. 그분은 영혼의 상태, 곧 영혼의 소원과 필요와 욕구와 갈망과 기도에 꼭 맞는 분깃이시다. 영혼에 필요한 모든 것이 하나님 안에서 발견된다. 그분 안에는 영혼을 밝히는 빛, 영혼을 인도하는 지혜, 영혼을 지탱하는 능력, 영혼을 채우는 선, 영혼을 용서하는 긍휼, 영혼을 기쁘게 하는 아름다움, 영혼을 황홀하게 하는 영광, 영혼을 만족하게 하는 충만함이 있다. 아픈 사람에게는 건강이, 가난한 사람에게는 재물이, 주린 자에게는 음식이, 목마른 자에게는 물이, 벌거벗은 사람에게는 옷이, 상처 입은 사람에게는 향유가, 고통받는 사람에게는 편안함이, 정죄당한 사람에게는 용서가 적합하지만, 이 분깃이 인간의 모든 필요에 적합한 것과는 비교가 되지 않는다. 세상의 분깃은 그 무엇도 불멸의 영혼에는 적합하지 않다. 영혼은 하나님과 연합해 교제를 나눌 수 있는 능력이 있다. 영혼은 지금은 물론, 앞으로도 영원히 하나님을 즐거워한다. 큰 신발은 작은 발에 적합하지 않고, 큰 돛은 작은 배에 어울리지 않는다. 세상의 분깃은 그 어떤 것도 불멸의 영혼에는 적합하지 않다. 영혼은 인간의 아름다움이다. 천사들은 영혼을 경이로워하고, 귀신들은 영혼을 시샘한다. 하나님이 없으면 영혼은 그 무엇에도 만족할 수 없다. 영혼은 동인도의 모든 부와 산더미 같은 황금과 바윗덩이와 같은 다이아몬드로도 만족을 얻거나 충만하게 되거나 기쁨을 얻을 수 없을 만큼 고귀하다. 어떤 사람이 사형 선고를 받고 감옥에 갇혀 있는 상황에서는 누군가가 찾아와 친구나 친척이 그에게 상당한 재산을 남겨주었다는 소식을 전해주더라도 그의 현재 상황에 전혀 적합하지 않기 때문에 그는 조금도 즐겁거나 기쁘지 않을 것이다. 그러나 누군가가 군주의 인장이 찍힌 사면장을 가져다준다면 그는 기뻐 환호성을 지르며 어쩔 줄 몰라 할 것이다. 최고선은 영혼을 유익하게 하기에 가장 적합한 것이다. 그러므로 하나님은 영혼에 적합한 가장 뛰어난 분깃이시다.

토머스 브룩스, *Works*, 2:27-28

여호와의 도가 정직한 자에게는 산성이요
행악하는 자에게는 멸망이니라

하나님의 길은 의롭고, 복된 길이다. 그 길을 걷는 자들에게는 일시적인 축복, 영원한 축복, 영적 축복이 모두 임한다. 하나님의 길은 의로 인도한다. 그 길을 걸으면 의를 사랑하고, 기뻐하며, 힘써 실천할 수 있다. 비속하고, 교만하고, 위선적이고, 형식적이고, 배교에 이르는 길은 하나님의 길과는 거리가 멀다. 그것은 불의하고, 왜곡된 길이다. 그 길을 걷는 자들에게는 저주와 고통만이 임할 뿐이다. 그 길을 걷는 자들은 결코 안전할 수 없고, 항상 천둥 번개와 같은 하나님의 진노를 초래하기 쉽다. 그러나 하나님의 길은 영혼을 새롭게 하는 길이다. 그 길을 걷는 영혼은 활력과 은혜가 넘친다. 영혼이 지쳐 피곤할 때 하나님의 길은 새로운 활력을 주고, 영혼이 죽어 둔감할 때 하나님의 길은 생명을 주며, 영혼이 무기력할 때 하나님의 길은 위로를 준다. 하나님의 길은 초월적인 길이다. 그 길은 다른 모든 길을 능가한다. 어둠과 빛을, 돌멩이와 진주를, 불순물과 금을 어떻게 비교할 수 있겠는가? "이는 내 생각이 너희의 생각과 다르며 내 길은 너희의 길과 다름이니라…이는 하늘이 땅보다 높음 같이 내 길은 너희의 길보다 높으며"(사 55:8-9). 하나님의 길은 고난과 곤경과 박해가 뒤따르는 길이다. "길이 협착하여"(마 7:14)라는 말씀은 고난을 의미한다. 하나님의 길은 고난, 시련, 박해로 인해 좁아진다. 하나님의 길은 영혼을 굳세게 하는 길이다. 그 길은 정직한 자의 마음을 굳세게 하고, 강하게 만들어줌으로써 유혹을 물리치고, 영적 부패를 극복하며, 고난 속에서 즐거워하고, 가장 신령한 의무를 이행하며, 가장 신령한 은혜를 발전시켜 나갈 수 있도록 도와준다.

토머스 브룩스, *Works*, 4:342-343

너는 기도할 때에 네 골방에 들어가 문을 닫고

주님이 하신 이 말씀의 의미는 분명하다. 이 말씀은 문자 그대로 받아들여야 한다. 이 말씀은 모든 그리스도인에게 홀로 기도하는 시간을 가지라고 명령한다. 골방 기도의 의무를 이행하려면 신실함이 필요하다. 영혼이 신실할수록 골방 기도에 더욱 충실할 수 있다. 바로나 사울이나 가룻 유다나 데마나 서기관과 바리새인들이 은밀히 하나님 앞에 영혼을 쏟아냈다고 말씀하는 성경 구절을 읽어본 적이 있는가? 은밀한 기도는 위선자의 일반적인 행위나 태도와는 거리가 멀다. 사람들 앞에서만 경건한 척하는 사람은 자신의 마음이 하나님 앞에서 올바른지 생각해 보면서 두려워해야 마땅하다. 신실해야만 은밀히 기도할 수 있다. 공중 앞에서 기도할 때는 교만, 헛된 영광, 박수갈채, 큰 명성 등, 육적인 마음을 즐겁게 하거나 자극하는 요인들이 많다. 바이올린 연주자가 자신의 삶을 올바르게 이끌어 가는 것보다 악기를 조율하는 데 더 신중한 것처럼, 위선자도 어떤 의무를 이행하든 선한 삶보다는 명성에, 선한 양심보다는 평판에 더 많은 관심을 기울인다. 혼자서 기도하면 그런 영향으로부터 자유롭다. 하나님은 은밀한 기도를 충실하게 이행하는 사람들에게 외적인 축복으로 갚아주신다. 그분은 현세에서는 부분적으로 상을 베푸시고, 내세에서는 온전히 상을 베푸신다. 그분은 자기를 부지런히 찾는 자들에게 상 주시는 분이시다. 눈물로 은밀히 씨앗을 뿌리는 사람들은 기쁨으로 당당하게 단을 거둘 것이다. 은밀한 기도는 사람들과 천사들 앞에서 상을 받을 것이다. 하나님은 은밀히 기도했던 다니엘을 공개적으로 축복하셨다(단 6:10, 23-28). 하나님은 큰 심판의 날에 자기 백성들이 은밀하게 토해낸 기도와 눈물과 한숨과 탄식에 대해 온 세상 앞에서 상을 주실 것이다. 그날에 하나님은 사람들과 천사들에게 자기 백성이 얼마나 자주 은밀한 장소에서 자기에게 영혼을 쏟아냈는지 말씀하시고, 그에 합당한 상을 베푸실 것이다. 그리스도인들이여, 이것을 진정으로 믿는다면 은밀한 기도를 더욱 자주, 더욱 많이 드리려고 노력하기 바란다.

토머스 브룩스, *Works*, 2:164-174

그는 멸시를 받아 사람들에게 버림 받았으며

그리스도께서는 우리를 사랑하셨기 때문에 기꺼이 고난받으셨다. 그분은 우리가 죄로 인해 받아야 마땅한 징벌을 모두 감당하셨다. 무에서 광대한 우주를 창조하신 분, 곧 만왕의 왕, 만주의 주께서 종의 형체를 취하셨다. 그분은 기꺼이 "벌레요 사람이 아니라 사람의 비방 거리요 백성의 조롱 거리"가 되셨다(시 22:6-7). 영원한 찬양의 대상이셨던 분이 우리를 사랑하신 죄로 술주정뱅이, 탐식가, 신성모독자, 미치광이, 귀신들린 자라는 비방과 욕설을 당하셨다. 항상 기쁨이 충만했던 분이 우리를 사랑하신 죄로 "간고를 많이 겪고 질고를 아는 사람"이 되셨다. 그 사랑 때문에 하나님이 기꺼이 저주를 받으셨고, 기꺼이 종으로 팔리셨고, 생명의 주께서 비천하고, 저주스럽고, 잔인한 죽음을 죽으셨다. 주님의 슬픔과 같은 슬픔이 없고, 주님의 사랑과 같은 사랑이 없다. 지극히 사랑스러우신 구원자여, 멸망해야 할 비참한 저희를 위해 기꺼이 기도하고, 탄식하고, 슬퍼하셨으니 그것만으로 충분하지 않으신가요? 그런데 또 저희를 위해 피 흘려 죽기까지 하셨나요? 미움과 중상과 신성모독과 조롱을 당하신 것만으로도 충분한데 채찍으로 맞고, 못 박히고, 찔리고, 십자가에서 죽기까지 하셨나요? 인간의 잔인함을 느끼는 것만으로도 충분한데 하나님의 진노까지 감당하셨나요? 한 번 죽은 것으로 충분한데 둘째 사망까지 맛보고, 육체와 영혼으로 죽음의 고통을 온전히 감당하기까지 하셨나요? 오, 그리스도의 초월적인 사랑이여, 참으로 놀랍기 그지없도다! 하늘과 땅이 놀란다. 누가 그것을 말로 표현할 수 있으랴? 누가 그것을 마음으로 상상할 수 있으랴? 사람이나 천사들의 말이나 생각만으로는 그 사랑을 표현하기에 턱없이 부족하다. 오, 그리스도의 사랑의 높이와 깊이와 넓이와 길이여! 우리의 생각은 그 깊이에 삼키어 흔적도 찾을 수 없다. 오직 영광의 날이 이르러 그리스도의 사랑에 감탄하며 찬양과 찬미를 드릴 수 있어야만 비로소 만족할 것이다.

데이비드 클락슨, *Works*, 3:12-14

믿고 말할 수 없는 영광스러운 즐거움으로 기뻐하니

그리스도인인 우리는 평범한 수준의 즐거움으로 기뻐해서는 안 된다. 우리는 질적으로나 양적으로 세상의 즐거움을 능가해야 한다. 우리의 행복은 그 어떤 세상 사람보다 더 일관되고, 더 크고, 더 뛰어나야 한다. 우리가 사색하는 초월적인 대상들을 생각해 보라. 그리스도를 통한 칭의와 성화를 생각해 보라. 하루 중 단 한순간이라도 그런 놀라운 생각을 멈추지 말라. 우리의 영혼도 육체처럼 아침, 점심, 저녁에 양식을 먹고, 간식과 후식까지 잘 챙겨 먹여야 마땅하다. 우리의 귀한 시간은 바람을 가득 품고, 조수에 빠르게 밀려가는 배처럼 거침없이 신속하게 흘러간다. 하루하루가 모두 즐거운 명절이 될 수 있다. 벨릭스의 행복이나 베스도의 축제나 디베스(부자와 나사로의 비유에 나오는 부자의 이름—역자주)의 풍요로움을 부러워할 필요가 없다. 영적 축복을 누린다면 우리는 왕과 같은 삶을 살 수 있다. 그러나 하나님 앞에서 죄를 지으면 기쁨이 사라진다. 날마다 깨어 경계하는 사람만이 자기 배가 위험한 바위에 부딪히는 것을 막을 수 있다. 깨어 경계하면 설혹 그런 일이 일어나더라도 곧 회복할 수 있다. 왜냐하면 믿음이 역사해 주님 앞에서 깊이 뉘우치며 양심의 평화를 되찾도록 도와줄 것이기 때문이다. 우리는 믿음으로 날마다 죄의 용서를 구하고, 씻음을 받아야 한다. 이것은 바리새인이 손을 씻는 것보다 훨씬 더 많은 노력이 필요한 일이다. 우리는 매일 그리스도의 십자가라는 붉은 줄로 하나님의 채무 장부에 적힌 검은 줄을 지워 없애야 한다. 그러면 하나님이 우리의 채무 장부를 들여다볼 때 자기 아들의 귀한 피로 채무가 변제된 것을 알게 되실 것이다. 그분의 피는 우리의 죄를 덮고, 없애고, 제거하고, 온전히 소멸시키고도 남기 때문에 하나님은 우리의 죄와 채무를 보지 않으시거나, 보아도 그것을 우리에게 불리한 죄와 채무로 볼 수 없으실 것이다. 세상에 있는 동안, 천국의 기쁨은 직접 누릴 수 없지만, 복음의 기쁨은 마음껏 누릴 수 있다. 우리는 복음의 다채로운 맛을 은밀하게 즐길 수 있다. 그것들은 다른 어떤 기쁨보다 더 사랑스럽다.

새뮤얼 워드, *Sermons*, 27-30쪽

네가 이 사람들보다 나를 더 사랑하느냐

그리스도께서 우리를 위해 하신 모든 일을 생각해 보라. 그분이 어떻게 우리를 용서했고, 그토록 많은 은혜를 베푸셨는지 생각해 보라. 너무 좋거나 값비싼 것이라서 그분에게 드리기가 어렵고, 너무 힘들어서 그분을 위해 하기가 어려운 일이 과연 있을 수 있을까? 마리아여, 그대의 눈물로 그분의 발을 씻겨 드릴 수 있다면 주저하지 않고 눈물을 쏟아내겠는가? 그대의 머리털이 너무 좋아 그분의 발을 닦아드릴 수건으로 사용하기가 어려운가? 값이 너무 비싸 그분의 머리에 부어드리기가 아까운 향유가 과연 있을까? 아리마대 요셉이여, 주님이 그대의 무덤을 필요로 하시는데 거절할 수 있겠는가? 삭개오여, 주님이 그대를 구원해 주셨는데 그분보다 재물을 더 사랑할 셈인가? 마음이 죄에 끌리는 것을 느낄 때면 신속하게 믿음을 작동시켜 마음으로 하나님의 능력을 굳게 의지해야 한다. 그러면 그분의 능력이 우리의 마음을 유순하게 만들어 순종할 수 있게 이끌 것이고, 우리의 의지를 양처럼 온순하게 만들 것이다. 이런 일은 그리스도의 죽음이라는 효과적인 치유책을 굳게 의지할 때 일어난다. 아울러, 그리스도의 부활의 능력도 사람의 마음을 변화시켜 새롭게 하고, 새로운 행동 원리를 제공한다. 죄에 순응하는 육신을 죽이고, 거룩함을 추구하는 정신을 되살리려면 그분의 능력을 의지해야 한다. 습관적으로 죄를 지으려는 악한 성향으로 인해 괴롭고, 그로 인해 자신의 의지와는 달리 죄의 종이 되어 살아가고 있는가? 죄를 짓지 않겠다고 결심하고, 또 결심하지만 아무런 소용이 없는가? 부러진 갈대와 같이 연약한 우리의 의지를 의지해서는 안 된다. 우리는 그리스도의 은혜를 의지해야 한다. 우리 자신은 연약할지라도 주님 안에서 강해지면 믿음으로 넉넉히 이길 수 있다. 야곱처럼 주님과 씨름하며 축복을 구하라. 그러면 다리는 절룩거릴 테지만 하나님과 겨루어 이긴 자가 되어 에서의 속박으로부터 구원받을 수 있다. 사탄이 우리의 마음속에서 강한 요새를 구축하고 있다면 끝까지 저항해야 한다. 그러면 사탄이 우리 앞에서 번갯불같이 떨어질 것이다. 그리스도께서는 가장 부패한 죄도 능히 용서하실 수 있다. 따라서 절망할 필요 없다. 얼마든지 믿음의 발로 죄의 목을 짓밟고 승리할 수 있다.

새뮤얼 워드, *Sermons*, 30-32쪽

다윗은 큰 시련과 고난을 겪었다. 하나님은 종종 자기 자녀들이 길고 큰 시련과 고초를 당하도록 놔두셨다가 구원을 베푸시곤 한다. 다윗은 본문에서 낙심에 빠진 자신의 영혼을 질책했다. 그는 낙심해야 할 이유가 없는데도 낙심에 빠진 자신의 상태를 의식했다. 하나님의 자녀가 고난을 겪으면서 너무 크게 실망하고 낙심한다면, 그것은 죄를 짓는 것이다. 슬픈 일이 있을 때 하나님 앞에 나가지 않고 오히려 그분에게서 멀리 벗어나면, 그 영혼은 크게 낙심할 수밖에 없다. 물론, 고난이나 시련이 닥쳤을 때 전혀 낙심하지 않는 것도 어떤 면에서는 하나님을 신뢰하지 않는 증거일 수 있다. 우리는 하나님이 시련을 허락하신 이유를 모를 수 있기 때문에 어떤 상황에서든 그분을 신뢰하지 않으면 안 된다. 하나님을 신뢰하지 않는 것은 곧 우리 자신을 신뢰하는 것이다. 우리의 힘으로는 승리를 경험할 수 없다. 우리는 하나님을 신뢰함으로써 계속해서 은혜를 공급받아야 한다. 하나님의 자녀들이 시련의 때에 실패하는 이유는 하나님을 신뢰함으로써 새로운 은혜를 공급받으려고 애쓰지 않기 때문이다. 이미 지나간 은혜를 가지고는 새로운 의무를 이행하거나 새로운 고난을 감내할 수 없다. 우리의 영혼은 연약하다. 따라서 우리의 영혼도 연약한 식물처럼 기대어 의지할 것이 필요하다. 다윗은 유혹과 고난과 낙심을 경험했다. 사탄이 유혹했고, 그의 정욕이 부글부글 끓어올랐다. 하나님은 자신의 사랑을 잠시 거두고, 다윗을 홀로 내버려 두셨다. 그러나 마침내 그는 그 모든 것을 이겨내고 자기 자신을 훈계했다. 이처럼 하나님의 자녀들은 고난 속에서 극도의 고통을 겪으면서도 하나님을 의지하고, 신뢰함으로써 스스로를 위로하고, 새롭게 회복할 수 있다. 하나님의 참된 자녀는 가장 큰 시련 속에서도 하나님의 성령께서 능력을 주시는 것을 경험한다. 하나님의 자녀는 자기 하나님을 의지한다. 성령께서는 가장 큰 시련 속에서 우리의 연약함을 도우신다. 성령께서는 강력한 기도와 부르짖음을 통해 하나님의 귀에 큰 소리로 호소할 수 있게 해 주신다 .

리처드 십스, *Works*, 7:51-55

수고하고 무거운 짐 진 자들아
다 내게로 오라 내가 너희를 쉬게 하리라

하나님은 우리가 위험한 때에 안심하고 의지할 수 있는 유일한 반석이시다. 그분을 의지하면 어떤 상황에서도 평화를 누릴 수 있다. 하나님은 이 목적을 위해 은혜를 따로 예비해 두셨다. 이것은 은혜 중의 은혜, 곧 새 언약의 은혜로 고통받는 영혼을 위로해 준다. 우리에게 영원한 생명을 주는 하나님의 사랑이 또한 우리에게 매일의 양식을 허락한다. 우리는 양식과 보호는 물론, 원하는 모든 것을 하나님께 의지할 수 있다. 어려운 상황에 빠졌을 때는 언제라도 하나님 안에서 위로를 발견할 수 있다. 우리가 어려움을 겪을 때마다 적절한 위로가 주어진다. 우리가 병들면 건강을 주시고, 연약하면 힘을 주시며, 죽으면 영원한 생명을 주신다. 어떤 상황에서든 항상 비참한 상태로 머물지 않는다. 하나님 안에 우리를 위로해 줄 것이 있다. 성경은 하나님을 반석, 요새, 방패로 일컫는다. 그분은 기반이 되는 반석이요 안전한 요새요 위험한 상황에서 우리를 보호하는 방패이시다. 하나님이 그런 것들로 우리를 위로하신다면 그분 자신은 얼마나 더 큰 위로가 되시는가? 간곡히 권하노니 하나님을 "지극히 큰 상급"(창 15:1)으로 생각하라. 하나님은 우리에게 힘을 주는 떡이요 모든 위로의 영이시다. 요새나 방패가 위험한 순간에 우리를 안전하게 보호할 수 있다면 하나님은 더더욱 그러실 수 있지 않겠는가? 방주 속에서 안전하게 물 위를 떠다녔던 노아를 생각해 보라. 그가 그럴 수 있었던 이유는 무엇인가? 하나님이 그를 방주 안에 두고 문을 닫아 보호하셨기 때문이다. 어떤 불행이 닥치더라도 하나님 안에는 우리를 위로해 줄 것이 존재한다. 따라서 하나님을 신뢰해야 한다. 이것이 우리의 영혼을 평화롭게 하는 길이다. 하나님께 나가 그분을 의지처로 삼으면 기쁨과 보살핌과 소망을 발견할 수 있다. 나침반이 북쪽을 가리키고, 방주가 아라랏산에 머물렀던 것처럼 우리의 영혼도 하나님께 나가야만 안전하게 거할 수 있다. 그렇게 될 때까지 우리의 영혼은 방주가 물 위를 떠다녔던 것처럼 계속 배회할 것이다.

리처드 십스, *Works*, 7:59-60

여호와는 나의 반석이시요 나의 요새시요
나를 건지시는 이시요…나의 구원의 뿔이시요

주님의 나의 도움이자 구원이시다. 가난과 수치를 비롯해 그 어떤 고난으로 인해 괴로움을 당하더라도 하나님은 우리의 구원이요 도움이시다. 우리가 어려움을 당할 때 하나님은 우리를 구원하시고, 우리가 악한 원수들로부터 박해를 당할 때 하나님은 우리의 요새가 되어주신다. 우리 하나님 외에 누가 반석인가? 내가 주님께 부르짖으면 원수들로부터 나를 구해 주신다 . 다윗은 모든 승리를 거둔 뒤에 하나님을 자신의 하나님으로 일컬었을 뿐 아니라 방법이 있든 없든, 형편이 좋든 나쁘든, 그분이 자신의 육체와 영혼을 항상 구원해 준 구원자이시라고 고백했다. 이것은 참으로 크나큰 위로가 아닐 수 없다. 하나님은 자신의 피조물에게 우리를 구원하라고 명령하실 수 있고, 심지어는 마귀조차도 우리를 구원하는 수단으로 삼으실 수 있다. 도움이 될 만한 수단이 아무것도 보이지 않을 때도 하나님은 그런 수단을 순식간에 만드실 수 있다. 그런 식으로 하나님은 우리의 도움이 되어 주신다. 이것은 참으로 크나큰 위로의 근거가 아닐 수 없다. 따라서 낙심하지 말라고 권하고 싶다. 고난을 겪을 때 비둘기처럼 구슬프게 울 수는 있겠지만 이성을 잃은 짐승처럼 굴어서는 안 된다. 그리스도인은 한쪽 눈으로는 고난을 바라보고, 다른 한쪽 눈으로는 하나님을 바라봐야 한다. 하나님을 자신의 구원자로 바라보라. 하나님이 우리의 구원자이시라면 어떤 고난이 닥치든 상관없다. 하나님이 우리의 의원이시라면 어떤 질병에 걸려도 상관없다. 그러나 우리는 이런 것들을 생각하지 않고, 스스로 속아 마귀의 손에 우리 자신을 넘겨줄 때가 너무나도 많다. 하나님은 우리의 하나님이시다. 하나님은 우리를 사랑하고, 보존하신다. 하나님은 우리를 기뻐하시고, 우리는 하나님을 기뻐한다. 우리는 하나님과 친밀하고, 그분을 사랑하며, 무엇이 필요하든 그분을 의지한다. 하나님이 "너희는 나의 소유다."라고 말씀하셨을 때 우리의 영혼은 "하나님은 저의 소유입니다. 항상 저의 것입니다."라고 말했다. 이것이 영원한 구원의 언약이다. 우리의 구원은 선택에서부터 영화에 이르기까지 영원무궁토록 하나님에게서 비롯한다. 하나님은 우리의 하나님이요 구원이시기 때문에 우리는 그분을 신뢰하고, 섬겨야 한다.

리처드 십스, *Works*, 7:61-62

너는 기도할 때에 네 골방에 들어가 문을 닫고

하나님은 자기 백성이 은밀히 기도할 때 자기를 가장 많이 나타내신다. 그리스도인들은 골방에서 하나님과 단둘이 있을 때 신령한 감화, 복된 기쁨, 그분과의 최상의 교제, 은혜로운 감동을 경험한다. 하나님은 혼자서 드리는 기도의 날개 위에 가장 은혜롭고, 가장 좋은 축복을 실어 주기를 좋아하신다. 그리스도인이 혼자서 개인 기도를 시작하는 순간에 하나님이 그에게 입을 맞추고, 평화의 인사를 건네고, 빛과 기쁨과 확신을 베푸실 때가 얼마나 많은지 모른다. 개인 기도는 말씀의 비밀을 여는 황금 열쇠다. 개인 기도를 통해 가장 복되고 뛰어난 진리들을 많이 깨달을 수 있다. 하나님은 혼자서 개인 기도를 드리는 가난한 영혼들에게 자신의 진리와 충실함, 은혜와 선하심, 긍휼과 관대함, 아름다움과 영광을 나타내기를 기뻐하신다. 그분은 홀로 개인 기도를 드리는 자신의 종들에게 다른 사람들에게는 봉인되어 감추어진 중대하고 복스러운 진리들을 발견할 수 있는 기회를 허락하신다. 개인 기도는 하나님의 이름에 합당한 영광과 존귀를 그분께 돌려 드린다. 영혼은 은밀히 기도할 때 하나님과 가장 깊은 교제를 나눌 수 있다. 그리스도인이 한적한 광야에 있을 때 하나님은 자애롭게 위로의 말씀을 건네기를 좋아하신다. 남편이 아내와 단둘이 있을 때 가장 자유롭고 온전하게 자기의 생각을 드러내는 것처럼, 그리스도께서도 자기를 믿는 영혼에게 그렇게 하신다. 하나님은 자기 백성이 혼자 있을 때 은밀한 포옹, 임재, 속삭임, 격려, 진리의 깨달음을 허락하신다. 암브로시우스는 종종 이렇게 말했다. "나는 혼자 있을 때 가장 덜 외로웠다. 왜냐하면 그럴 때야말로 아무런 방해 없이 내 하나님의 임재를 가장 자유롭고, 온전하고, 은혜롭게 느낄 수 있기 때문이다." 그리스도께서는 훤히 보이는 길거리가 아닌 골방에서 우리를 안아 주기를 좋아하신다. 그리스도께서는 우리가 혼자 있을 때 가장 풍성한 선물을 은밀하게 베풀어 주신다.

토머스 브룩스, *Works*, 2:174-177

그 앞에 즐거운 것을…
우리 가운데서 이루시기를 원하노라

사탄은 우리의 영혼을 괴롭히는 자다. 그는 "하나님이 네게 이러저러한 고난이나 시련을 허락해 화형을 당하게 하거나 주님을 부인하게 하고, 또 네 재산을 모두 빼앗기게 하고, 네 주머니에 돈이 한 푼도 남아 있지 않게 하신다면 너는 어떻게 되겠느냐? 네 믿음이 과연 그런 유혹의 때를 잘 이겨낼 수 있을 것이라고 생각하느냐?"라는 식으로 미래에 대한 불안감을 부추겨 우리를 시험한다. 그는 우리에게 덫을 놓고, 미래에 대한 두려움을 불러일으켜 현재의 의무를 등한시하게 유도함으로써 정작 미래에 시련이 닥쳤을 때 아무런 대비도 하지 못하게 만든다. 다음 날에 해야 할 일이 많은 사람은 전날 밤에는 그 모든 일에 대한 생각을 잊고, 그 일을 할 준비를 갖추기 위해 휴식을 잘 취하는 것이 필요하다. 영혼이 하나님 안에서 휴식을 덜 취할수록 시련이 닥쳤을 때 그것을 잘 감내할 수 있는 능력도 그만큼 줄어들 수밖에 없다. 따라서 다음 세 가지의 명백한 진리로 우리의 영혼을 위로해야 할 필요가 있다. (1) **모든 사건은 하나님의 섭리에서 비롯한 결과다.** 참새 한 마리도 저절로 땅에 떨어지는 법이 없는데 성도가 하나님의 손길을 통하지 않고서 가난이나 질병이나 박해로 인해 고난을 겪는 일은 더더욱 없지 않겠는가? (2) **하나님은 "내가 결코 너희를 버리지 아니하고"라고 약속하셨다**(히 13:5). 하나님은 자기 종들에게 그들이 알아야 할 것을 모두 가르쳐 주신다. 신앙생활을 처음 시작한 순간에는 기도하는 은혜는 물론, 고난을 감내하는 은혜도 함께 주어진다. (3) **지혜로우신 하나님은 우리가 다양한 인생의 단계를 거치는 동안 이따금 우리에게 주기로 의도하신 은혜를 잠시 감추심으로써 우리의 마음을 고무해 자신의 충실한 약속을 온전히 의지하게 하신다.** 예를 들어, 하나님은 아브라함의 믿음이 얼마나 굳건한지 시험하기 위해 그가 손을 들어 이삭을 죽이려고 했던 순간까지 가만히 내버려 두었다가 구원을 베푸셨다. 그리스도께서도 제자들의 믿음을 시험하고 자신의 사랑을 보여 주기 위해 그들만 먼저 갈릴리 호수를 건너게 하고 자신은 뒤에 남으셨다. 따라서 길을 가는 도중에는 하나님이 보이지 않더라도 결국에는 그분을 발견하게 될 것이라는 믿음으로 우리 자신을 위로하자.

윌리엄 거널, *The Christian in Complete Armour*, 1:96-97

의인은 그의 믿음으로 말미암아 살리라

인간은 하나님의 형상대로 창조되어 에덴동산에서 그분의 총애를 받으며 행복한 삶을 영위했다. 그러나 타락하고 난 이후부터는 과거의 행복을 되찾을 요량으로 헛된 것들을 추구하며 살아간다. 인간은 롯의 집 대문을 두들겼던 소돔인들이나 오류의 미로 속에서 소경을 인도하는 소경과도 같다. 탐욕스러운 사람은 재물의 축복을 받으면 마치 진정으로 좋은 것을 받은 것처럼 자신의 영혼을 치하한다. 관능적인 사람은 공허한 쾌락에 만족을 느끼면 왕 같은 행복한 삶을 살고 있는 것처럼 희희낙락한다. 야심이 있는 사람은 가파르고 미끄러운 명예의 산에 올라서면 가장 높은 경지의 행복을 얻은 것처럼 생각한다. 안타깝게도, 이런 사람들은 모두 자신이 죽음의 방 안에 있다는 사실을 의식하지 못한다. 그들은 살아 있는 것처럼 보이나 실상은 죽었다. 그들은 산 자의 형상을 가진 유령들이다. 행복에 이르는 참된 길은 오직 하나뿐이다. 바울이 누렸던 진정한 행복을 생각해 보라. 그는 항상 기쁘고, 행복한 태도를 유지하지 않았는가? 그가 육신을 입고 살면서도 행복했던 이유는 주 예수 그리스도를 믿는 믿음으로 살았기 때문이다(갈 2:20). 따라서 우리도 좋은 날 보기를 원한다면 주 예수 그리스도를 믿는 믿음으로 생명의 길을 굳게 붙잡아야 한다. 믿음으로 살면 온갖 시련과 고난 속에서도 영혼을 고무하는 기쁨과 행복의 삶을 살 수 있다. 바울은 혹독한 고난 속에서도 정복자보다 더 위대한 삶을 살았다(롬 8:37). 믿음은 생명과 경건에 속하는 모든 것을 풍성하게 공급해 준다. "오, 믿음이여! 너를 생각하면, 네가 지닌 능력을 생각하면, 네가 참으로 위대한 마법사처럼 느껴지는구나!" 하나님의 모든 은사 가운데 믿음보다 더 유익한 것은 없다. 믿음은 현세와 내세에 모두 이롭다. 믿음은 삶의 모든 의무와 목적에 유익하다. 믿음은 갖가지 방식으로 다양하고, 풍성하게 활용될 수 있다.

새뮤얼 워드, *Sermons*, 17-21쪽

주 예수를 믿으라 그리하면…구원을 받으리라

구원의 문 앞에 서 있는가? 믿어야 할지 말아야 할지 고민스러운가? 당신은 빛에 다가가고 싶지만 그렇게 하기가 어려운 것처럼 보인다. 왜 선뜻 달려나가 어둠을 벗어버리고 산 자들의 땅에 들어가지 않는 것인가? 믿음이 내면에서 온전히 역사해 마음속에서 그리스도의 형상을 이루도록 허락하라. 믿고 싶은데 스스로가 죄인이라는 생각이 들어 주저되는가? 그리스도께서는 죄인을 구원하기 위해 오셨다. "내 죄는 너무나도 추악해."라고 말하고 싶은가? 그리스도께서 "믿는 자에게는 능히 하지 못할 일이 없느니라"(막 9:23)라고 말씀하지 않으셨는가? 무슨 죄를 지었더라도 무한한 긍휼을 통해 깨끗이 용서받을 수 있지 않은가? 그리스도의 보혈이 다윗의 죄와 같은 끔찍한 죄도 깨끗이 씻어주지 않았는가? 그리스도께서 작은 생채기만을 치유하려고 하늘에서 오셨겠는가? 오랫동안 낫지 않는 깊이 파인 상처도 치유하시지 않겠는가? 그릇 생각하지 않도록 조심하라. 스스로에게서 눈을 돌려 그리스도를 바라보라. 아무리 치명적인 상처를 입었더라도 믿으면 치유 받고, 살아날 것이다. 겸손을 가장한 교만에 빠지지 않도록 주의하라. 베드로처럼 그리스도께서 귀한 손으로 더러운 발을 씻겨주지 못하시게 할 셈인가? 그리스도께서는 '개'라는 소리를 달갑게 듣고, 기꺼이 주인의 상에서 떨어지는 부스러기를 받아먹겠다고 말한 겸손한 가나안 여인을 크게 기뻐하지 않으셨는가? 불러도 오지 않는 것은 큰 교만이다. 믿음은 순종을 의미한다. 선한 일을 하고 싶으면 오라. 무엇을 갖다 바쳐야 환영받을 것이라고 생각할는지 몰라도 그리스도께서는 값없이 나오라고 말씀하신다. 돈을 의지하지 말라. 그리스도께서 삭개오에게서 정확한 보상을 받으셨는가? 바울이 간수에게 믿으려면 새 사람이 되라고 말했는가? 그렇지 않다. 먼저 믿으면 그다음에 갱생이 이루어진다. 그릇된 생각에 얽매이지 말고, 먼저 그리스도를 붙잡으라. 그리스도를 바라보고, 그분이 치르신 피의 희생을 진정으로 믿기를 원하는 사람은 누구나 받아주겠다고 하신 약속을 의지하라. 믿기 위해 배우고, 노력하고, 힘써라. 지금은 구원의 날이다. 죽음에서 생명으로 옮겨 가라. 오늘을 새로운 생일로 삼으라. 믿으면 영원히 하나님의 자녀가 될 수 있다.

새뮤얼 워드, *Sermons*, 22-23쪽

오직 여호와를 앙망하는 자는 새 힘을 얻으리니

믿음으로 베옷과 재를 벗어버리고 기쁨과 희락의 옷을 입으라. 옷을 깨끗하게 하고, 머리에 기름을 바르라. 삶을 만끽하라. 오, 그리스도인이여! 오늘도 살고, 내일도 살고, 영원히 살라. 믿음을 활용하는 법을 터득하면 그렇게 할 수 있다. 주님 안에서 항상 잔치를 즐기며 즐거워하고 싶은가? 그렇게 하려면 내가 지금부터 하는 말을 잘 듣고, 매일 그대로 빠짐없이 이행해야 한다. 먼저, 휴식과 여흥으로 자주 육체를 유쾌하게 하는 것처럼 영혼도 기쁘게 해야 한다. 매일 다볼산, 곧 한적한 묵상과 기도의 장소를 향해 영혼의 발걸음을 두세 걸음씩 떼어 놓으라. 이삭이 묵상했던 들판이나 다윗이 기도했던 골방에 나아가라. 그곳에서 무엇을 해야 할까? 영혼을 고무해 하나님과 대화를 나누라. 스스로가 누리는 약속과 특권을 생각하라. 그것들을 생각하며, 영혼 안에서 그 달콤함이 느껴질 때까지 깊이 음미하라. 그것들을 모두 한꺼번에 생각하기도 하고, 또 하나씩 떼어 따로 곱씹어 보기도 하라. 이따금 한 가지를 구체적으로 생각해 보기도 하고, 또 다른 한 가지를 깊이 생각해 보기도 하라. 자신의 죗값이 청산된 것이 얼마나 놀라운지, 하나님의 진노가 충족된 것이 얼마나 경이로운지 생각해 보라. 지금 하나님의 자녀로서 자신이 얼마나 행복하고 안전한 상태에 있는지 생각해 보고, 죽음이나 지옥이 두렵지 않은 상태가 얼마나 기쁜 것인지 묵상해 보라. 그런 생각들을 기도와 한데 섞어 은혜와 도우심을 구하라. 마음이 기쁨으로 훈훈하게 되살아날 때까지 기도의 산에서 내려오지 말라. 이것이 곧 믿음을 활용하는 방법이다. 이 방법을 따르면 영혼이 '여기가 좋아.'라고 말하게 될 것이다. 매일 그곳에서 믿음을 최대한 활용하라. 숯을 뒤적이지 않으면 불꽃도 안 일고, 열기도 내뿜지 못한다. 믿음의 아름다움은 그것을 활용하는 데서 비롯한다. 근육을 가만히 놔두지 말고 활용하라. 믿음을 향상시키기 위해 부지런히 철저히 노력하면 그것을 통해 큰 기쁨을 얻을 수 있을 것이다.

새뮤얼 워드, *Sermons*, 23-25쪽

제자들은 기쁨과 성령이 충만하니라

믿음으로 살라. 주님을 믿는 믿음으로 기쁨을 누리라. 믿음을 부지런히 활용하지 않으면 낙심이 들고, 사탄이 영적 즐거움과 행복을 훼방할 것이며, 우울함과 슬픔에 사로잡히게 될 것이다. 믿음을 활용하지 않으면 무슨 유익이 있겠는가? 그것은 전쟁에 나간 군인이 칼을 사용하지 않는 것과 같다. 낙심이 엄습해 올 때면 믿음으로 "내 영혼아, 왜 그렇게 혼란스러워하느냐?"라고 말해야 하지 않겠는가? 그러면 주님은 바람과 풍랑을 즉각 꾸짖어 잠잠하게 하실 수 있다. 사람들은 대부분 스스로 사용하는 일시적인 무기가 있다. 어떤 이들은 다윗의 수금처럼 친구들이나 포도주나 담배로 삶의 활력을 얻으려고 한다. 그들은 그런 것들이 없으면 살 재미를 느끼지 못한다. 믿음은 그런 것들보다 훨씬 더 낫지 않은가? 현명한 그리스도인이라면 하나님의 귀한 약속들을 통해 새로운 활력을 얻으려고 하지 않겠는가? 믿음을 지키면 믿음이 우리의 기쁨을 지켜줄 것이다. 믿음은 항상 변함없이 우리를 지켜 주며, 항상 신령한 기쁨을 안겨 준다. 고개를 수그리고, 머리를 늘어뜨린 채로 다니는 것은 그 얼마나 볼성 사나운 일인가! 의인에게는 기뻐하는 것이 어울리지 않는가? 그리스도인은 기뻐하는 사람이어야 마땅하지 않은가? 하늘나라는 기쁨이 넘치는 곳이 아닌가? 기쁨은 사람들을 매료시켜 끌어모으지만 침울함은 사람들을 멀리 내쫓지 않는가? 부자가 마음으로 침울한 생각만 한다면 사람들이 이상하게 생각할 것이 틀림없다. 그렇다면 모든 것이 합력해서 나의 선을 이루고, 그리스도께서 나의 친구이며, 하나님이 나의 목자시라는 사실을 알고 있는 사람이 그렇게 한다면 더더욱 이상하지 않겠는가? 나발이 돌처럼 죽은 듯 살아간다면 조금도 이상하지 않겠지만 느헤미야의 안색이 바뀐다면 뭔가 특별한 이유가 있을 것이 분명하다. 하늘의 모든 보화를 가지고 있으면서 어찌 슬퍼할 수 있겠는가? 우리의 보물은 마귀로부터 영원히 안전하다. 오, 가엾은 사람이여! 기쁨으로 자신의 믿음을 드러내라. 믿음을 활용하고, 기뻐하라. 믿음을 증대시켜 더 큰 기쁨을 누리라.

새뮤얼 워드, *Sermons*, 25-27쪽

내가 주의 법을 어찌 그리 사랑하는지요

믿음은 우리를 위해 참으로 많은 것을 해줄 수 있다. 우리의 침상을 들고 걸어가지 않고서 질병만 치유되는 것으로는 충분하지 않다. 나는 어떤 사람들에게서 은혜가 살아 약동하는 것을 보았다. 그들의 음식과 음료는 하나님의 뜻을 행하는 것이었다. 누군가는 "죄의 권세에 지배되거나 시달리지는 않지만, 그저 무기력하기만 하고, 영적인 일에 큰 즐거움을 느끼지 못한다. 기도와 묵상과 주일을 즐거워하는 일이 무쇠가 헤엄을 치는 것만큼이나 힘들다."라고 말할지도 모른다. 그러나 믿음에는 불가능이 없다. 믿음은 우리에게 자연스러운 습성처럼 되어버린 것들을 변화시킬 수 있다. 다윗은 하나님을 섬기는 데서 기쁨을 발견했다. 그는 하나님의 계명을 금보다 더 좋아했다. 그분의 계명은 그에게 송이꿀보다 더 달콤했다. 그는 한밤중에 일어나 하나님의 행사를 묵상했다. 자연인도 그런 의무를 더러 흉내 낼 수는 있지만, 믿음의 마음으로 행할 수는 없다. 믿음은 의무를 수월하게 이행할 수 있게 해주고, 우리의 멍에를 쉽고 가볍게 만든다(사 40:31). 믿음은 뿌리이신 그리스도로부터 자양분을 얻는다. 다윗은 믿음으로 적들과 싸웠고, 바울은 믿음으로 복음을 전했다. 믿음은 충만한 은혜를 가져다준다. 믿음은 모세처럼 온유하고, 욥처럼 인내하며, 다윗처럼 열정적일 수 있게 해 준다. 믿음으로 주님 안에서 영혼을 위로하고, 그분의 은혜를 구하라. 주님과 연합한 사실을 생각하고, 그분이 시련을 없애 주실 것이라고 믿으라. 필요한 은혜를 생각하고, 갈렙의 딸처럼 자신의 분깃을 구하라(삿 1:14-15). 이런 지침을 성령의 인도하심에 따라 날마다 실행에 옮기라. 나는 완전함을 약속하지 않았다. 그러나 믿음이 조금씩 성장하면 주 안에서 능력이 점점 증대되고, 그리스도 안에서 서서히 온전한 성장을 이루게 될 것이다. 그렇게 되면 땅 위에서 거룩한 삶을 사는 성도가 될 수 있고, 어두운 세상을 비추는 빛이 될 수 있으며, 지금보다 훨씬 더 큰 위로를 받게 되고, 복음을 영예롭게 하며, 평생토록 거룩하고 의롭게 살 수 있을 것이다.

새뮤얼 워드, *Sermons*, 32-33쪽

모든 것 위에 믿음의 방패를 가지고

완전한 행복에 이르는 것을 방해하는 삶의 요인이 있는가? 그렇다면 믿음으로 그것을 극복할 수 있다. 육신은 항상 소심하며, 편안한 것만을 좋아한다. 칭의와 성화를 확신하면서도 행복하지 못한 이유는 육신이 감당해야 하는 궁핍함과 십자가와 어려움 때문이다. 믿음은 빛을 환하게 비추며, 이성과 본성을 뛰어넘는다. 믿음은 환난 속에서 인내하는 것으로 그치지 않고, 환난을 정복하고 기뻐한다. 믿음은 우리를 단단한 돌이나 무거운 하중에도 부러지지 않는 나무처럼 우리를 강인하게 만든다. 이것이 믿음의 영예요 영광이다. 믿음은 큰 장애물을 향해 과감하게 돌진한다. 작은 배는 수면이 잔잔할 때는 안전하다. 가벼운 미풍은 누구나 견딜 수 있다. 그러나 강한 폭풍우가 불고, 파도가 거세게 일어나면 정신은 아찔해지며, 겁이 더럭 난다. 그런 폭풍우에 단호히 맞서 승리하는 것이 믿음의 사역이다. 믿음은 말씀을 나침반으로 삼고, 키를 붙잡고 계시는 그리스도를 의지한다. 가장 혹독한 시련도 믿음은 능히 이겨내며 빛을 발한다. 사람들은 호랑이를 길들일 수 있다며 자랑한다. 그러나 믿음은 수치, 가난, 질병, 박해, 추방은 물론, 심지어는 죽음까지도 침착하게 견뎌낼 수 있게 해주니 어찌 비교할 수 있겠는가? 그리스도인들은 믿음 덕분에 큰 유익을 얻는다. 그들의 유일한 잘못은 갑자기 화살이 날아올 때 믿음의 방패를 사용하는 기술이 부족하거나 그것을 아예 사용하지 않는 것이다. 폭풍우가 불어닥치면 즉시 달려가서 잠자고 있는 믿음을 깨워야 한다. 믿음의 문을 두드리며 "믿음아, 어서 네 일을 하거라!"라고 말하라. 하나님의 눈과 손이 허락하지 않으면 가장 사소한 시련도 일어나지 않는다. 이 사실을 믿음의 위로로 삼아라. 그분은 우리의 지혜로운 하나님이요 자애로운 아버지이시다. 그분은 우리가 무엇으로 만들어졌는지를 잘 알고 계시기 때문에 약사가 약의 양을 정확하게 재어 처방하는 것처럼 우리 각자에게 꼭 알맞은 시련을 허락하신다.

새뮤얼 워드, *Sermons*, 33-36쪽

내 은혜가 네게 족하다

믿음은 우리의 현재 상태가 심판의 도끼날이 아닌 시련이라는 가지치기 칼에 의한 결과라는 것을 깨닫는다. 하나님의 능력이 우리를 보호하기 때문에 마귀는 우리를 건드릴 수 없다. 우리는 반석이신 그리스도 아래 안전하게 거한다. 우리는 결코 좌절하지 않을 것이다. 질병이나 가난이 찾아와도 하나님의 손이 모든 것을 통제한다. 악의적인 원수가 매질을 가해도 아버지께서 곁에서 지켜보며 매질의 회수를 조절하신다. 귀신들은 돼지 떼로부터 한치도 벗어날 수 없었다. 하나님은 우리의 역량을 아시기 때문에 귀신들이 우리가 견딜 수 있는 한계를 넘어서는 공격을 가하도록 허락하지 않으신다. 우리를 위한 그분의 지혜와 은혜는 충족하다. 믿음은 하나님이 시련을 제한하시고, 그것을 통해 가장 큰 유익을 얻을 수 있도록 섭리하실 것이라는 확신을 준다. 우리의 체질을 잘 아는 성부께서 허락하시는 것이기 때문에 우리를 가장 유익하게 하는 결과가 이루어지기 마련이다. 지금은 마음이 낙심되더라도 나중에는 더 나아질 것이 분명하다. 믿음은 그리스도께서 고난의 동반자시라는 사실을 일깨워 준다. 그분은 우리가 짊어진 짐의 가장 무거운 부분을 짊어지신다. 예수님은 영광에 이르는 과정에서 가시 면류관, 침 뱉음, 매질, 조롱, 사악한 죄인들의 비난 등, 많은 고난을 겪으셨다. 그분은 십자가에서 내려오시지 않고, 그것을 견딤으로써 자신이 하나님의 아들이심을 나타내셨다. 예수님의 제자가 되고 싶으면 그분의 학교에서 가장 먼저 배워야 할 것이 십자가라는 사실을 기억해야 한다. 자기를 부인하고, 십자가를 지고 예수님을 따라가야 한다. 우리의 주님과 영예로운 순교자들과 더불어 기뻐하라. 믿음은 무한한 상급과 영원한 영광의 중한 것을 바라본다. 바울은 그것들을 바라보고, 자신의 고난을 가볍고 일시적인 것으로 간주했다. 그랬기 때문에 그는 감옥에서도 즐겁게 노래를 부를 수 있었다. 의인은 고난이 많지만 우리는 믿음으로 감내하고, 믿음으로 싸우며, 믿음으로 승리할 것이다.

새뮤얼 워드, *Sermons*, 33-36쪽

이는 우리가 믿음으로 행하고
보는 것으로 행하지 아니함이로라

믿음으로 사는 사람이 얼마나 많다고 생각하는가? 우리는 과연 믿음으로 살고 있는가? 오늘 아침에 무슨 생각을 했는가? 무엇을 마음의 양식으로 삼았는가? 신령한 묵상보다 더 큰 기쁨을 주는 즐거움과 양식이 있었는가? 30분이나 15분 동안 믿음을 연습하는 시간을 마련해 두고 있는가? 이 필요한 일을 자주 잊곤 하는가? 영혼에 영적 양식을 공급하지 않은 채 하루나 일주일이나 한 달을 보낸 적이 있는가? 하늘의 본향에 가기 전에 영적 활력을 회복하라. 생명을 얻기도 전에 죽을 생각이 아니라면 생명의 삶을 사는 법을 배우라. 그것은 아무리 늦어도 늦지 않다. 군주요 통치자라면 생명의 삶을 사는 법을 배우라. 아무리 명예롭거나 형통하거나 즐겁다고 하더라도 그것은 참된 행복이 아니다. 참된 즐거움은 오직 믿음의 삶 속에서만 찾을 수 있다. 믿음의 삶은 누구나 살 수 있다. 아무리 가난하거나 배움이 없는 사람도 이 길을 따라 천국에 갈 수 있다. 가난한 사람은 부나 명예를 얻을 기회는 가질 수 없지만 믿음을 통해 진정으로 행복한 삶을 살 수 있다. 가난한 사람도 군주만큼 위대한 삶을 살 수 있다. 우리의 순례 여행을 더 행복하게 만들고 싶으면 오래 잘 살 수 있는 믿음의 기술을 터득해야 한다. 인생은 시간이 아닌 기쁨의 양으로 계산해야 한다. 돈의 가치는 지폐의 숫자가 아닌 지폐의 액면가로 결정된다. 건강하게 일주일을 사는 것이 병든 채로 일 년을 사는 것보다 더 낫다. 햇빛이 비추는 한 시간이 어두운 하루보다 더 낫다. 잘 사는 것은 두 번 사는 것이다. 선한 사람은 자신의 인생을 두 곱절이나 더 늘리는 셈이다. 믿음의 규칙에 따라 사는 하루가 헛되게 보내는 영원한 시간보다 더 낫다. 오래 살아도 만족하지 못하는 사람들이 있고, 짧게 살아도 자기 자신과 다른 사람들을 만족하게 하는 사람들이 있다. 어떤 사람들은 늙을 때까지 살아도 지루하게 세월만 보내고, 어떤 사람들은 몇 시간을 살아도 즐겁게 보낸다. 믿음으로 살면 일평생 왕과 같은 삶을 누릴 수 있다.

새뮤얼 워드, *Sermons*, 36-40쪽

너희 믿음대로 되라

믿음을 더 강력하게 발휘하고 싶으면 영적 눈의 초점을 신령한 즐거움에 맞추라. 물론, 그렇게 하려고 세상 밖으로 나가거나 사회를 떠나 은둔할 필요는 없다. 우리의 주의를 빼앗는 번쩍이는 것들 가운데 있더라도 그것들을 보지 못하거나 그것들에 영향을 받지 않는 것처럼 살아갈 수 있다. 모세는 보이지 않는 분께 초점을 맞추었다. 신자는 세상에서 살아갈 때 깊은 생각에 잠긴 사람이나 중요한 심부름을 하는 사람처럼 행동해야 한다. 신자는 다른 것은 아무것도 보지 못하고, 아무것도 듣지 못하고, 아무것도 생각하지 않는 사람처럼 살아가야 한다. 신자는 하늘의 보화만을 온전히 바라봐야 한다. 세상의 것이 우리의 주의를 빼앗거나 우리를 산만하게 해서는 안 된다. 믿음을 강화하는 것을 가장 중요한 목적으로 삼아야 한다. 성령의 도우심에 의지해 하루에 한두 번씩, 최소한 15분 동안 경건의 시간을 가지는 습관을 단 하루도 거르지 않겠다고 결심하라. 잠시 사람들과 어울리는 것을 피하고, 주님을 구하며 믿음을 강화하는 일에 전념하라. 기도와 성경 읽기와 묵상을 통해 믿음에 힘과 활력을 불어넣어야 한다. 그렇게 하면 영혼을 활력 있게 하고, 즐겁게 하고, 뜨겁게 할 수 있다. 이 습관을 충실히 이행하면 믿음의 힘과 위로와 열매가 차츰 더 풍성해져 그리스도 안에서 성숙해질 수 있다. 사는 동안 이 일을 매일 실천하겠다고 결심해도 손해가 나는 일은 결코 없을 것이다. 세상에 있는 동안에는 믿음으로 살아야 한다. 다른 사람들이 사소하고, 불필요한 것들로 큰 법석을 피우는 동안, 우리는 가장 거룩한 믿음으로 우리 자신을 단련해야 한다. 이 세상의 어둠 속에서 믿음으로 살면서 하나님의 오른편에 있는 온갖 선한 것들로 온전히 만족함을 얻게 될 날을 바라봐야 한다. 그날이 오면 믿음이 보이는 것으로 바뀔 것이다. 내가 이 글을 쓰는 이유는 우리 모두의 기쁨을 충만하게 하기 위해서다. 주님, 저희의 믿음을 더 크게 해주소서!

새뮤얼 워드, *Sermons*, 36-40쪽

그러므로 땅에 있는 지체를 죽이라

죄를 죽이는가? 그 일을 매일 하는가? 그 일을 하루라도 중단하지 말라. 항상 죄를 죽이라. 그렇지 않으면 죄가 우리를 죽일 것이다. 죄를 적으로 여겨 죽을 때까지 두들겨 패라. 죄는 육신의 행위를 부추긴다. 죄가 우리를 가만히 내버려 두는 것은 우리가 죄를 가만히 내버려 둔다는 증거다. 잔잔해 보이는 물이 깊을 때가 많은 것처럼, 죄는 가장 조용히 있는 듯 보일 때도 여전히 활발하게 움직이고 있다. 죄는 항상 활동하며, 속이고, 유혹하고, 꼬드긴다. 죄와 공격을 주고받지 않고 그냥 지나가는 날은 단 하루도 없다. 싸움이 항상 계속되기 때문에 안전한 때는 없다. 죄는 영혼을 파괴하는 중대하고, 추악하고, 저주스러운 온갖 범죄를 야기한다(갈 5:19-20). 죄는 유혹하기 시작하면 항상 극한까지 밀어 붙인다. 불결한 생각은 무엇이든 할 수만 있다면 불의를 저지르게 만드는 데까지 나아가고, 탐욕은 무엇이든 억압하는 데까지 나아가며, 불신앙은 무엇이든 무신론을 주장하는 데까지 나아가게 만들려고 한다. 죄는 만족을 모르는 무덤과 같다. 죄가 활동을 개시하면 영혼의 눈을 멀게 해서 하나님에게서 멀어지는 것을 보지 못하게 한다. 죄가 계속 자라면 영혼은 죄에 무관심해진다. 죄는 한계를 모른 채 자라나 하나님을 완전히 부인하고, 그분을 거부하는 데까지 이른다. 죄가 차츰 더 커지면 마음이 강퍅해진다. 죄를 죽이는 일을 통해 매시간 죄의 머리를 가격하고, 그 뿌리를 시들게 만들어야 한다. 세상에서 가장 훌륭한 신자도 이 중요한 의무를 소홀히 하면 타락할 위험이 크다. 이 의무를 소홀히 하면 속사람이 새로워지는 것이 아니라 쇠약해진다. "하나님을 두려워하는 가운데서 거룩함을 온전히 이루고"(고후 7:1), 날마다 은혜 안에서 자라며(벧전 2:2), 속사람을 날로 새롭게 하는 것(고후 4:16)이 우리의 의무다.

존 오웬, *Works*, 6:9-14

영으로써 몸의 행실을 죽이면 살리니

죄를 죽이는 능력은 성령에게서 비롯한다. 오직 그분에게서만 죄를 죽이는 데 필요한 큰 능력이 나온다. 성령께서는 우리 안에서 자기가 원하는 대로 역사하신다. 하나님은 이 일을 위해 우리에게 성령을 약속하셨다. 오직 그분만이 신자 안에서 역사하신다. 성령께서는 돌 같은 마음, 곧 강퍅하고, 교만하고, 반항적이고, 불신앙적인 마음을 없애 주신다(겔 11:19). 죄를 죽이는 것은 우리가 그리스도 안에서 누리는 축복 가운데 하나로 성령을 통해 우리에게 주어진다. 우리는 성령의 능력으로 죄를 죽일 수 있다. 그렇다면 성령께서는 어떻게 죄를 죽이실까? (1) **성령께서는 우리의 마음속에 은혜가 넘쳐나게 하고, 육신의 행위와 대조되는 영적 열매를 맺게 하심으로써 죄를 죽이신다**(갈 5:19-21). (2) **성령께서는 죄의 습관과 뿌리를 효과적으로 파괴함으로써 죄를 약하게 만들어 죽여 없애신다.** 그분은 강력한 역사를 일으켜 돌 같은 마음을 제거하신다. 그분은 그런 근원적인 사역을 시작해서 서서히 이루어 나가신다. 그분은 정욕의 뿌리를 불태우는 불이시다. (3) **성령께서는 믿음을 통해 죄인의 마음에 그리스도의 십자가를 적용하고, 그리스도와 교제를 나누게 함으로써 그분의 죽으심과 고난에 동참하게 하신다.** 성령께서는 우리 안에서 죄를 죽이는 사역을 행하시지만, 그것을 우리의 복종을 통해 이루어 나가신다. 우리가 성령의 사역이 이루어지기에 적합한 상태를 갖추는 것과 그분이 우리 안에서와 우리에게 역사하시는 것이 동시적으로 이루어진다. 그로써 우리의 자유와 자발적인 복종이 보존된다. 성령께서는 우리의 오성과 의지와 양심과 감정의 본질적 특성에 적합하게 역사하신다. 그분은 우리를 배제하거나 거스르지 않고, 우리 안에서 우리와 더불어 역사하시기 때문에 그분의 도우심은 그런 사역을 촉진하는 효과적인 자극제가 된다. 따라서 성령의 도우심 없이 죄를 죽이려고 노력하는 사람들은 헛된 수고를 일삼을 뿐이다. 그런 사람들은 승리 없는 싸움을 싸우고, 평화 없는 전쟁을 치를 뿐이라서 평생 노예처럼 시달릴 수밖에 없다.

존 오웬, *Works*, 6:16-19

내가 입을 열지 아니할 때에
종일 신음하므로 내 뼈가 쇠하였도다

우리는 하나님과 동행하는 동안 그분의 능력과 위로와 권능과 평화를 갈망한다. 그런 바람이 이루어져 영적 생활의 기쁨을 누리려면 죄를 죽여 없애야 한다. 이러한 특권들의 가장 직접적인 원인은 성령의 역사를 통해 우리에게 주어진 양자 됨의 은혜에 있지만, 일상생활 속에서 하나님과 동행하며 영적 생활의 위로와 활력을 누리는 것은 죄를 죽이려는 노력 여하에 따라 크게 달라진다. 죄를 죽이는 것은 우리의 기쁨과 인과적 관계를 맺고 있다. 죄를 죽이지 않고서는 영적 생활의 활력을 누릴 수 없다. 죄를 죽인다는 것은 죄가 건강한 영적 생활을 침해하지 못하게 하는 것을 의미한다. 죄를 죽이지 못하면 항상 두 가지 결과가 발생한다. (1) **죄가 영혼의 활력을 빼앗아 영혼을 약하게 만드는 결과가 초래된다.** 다윗이 마음속에 정욕을 품고 있는 동안, 죄는 그의 뼈를 쇠하게 만들어 영적 활력을 앗아갔다. 정욕을 죽이지 않으면 영혼이 고갈되고, 모든 활력이 사라져 의무를 이행할 수 없게 된다. 죄는 마음의 애정affections을 혼잡하게 만들어 심령을 어지럽힌다. 죄는 마음에 영향을 미쳐 하나님과 교제를 나누는 데 필요한 영적 상태를 유지하지 못하게끔 방해한다. 죄는 생각 속에 유혹의 속삭임을 가득 불어넣어 생각을 단단히 속박한다. 따라서 죄를 죽이지 않으면 죄는 육신의 정욕을 채우려는 준비를 착착 이루어나간다. 죄를 지으면 의무를 이행하기가 어려워진다. (2) **죄가 영혼을 어둡게 해 위로와 평화를 앗아 가는 결과가 초래된다.** 죄는 영혼을 뒤덮어 하나님의 사랑과 은혜의 빛줄기를 가로막아 버리는 구름과 같다. 죄는 양자 됨의 은혜를 통해 주어진 특권에 대한 의식을 빼앗는다. 영혼이 위로를 생각하려고 노력하기 시작하면 죄는 신속하게 그런 생각을 흩어 버린다. 그러나 죄를 죽임으로써 심령을 깨끗하게 하고, 날마다 정욕의 잡초를 부지런히 제거하면 은혜가 번성할 수 있는 여지가 생기고, 언제라도 유익한 목적에 이바지할 수 있는 준비를 갖출 수 있다.

존 오웬, *Works*, 6:21-23

땅에 있는 지체를 죽이라 곧 음란과 부정과 사욕과
악한 정욕과 탐심이니 탐심은 우상 숭배니라

죄를 죽인다는 것은 곧 죄와 계속해서 싸우는 것을 의미한다. 우리가 맞서 싸워야 할 적이 존재한다는 사실과 가능한 수단을 모두 동원해 그를 죽여 없애야 한다는 점을 기억해야 한다. 이것은 영원의 문제를 다루는 위험한 싸움이다. 육신의 정욕을 사소한 문제로 간주하는 것은 아직 죄를 철저히 죽이지 못했다는 증거다. 우리의 마음에 어떤 위험이 도사리고 있는지 인식하지 못하면 앞으로 나아갈 수 없다. 우리는 육신의 정욕이 승리하도록 도와주는 죄의 책략과 방법과 방책과 강점과 유인책에 정통해야 한다. 이것이 사람들이 자신의 적을 대하는 방법이다. 그들은 적의 계획을 살펴보면서 그들의 의도를 생각하고, 그들이 어떻게, 어떤 수단을 통해 승리를 꾀하는지를 파악한다. 그렇게 해야만 적을 물리칠 수 있다. 이것은 가장 중요한 전략 가운데 하나다. 이 중요한 전략을 활용하지 않으면 원시적인 방법으로 싸울 수밖에 없다. 우리는 죄가 어떤 기회를 노려 유인책과 유혹의 미끼를 던짐으로써 유리한 고지를 점유하려고 하는지를 알아야 한다. 죄의 구실, 위장술, 논리, 전략, 특성, 변명 등을 유심히 살펴야 한다. 죄라는 뱀이 어디로, 어떻게 구불거리며 가는지 추적해야 하고, 그 가장 은밀한 술책을 알아내야 한다. 즉 "이것이 너의 일상적인 방식이고 과정이구나. 네 목적이 무엇인지 알고 있다."라고 말할 수 있어야 한다. 심지어는 정욕이 잠잠해 죽은 것처럼 보이더라도 거듭 새로운 공격을 가해 상처를 입히려고 노력해야 한다. 그런 노력을 기울이는 영혼은 우세를 점할 것이고, 죄는 칼에 맞아 죽어갈 것이다. 정욕을 자주 물리칠수록 우리는 더욱 강해질 수 있다. 우리의 심령이 잠시도 한눈을 팔지 않고 죄와 유혹이 악한 상상을 불러일으켜 정욕을 채우도록 유도하는 과정을 유심히 지켜본다면, 그것이 무엇인지 즉각 알아차려 하나님의 율법과 그리스도의 사랑으로 엄히 정죄해 온전히 제거할 수 있다. 그런 무기들을 활용하면 큰 승리를 거둘 수 있다.

존 오웬, *Works*, 6:30-32

너희가 본래 죄의 종이더니…마음으로 순종하여

삶의 모든 영역에서 마음으로 주님께 순종하려고 노력하지 않으면 우리를 괴롭히는 특정한 정욕을 죽여 없앨 수 없다. 평화를 앗아 가고 고통을 가하는, 강력하고 파괴적인 특정한 정욕을 발견하고, 그 아래에서 신음하며 그것에 맞서 기도로 물리치려고 애쓰면서 구원을 갈망하는 데만 급급한 나머지 다른 의무나 일을 소홀히 한다면 오히려 우리를 괴롭히는 그 정욕을 물리치기가 어렵다. 이것이 사람들이 신앙생활을 하면서 흔히 저지르는 잘못이다. 만일 영혼 안에 존재하는 추잡하고 더러운 죄를 없애려고 노력하면서 우리의 영성을 증대하는 데 필요한 기본적인 의무들을 등한시한다면, 모든 수고는 무위에 그칠 공산이 크다. 왜냐하면 그것은 기초를 잘못 놓는 것과 같기 때문이다. 무슨 죄든 죄로 여겨 미워해야 하지만, 그렇게 하는 이유는 단지 그것이 우리를 괴롭히기 때문만은 아니다. 그리스도께서 십자가를 짊어지셨기 때문에 그분을 사랑하고, 죄가 그분이 십자가를 짊어지는 이유가 되었기 때문에 죄를 미워하는 것이 죄를 죽이는 참된 영적 생활의 견고한 기초이다. 죄가 단지 우리를 괴롭힌다는 이유만으로 죄를 죽이려고 노력하는 것은 자기애에서 비롯한 행위에 지나지 않는다. "그 죄를 왜 죽이려고 하는가?"라는 질문에 "그 죄가 나를 괴롭히고, 평화를 앗아 가기 때문이다."라고 대답한다. 좋다, 하지만 당신은 기도와 성경 읽기를 소홀히 했다. 그런 의무를 소홀히 하는 것도 죄에 해당한다. 그리스도께서는 그런 죄를 위해서도 피를 흘리셨다. 죄를 죄로 여겨 미워한다면 성령을 근심하게 하는 모든 것을 경계해야 마땅하다. 하나님이 한 가지 죄에서만 벗어나게 해주시고, 자기를 근심하게 만드는 또 다른 죄는 허락하실 것 같은가? 하나님은 분명히 이렇게 말씀하실 것이 틀림없다. "그렇지 않다. 만일 네가 이 한 가지 정욕에서만 벗어나게 해주면 더는 내게 구할 것이 없을 거라고 생각한다면 필경 실패하고 말 것이다." 단지 우리를 괴롭히는 죄에만 관심을 기울여서는 안 된다. 하나님을 근심시키는 모든 죄에 관심을 기울여야 한다. 하나님의 사역은 단지 우리를 괴롭히는 개개의 죄를 물리치는 것이 아닌 전반적인 순종과 온전한 승리를 목표로 한다.

존 오웬, *Works*, 6:40-42

그 너비와 길이와 높이와 깊이가 어떠함을 깨달아
하나님의 모든 충만하신 것으로
너희에게 충만하게 하시기를 구하노라

그리스도의 사랑을 아는 지식 안에서 자라가면 하나님의 충만하심을 더 많이 누릴 수 있다. 장차 천국에 가면 지금은 부분적으로 아는 것을 온전히 알게 될 것이다(고전 13:12). 그리스도의 사랑은 우리가 현재 알고 있는 것을 능가하지만, 현재의 지식도 우리에게 충분한 만족감을 줄 수 있을 뿐 아니라 내세의 온전한 지식에 대한 갈망을 자극하기에 조금도 부족하지 않을 수 있다. 천국에는 더 풍성한 지식이 예비되어 있지만, 세상에서도 우리의 신앙 여정을 인도해 줄 충분한 지식을 소유할 수 있다. 그리스도의 사랑의 강물은 담대한 영혼이 뛰어들어 푹 잠길 만큼 깊은 곳도 있고, 겸손한 영혼이 안전하게 건널 수 있을 만큼 얕은 곳도 있다. 그리스도의 사랑에 관한 우리의 지식은 비록 불완전할지라도 그분을 더 사랑하지 못한 것을 부끄럽게 여길 수 있을 만큼 충분하다. 그분은 사랑 때문에 우리를 위해 가장 무서운 일을 감당하셨다. 그 일을 생각하면 그분의 이름을 위해 기꺼이 고난을 감수하지 못한 우리의 연약한 모습이 참으로 부끄럽기 짝이 없다. "그가 우리를 위하여 목숨을 버리셨으니…우리도 형제들을 위하여 목숨을 버리는 것이 마땅하니라"(요일 3:16)라는 말씀의 논리는 매우 강력하지만, 우리의 반응은 얼마나 미지근한지 모른다. 그리스도의 사랑은 정복하고 승리하는 사랑이다. 이 사랑은 앞에 놓인 것은 무엇이든 제압한다. 이 사랑은 하나님의 진노, 귀신들의 악의, 사람들의 불합리한 분노, 친구들의 불친절한 태도를 모두 극복하며, 모든 실망과 반대 세력을 이겨낸다. 이 사랑의 불길은 물로도 끌 수 없고, 홍수로도 뒤덮을 수 없다. 이만큼만 알아도 그리스도에 대한 우리의 사랑이 얼마나 쉽게 사그라들고, 차갑게 식어버리는지를 알고 부끄러워할 수밖에 없다. 비록 그리스도의 사랑의 원천을 온전하게 얻지는 못했어도 그 원천으로부터 용기를 가득 채울 만한 사랑은 충분히 받을 수 있다. 그리스도의 사랑을 더 많이 알아 하나님의 충만하심으로 충만하게 해 달라고 기도하자.

빈센트 알숍, *Puritan Sermons 1659-1689*, 4:285-312

믿음이 없이는 하나님을 기쁘시게 하지 못하나니

감각은 짐승의 빛이고, 이성은 인간의 빛이며, 신앙은 성도의 빛이고, 지복직관至福直觀은 영광의 빛이다. 삶의 중요한 문제들은 오직 믿음으로만 분별할 수 있다. 우리의 직접적인 경험으로는 죽음 이후를 볼 수 없다. 믿음은 아직 보이지 않는 천국을 신뢰하며 그 안으로 들어가는 것이다. 은혜가 없는 영혼은 일시적인 이익에만 집착할 뿐, 내세의 일에 대해서는 아무런 관심이 없다. 기독교의 관심은 감각을 반박하는 데 있다. 우리는 보이지 않는 상급을 위해 보이는 것을 포기하며, 보이는 것이 아닌 보이지 않는 것을 바라본다. 믿음을 실천적으로 적용하면 많은 유익이 있다. (1) **믿음은 신앙 여정에서 비롯하는 어려움과 불편함을 극복할 수 있는 힘을 준다.** 믿음은 보이지 않는 힘을 공급해, 보이는 위험을 감내하게 해 준다. 사탄이 우리의 왼쪽에서 우리를 공격할 준비를 하고 있을 때 하나님은 우리의 오른쪽에서 우리를 강하게 해줄 준비를 하고 계신다. (2) **믿음은 좋은 결과를 바라보며 고난을 감당하도록 돕는다.** 믿음은 한밤중에도 좋은 소식을 전해 주고, 하나님의 섭리로 인한 암담한 시련에 무겁게 짓눌릴 때도 고난 속에서 평온함과 기쁨을 발견하도록 이끈다. (3) **믿음은 신적 섭리의 수수께끼와 신비를 풀 수 있도록 도와 준다.** 하나님의 섭리는 두 가지 측면, 곧 우리를 괴롭히는 것처럼 눈에 보이는 측면과 사랑과 은혜와 긍휼을 가져다주는 눈에 보이지 않는 측면을 지닌다. 감각은 오직 하나님의 진노를 드러내는 외적 측면만을 판단하지만 믿음은 휘장 안을 들여다본다. 하나님이 기다리는 영혼들에게 보여 주실 비밀과 보이지 않는 것들이 있다. 참된 믿음은 하나님의 분노에 찬 말씀 가운데서 사랑을 감지하고, 가장 암울한 시련 속에서 은혜로운 결론을 끌어낸다. 눈에 보이는 위로가 전혀 없고, 항아리에 한 방울의 기름도 없고, 쌀통에 한 톨의 쌀이 없어도 작은 실오라기 하나만 있으면 희망을 걸 수 있다. 기다리고, 신뢰하며 하나님의 은혜를 구하라.

토머스 맨튼, *By Faith*, 31-41쪽

하나님께 가까이함이 내게 복이라

육신적인 생각은 하나님이 세상을 지켜보거나 다스리지 않고, 완전히 손을 떼셨다고 속삭인다. 그러나 하나님 앞에 나아가면 모든 것이 때를 따라 아름답게 지어졌다는 사실을 알 수 있다(전 3:11). 버림을 받은 듯한 느낌이 많이 들더라도 하나님의 길은 언제나 은혜롭고, 참되다. 성령께서는 하나님이 우리의 가장 좋은 친구이며, 우리를 결코 버리지 않으신다고 깨우쳐 주신다. 하나님은 온 천지에 충만하시다. 그분은 항상 성령을 통해 능력과 섭리를 베풀어 자기 자녀들의 마음을 굳세게 하고, 위로하고, 강하게 하신다. 오직 하나님만이 영혼의 구석구석을 가득 채우실 수 있다. 하나님은 결코 마르지 않는 샘과 같으시다. 그분을 가까이하는 것이 복되다면 그분을 가까이할수록 훨씬 더 나아질 것이 분명하다. 어떤 이유로든 하나님을 멀리해서는 안 된다. 하나님을 위해서라면 모든 것을 잃어도 괜찮다. 왜일까? 그 이유는 그분 안에서 부요함과 자유를 누리며, 모든 것을 소유하기 때문이다. 세상에서 왕일지라도 스스로 감옥에 갇힌 자가 되어 살아갈 수 있다. 하나님을 위해 그 어떤 것을, 심지어 우리의 목숨을 잃는다고 해도 결국에는 모든 것을 되찾게 될 것이다. 하나님의 선하심을 맛보아 알라(시 34:8)! 하나님이 자기를 경외하는 이들에게 베푸시는 인자하심은 지극히 보배롭다(시 36:7). 시편 저자는 "하나님이여 주의 생각이 내게 어찌 그리 보배로우신지요"(시 139:17)라고 외쳤다. 하나님을 가까이하려고 노력하라. 하나님은 자기를 부르는 모든 자를 가까이하신다. 하나님을 가까이하거나 멸망하거나 둘 중 하나를 선택하지 않아도 될 삶의 순간은 단 한 순간도 존재하지 않는다. 우리는 하나님을 더 많이 알아야 하고, 우리의 생각을 그분으로 가득 채워야 한다. 영혼은 하나님 안에서 안식하기 전에는 결코 안식할 수 없다. 곤경에 처했을 때는 불병거를 탄 것처럼 기도의 열정을 더욱 뜨겁게 불태워 하나님이 우리에게 하시는 말씀을 들으려고 노력하며 위로를 간구해야 한다. 찬양으로 하나님을 가까이하라. 이것이 하늘에 있는 천사들과 성도들이 매일 하는 일이다. 말할 수 없는 즐거움으로 우리의 마음을 고양시키라(벧전 1:8).

리처드 십스, *Works*, 7:67-78쪽

범죄하는 그 영혼은 죽으리라

정죄를 받아 지옥 불에 들어가는 이유는 죄 때문이다. 죄를 짓는 영혼은 죽는다. 마음속에 죄를 받아들여 환대하는 영혼은 하나님을 거슬러 죄를 짓는다. 그런 영혼은 하나님 대신 죄를 선택했다. 그런 영혼은 하나님이 명령하시는데도 죄를 버리기를 거부한다. 죄인은 죄를 버리지 않으려고 일곱 가지 노력을 기울인다. (1) 죄를 환대하는 영혼은 최대한 죄를 숨겨 드러나지 않게 하려고 애쓴다. (2) 죄를 숨길 수 없는 영혼은 변명을 내세우며 그것이 그렇게 나쁜 것이 아니라고 주장한다. (3) 죄를 정당화하는 영혼은 그것을 선한 이름으로 가리려고 애쓴다(사 5:20 참조). (4) 양심의 가책을 느껴 그것이 죄라는 사실과 그로 인해 하나님의 분노를 초래했다는 것을 부인할 수 없을 때는, 입으로만 하나님께 너무 늦지 않은 때에 죄를 버릴 것이라고 약속하고, 실제로는 버리지 않는다. (5) 그러나 하나님이 정말로 죄를 버리는지 유심히 지켜보시면, 일부만 버리고 즐길 것을 조금 남겨 놓는다. 이 경우, 죄의 가장 나쁜 것만 버리고 가장 좋은 것은 남겨 둔다. 다시 말해, 없어도 괜찮은 것만 버리고 다급할 때 유익한 도움을 줄 수 있는 것은 남긴다. (6) 모든 죄를 버리지 않으면 영혼이 안식을 누리기 어려운 지경에 다다르면 죄를 환대하던 영혼은 그것을 떠나보내야 한다. 그러나 영혼은 죄를 버리기를 싫어하기 때문에 슬픈 마음으로 어쩔 수 없이 작별을 고할 것이다. (7) 그 둘은 언제든 서로 다시 만날 수 있다. 그런 사실을 눈치챌 사람은 아무도 없을 것이다. 죄와 영혼은 서로를 얼마나 간절히 원하는지 모른다. 이것은 어둠 속에서 행해지는 일로 일컬어진다. 이런 것들을 통해 우리의 영혼 안에 죄의 친구가 있다는 사실을 알 수 있다. 이것은 우리의 영혼이 하나님과 그분의 말씀과 길과 은혜는 달갑지 않게 여기고, 오직 죄와 사탄을 유일하고 참된 동무로 여겨 함께 어울리기를 좋아하는 습성을 지녔다는 명백한 증거가 아닐 수 없다.

존 번연, *Works*, 1:126-128

아버지께서 나를 세상에 보내신 것 같이 나도 그들을 세상에 보내었고

그리스도 예수께서는 신자들에게 자신을 온전히 헌신하셨다. 그 덕분에 우리는 "주님, 정죄는 주님이 받으셨고, 칭의는 제가 받았습니다. 고뇌는 주님이 겪으셨고, 승리는 제가 얻었습니다. 고통은 주님이 당하셨고, 저는 편안함을 누립니다. 매질은 주님이 당하셨고, 저는 나음을 입었습니다. 식초와 쓸개는 주님이 맛보셨고 달콤한 꿀은 제가 맛봅니다. 저주는 주님이 당하셨고, 저는 축복을 누립니다. 가시 면류관은 주님이 쓰셨고, 저는 영광의 면류관을 씁니다. 죽음은 주님이 당하셨고, 영생은 제가 누립니다."라고 말할 수 있다. 예수님이 신자들에게 온전히 헌신하셨다면, 신자들도 그분에게 온전히 헌신해야 마땅하지 않겠는가? 그분은 우리를 위해 죽음과 고난을 당하기 위해 하나님의 품 안에 있는 가장 큰 즐거움을 포기하셨다. 그리스도를 섬기기 위해 세상에서 즐기는 가장 달콤한 즐거움을 기꺼이 포기하겠는가? 그리스도께서는 우리를 위해 가장 혹독하고 힘든 일도 거부하지 않고, 심지어는 피를 흘리며 고통 속에 죽어가셨다. 그리스도를 위해 헌신하는 영혼은 참으로 복되다. 그분이 우리를 위해 모든 것을 바치셨는데 그분을 위해 아무것도 하지 않을 생각인가? 그분이 하신 일과 겪으신 고난은 모두 우리를 위한 것이었다. 이것이 바울이 "그러므로 형제들아 내가 하나님의 모든 자비하심으로 너희를 권하노니 너희 몸을 하나님이 기뻐하시는 거룩한 산 제물로 드리라 이는 너희가 드릴 영적 예배니라"(롬 12:1)라고 말한 이유다. 우리 모두 "이는 내게 사는 것이 그리스도니 죽는 것도 유익함이라"(빌 1:21)라고 말하자. 그리스도를 믿는다고 고백하는 사람들 모두가 "우리가 살아도 주를 위하여 살고 죽어도 주를 위하여 죽나니"(롬 14:8)라는 생각으로 산다면 더 바랄 것이 없겠다. 이것이 진정한 그리스도인의 삶이다. 그리스도인이란 곧 주님께 헌신하는 사람이 아니겠는가? 복된 교환이 이루어져야 한다. 그리스도께서 "내가 가진 것은 모두 너희 것이다."라고 말씀하시면, 우리는 "저는 비록 사악하고, 영접받을 자격이 전혀 없는 사람이지만, 이 모습 이대로 저는 주님의 것입니다. 제 영혼의 모든 기능과 제 육체와 모든 지체와 저의 은사와 시간과 재능이 모두 다 주님의 것입니다."라고 말해야 한다.

존 플라벨, *Works*, 1:101-103

너희는 이 세대를 본받지 말고
오직 마음을 새롭게 함으로 변화를 받아

그리스도인은 자기가 가장 좋아하는 죄를 상대로 타협의 여지가 없는 전쟁을 선포하고 개시해야 한다. 자신의 마음에 가장 가까이 있는 죄를 짓밟아 없애야 한다. 그러려면 큰 용기와 결단력이 필요하다. 정욕의 충동은 그야말로 대단하다. 사탄은 "이것은 사소한 것일 뿐이잖아? 그냥 받아들여!"라고 속삭인다. 그는 그 일을 은밀하게 할 수 있다며 영혼을 꼬드긴다. 그는 "이 일을 하면서도, 네 명예를 지킬 수 있어."라고 말한다. 사탄은 자신의 전략이 쉽게 통하지 않으면 잠시 기다렸다가 다시 그 일을 하도록 유도한다. 그런 전략에 속지 말라. 잠시 지체했다가 실행에 옮기는 정욕의 경우는 대부분 영혼의 온전한 허용과 지지를 받는다. 그런 강력한 충동을 물리치고, 정욕을 완전히 죽여 없애려면 과감한 결단력이 필요하다. 세상의 화려함에 한눈을 팔지 말고, 오로지 한 가지 목적만을 지향해야 한다. 하늘의 원리만을 추구하며 진리에 충실함으로써 우리가 천국의 시민이라는 것을 입증해야 한다. 그렇게 살면 온갖 올무와 위험과 비웃음이 뒤따를 수 있다. 그리스도인으로서 겪어야 하는 수치를 무시할 수 있는 용기가 필요하다. 적들이 "그는 충실하기 때문에 우리가 하는 대로 하지 않을 거야."라고 말한다면, 그것은 그리스도인에게 참으로 크나큰 영예가 아닐 수 없다. 비겁한 사람은 의무를 등한시하려고 온갖 변명을 늘어놓는다. 그리스도인에게는 큰 위험이 뒤따르기 때문에 몸을 안장 위에 단단히 고정해야 한다. 그렇지 않으면 곧 떨어지고 말 것이다. 그리스도인은 거짓 신자들과 배교자들 때문에 자기가 가는 길이 큰 조롱을 받더라도 천국을 향해 가는 길을 끝까지 고수해야 한다. 그리스도인은 거룩한 결심으로 낙심이 될 만한 상황을 잘 극복해 나가야 한다. 여호수아는 애굽으로 마음을 되돌렸던 모든 이스라엘 백성에 단호히 맞섰다. 그는 불굴의 정신으로 자신의 순전함을 지켰고, 다른 사람들이 동조하지 않더라도 오직 하나님만을 섬기겠다고 선언했다.

윌리엄 거널, *The Christian in Complete Armour*, 1:13-15

뜻이 하늘에서 이루어진 것 같이
땅에서도 이루어지이다

우리는 하나님의 뜻에 복종함으로써 그분의 이름과 나라를 존중해야 한다. 주기도의 이 간구는 하나님이 쉽게 다스리실 수 있도록 우리의 마음을 부드럽고 순응적으로 만들라고 요구한다. 우리가 자기의 뜻대로 행한다면 그리스도께서는 우리의 왕이 아니시다. 여기에서 말하는 '뜻'은 하나님의 계시된 말씀에 능동적으로 순종하는 것을 의미한다. 아울러 이 용어는 하나님의 섭리에 수동적으로 순종하는 것을 의미하기도 한다. 우리는 능동적인 순종과 수동적인 순종을 둘 다 이행해야 한다. 전자를 위해서는 거룩함이, 후자를 위해서는 인내가 필요하다. 우리는 거룩함을 통해서는 하나님을 최상의 율법 수여자로 고백하고, 인내를 통해서는 그분을 최고의 주님으로 인정한다. 능동적인 순종은 하나님의 율법 및 명령과 관련이 있다. "뜻이 이루어지이다"라는 기도는 하나님의 계명에 능동적으로 순종하는 것은 물론, 마음으로 그것을 깊이 사랑하며 힘써 추구하고, 그것을 자유보다 더 좋아하는 것을 의미한다. 우리는 우리의 뜻이 아닌 하나님의 뜻이 이루어지기를 기도한다. 우리의 뜻은 그리스도께서 세상에서 마주하셨던 가장 교만한 원수이자 우리에게 닥치는 모든 악의 원인이다. 하나님과 우리 사이에서 '누구의 뜻을 이루어야 하는가? 하나님의 뜻인가, 우리의 뜻인가?'라는 큰 갈등이 빚어진다. 하나님의 뜻을 경시하고, 우리의 뜻을 내세울 때 죄를 짓게 된다. 하나님의 뜻이 이루어지기를 기도한다는 것은 곧 우리의 뜻을 포기하는 것이다. 자기 부인은 기독교의 근본 원리 가운데 하나다. 우리의 뜻을 선택하는 것은 곧 사탄의 뜻을 선택하는 것이다. 악인들은 사탄이 시키는 대로 한다. 하나님의 뜻이 이루어지기를 기도한다는 것은 그분의 뜻을 기꺼이 행하려는 마음과 그렇게 할 수 있는 능력을 허락해 달라는 뜻이다(시 143:10). "평강의 하나님이 모든 선한 일에 너희를 온전하게 하사 자기 뜻을 행하게 하시고"(히 13:20-21)라는 말씀대로, 하나님은 우리에게 자기의 뜻을 행할 마음과 능력과 은사를 허락하신다. "나를 그의 방으로 이끌어 들이시니 너는 나를 인도하라"(아 1:4)라는 말씀이 암시하는 대로, 그분은 쾌락과 명예와 이익과 같은 속된 것들에서 벗어나 자기에게로 나오도록 우리를 이끄신다.

토머스 맨튼, *Works*, 1:120-123

주여…우리에게도 (기도를) 가르쳐 주옵소서

기도를 올바르게 하는 것은 결코 쉬운 일이 아니다. 마음과 영혼을 하나님 앞에 쏟아내고, 그분이 기도를 듣고 도움을 베푸실 것이라고 믿고, 믿음으로 하나님과 씨름하며 기도하고, 희망이 보이지 않는 상황에서 희망과 축복을 간구하고, 하나님이 지체하시는 상황에서 그분이 오실 때까지 기다리는 것은 감당하기가 무척 어려운 일이 아닐 수 없다. 우리의 부패한 본성 때문에 마음이 종종 둔감하고 강퍅해져 우리를 방해하기 일쑤다. 그로 인해 죄책이 우리의 기도를 가로막고, 확신이 줄어든다. 하나님의 본성과 방법을 잘 모르는 탓에 기도를 올바로 하기가 어렵다. 우리는 하나님을 그릇 생각하고, 그분을 온 천지를 자신의 영광과 위엄으로 가득 채우시는 분이 아닌, 우리와 크게 다르지 않은 분처럼 생각하곤 한다. 그분은 우리에게 참으로 선하시지만, 우리의 기도는 냉랭하고, 미약하기만 하다. 우리는 하나님의 지체하심을 거절로 간주하기 때문에 믿음이 흔들리고, 낙심에 빠져 쉽게 포기하기도 한다. 또한, 우리가 구하는 것이 어려운 일이라는 사실 때문에 기도에 방해를 받을 때도 많다. 사탄은 항상 우리의 기도를 방해하려고 애쓴다. 그는 우리가 믿음으로 하나님을 붙잡지 않으면 그분이 우리를 붙잡아 주지 않으실 것이라는 사실을 잘 알고 있다. 그는 우리의 치명적인 급소를 노려 하나님을 붙잡지 못하게 방해한다. 그는 우리의 마음속에 온갖 염려와 유혹과 하나님에 관한 실망스러운 생각을 불어넣어 기도하지 못하게 유도한다. 그래도 우리가 기도를 포기하지 않으면 그는 하나님이 우리의 기도를 듣고만 계실 뿐, 우리를 진정으로 사랑하지 않으신다는 거짓말로 절망감을 부추긴다. 믿음과 열정을 다해 기도하는 것은 세상에서 가장 어려운 일 가운데 하나다. 중단과 실패를 거듭하더라도 절대로 낙심하지 말라. 그것이 참으로 어려운 일이라는 것을 기억하라. 무거운 짐을 지고 가다가 잠깐 앉아서 휴식을 취한다고 해서 낙심할 이유는 없다. 계속해서 노력하고, 힘쓰고, 분발하면 마침내는 모든 것을 이겨낼 수 있을 것이다. 기도하는 것은 아이를 낳는 것과 매우 흡사하다. 많은 고통과 아픔과 슬픔이 뒤따르지만, 아이를 낳으면 큰 기쁨이 있다. 기도하는 동안에는 두렵고 놀랍더라도 결과는 복될 것이다.

리처드 십스, *Works*, 7:242-246

구하라 그러면 너희에게 주실 것이요
찾으라 그러면 찾아낼 것이요
문을 두드리라 그러면 너희에게 열릴 것이니

기도에는 한 가지 확실한 게 있다. 그것은 '구하면 받는다'는 것이다. 주님이 그렇게 말씀하셨으니 반드시 그럴 것이다. 무엇으로 우리의 믿음을 굳세게 해야 이 사실을 믿을 수 있을까? 다음 몇 가지 사실을 기억하면 유익할 것이다. (1) 우리는 그리스도를 믿는 믿음으로 하나님의 자녀가 되었다(갈 4:6). (2) 그리스도께서는 천지보다 크시기 때문에 하나님이 그리스도를 주셨다면 그 어떤 것도 아끼지 않으실 것이 분명하다(롬 8:32). (3) 하나님은 자기가 지으신 모든 피조물에게 은혜로우시며, 긍휼을 베풀기를 기뻐하신다. (4) 하나님은 온전히 충족하시고, 전능하시다. 그분은 만물을 다스리시고, 지식이 지극히 탁월하시며, 놀라운 일을 행하시고, 구원을 베풀기에 온전히 충족하시다. (5) 하나님이 과거에 우리에게 어떻게 신실하셨는지를 생각해 보라. 하나님이 전에 긍휼을 베풀어 기도를 들어주셨다면 앞으로도 항상 그렇게 하실 것이 분명하다. (6) 세상의 아버지들도 자기 자녀를 보살피는데 하늘의 아버지께서는 자녀인 우리에게 더더욱 큰 사랑과 긍휼과 은혜를 베푸시지 않겠는가? 다윗의 사랑을 생각해 보라. 그는 "압살롬아, 내 아들아, 내 아들아."라고 울부짖었다. 야곱도 자기 아들의 생명에 지극한 애정을 쏟아부었다. 우리의 위대하신 하나님이 부모들의 자식 사랑을 자신의 크나큰 사랑을 보여 주는 예표로 삼으셨다는 사실을 기억하고 기도하면 많은 도움을 얻을 수 있다. 우리는 우리의 불완전함과 약점과 온갖 연약함 때문에 하나님이 우리에게 좋은 것들을 베푸시지 않을까봐 두려워한다. 우리는 "내 기도는 아무런 소용없는 헛된 수고에 지나지 않아. 내 죄와 연약함 때문에 기도 응답이 막혔어."라고 절망한다. 그러나 아들이 죄를 짓고 피를 흘리며 상심한 마음으로 집에 돌아와서 솔직하게 죄를 고백하는데 아들을 껴안고 "오, 내 아들아, 내 아들아!"라고 부르짖지 않을 아버지가 어디 있겠는가? 우리의 처지가 어떻든 하나님은 지극히 은혜로우시다. 우리가 원수 되었을 때도 우리를 찾아 받아주셨는데 자녀가 된 지금은 더더욱 그렇게 하지 않으시겠는가? 믿음으로 이 진리를 굳게 붙잡고 하나님과 씨름하는 법을 배워 기도로 승리하라.

리처드 십스, *Works*, 7:247-252

욕심이 잉태한즉 죄를 낳고 죄가 장성한즉 사망을 낳느니라

영혼의 구원은 참으로 놀라운 일이라서 그보다 더 중요한 것은 아무것도 없다. 사람들은 영혼의 가치와 자신이 처한 위험을 의식하지 못한다. 안타깝게도, 사람들은 대개 육체에만 모든 관심과 시간과 노력을 쏟아붓는다. 그들은 좋은 옷과 헛된 욕망에만 집착한다. 하나님을 버리고 죄를 즐거워하는 것은 더할 나위 없이 큰 손실이 아닐 수 없다. 죄는 기꺼이 허락을 받고 영혼의 방 곳곳에 들어와서는 모습을 감춘 채 그럴듯한 변명을 내세운다. 죄와 영혼은 마치 연인과도 같다. 영혼은 죄를 환대하고, 하나님을 쫓아낸다. 영혼은 상상력을 동원해 죄의 권능을 증대시킨다. 상상력은 영혼의 다른 기능들이 저항하기 어려운 강력한 힘을 발휘한다. 죄가 영혼 앞에 나타나면 영혼은 눈을 들어 죄를 바라보며 상상력을 발동해 그것을 즐거워한다. 하나님을 위해 상상력을 발휘했다면 죄가 추하고 못나게 보여 영혼이 크게 반발하며 저항했을 것이 틀림없다. 그러나 부패한 영혼은 죄를 위해 상상력을 발휘해 죄를 즐거워할 뿐 아니라 죄인을 충동해 상상한 것을 실행에 옮기게 만든다. 영혼은 죄를 불처럼 뜨겁게 사랑한다. 이처럼 죄는 처음에는 상상력에 공격을 가해 영혼 안에서 악한 욕망의 불꽃을 일으킨다. 하나님은 영혼을 향해 수없이 많은 심판을 경고하셨다. 하나님은 영혼을 극진히 사랑하기 때문에 그것을 죄에게 쉽게 넘겨주려고 하지 않으신다. 그분은 말씀과 섭리를 통해 "내가 증오하는 이 가증스러운 일을 하지 말아라."라고 영혼을 향해 외치신다. 복음은 하나님이 율법을 어겨 스스로를 진노의 대상으로 전락시킨 사람들에게 주권적으로 제공하신 치유책이다. 하나님은 우리의 영혼을 구원하기 위해 그리스도를 내주어 우리의 죄를 짊어진 채 우리를 향한 진노를 대신 감당하게 하셨고, 우리를 위해 율법을 온전히 이루게 하셨다. 그로써 우리가 평화와 기쁨과 천국과 영광을 영원토록 누릴 수 있는 길이 열렸다.

존 번연, *Works*, 1:105-131

그가 찔림은 우리의 허물 때문이요
그가 상함은 우리의 죄악 때문이라

그리스도께서 우리의 구원을 이루신 이유는 우리가 천국에서 평화와 기쁨과 영광을 영원토록 누리게 하기 위해서다. 그분은 우리의 죄로 인해 자신이 겪게 될 죽음을 생각하며 땀이 핏방울같이 될 정도로 극심한 고뇌와 고통을 느끼셨다. 그분은 공의의 채찍 아래 신음하며 울부짖으셨다. 그분은 양팔을 활짝 펼친 모습으로 십자가에 못 박히셨다. 거기에는 믿고 나오는 모든 자에게 그분의 공로가 값없이 주어질 것이라는 의미가 담겨 있다. 그분은 자신의 팔로 우리를 정성껏 품어 주신다. 그분은 모든 것을 거저 주신다. 그분은 핏물이 흐르는 얼굴, 눈물로 뒤덮인 두 뺨, 상처 난 손과 발, 피가 흐르는 옆구리를 내보이며 복음의 말씀 안에서 우리에게 다가와서는 하나님과 화목하라는 은혜로운 제안을 받아들이라고 간곡히 권고하신다. 은혜보다 죄를, 빛보다 어둠을 더 사랑할 생각인가? 심판의 날에 죽음의 위험을 무릅쓸 셈인가? 주님을 멸시하고, 그분의 은혜를 거절할 생각인가? 심판의 날까지 죄 안에 머무를 작정인가? 영혼을 잃는다는 것은 꾸며낸 이야기가 아니다. 육체와 영혼이 모두 지옥에서 징벌을 받아야 한다. 육체가 도구이고, 영혼은 행위자다. 영혼이 죄의 주체이기 때문에 인간의 주요 부분으로서 징벌을 받게 될 것이다. 영혼은 죄에 가장 깊이 관여했기 때문에 징벌의 짐을 짊어져야 마땅하다. 영혼은 가장 큰 고통을 받으며 자신의 징벌을 감당할 것이다. 그리스도의 은혜 밖에 있는 영혼과 육체는 죄로 인해 지옥에 버려져 심판을 받게 될 것이다. 이를 어떻게 표현해야 할까? 하나님에게서 무한히 멀어진다는 것은 너무나도 두려운 일이 아닐 수 없다. 하나님에게서 멀어진 상태에서 영원토록 겪게 될 그분의 무서운 진노와 죄의 무게와 영혼을 삼킬 고통을 누가 능히 헤아릴 수 있겠는가? 영혼과 바꿀 수 있는 것이 과연 무엇이 있겠는가?

존 번연, *Works*, 1:131-136

그러므로 하나님의 능하신 손 아래에서 겸손하라

겸손한 영혼은 고난을 벗어나는 법보다 고난 속에서 하나님을 영화롭게 하는 법을 배우려고 애쓴다. 다니엘과 세 친구, 사도들, 세상이 감당하지 못했던 신앙의 위인들이 바로 그런 사람들이었다. 그들은 고난에서 벗어나는 것보다 하나님의 영광에 더 관심을 기울였다. 그들은 하나님을 영화롭게 할 수만 있다면 자신은 어떻게 되든, 또 무슨 일을 당하든 개의치 않았다. 그들은 불 속에서, 감옥에서, 굴 안에서, 형틀에서, 칼날 아래에서 하나님을 영화롭게 하는 것을 자기의 일로 삼았다. 겸손한 영혼은 이렇게 말한다. "주님, 제 죄는 억제하시고, 저의 모든 고난 속에서 주님을 영화롭게 하려는 마음은 더욱 굳세게 해주소서. 제 짐이 곱절이 되고, 시련이 늘어나더라도 주님을 믿고, 기다리고, 복종하면서 주님을 영화롭게 할 수 있도록 도와 주소서. 저는 모든 시련을 즐겁게 감당하며 '이것으로 족하다'고 말할 것입니다." 그러나 교만한 사람은 시련을 당할 때 자신의 사슬을 풀고, 용광로에서 빠져나오기 위해 온갖 계획을 궁리한다. 교만한 사람은 자기를 짓누르는 짐을 벗어버릴 수만 있다면 무엇이든 말하고, 무엇이든 행하고, 무엇이든 되려고 한다. 겸손한 영혼은 적은 것으로 만족하지만 교만한 사람의 정욕은 그 어떤 것으로도 만족하지 않는다. 겸손한 사람은 "주님, 제게 일용할 양식과 의복만 주소서. 그러면 주님은 제 하나님이 되실 것입니다. 그리스도와 천국을 제 마음속에 많이 허락하시고, 음식은 제 목숨을 유지하는 데 필요한 만큼만 주시면 그것으로 족합니다."라고 말한다. 그러나 교만한 사람은 결코 만족하는 법이 없다. 아합은 왕관에도 만족하지 못하고 나봇의 포도원을 빼앗았다. 디오게네스는 비바람을 막아줄 통과 음식을 담을 나무 접시 하나를 알렉산더가 세상의 절반을 정복하면서 얻은 아시아의 모든 보화와 쾌락과 영광보다 더 만족스럽게 여겼다. 겸손한 영혼은 교만한 군주들의 왕관과 금홀보다 다니엘의 채식을 더 만족스러워한다. 겸손한 영혼은 은혜 안에서 즐거워하며, 다른 사람의 공적이나 은사도 자기 것처럼 똑같이 기뻐한다. 영적인 일에 시기심 따위는 존재하지 않는다.

토머스 브룩스, *Works*, 3:20-22

여호와의 증거들을 지키고
전심으로 여호와를 구하는 자는 복이 있도다

하나님의 말씀을 듣기만 하지 않고 행하는 자들이 복되다. 말씀을 생각과 기억 속에만 간직해 두고 실천하지 않는 사람들이 많다. 말씀에 순종하는 것을 큰 의무로 여기는 사람이 복된 사람이다. 하나님은 자기 계명을 지키는 사람들과 은혜로운 교제를 나누신다. 그분은 친밀하고 은혜로운 교제를 통해 자기를 드러내신다. 성삼위 하나님이 모두 그런 사람들과 함께 거하신다(요 14:23). 하나님의 계명을 지키는 방식은 크게 두 가지다. 구체적으로 말하면, 율법적으로 지키는 것과 복음적으로 지키는 것이다. 율법적으로 지킨다는 것은 완전하고, 절대적인 순종을 의미한다. 이 방식으로 계명을 지켜야 한다면 복이 있는 사람은 아무도 없을 것이다. 가장 훌륭한 신자도 온전히 순종할 수 없다. 복음적으로 지킨다는 것은 사랑과 진실함으로 온전한 순종을 추구하면서, 실패했을 때는 은혜로운 용서를 구하는 것을 의미한다. 사도들도 많은 실패를 경험했다. 그러나 그리스도께서는 성부께 "그들은 아버지의 말씀을 지키었나이다"(요 17:6)라고 말씀하셨다. 우리의 마음이 진실하면 하나님은 우리의 실패를 너그럽게 용서하신다. 성경은 "너희가 욥의 인내를 들었고"(약 5:11)라고 말했지만 그는 자신의 생일을 저주하는 등, 종종 조급함을 드러냈다. 그러나 하나님의 성령께서는 부족함은 가려주고, 좋은 것만 보신다. 우리가 죄를 슬퍼하며 용서를 구하고, 완전해지려고 노력하며, 하나님의 계명을 항상 기억하고 지키려고 애쓴다면, 이따금 악한 마음이 일어나 그릇 치우치더라도 하나님의 계명을 복음적으로 지킴으로써 다윗이 말한 복된 사람의 범주에 포함될 수 있다. 죄를 슬퍼하고, 용서를 구하며, 온전해지려고 노력한다면, 그것은 곧 진실하고 정직하다는 증거이기 때문에 복음을 영화롭게 할 수 있다. 하나님의 계명을 존중하고, 그것을 마음에 깊이 새겨 삶 속에서 실천하기를 원한다면 이미 다윗이 말한 복된 사람에 해당한다.

토머스 맨튼, *Psalm 119*, 1:14-15

영원부터 영원까지 주는 하나님이시니이다

하나님은 영원히 자기 백성의 안전한 피난처이시다. 그분의 섭리는 한 세대에 국한되지 않는다. 그분의 관대함과 긍휼은 대대로 이어진다. 그분의 눈은 조는 법이 없다. 그분은 자기 백성이 탄 작은 배가 풍랑에 휩쓸려 가라앉도록 허락하지 않으신다. 그분은 항상 우리를 보존하는 안전한 포구요 우리를 보호하는 집이 되어주신다. 세상은 우리를 보고 눈살을 찌푸리지만, 하나님은 자신의 얼굴을 우리에게 비추신다. 그분은 에녹을 세상에서 데려가셨다. 그분은 죄로 인해 사람들을 심판하려고 작정하셨을 때도 노아를 방주에 태워 바다 한복판에서도 꺼지지 않는 불꽃처럼 그의 생명을 지켜주셨다. 하나님은 대대로 자기 백성의 거처가 되어 그들을 안전하게 보호했다가 하늘로 데려가셨다. 그분은 섭리나 돌봄을 베푸는 것에 싫증을 내거나 피곤해하는 법이 없으시다. 키를 붙잡은 선장이나 보호해줄 반석이 교회에 존재하지 않았던 적은 단 한 번도 없었다. 하나님은 교회를 위협하는 파도를 항상 산산이 흩으신다. 하나님 앞에 나와 새로운 은혜를 구할 때면 항상 그분이 전에 베푸셨던 은혜를 기억해야 한다. 현재의 필요를 아뢸 때는 과거의 축복에 감사해야 한다. 이미 받은 은혜를 인정하지 않으면 새로운 은혜를 구할 자격이 없다. 위험이 클수록 하나님이 이전에 베푸신 축복을 더 많이 기억해야 한다. 이 피조 세계 너머를 바라보면 영원의 심연 앞에서 넋을 잃게 된다. 인간인 우리는 잠시 세상에서 살다가 무덤에 묻혀 흙으로 돌아간다. 그러나 하나님은 우리의 거처가 되어 주신다. 그분은 우리에게 자신의 능력과 풍성한 사랑을 베풀어 주셨다. 그분이 계속 그렇게 하시리라는 것을 의심할 이유는 조금도 없다. 거대한 산들도 창조하셨는데 우리의 필요를 채워 주시는 것쯤은 아무것도 아니다.

스티븐 차녹, *The Existence & Attributes of God*, 69-70쪽

내가 땅의 기초를 놓을 때에 네가 어디 있었느냐
네가 깨달아 알았거든 말할지니라

하나님은 영원한 하나님이시다. 그분은 모든 것을 바로 눈앞에 있는 것처럼 알고 계신다. 하나님의 생각 속에서 모든 것은 연속적으로 일어나는 일이 아닌 하나의 점과 같다. 하나님의 지식은 시간의 흐름에 의존하지 않는다. 그분의 지식은 시간을 초월한다. 그분은 과거와 미래를 하나로 인식하고, 자신의 영원성 안에서 모든 일을 하나의 단일한 지식으로 이해하신다. 하나님의 지식은 하나님 자신처럼 영원하다. 그분은 처음이자 마지막이요 시작이자 끝이시다. 하나님과 비교하면 모든 피조물은 그야말로 아무것도 아니다. 하나님의 생각 속에서 세상의 다양성과 변화는 전혀 새로운 것이 못 된다. 그분은 지금 한 가지를 알고, 나중에 또 다른 한 가지를 알지 않으신다. 사건들은 일어나는 순서가 있지만, 하나님의 생각 속에는 그런 순서가 존재하지 않는다. 하나님은 앞으로 일어날 일은 물론, 그 일이 세상에서 어떤 순서에 따라 일어날 것인지도 모두 알고 계신다. 하나님은 영원하시기 때문에 유한자인 인간이 그분의 계획과 행사를 의문시하는 것은 참으로 어리석고, 불손한 태도가 아닐 수 없다. 어제 일도 온전히 이해할 수 없을 정도로 연약한 피조물인 우리가 우리의 빈약한 지성으로 어떻게 영원의 움직임을 헤아릴 수 있겠는가? 우리는 언제 뜻밖의 사건이 일어나 충분히 잘 검토해서 만든 계획이 수포가 되어버릴지 예측할 수 없다. 바다의 움직임이나 빛의 본질도 이해하지 못하는 우리가 어떻게 우리의 이해를 무한히 초월하는 영원하신 하나님의 행사를 감히 비난할 수 있겠는가? 세상에서 불과 몇 분 동안 숨 쉬다가 없어질 우둔한 벌레의 두뇌로는 무한한 존재의 계획을 훑어볼 수 없다. 어떻게 시간에 속박된 피조물이 영원을 판단할 수 있겠는가? 따라서 사탄이 우리의 부패한 마음속에 하나님의 계획과 행사에 관한 그릇된 생각을 떠오르게 하거든 즉시 하나님의 영원성과 우리의 유한성을 생각하고, 욥처럼 침묵해야 한다.

스티븐 차녹, *The Existence & Attributes of God*, 68-87쪽

너희 안에서 착한 일을 시작하신 이가
그리스도 예수의 날까지 이루실 줄을 우리는 확신하노라

하나님은 우리 안에서 끝까지 역사하신다. 하나님은 우리의 회심 이후에도 우리가 그분의 뜻을 행할 수 있도록 은혜를 베풀어 우리를 도와주신다. 우리가 가진 모든 것이 하나님의 은혜로운 선물이다. 그러니 우리가 무엇을 자랑할 수 있겠는가? 우리가 소유할 수 있는 탁월한 것들은 모두 주님으로부터 빌린 것이다. 가장 탁월한 것이 가장 큰 도움을 받아 이룬 것이다. 모든 것이 하나님으로부터 오기 때문이다. 마부가 주인의 말을 자기 것처럼 자랑한다면 사람들의 비웃음을 살 것이다. 오직 하나님께만 합당한 영예를 우리가 차지하려 드는 것이 과연 온당할까? 성경은 "네게 있는 것 중에 받지 아니한 것이 무엇이냐"(고전 4:7)라고 말한다. 우리는 은혜를 받아 하루하루를 산다. 하나님이 새로운 은혜를 공급해 주지 않으시면 앞서 받은 은혜만으로 우리의 삶을 계속 유지해 나갈 수 없다. 순전히 우리 자신의 힘으로만 노력한다면 교만해질 수밖에 없다. 우리는 하나님의 사랑을 나타내는 증거를 매일 새롭게 경험해야 한다. 하나님이 모든 영적 축복을 한꺼번에 허락하신다면 하늘의 은인이신 그분을 곧 잊고 말 것이다. 하나님은 새로운 은혜를 베풀어 우리의 부패한 본성을 서서히 약화시키신다. 하나님이 히스기야를 떠나신 이유는 "그의 심중에 있는 것을 다 알고자 하사 시험하"기 위해서였다(대하 32:31). 하나님은 떠났다가 다시 찾아오는 식으로 은혜를 베풀어 우리에게 실질적인 영향력을 행사하신다. 그분은 때로 우리의 마음이 얼마나 연약한지 보여 주기 위해 우리를 떠나신다. 우리의 마음속에 은혜가 있더라도 하나님이 떠나시면 우리는 참으로 연약하고, 어리석기 한이 없는 사람들이 된다. 우리는 새롭게 되었지만, 아담의 타락으로 인해 우리가 입은 피해로부터 온전히 회복되지 못했다. 하나님이 생명을 주시는 능력을 거두어 가시면 우리의 부패한 본성이 고개를 쳐들고, 거룩한 것들에 관한 관심이 곧 사라진다. 오, 하나님의 은혜는 참으로 영광스럽기 그지없다. 우리는 처음부터 끝까지 그 은혜에 빚지고 있다(갈 2:20). 하나님이 없으면 우리는 아무것도 할 수 없다. 장차 천국에 가면 우리의 영혼은 하나님의 영광스러운 은혜의 지극히 풍성함을 높이 찬양하게 될 것이다.

토머스 맨튼, *Works*, 1:145-147

사람의 행위가 자기 보기에는 모두 깨끗하여도
여호와는 심령을 감찰하시느니라

우리는 하나님의 뜻을 행해야 할 뿐 아니라 올바른 동기로 그렇게 하려고 노력해야 한다. 하나님을 섬기는 태도를 행위 자체보다 더 중요하게 여겨야 한다. 성경은 동기를 강조한다. 하나님은 우리가 기도하는 겉모습을 지켜보실 뿐 아니라 그것이 미온적인 기도인지, 아니면 효과적이고 열정적인 기도인지를 살피신다. 하나님은 우리가 말씀을 듣는 것을 지켜볼 뿐 아니라 어떻게 듣는지를 살피신다. 그분은 우리가 섬기는 것에 관심을 기울일 뿐 아니라 지체하지 않고 즉시 섬기는지를 살피시고, 우리가 경주하는 것을 지켜볼 뿐 아니라 어떻게 경주하는지를 눈여겨보신다. 이것은 하나님이 사람의 행위를 평가하실 때 반드시 고려되는 중요한 일이다. 하나님은 심령을 감찰하신다. 우리는 하늘에 있는 천사들이 하나님을 섬기는 것처럼 그분을 섬겨야 한다. (1) 천사들은 지체하지 않고 즉시 하나님의 말씀을 듣고 그분의 지시를 실행한다. 우리도 지체하지 않고 즉시 순종해야 한다. (2) 천사들은 가장 낮은 성도도 기꺼이 섬길 준비가 되어 있다. 우리도 아무런 불평 없이 즐거운 마음으로 기꺼이 섬겨야 한다. 귀신들은 불평하면서 행동한다. 그들은 찢고 파괴한다. 그리스도의 임재는 그들에게 무거운 짐이었다. 불평하면서 마지못해 행동하는 것은 천사들이 아닌 귀신들의 행위에 가깝다. "나의 하나님이여 내가 주의 뜻 행하기를 즐기오니"(시 40:8)라는 말씀대로, 우리는 기꺼운 마음으로 하나님의 뜻을 행해야 한다. 예수님은 "나의 양식은 나를 보내신 이의 뜻을 행하"는 것이라고 말씀하셨다(요 4:34). (3) 천사들은 지칠 줄 모르고 항상 쉬지 않고 밤낮으로 하나님을 찬양하고, 섬기는 것을 즐거워한다. 하나님과의 교제가 그들에게 늘 새로운 활력을 준다. 하나님의 얼굴은 처음과 마찬가지로 항상 사랑스럽다. 그들은 단 한 순간도 지루해하지 않는다. (4) 천사들은 하나님이 무슨 명령을 하시든 기꺼이 순종한다. 우리도 마음에 드는 것만 골라서 하지 말고 충실하게 섬겨야 한다. 우리의 타고난 성향에 맞지 않을 때도 기꺼이 섬겨야 한다. 다윗이 하나님의 마음에 합한 사람이 되었던 이유는 하나님의 뜻을 모두 행했기 때문이다. 그것을 우리의 본보기로 삼아야 한다.

토머스 맨튼, *Works*, 1:147-149

내가 내 몸을 쳐 복종하게 함은

연약한 신자들은 자신이 해야 할 일보다 축복에 관심을 기울인다. 그들은 하나님을 섬기고, 믿고, 그분을 위해 일하고, 그분과 동행하는 책임보다 기쁨, 평화, 위로, 확신에 관심이 더 많다. 이런 사실은 경험을 통해 분명하게 입증된다. 강한 신자들은 축복보다 책임에 더 많은 관심을 기울인다. 강한 신자는 "주님, 제가 믿고, 일하며, 거룩하게 살 수 있도록 도와주소서. 제가 죽는 날까지 확신이나 위로나 평화나 기쁨이 없더라도 그것으로 족합니다. 주님이 존귀하게 되신다면 저는 위로가 없어도 괜찮고, 주님이 영광을 얻으신다면 저는 평화를 누리지 못해도 주님을 찬양할 것입니다(롬 4:18-20 참조)."라고 기도한다. 그런 신자는 "위로가 넘치는 삶이 제게는 가장 즐겁지만 위로가 없더라도 믿음의 삶을 산다면 그것이 제게는 가장 큰 영예일 것입니다. 따라서 저는 주님 앞에서 잠잠할 것입니다. 품삯이나 위로나 기쁨이나 평화나 확신은 천천히 주셔도 되오니 저의 사역을 도와주옵소서."라고 말한다. 가장 충실한 종이 품삯보다 의무에 관심을 두는 것처럼, 가장 훌륭한 그리스도인도 위로나 축복보다 하나님의 영광과 자신이 해야 할 의무를 더 중요하게 생각한다. 그러나 책임에 관심을 두는 것이 기쁨과 평화와 확신에 이르는 첩경이라는 사실을 기억해야 한다. 슬퍼하며 불평하는 그리스도인들이 이 사실을 기억하고 태도를 달리한다면 슬픔이 기쁨으로 변하고, 불평이 찬양으로 바뀔 텐데 참으로 안타깝기 그지없다. 위로를 얻는 가장 좋은 방법은 위로보다 의무를 더 많이 추구하는 것이다. 누리고 싶은 것보다 해야 할 일에 관심을 기울이라. 믿음으로 그리스도를 의지하면 그분이 와서 성령을 통해 생명과 사랑과 영광을 허락하실 것이다.

토머스 브룩스, *Works*, 111:59-60

사람이 친구를 위하여 자기 목숨을 버리면 이보다 더 큰 사랑이 없나니

　오, 무한한 그리스도의 사랑이여! 말할 수 없이 풍성한 그리스도의 사랑이여! 이 사랑, 이 풍성한 사랑에 관심을 기울이는 영혼은 복되다. 이 사랑 때문에 하나님이 기꺼이 저주를 감당하셨고, 생명의 주님께서 비천하고 잔인한 죽음을 맞으셨다. "주님, 주님의 슬픔과 같은 슬픔이 없고, 주님의 사랑과 같은 사랑이 없나이다. 지극히 사랑스러운 구원자여! 우리를 위해 기도하고, 탄식하고, 눈물을 흘린 것만으로 충분하지 않아 우리를 위해 기꺼이 피를 흘려 죽으셨나이까? 미움과 비방과 신성모독을 당한 것만으로 충분하지 않아 매질을 당하고, 상처를 입고, 십자가에 못 박히셨나이까? 인간의 잔인함을 몸소 겪은 것만으로 충분하지 않아 하나님의 진노까지 감당하셨나이까? 한 번 죽은 것만으로 충분하지 않아 육체와 영혼으로 두 번이나 죽어 둘째 사망까지 경험하셨나이까?" 오, 초월적인 그리스도의 사랑이여! 이에 하늘과 땅이 놀라움을 금치 못한다. 어떤 말로 이 사랑을 표현할 수 있고, 그 누구의 마음으로 이 사랑을 이해할 수 있으랴? 인간은 물론, 천사들도 결코 이해할 수 없을 것이다. 오, 그리스도의 사랑의 높이와 깊이와 너비와 길이여! 그리스도의 사랑은 값이 없고, 변하지 않으며, 불가해하다. 그분은 자신의 마음을 끌 만한 아름다움을 전혀 지니고 있지 못한 우리를 사랑하셨다. 우리는 발에 짓밟혔고, 피가 더럽게 오염된 상태였다. 우리 안에 사랑스러운 것은 아무것도 없었다. 그리스도께서는 그 모든 사실을 분명하게 알고 계셨다. 그리스도께서는 영원 전부터 우리의 모든 결함을 하나씩 따로 본 것이 아니라 한꺼번에 모두 보셨다. 그분은 삐뚤어진 눈길, 불친절한 행동, 반항적인 행위, 부정직한 태도를 낱낱이 꿰뚫어 보셨다. 모든 사람의 마음이 영원 전부터 그분 앞에 확연히 드러났다. 그리스도의 사랑이 그토록 경이로운 이유는 그것이 피조물 가운데서 가장 악한 인간에게 주어졌기 때문이다. "내가 나를 욕되게 한 자들에게 영생을 주겠다."라고 결단하신 그리스도를 생각하고, 경이로워하라.

데이비드 클락슨, *Works*, 3:11-24

주께서 자기 백성을 아신다

그리스도의 사랑은 인격적이다. "그는 자기 양의 이름을 각각 불러 인도하여 내느니라"(요 10:3)라는 말씀이 암시하는 대로, 그리스도께서는 각 사람을 따로따로 인격적으로 선택하신다. 어떤 사람들은 그리스도께서 일시적인 축복을 많이 허락하지 않으면서 어떻게 우리를 사랑하실 수 있는지 궁금해한다. 그러나 외적인 축복은 사랑이나 미움의 증거가 아니다. 그리스도께서 우리에게 고난을 허락했다고 해서 우리를 미워하신다거나, 일시적인 축복을 허락했다고 해서 사랑하신다고 결론지을 수 없다. 아무리 적은 은혜도 세상의 영광과 쾌락을 모두 합친 것보다 그리스도의 사랑을 더 확실하게 보여주는 증거다. 디베스(부자와 나사로 비유의 부자 이름—편집주)는 사랑을 받았고, 나사로는 미움을 받았다고 생각할는지도 모른다(눅 16장). 디베스도가 바울보다 그리스도의 축복을 더 많이 받았다거나 심지어는 그리스도께서도 성부께 사랑을 받지 못하셨다고 말할 수도 있을 것이다. 그러나 고난은 그리스도의 미움을 나타내는 증거가 아니다. 오히려 고난이 그분의 사랑을 나타내는 증거인 때가 많다(히 12:6-11). 하나님의 백성은 단지 그들에게 해로운 것만을 받지 않는다. 하나님은 좋은 것을 아끼지 않겠다고 약속하셨다. 자식을 사랑하는 아버지는 자식에게 이롭지 않은 것만 주지 않는다. 따라서 즐거워 보이는 무언가를 누리지 못한다면 그것이 최선이 아니기 때문에 주어지지 않은 것뿐이라고 결론지을 수 있다. 우리가 구하는 것에 문제가 있는 것이지 그리스도의 사랑에는 아무런 문제가 없다. 그리스도의 사랑은 무한하고, 영원하며, 시작도 없고, 끝도 없다. 그 사랑은 한없이 지속된다. 그리스도의 사랑을 받으려면 어떻게 해야 할까? 그분처럼 거룩해지려고 노력하며, 그분의 모든 명령에 복종해야 한다. 그리스도께서 미워하시는 것을 삼가고, 열매 없는 어둠의 일을 추구하지 말아야 한다. 그리스도께서 말씀하실 때 들리지 않은 것처럼 행동해서는 안 된다. 불순종하는 것은 지옥과 언약을 체결하고, 사탄과 동맹을 맺는 것과 같다. 그리스도의 사랑보다 육신의 정욕을 더 좋아하는 것은 미친 짓이다. 모든 방법을 동원해 그리스도의 뜻을 알고, 즐거운 마음으로 즉각 실천하라. 하나님은 즐겨 행하는 자를 사랑하신다.

데이비드 클락슨, *Works*, 3:38-43

그리스도와 많은 교제를 나누라. 다윗처럼 항상 그리스도와 함께 있으려고 노력하라. 그리스도와 교제를 나누면 그분을 닮을 수 있고, 그리스도의 사랑에 참여할 수 있다. 그리스도와 동행하고, 그분을 만나고, 그분의 아름다우심을 음미하고, 그분의 음성을 듣고, 그분의 은혜로우심을 맛보는 것을 즐거워하라. 기회가 날 때마다 그분 앞에 나가려고 노력하라. 그리스도께서 미소를 지으며 친절하게 말씀하실 때까지 그분 앞을 떠나지 말라. 그분이 마음을 넓혀 깨달음과 빛과 열기를 허락함으로써 자신의 임재를 드러내실 때까지 그대로 머물러 있으라. 주님의 인정과 평화가 느껴질 때까지 자리를 뜨지 말라. 그분의 임재를 즐기라. 감정이 뜨겁게 불타오를 때까지 기다리라. 그리스도를 경시하는 것은 결코 온당하지 않다. 그분을 추구할 만한 충분한 가치를 그분 안에서 발견하기 위해 열심히 노력하지 않고 아무런 가치가 없는 것을 더 좋아하거나, 그리스도보다 외적인 즐거움과 관계와 관심사를 더 많이 생각하며 애착을 기울이거나, 그리스도의 임재보다 다른 것을 더 사랑스럽게 여기고, 다른 행복을 더 바람직하게 생각하며, 다른 즐거움을 더 즐겁게 느끼거나 그리스도의 부재나 노여움보다 고난을 더 두려워하는 것은 그분을 홀대하는 것이다. 그리스도께서 찾아오셨는데 그분을 돌려보낼 셈인가? 부인이나 변명을 늘어놓으면서 그분을 거부하고, 지겨워할 생각인가? 세상일에 바빠 그분 앞에 나올 생각도 없는 것인가? 우리는 이런 죄를 저지를 때가 얼마나 많은지 모른다. 단지 그리스도를 통해 얻을 수 있는 것 때문만이 아니라 그분의 인격과 탁월하심과 사랑스러우심 때문에 그분을 사랑해야 한다. 단지 얻을 것만 구하는 것은 이기적인 사랑이다. 그것은 참된 우정과는 거리가 멀다. 단지 우리에게서 무언가 얻을 것이 있기 때문에 우리를 사랑하는 사람은 참된 친구가 아니다. 그리스도께서는 우리에 대한 사랑이 그토록 어렵고, 고통스럽고, 큰 희생을 요구하는 것이었음에도 조금도 주저하지 않으셨다. 마찬가지로 우리도 그리스도께 우리의 사랑을 보여 드리자. 그 사랑이 아무리 어렵거나 위험하거나 괴롭거나 큰 대가를 요구하더라도 개의치 말자. 우리 모두 우리의 육신의 성향을 극복하고, 그 어떤 고통과 희생이 따르더라도 그리스도를 따라가자.

데이비드 클락슨, *Works*, 3:43-46

이 교훈의 목적은 청결한 마음과 선한 양심과
거짓이 없는 믿음에서 나오는 사랑이거늘

우리의 양심은 마음속에 묵묵히 자리를 잡고서 우리가 선하다고 판단하는 것은 기뻐하며 받아들이고, 악하다고 판단하는 것은 슬퍼하며 거부한다. 하나님은 모든 사람의 마음속에 양심이라는 법정을 마련해 두셨다. 양심은 하나님과 사람들을 향한 우리의 행위를 면밀하게 살핀다. 모든 의무와 죄가 양심의 관찰 대상이다. 양심을 제거할 방법은 없다. 악인들은 양심을 묵살하려고 애쓴다. 그들은 육신적인 생각으로 양심을 달래고, 거짓 헌신으로 뇌물을 먹이고, 가증스러운 도발 행위로 상처를 입히고, 죄를 지어 짓밟는다. 그들은 양심으로부터 도망치며 그 말에 귀를 기울이려고 하지 않는다. 그들은 오락과 유희로 양심의 눈을 가리려고 애쓰지만, 양심은 활동을 멈추지 않는다. 양심은 마음속에서 40년도 더 지난 죄를 마치 어제 일처럼 생생하게 떠올린다. 심지어 세상의 황제들도 가책을 느끼며 괴로워한다. 그들은 왜 그것을 떨쳐버리지 못하는 것인가? 사람들이 두렵거나 수치스럽기 때문일까? 그렇지 않다. 그것은 은밀한 죄 때문이다. 그들이 괴로워하는 이유는 스스로의 양심이 쏟아내는 분노 때문이다. 심지어 무신론자도 하나님의 대리자인 양심을 무마할 수 없다. 그들은 평화롭게 죄를 짓거나 양심의 촛불을 불어 끌 수 없다. 양심은 우리의 가장 좋은 친구다. 선한 양심보다 더 큰 부나 즐거움이나 안전한 것은 없다. 그리스도인들이여, 양심이 제 역할을 하도록 도우라. 양심은 중요한 문제와 관련해 실수를 저지르지 않도록 우리를 이끌어 준다. 성령께서 이끄시는 대로 따르려고 노력하면 그분의 인도를 받을 수 있다. 선한 양심은 어떻게 얻을 수 있는 것인가? 모든 죄에 주의하고, 어떤 죄도 하찮게 여기지 말라. 매일 새롭게 회개하고, 진지한 태도로 마음을 자주 살피라. 항상 하나님의 눈길을 의식하며 살아라. 하나님 앞에서는 모든 것이 온전히 드러나 있다. 은밀한 기도를 많이 드리라. 무슨 행위를 하든지 삶의 목적을 염두에 두고 행하라. 그리스도를 더 많이 즐거워하고, 하나님의 선하신 생각을 따르려고 노력하라. 무엇을 하든지 하나님을 사랑하는 마음으로 하라.

새뮤얼 앤슬리, *Puritan Sermons 1659-1689*, 1:1-37

능히 너희를 보호하사 거침이 없게 하시고

베르나르는 죄의 단계와 그것이 어떻게 강해지는지 설명했다. "처음에는 단지 가능성으로 다가오고, 조금 지나면 가능성이 약간 더 커지지만 아직은 여전히 어렵게 느껴진다. 그 다음에는 그것이 쉽고, 가볍고, 즐겁게 느껴지다가 마침내는 꼭 필요해진다." 처음에는 단지 가능성으로 다가왔던 것이 이제는 없어서는 안 될 것이 된다. 아우구스티누스는 자신의 어머니가 처음에는 포도주잔을 홀짝이더니 나중에는 한 잔을 다 마시는 데 익숙해졌다고 말했다. 작은 죄를 짓는 사람은 더 큰 죄를 지을 위험이 크다. 한 번 죄를 지을 때마다 죄인의 장부는 몇 곱절로 늘어난다. 심지어 경건한 사람도 죄에 걸려 넘어질 수 있다. 성경은 넘어질까 조심하라고 경고하며(고전 10:12), 악한 날에 능히 대적하기 위해 하나님의 전신 갑주를 입으라고 권고한다(엡 6:13). 선택받은 자들 안에도 죄의 씨앗이 도사리고 있다. 그리스도께서 믿음이 떨어지지 않도록 기도해주지 않으셨더라면 베드로는 겨처럼 까불려 날아가고 말았을 것이다(눅 22:31-32). 물론, 진정으로 거듭나 그리스도 안에 뿌리를 박고 있는 영혼은 완전히 타락하지 않는다. 베드로도 그렇게 되지 않았고, 선택받은 자들도 그렇게 되지 않는다. 그들은 움직이지 않는 시온산과 같고, 반석 위에 지은 집과 같다. 우리는 매일 싸워야 하지만, 하나님의 선택은 확고하고, 그분의 사랑은 불변하며, 그분의 부르심은 철회되지 않는다. 그리스도께서는 자기 양들을 끝까지 지키시기 때문에 아무도 그분의 손에서 그들을 빼앗을 수 없다. 죄를 지어 하나님의 아들을 새롭게 십자가에 못 박고, 그분의 귀한 피를 무참히 짓밟지 않으려면 어떻게 해야 할까? 시험에 들지 않게 깨어 기도해야 한다. 양심을 항상 부드럽게 유지하고, 죄의 낌새가 처음 느껴지는 순간에 즉시 도망치라. 죄를 사소한 것으로 여기지 말고, 은혜를 당연시하지 말라. 스스로의 힘을 의지하지 말고, 진정성 없는 회개를 일삼지 말라. 참된 회개는 거치는 것을 피해 더욱 멀리 도망친다. 죄에 한 번 굴복하면 그 힘이 더욱 강해진다는 것을 명심하라. 뼈가 한 번씩 부러질 때마다 치료는 더욱 어려워지고, 절뚝거림은 더욱 심해질 것이다.

존 쉐필드, *Puritan Sermons 1659-1689*, 1:77-87

그리하면 육체의 욕심을 이루지 아니하리라

이 말씀은 죄를 정복하는 방법을 보여 준다. 밤과 지옥이라는 악동들이 태어날 조짐을 보이기 시작하는 순간에 그것들의 목을 조르는 것은 어둠의 권세에 대항하는 효과적인 전략 가운데 하나다. 뱀의 알에서 뱀이 태어나기 전에 깨뜨려 없애야 한다. 육신의 정욕을 채우는 것을 피할 수 있는 가장 좋은 방법은 성령 안에서 행하는 것이다. 성령 안에서 행하면 성령의 뜻과 권고를 따를 수 있다. 중생한 사람의 영혼은 성령과 육신이 육탄전을 벌이는 전쟁터다. 그곳에서 빛과 어둠, 생명과 죽음, 천국과 지옥, 선과 악의 대결이 펼쳐진다. 오, 그리스도인들이여, 하나님이 우리의 편이시다. 죄를 지어 주님의 영을 슬프게 하지 않는 한, 그분은 우리와 함께하실 것이다. 성령의 인도하심을 따르라. 성령의 감화에 신속하게 반응하라. 다윗은 "나의 영혼이 주를 가까이 따르니 주의 오른손이 나를 붙드시거니와"(시 63:8)라고 말했다. 그의 말에는 이런 의미가 담겨 있다. "나의 하나님이여, 앞서가사 저를 인도하소서. 온 힘을 다해 가까이 따르겠습니다. 주님과 저 사이에 거리가 조금이라도 벌어지는 것을 절대 용납하지 않고, 저를 떠받치는 주님의 영원하신 팔을 의지하며 주님이 제 손을 잡아 이끄실 때마다 한 걸음씩 주님의 발자국을 따라가겠나이다." 롯은 소돔을 선뜻 떠나지 못하고 지체했다. 하나님의 사자들이 그를 재촉하며 손을 잡아끌지 않았더라면 그는 그곳에서 죽고 말았을 것이다(창 19:16). 성령을 거부하면 그분을 슬프게 해 결국 홀로 싸울 수밖에 없다. 하나님의 선하신 영의 숨결과 바람이 불어올 때면 모든 돛을 활짝 펼치라. 성령의 모든 감화를 반갑게 받아들이라. 그분의 모든 명령을 존중하라. 이 복되신 권고자의 자애로운 인도를 소중하게 여기라. 인장이 밀랍에 쉽게 찍히고, 부싯깃에 불이 잘 붙는 것처럼 성령의 감화 감동이 일어날 때마다 민감하게 반응하라. 천사가 물을 동하게 할 때 연못에 들어가라. 성령의 움직임을 놓치지 말라. 그러면 모든 것이 형통할 것이다.

존 기번, *Puritan Sermons 1659-1689*, 1:87-92

모든…얽매이기 쉬운 죄를 벗어 버리고

유혹이 거세게 밀어닥칠 때가 종종 있다. 그런 유혹의 힘과 세력에 맞서 싸우려면 미리부터 강력한 방어책으로 마음을 단단히 무장해야 할 필요가 있다. 참된 보화, 곧 성부 하나님과 성자 예수님과의 교제에 마음을 집중해야 한다. 하나님께로 도망쳐 숨을 곳을 찾으라. 유혹자는 그곳에까지 우리를 쫓아올 수 없다. 하나님과 교제를 많이 나누라. 그러면 마귀가 우리와 교제하지 못할 것이다. 설혹 그가 그렇게 하려고 애써도 아무런 효과가 없을 것이다. 항상 깊고 뜨거운 열정으로 하나님을 우리의 전부로 의식하면 영혼이 안전할 것이다. 이것은 유혹자의 습격과 공격에 대항할 수 있는 가장 강력한 무기가 아닐 수 없다. 오, 그리스도인들이여, 편안히 안식하려면 날개를 치며 날아오르라(사 40:31). 영혼이 높이 날아오르면 육신의 정욕이 뿜어내는 연기와 먼지 위로 쉽게 치솟아 오를 수 있다. 차가운 쇠를 벌겋게 달구면 그 위에 있던 녹슨 부분들이 모두 사라진다. 마음을 뜨겁게 하면 엘리야처럼 불병거를 타고 거룩한 열망으로 하나님을 향해 날아오를 것이다. 주님을 사랑하라. 그러면 죄를 사랑하지 않을 것이다. 어떤 것이 도덕적으로 선하거나 악한 이유는 하나는 명령된 것이고, 다른 하나는 금지된 것이기 때문이 아니다. 그것들이 그런 이유는 본질적 속성이 그러하기 때문이다. 선과 악은 그것들의 본질에 내재되어 있다. 영원한 아름다움을 지닌 거룩함은 힘써 추구하고, 추하기 그지없는 불법은 두렵게 여겨 멀리하라. 또한, 스스로의 자아를 깊이 이해하라. 자기 자신을 모르는 사람이 되지 말라. 자신의 가슴을 활짝 열어 마음의 구석구석을 샅샅이 살피라. 부지런히 살피라. 영혼의 맥박을 느껴보라. 마음의 단 한 부분도 간과하지 말라. 과거에 어떤 식으로 유혹자의 덫에 걸렸는지를 곰곰이 생각해 보라. 이런 성찰을 하루도 거르지 말고, 하나님의 영원한 율법에 비춰 생각해 보라. 이런 성찰을 부지런히 이행하면 우리가 쉽게 저지를 수 있는 죄를 예방하고. 극복하는 데 큰 도움이 될 것이다.

존 기번, *Puritan Sermons 1659-1689*, 1:92-92

자기 양심이 화인을 맞아서

양심을 부드럽게 유지하려고 노력하라. 가장 사소한 죄에도 민감하라. 어떤 사람들의 양심은 무쇠도 녹이는 타조의 위장과 같다. 그들은 가장 악한 죄도 주저 없이 삼켜버린다. 선한 양심은 매우 예민하다. 그런 양심은 가장 사소한 죄에도 민감하게 반응하며, 하나님의 성령께 근심을 끼쳐 드렸다고 생각하며 슬퍼한다. 그런 양심은 가장 작은 죄보다는 차라리 가장 큰 고난을 선택하는 편이 더 낫다고 생각한다. 그러나 세상 사람들은 그런 세심한 도덕관념을 조롱하며, 질책하며, 비웃기를 좋아한다. 매일 우리의 은사를 부지런히 훈련해 싸움에 대비해야 한다. 전투태세를 갖추고 방어와 공격에 모두 힘써야 한다. 항상 무기를 잘 준비해 놓아야 한다. 죄와는 평화가 있을 수 없다. 그리스도의 군사는 절대로 무기를 내려놔서는 안 된다. 사탄은 계책과 책략을 잠시도 멈추지 않는다. 그는 죄가 즐거운 것이라고 속삭인다. 양심을 옭아매는 것이 과연 즐거운 일일까? 지옥에 가서 하나님의 진노 아래 있는 것이 과연 즐거운 일일까? 잠시 누리는 죄의 낙이 강수와 같은 하나님의 즐거움에 비할 수 있을까? 어떻게 죄의 즐거움을 영광의 중한 것과 썩지 않은 면류관과 하늘나라에 비할 수 있다는 말인가? 오직 하나님만 있으면 충분하다. 그러나 그분이 없으면 그 무엇도 우리를 행복하게 할 수 없다. 천국을 향해 가는 동안 하나님의 사랑과 은혜와 성령의 위로가 우리를 유쾌하게 해줄 것이다. 때로는 말로 다 할 수 없이 영광스러운 기쁨을 경험하기도 할 것이다. 하나님은 선한 주인이시다. 그분을 섬길 때 우리는 온전한 자유를 누린다. 우리의 섬김이 그 자체로 우리의 상급이다. 이런 생각으로 적의 군대를 물리치라. 이런 생각으로 유혹자가 쏘아대는 불화살을 막으라. 유혹자와 단 한 순간도 휴전을 논하지 말라. 정욕이 무절제하게 치솟기 시작하면 잠시도 지체하지 말라. 지체하면 상상할 수 없는 위험에 처할 수 있다. 집에 불이 났을 때는 즉각 행동을 취해야 한다.

존 기번, *Puritan Sermons 1659-1689*, 1:96-100

끝으로 너희가 주 안에서와…강건하여지고

그리스도인이 영적 전쟁에서 적을 격파하려면 어떻게 해야 할까? 이성으로 정욕을 제어해야 한다. 어리석은 정욕에 휘둘려 그것이 영혼을 위협하는 배신자가 되도록 놔둘 셈인가? 욕정이 무장하고 일어나 난동을 부리도록 허락할 생각인가? 이성을 발동해 그것이 주체가 되어 행동하게 해야 한다. 욕정에 사로잡힌 인간은 참으로 어리석기 그지없다. 그것보다 더 경멸스럽고, 꼴사나운 일은 없다. 정욕이 이성을 압도하거든 양심을 일깨우고, 성경에서 도움을 구하라. 하나님의 계명을 사랑하는 것만으로 제어가 되지 않을 때는 그분의 우레 같은 경고의 두려움을 상기하라. 마음의 휘장을 활짝 열어 걷히고, 하나님의 엄위로우심을 떠올리면서 그분이 지켜보고 계신다는 사실을 기억하라. 자신의 마음을 향해 하나님은 업신여김을 당하지 않으실 것이라고 거듭 말하라. 정욕의 물줄기를 다른 방향으로 돌리려고 노력하라. 헛된 영광과 사람들의 칭찬을 향한 욕망이 일어날 때는, 재판관 앞에서 자기가 유죄 판결을 받은 사실을 까맣게 잊고서 동료 죄인들의 존경을 받아 자기를 기쁘게 하려는 죄인의 모습이 얼마나 어리석은지를 생각해 보라. 그런 생각들도 아무런 도움이 되지 않거든 즉시 무릎을 꿇고 기도하라. 주님의 발 앞에 엎드리라. 도움의 징표를 보여주시기 전까지는 자리에서 일어나지 않겠다고 말씀드리라. 가끔은 기도에 금식을 더해야 할 때도 있을 것이다. 하나님의 능력과 신실하심을 믿는 담대한 믿음으로 영혼을 무장시키고, 만군의 여호와의 이름과 권능으로 정욕과 맞서 싸우라. 하나님은 자기를 바라보는 자들을 결코 실망시키지 않으신다. 하나님께 소망을 둔 그분의 백성은 결코 수치를 당하지 않을 것이다. 그분의 이름은 강력한 요새와 같다. 그분께 모든 염려를 맡기고, 사울이 길르앗 야베스 사람들에게 베풀었던 긍휼과 똑같은 긍휼을 하나님께 기대하라. "내일 해가 더울 때에 너희가 구원을 받으리라"(삼상 11:9).

존 기번, *Puritan Sermons 1659-1689*, 1:101-107

우리는 십자가에 못 박힌 그리스도를 전하니

말씀의 진리에 단순히 동의하는 것은 지식의 행위다. 유기된 자들과 귀신들도 그 정도는 할 수 있다. 그러나 믿음으로 의롭다 하심을 받은 신자는 지적으로 동의할 뿐 아니라, 의지로 진리에 동의한다. 하나님의 약속은 진리를 받아들이는 의지의 행위를 요구한다. 따라서 진리를 받아들여 굳게 붙잡지 않고, 개념적으로만 약속을 알고, 생각으로만 진리에 동의하는 사람은 영혼을 구원하는 믿음을 가질 수 없다. 의롭게 하는 믿음은 용서와 생명을 주기 위해 하나님의 약속의 보장 위에 십자가에 못 박히신 그리스도를 의지한다. 하나님이 세상의 죄를 속량하기 위해 정하신 속죄는 모두가 우러러보는 그리스도가 아니라 하나님의 신적 공의 아래 죽기까지 피 흘리시는 그리스도를 통해 이루어졌다. 믿음은 그리스도께서 십자가에서 피 흘려 죽음으로써 하나님의 공의를 온전히 만족시키셨다는 것을 깨닫는다. 그리스도께서 당하신 모든 수치스러운 일들이 십자가의 죽음을 위한 준비 과정이었다. 그분은 죽기 위해 태어나셨고, 철회할 수 없는 작정을 통해 희생제물로 정해진 어린 양의 신분으로 세상에 오셨다. 그런 희생이 없었다면 그리스도께서 행하신 모든 수고는 헛되고 말았을 것이다. 그분의 피 없이는 구원도 없다. 그리스도께서는 하늘의 보좌 위에 위엄 있게 앉아서 구원을 베풀지 않으셨다. 그분은 하나님의 공의로운 진노와 인간의 광기 어린 손길을 온전히 감당하며 수치스러운 십자가에 달림으로써 가엾은 영혼들을 속량하고, 구원하셨다. 따라서 가엾은 영혼이 죄의 용서를 받으려면 단지 그리스도를 믿는 데 그치지 말고, 피 흘리신 그리스도를 믿어야 한다. 하나님은 피 흘리신 그리스도를 믿음으로 받아들여야 할 화목제물로 세우셨다(롬 3:25). 성경이 그리스도에 대해 가르친 진리에 동의한다고 해서 누구나 참된 믿음을 갖는 것은 아니다. 참된 믿음은 온전한 믿음과 신뢰를 통해 영혼이 그리스도와 하나로 연합하는 것을 의미한다.

윌리엄 거널, *Works*, 2:3-6

내가 네 기도를 들었고 네 눈물을 보았노라

하나님은 연약한 성도가 행한 지극히 작은 선행도 사랑의 눈길로 유심히 지켜보신다. 참으로 크나큰 위로와 격려가 되는 사실이 아닐 수 없다. 우리가 조금이라도 선한 생각을 하면 하나님은 사랑의 눈길로 그것을 지켜보신다. 우리는 눈물을 귀하게 보지 않지만, 하나님은 그것을 진주처럼 보신다. 우리가 베푸는 한 조각의 빵이나 한 방울의 음료도 하나님은 사랑의 눈으로 지켜보신다(마 25:35-36). 하나님은 우리의 영혼이 부르짖는 모든 소리에 귀를 기울이신다. 우리가 "주님, 이 죄를 용서하소서. 이 죄를 물리칠 힘을 주소서. 주님, 저를 굳세게 해 이 유혹을 이겨내게 하소서. 주님, 은혜를 베풀어 이 고난을 잘 견뎌내게 하소서."라고 부르짖으면, 주님은 그런 은혜로운 소원과 갈망을 빠짐없이 들으시고, 응답하신다. 라티머(영국의 성직자이자 종교개혁자—역자주)는 그리스도를 위해 자신의 심장의 피를 기꺼이 흘리기를 원했다. 하나님은 그의 마음의 열망을 사랑의 눈길로 바라보셨고, 소원을 들어주셨다. 이스라엘 백성은 고통 속에서 신음했다. 하나님은 그들의 신음을 사랑의 눈길로 바라보고 강림하시어 강한 손을 펼쳐 그들의 교만한 적들을 진멸하고, 기적을 베풀어 그들을 구원하셨다. 오, 연약한 그리스도인이여! 주님이 우리의 생각과 마음의 소원과 눈물과 탄식을 사랑의 눈길로 바라보신다는 것은 진정 놀라운 위로가 아닌가? 다른 사람들이 우리를 멸시한다 한들 무슨 상관인가? 다른 사람들이 우리를 무시한다 한들 무슨 상관인가? 주님이 우리를 사랑의 눈길로 바라보신다. 어떤 사람들은 하나님이 세상의 위대한 황제들이나 왕들, 그들의 위대한 행위나 호전적인 계획 따위는 아랑곳하지 않고, 줄무늬나 점이 있는 양들 몇 마리를 소유했던 가난한 양치기 야곱의 이야기를 성경에 기록하게 하신 것을 이상하게 생각한다. 그러나 이런 사실은 하나님이 세상의 위대한 자들보다 자기 자녀를 더 사랑하고, 귀하게 여기신다는 것을 잘 보여 준다. 하나님은 비단옷을 걸친 부자보다 누더기를 걸친 나사로에게 더 큰 관심을 기울이신다.

토머스 브룩스, *Works*, 3:61-62

죄가 더한 곳에 은혜가 더욱 넘쳤나니

주님은 우리의 약점보다 우리가 지닌 은혜를 더 많이 바라보신다. 주님은 베드로가 큰 죄를 지었는데도 그를 내치지 않고, 사랑과 동정의 눈길로 바라보셨다. "가서 그의 제자들과 베드로에게 이르기를 예수께서 너희보다 먼저 갈릴리로 가시나니"(막 16:7). 참으로 경이로운 사랑이요, 비할 데 없는 긍휼이 아닐 수 없다. 그리스도께서는 베드로의 죄보다 그의 슬픔을, 그의 맹세보다 그의 눈물에 더 많은 관심을 기울이셨다. 주님은 불신앙이 크다는 이유로 연약한 신자들을 내치지 않으신다. 그런 신자라도 믿음을 가지고 있기 때문이다. 주님은 위선적이라는 이유로 그들을 내치지 않으신다. 왜냐하면 그들 안에서 겸손의 빛이 비추고 있기 때문이다. 주님은 격정적이라는 이유로 그들을 내치지 않으신다. 왜냐하면 비록 적을지라도 그들 안에 온유한 성품이 존재하기 때문이다. 우리는 불순물이 많이 섞여 있다는 이유로 작은 금덩이를 버리거나 겨와 뒤섞여 있다는 이유로 알곡을 버리지 않는다. 마찬가지로 주님도 자기가 가장 사랑하는 자들을 점과 흠과 결함이 있다는 이유로 내치지 않으신다. 하나님은 구름의 어두운 측면보다 밝은 측면을 더 많이 바라보신다. 하나님은 적은 은혜라도 있으면 마치 그것의 영광스러움을 퇴색시키는 상황들로부터 자신의 눈을 숨기시는 것처럼 행하신다. 연약한 그리스도인들은 자신들이 지닌 은혜보다 자신들의 연약함을 더 많이 바라보는 경향이 있다. 그들이 소유한 금은 불순물이 많이 섞여 있기 때문에 그것을 불순물과 함께 내버리기 쉽다. 그러나 주 예수님은 가장 강한 신자와 가장 연약한 신자에게 똑같이 관심을 기울이신다. 그분은 친구이자 아버지요 남편으로서 우리에게 지극한 관심을 기울이신다. 성도는 매우 연약하지만, 주님은 그들의 약점을 보지 않고 그들이 지닌 은혜에만 관심을 집중하신다.

토머스 브룩스, *Works*, 3:62-63

보소서 우리가 모든 것을 버리고 주를 따랐사온대
그런즉 우리가 무엇을 얻으리이까

가장 연약한 신자가 행한 가장 작은 선도 귀하게 여겨지고 상을 받게 될 것이다. 제자들은 낡은 배 몇 척과 찢어진 그물을 버렸지만, 그리스도께서는 그들이 장차 열두 보좌에 앉아 이스라엘의 열두 지파를 다스릴 것이라고 말씀하셨다. 그들은 세상에서는 신분이 미천했지만, 마지막 날에는 영광스러운 왕들이 될 것이었다. 태양이 반짝이는 별보다 더 밝게 빛나는 것처럼 그들은 태양의 영광보다 더 큰 빛을 발할 것이었다. 아그립바는 가이우스가 황제가 되기를 바랐다는 이유로 감옥에 갇혔다. 가이우스가 제국을 장악하고 나서 가장 먼저 했던 일은 아그립바가 감옥에 갇혀 있을 때 그를 묶었던 쇠사슬의 무게에 해당하는 황금과 나라를 그에게 하사한 것이었다. 그렇다면 그리스도께서는 자기를 섬긴 우리에게 더 풍성한 상을 베풀어 주시지 않겠는가? 당연히 그러실 것이다. 그분은 왕의 재물은 물론, 왕의 마음을 가지고 계신다. 따라서 연약한 그리스도인들이여, 세상에서 시련을 겪고, 주님을 섬기면서 비난을 받더라도 낙심하지 말라. 주님이 상을 주실 것이다. 그분은 아무리 작은 섬김도 결코 잊지 않으실 것이다(히 6:10). 오, 보배로운 영혼이여, 다른 사람들처럼 유창한 말솜씨로 그리스도를 자주 전하지 못하는가? 다른 사람들만큼 열심을 내지 못하는가? 주님은 마음의 진지함을 보고, 상을 주실 것이다. 우리의 수고에 대한 보상으로 영원한 안식이 주어질 것이다. 우리의 은혜가 미약하면 유혹도 그만큼 줄어들고, 고난도 그만큼 가벼울 것이다. 성경에서 알 수 있는 대로, 은혜가 가장 강한 사람이 가장 큰 고난과 유혹과 어려움을 겪는다. 아브라함은 믿음이 뛰어났다. 따라서 하나님은 그의 믿음을 극한까지 시험하셨다. 모세는 온유함이 다른 모든 사람보다 뛰어난 까닭에 불평을 일삼는 백성들을 상대해야 했다. 욥은 인내가 뛰어났기 때문에 큰 고난을 겪었다. 지혜와 사랑이 풍성하신 하나님은 각 사람에게 알맞은 짐을 지우신다. 그분은 각 사람의 능력에 맞는 고난을 허락하신다.

토머스 브룩스, *Works*, 3:67-68

너희 자신을 죄에 대하여는 죽은 자요…
하나님께 대해서는 살아 있는 자로 여길지어다

우리는 우리 자신의 의가 아닌 주 예수님의 완전하고, 흠 없는 의를 힘입어 하나님 앞에 나간다. 연약한 심령들은 자기 안에 있는 죄와 불완전한 섬김을 의식할 때, 괴로워하며 낙심하기 쉽다. 그러나 우리는 그리스도 안에서 모든 것을 가졌다. 그리스도께서는 우리의 죄를 보고서 우리에게 결별을 선언하지 않으신다. 그분은 우리를 나무라고, 훈육하고, 꾸짖을지언정 내치지 않으신다. 죄가 우리를 하나님과 갈라놓지 못한다는 것은 참으로 큰 위안이 아닐 수 없다. 죄는 이미 법정적으로 단죄되어 권세를 잃었다. 죄는 완전히 죽지는 않았지만 사형 판결을 받았다. 죄의 권세는 크게 줄어들었고, 그 독재적인 지배력은 제압되었다. 주님은 죄의 독재적이고, 지배적인 통치권을 모두 빼앗으셨다. 오, 그리스도인이여, 죄를 죽은 것으로 간주하라. 죄를 따르지 말고, 그것을 인정하지도 말라. 주 예수님이 자신의 죽음과 성령을 통해 죄에 치명상을 입혔고, 우리의 영혼에 은혜를 베풀어 주셨다. 죄는 본래의 힘을 다시는 회복할 수 없다. 죄는 성도들의 영혼 안에서 서서히 죽어갈 것이다. 죄는 뿌리가 깊이 베어져 곧 죽을 수밖에 없는 나무와 같다. 그런 나무는 잠시 잎사귀와 열매를 내며 살아 있는 듯 보이지만 실제로는 죽어가고 있기 때문에 머지않아 완전히 시들어 죽고 말 것이다. 그리스도께서 십자가에서 단번에 죽지 않으신 것처럼 죄도 성도들의 영혼 속에서 서서히 죽어간다. 그리스도께서 치명상을 입히셨기 때문에 죄는 결코 회복할 수 없다. 그런 점에서 죄는 이미 죽었다고 말할 수 있다. 연약한 영혼들이여, 이미 죽은 죄로 인해 그리스도께서 우리에게 결별을 선언하실 가능성은 전혀 없다. 그러니 용기를 잃지 말라. 연약한 그리스도인들은 달콤한 꿀이 있는 꽃 안에서 꿀을 모으는 벌과 같다.

토머스 브룩스, *Works*, 3:69-72

시험에 들지 않게 깨어 기도하라

솔로몬은 바다 한복판에서 돛대 위에 누운 자와 같을 것이라는 비유적 표현을 사용했다 (잠 23:34). 이것은 멸망이 눈앞에 이른 상황에서도 거짓 안전에 취해 있는 사람들의 모습을 정확하게 묘사한다. 그런 사람들을 예로 들라면 아마도 동산에 있던 제자들을 가장 먼저 손꼽을 수 있을 것이다. 주님은 그들에게서 조금 떨어진 곳에 가서 "심한 통곡과 눈물로 간구와 소원을 올리셨지만"(히 5:7), 그들은 잠을 잤다. 주님은 그들의 죄로 인해 야기된 저주와 진노가 가득한 잔을 곧 맛보셔야 할 참이었다. 유대인들은 주님과 제자들을 체포하기 위해 무장을 한 채 몰려들었다. 그 전에 예수님은 제자들에게 오늘 밤에 자기가 배신을 당해 죽을 것이라고 미리 말씀하셨다. 제자들은 예수님이 "고민하고 슬퍼하시는" 것을 보았다(마 26:37). 그분은 그들에게 잠을 자지 말고 자기와 함께 있자고 말씀하셨다. 그분은 죽음을 눈앞에 두신 상황이었다. 그러기는 제자들도 마찬가지였다. 그런 상황에서 예수님이 잠시 그들을 떠나 한적한 곳에 가셨을 때 그들은 그분을 사랑하는 마음은 물론, 자기들의 안위까지 모두 저버린 사람들처럼 잠에 곯아떨어졌다. 심지어는 가장 훌륭한 신자들도 그들 자신에게만 맡겨 두면 제구실을 하지 못한 채 무가치해지기 쉽다. 우리의 힘은 아무리 커도 연약하기 그지없고, 우리의 지혜는 아무리 뛰어나도 어리석기 짝이 없다. 베드로도 잠이 든 제자들 가운데 하나였다. 바로 얼마 전에 그는 다른 제자들이 다 주님을 버릴지라도 자기는 버리지 않을 거라고 호언장담했었다. 주님은 그에게 "나와 함께 한 시간도 이렇게 깨어 있을 수 없더냐"라고 말씀하셨다. 베드로가 그렇게 큰소리를 쳐놓고서 즉시 부주의해져 약속을 잊어버린 것은 참으로 어처구니없는 일이 아닐 수 없다. 그러나 우리 자신의 마음속에도 그와 똑같은 배신의 뿌리가 도사리고 있다. 그 뿌리는 매일 우리 안에서 열매를 맺는다. 예수님은 제자들을 일깨워 그들의 상황과 약점과 위험을 보게 하려고 노력하셨다. 멸망이 눈앞에 이르는 상황이었다. 그들은 일어나 깨어 기도해야 했다.

존 오웬, *Works*, 6:91-92

내 형제들아 너희가 여러 가지 시험을 당하거든 온전히 기쁘게 여기라

하나님은 결코 우리를 죄로 유혹하지 않으신다. 그분은 오히려 기도로 죄를 물리치라고 권고하신다. 그러나 하나님은 이따금 우리를 시험하신다. 그분은 아브라함을 시험하셨다. 하나님이 우리를 시험하시는 이유는 우리의 마음속에 무엇이 있는지를 보여 주기 위해서다. 하나님은 우리를 일깨워 마음속에 은혜가 있는지 죄가 있는지 보게 하신다. 은혜와 죄는 마음속 깊은 곳에 있다. 우리는 종종 우리의 마음을 그릇 평가한다. 하나님은 마음속을 정확하게 잴 수 있는 측량줄을 가지고 우리에게 오신다. 그분이 사용하시는 시험의 도구는 영혼의 깊은 구석을 파고 들어간다. 그분의 도구는 우리 안에 무엇이 있고, 또 우리가 어떤 인격을 소유하고 있는지를 분명하게 보여 준다. 하나님이 시험과 시련을 통해 아브라함의 믿음을 분명하게 보여 주시기 전까지 아브라함은 자신의 믿음이 어떤 능력과 힘을 지니고 있는지 알지 못했다(창 22:1, 2). 하나님은 히스기야를 시험해 그의 교만을 드러내셨다(대하 32:31). 히스기야는 시험받기 전까지는 자신이 쉽게 교만해지는 성향이 있다는 것을 알지 못했다. 시험을 통해 그의 부패한 성향이 그의 눈앞에 여실히 드러났다. 하나님이 우리를 시험하는 또 하나의 이유는 우리에게 자신을 드러내 보이시기 위해서다. 우리는 시험받기 전까지는 우리 자신의 힘으로 살아가고 있다고 생각한다. 그러나 오직 하나님만이 보존의 은혜를 베풀어 우리가 넘어지지 않게 지켜주실 수 있다. 우리는 "모든 사람이 이렇게, 저렇게 하지만 우리는 그러지 않을 것이다."라고 장담한다. 그러나 시험이 찾아오면 하나님이 우리를 보존하고 계신다는 사실을 곧 깨달을 수 있다. 시련을 통해 우리의 약점을 깨닫기 전까지 우리는 하나님이 우리를 위해 베푸시는 능력과 권능은 물론, 그분이 허락하시는 은혜의 충족함을 의식하지 못한다. 시험을 겪어야만 비로소 하나님의 능력과 은혜가 우리의 삶 속에서 확연하게 드러난다. 독에 중독되기 전까지는 해독제의 효과를 알 수 없다. 질병에 걸려봐야만 약의 귀중함을 깨닫게 된다. 그와 마찬가지로 시험을 받아봐야만 비로소 은혜의 능력을 알 수 있다. 시험을 받아봐야만 우리가 보호받고 있다는 영광스러운 사실을 깨달을 수 있다.

존 오웬, *Works*, 6:92-94

이 세상의 임금이 오겠음이라
그러나 그는 내게 관계할 것이 없으니

유혹의 본질은 우리를 죄로 이끄는 것이다. 유혹은 사탄이나 세상, 또는 우리 자신으로 인해 발생한다. 유혹은 그런 요인들 가운데 한 가지를 통해 발생하기도 하고, 그 모든 요인이 다양한 방식으로 결합된 형태로 나타나기도 한다. 사탄은 신자의 마음속에 하나님에 관한 악하고 불경스러운 생각을 부추기려고 애쓴다. 사탄은 세상이나 우리의 마음을 유혹의 수단으로 사용한다. 사탄은 자신의 악한 의도로 불화살을 만든다. 사탄의 불화살과 거기에 묻은 독은 결국에는 사탄 자신의 심장에 영원히 박히게 될 것이다. 때로 사탄은 세상을 이용한다. 사탄은 모든 세력을 규합해 우리를 대항한다. 이것이 사탄이 예수님을 유혹했던 방식이다. 사탄은 예수님께 천하 만국과 그 영광을 보여 주었다(마 4:8). 사탄이 세상으로부터 얻는 무기와 수단은 무수히 많다. 때로 사탄은 우리 자신 안에서 조력자를 발견하기도 한다. 사탄에게 유혹받으셨던 그리스도와 우리는 큰 차이가 있다. 예수님은 "그는 내게 관계할 것이 없다."라고 단호하게 말씀하셨다. 그러나 우리는 그렇지가 못하다. 사탄은 우리의 가슴 속에서 자신의 목적을 이루는 데 도움이 되는 조력자를 발견한다(약 1:14-15). 그는 가룟 유다를 유혹할 때 그런 방법을 사용했다. 사탄은 그의 욕심을 부추겨 은전 30냥을 탐하게 했다. 사탄은 유다의 부패한 본성을 이용했다. 유다는 탐욕스러운 도둑이었다. 유혹의 방법과 수단과 원인은 체계적인 방식으로 정리하기가 불가능할 정도로 다양하고 광범위하다. 그것들을 일일이 언급하려면 한도 끝도 없을 것이다. 일반적으로 유혹은 그 수단이나 원인이 무엇이 되었든 인간의 생각과 마음을 미혹해 하나님이 원하시는 순종을 등한시하게 하고, 죄를 짓게 만드는 데 목표를 둔다.

존 오웬, *Works*, 6:95-96

우리를 시험에 들게 하지 마시옵고

시험에 든다는 것은 단순히 유혹을 받는 것에 그치지 않는다. 사탄이 악의를 품은 채 세력을 떨치고, 세상과 육신의 정욕이 계속 존재하는 한, 우리는 유혹으로부터 자유로울 수 없다. 유혹으로부터의 완전한 자유를 위해 기도할 필요는 없다. 왜냐하면 그런 자유를 약속한 성경 말씀은 어디에도 없기 때문이다. 우리는 시험에 들지 않게 해달라고 기도해야 한다. 시험에 든다는 것은 강력하거나 무서운 유혹에 빠진다는 뜻이다. 물론, 시험에 든다고 해서 무조건 유혹에 완전히 지배되거나 굴복하는 것은 아니다. 시험에 들어도 넘어지지 않을 수 있다. 하나님은 피할 길을 주신다. 우리가 시험에 들었을 때, 하나님은 그 덫을 깨부수고, 사탄을 제압해 우리의 영혼에 넉넉한 승리를 안겨 주실 수 있다. 그리스도께서는 시험을 받으면서도 조금도 흔들리지 않으셨다. 바울 사도는 사람이 함정이나 올무에 걸려 구덩이나 깊은 장소에 떨어지는 것처럼 '시험에 떨어진다'라는 표현을 사용했다(딤전 6:9). 구덩이에 떨어진 사람은 죽거나 다치지 않고, 단지 옭아 매인 상태로 갇혀 있을 뿐이다. 그는 그곳에서 벗어날 수 있는 방도를 알지 못한다. 이것이 바울이 "시험 당할 즈음에"(고전 10:13)라는 표현을 사용한 이유다. 이 표현은 유혹에 휘말려 들어 그 줄에 꽁꽁 묶인 채 빠져나갈 길을 찾을 수 없게 되었다는 뜻이다. 베드로도 "주께서 경건한 자는 시험에서 건지실 줄 아시고"(벧후 2:9)라고 말했다. 시험에 든다는 것은 유혹에 이끌린다는 뜻이다. 죄가 문을 두드릴 때는 자유롭지만, 일단 유혹이 안으로 들어와서 잠시든 오래든 우리의 마음과 협상을 벌이고, 우리의 생각과 의논을 하고, 우리의 감정을 미혹하면, 죄가 거의 알아차릴 수 없을 만큼 은밀하게 우리의 영혼을 꾀어 자기에게 특별한 관심을 기울이게 만든다. 이것이 곧 시험에 드는 것이다. 하나님, "우리를 시험에 들게 하지 마옵소서."

존 오웬, *Works*, 6:96-97

주께서 경건한 자는 시험에서 건지실 줄 아시고

시험에 든다는 것은 두 가지 의미를 지닌다. 첫째, 사탄은 특별한 기회나 이점을 노려 일반적인 유혹보다 더 큰 힘으로 우리를 공격한다. 그는 정욕이나 부패한 본성을 보통 때보다 훨씬 더 크게 교란시킨다. 둘째, 우리의 마음이 사탄이 주입한 독즙을 완전히 제거할 수 없을 만큼 심하게 유혹에 얽매인다. 영혼은 그 얽매임이 저항하기 힘들다는 것을 알고는 깜짝 놀란다. 영혼은 울며 기도하지만 그 얽매임은 계속된다. 시험에 드는 원인은 다음 두 가지 중 하나다. (1) **첫째는 하나님이 자기만 알고 계시는 특별한 목적을 위해 사탄에게 영혼을 유혹하도록 허락하시기 때문이다.** 베드로의 경우, 사탄은 그를 밀 까부르듯 까불렀고 결국 성공했다. (2) **둘째는 인생을 살아가는 동안 인간의 욕심과 부패한 본성을 특별히 자극하는 대상이나 기회가 주어졌기 때문이다.** 다윗 왕이 대표적인 경우다. 유혹의 시간은 유혹이 절정에 이르는 시간, 곧 그것이 가장 큰 힘을 발휘해 가장 활발하고, 강력하게 활동하는 때를 가리킨다. 그런 시점에 도달하기까지는 시간이 좀 걸리지만 적절한 조건만 갖추어지면 유혹은 곧바로 그런 위험한 상황으로 치닫는다. 사람이 시험에 들면 상당히 깊은 곳까지 유혹에 빠져든다. 어떤 때는 유혹이 아무런 힘도 발휘하지 못하기도 한다. 그럴 때는 유혹을 경멸하며 쉽게 물리칠 수 있다. 그와는 달리 유혹이 다른 상황이나 사건들의 도움을 받아 새로운 힘과 효력을 발휘하는 때도 있다. 예를 들어 우리가 연약해졌을 때 유혹이 찾아오면 우리는 시험에 들게 되고 결국 유혹이 승리를 거둔다. 그럴 때를 위해 미리부터 준비하는 사람은 복되다. 그런 준비가 없으면 빠져나갈 수 없다. 항상 준비하고 있어야만 안전할 수 있다.

존 오웬, *Works*, 6:98-99

깨어 믿음에 굳세게 서서

유혹이 다가오는 때를 어떻게 알 수 있을까? 유혹이 다가오면 불안하고, 다급하고, 생각이 복잡해진다. 싸움이 시작된 까닭이다. 죄는 영혼을 불안하게 만든다. 사탄은 자신의 이점을 확보해 세력을 결집한다. 그는 승리를 거두지 못하면 영원히 기회를 놓치게 될 것이라고 생각한다. 그는 감언이설과 거짓 약속으로 자기에게 주어진 이로운 기회와 시간을 십분 활용한다. 그는 설득력 있는 논증을 제시하며 자신의 세력을 더욱 확장하려고 애쓴다. 그는 죄를 지어도 온전한 용서를 받을 수 있다고 속삭인다. 그는 지금 승리하지 못하면 다시는 기회가 없을 것이라고 생각한다. 사탄은 그리스도를 대적할 목적으로 많은 사건을 준비했다. 그때가 바로 어둠의 때였다. 유혹이 우리의 상상력과 이성을 통해 우리를 압박할 때면 유혹의 힘이 발휘될 때가 이르렀다는 것을 알 수 있다. 아울러, 유혹의 때가 이르면 두려움과 매력이 세력을 규합해 더 큰 힘으로 압박하기 시작한다. 다윗 왕이 우리아를 살해할 계획을 세웠던 것이 대표적인 경우다. 그는 자기 죄가 드러날까봐 두려워하면서도 계속해서 밧세바와 쾌락을 즐겼다. 사람들이 죄를 짓고, 그 안에 계속 머물러 있는 이유는 죄를 사랑하기 때문이기도 하지만, 회개를 통해 모든 사실이 드러남으로써 나타나게 될 결과를 두려워하기 때문이기도 하다. 구세주께서는 우리에게 시험에 드는 것을 방지할 수 있는 길을 가르쳐 주셨다. 그것은 두 가지, 곧 '깨어 있는 것'과 '기도하는 것'이다. 깨어 있는 것은 경계심과 주의력을 곤두세워 원수가 우리에게 다가와서 어떤 미끼와 수단으로 우리를 옭아매려고 할 것인지를 파악하는 것을 의미한다. 나머지 하나는 기도하는 것이다. 우리 가운데 이 중요한 의무를 모르는 사람은 없다. 이 두 가지 의무가 유혹으로부터 우리를 지키는 믿음의 수단이다.

존 오웬, *Works*, 6:99-101

이는 우리로 사탄에게 속지 않게 하려 함이라
우리는 그 계책을 알지 못하는 바가 아니로라

시험에 들지 않도록 부지런히 노력하는 것은 모든 신자가 이행해야 할 큰 의무다. 하나님의 형상으로 창조된 아담은 순전함과 의로움과 거룩함을 온전히 갖추고 있었다. 그는 우리보다 훨씬 더 뛰어난 선천적인 능력을 지니고 있었다. 그의 내면에는 그를 유혹하거나 미혹할 것이 전혀 존재하지 않았다. 그러나 그가 시험에 드는 순간, 그는 완전히 타락했고, 그의 후손들까지도 그와 함께 몰락했다. 우리가 시험에 들면 어떻게 될까? 우리도 아담처럼 마귀의 유혹과 간계에 노출될 수 있다. 더욱이 우리에게는 유혹의 힘을 증대시키는 부패한 마음과 저주받은 세상까지 존재한다. 아브라함은 모든 신자가 본받아야 할 본보기이지만 아내 때문에 시험에 들어 하나님의 명예를 더럽혔다. 하나님은 다윗을 자기 마음에 합한 사람으로 일컬으셨지만, 다윗은 시험에 들어 무서운 죄를 저질렀다. 이 밖에도 노아, 롯, 히스기야, 베드로를 비롯해 많은 사람을 언급할 수 있다. 그들의 유혹과 타락에 관한 이야기가 우리에게 교훈을 주기 위해 성경에 기록되었다. 이런 사실들을 알고 있는 사람은 누구나 "오, 주님, 그런 강한 기둥과 같은 사람들이 넘어졌는데 제가 어찌 버틸 수 있겠습니까? 그런 거대한 상수리나무와 같은 사람들이 쓰러졌는데 제가 어떻게 유혹을 견뎌낼 수 있겠습니까? 제가 시험에 들지 않도록 지켜주옵소서."라고 부르짖지 않을 수 없을 것이다. 흠이나 결함이 없는 사람도 시험에 들었는데 우리가 어떻게 버틸 수 있겠는가? 우리보다 강한 사람들이 실패하는 것을 보면, 무슨 수를 써서라도 그 싸움을 피하고 싶은 생각이 들 것이 틀림없다. 겨우겨우 기어 올라갔다가 내려올 수 있는 정도의 사람이 거인들도 시도하다가 쓰러질 수밖에 없는 일을 피하지 않는다면 어찌 제정신이라고 할 수 있겠는가? 당신이 아직 영적으로 건강하고 건전하다면, 시험에 들지 않게 조심하라. 아브라함을 비롯한 많은 사람들처럼 유혹의 때에 넘어지는 일이 없도록 주의해야 할 것이다.

존 오웬, *Works*, 6:101-104

나를 떠나서는 너희가 아무것도 할 수 없음이라

다른 사람들이 유혹의 힘에 굴복하는 것을 목격하면서도 무분별한 태도로 하나님의 경고를 무시하는 것이야말로 인간의 마음이 지닌 가장 어리석은 특성이 아닐 수 없다. 시험에 드는 것의 위험성을 진지하게 생각하지 않는 사람들은 자신들의 영혼이 얼마나 연약하고, 원수가 얼마나 강한지를 올바로 이해할 수 없다. 그들은 아무런 관심이나 두려움 없이 유혹의 길 위에 죽어 너부러진 자들을 밟고 지나간다. 그러나 우리는 저항할 힘이 전혀 없는 무기력한 존재들이다. 성이나 요새는 견고하고, 튼튼하지만, 그 안에 배신의 기회를 호시탐탐 노리는 변절자가 있다면 그곳은 적들의 공격으로부터 결코 안전할 수 없다. 우리의 마음속에도 언제라도 원수와 연합해 우리를 대적할 준비가 되어 있는 변절자가 숨어 있다. 그는 공격을 당할 때 저항을 포기하라고 종용하고, 유혹의 힘을 부추겨 강력하게 역사하게 만든다. 스스로 잘 버틸 수 있다고 자신하지 말라. 마음속에 은밀한 정욕은 가만히 침묵을 지키며 잠복해 있으면서 유혹으로 우리를 덮칠 때를 기다린다. 그때가 되면 정욕이 솟구쳐 올라 자기가 죽거나 만족을 얻거나 둘 중 한 가지 결과가 나타날 때까지 끈질기게 소리를 지르고, 울부짖고, 충동질하고, 미혹할 것이다. 마음속에서 유혹의 힘이 느껴질 때도 이전과 똑같을 것이라고 생각한다면 큰 오산이다. 마음으로 어떤 특정한 죄를 혐오하는 사람도 시험에 들게 되면 그 죄에 강력하게 휘말릴 수밖에 없다. 모든 생각을 동원해 이래서는 안 된다고 아무리 소리쳐도 통하지 않을 것이다. 오히려 자기가 과거에 두려워했던 것을 스스로 비웃고, 양심의 가책을 느꼈던 것을 어리석게 여기며 조금도 망설이지 않을 것이다. 베드로는 자기가 그렇게 쉽게 주님을 부인할 것이라고는 꿈에도 생각하지 못했다. 그는 시험의 때가 닥치자 모든 결심을 망각하고, 주님에 대한 사랑을 헌신짝처럼 내팽개쳤다. 유혹이 베드로의 육신적인 두려움과 결탁해 그를 몰락시켰다.

존 오웬, *Works*, 6:104-105

시몬아, 시몬아,
보라 사탄이 너희를 밀 까부르듯 하려고 요구하였으나

유혹은 생각을 어둡게 해 유혹을 받기 전과는 달리 올바른 판단을 할 수 없게 만든다. 유혹은 감정을 뒤흔들어 생각을 어둡게 한다. 감정이 개입하면 생각을 강력하게 속박해 기능을 마비시킨다. 유혹을 통해 감정의 고삐가 풀리면 미친 듯이 날뛰기 시작한다. 이전에 죄를 미워했던 생각, 하나님을 두려워하는 마음, 십자가에 못 박히신 그리스도의 임재와 사랑에 관한 의식이 모두 사라지고, 마음은 원수의 먹잇감으로 전락한다. 유혹은 정욕을 마구 부추긴다. 유혹은 감정을 자극하고, 도발하고, 몹시 사납고 거칠게 만든다. 정욕 (부패한 본성)이 자기에게 적합한 대상이나 기회나 이점을 발견하면 더욱 강렬하게 격앙되어 한동안 모든 것을 지배하기에 이른다. 베드로의 두려움, 히스기야의 교만, 아간의 탐욕, 다윗의 추잡한 죄, 데마의 세속성, 디오드레베의 야심 속에서 그런 사실이 분명하게 확인된다. 유혹은 정욕에 박차를 가해 말처럼 전쟁터로 힘차게 달려 나가게 만든다. 유혹에 직면하기 전까지는 부패한 본성의 광기와 교만과 격정이 어느 정도인지 알기 어렵다. 그렇다면 가엾은 영혼은 어떻게 해야 할까? 생각은 어두워졌고, 감정은 마구 날뛰고, 정욕은 불같이 타오르는 상태다. 참으로 심각하지 않은가? 그런 상태는 어떤 결과를 가져올까? 사탄의 목적은 하나님을 욕되게 하고, 우리의 영혼을 파괴하는 것이다. 과거에 유혹으로 인해 양심이 더럽혀지고, 평화가 깨지고, 복종하려는 마음이 약해지고, 하나님의 얼굴이 희미하게 보였던 적이 있지 않았는가? 영혼이 오염되고, 그로 인해 크게 당황했던 적이 있지 않았는가? 그런데도 다시 그런 상황에 얽혀들고 싶은가? 만일 지금 자유롭거든 시험에 들지 않도록 각별히 주의하라.

존 오웬, *Works*, 6:109-114

"시험에 들지 않게 기도하라"라는 구세주의 가르침을 함께 생각해 보자. 기도는 우리를 시험으로부터 지켜주는 수단이다. 기도에 대해 조금이라도 알고 있는 사람은 누구나 기도가 얼마나 영광스러운 일을 할 수 있는지를 잘 알 것이다. 그러나 기도가 시험을 피하는 데 탁월한 능력과 효력을 지니고 있다는 것을 아는 사람은 그리 많지 않다. 기도는 우리의 영혼이 군인 같은 태도로 유혹에 맞설 수 있도록 도와준다(엡 6:18). 기도가 없으면 하나님의 전신 갑주조차도 사탄의 전략을 효과적으로 막아내기 어렵다. 바울은 "쉬지 말고 기도하라"라는 말로 기도를 크게 강조했다. 이 말은 모든 상황에서 항상 기도하라는 뜻이다. 우리는 이 중요한 의무를 항상 이행할 준비를 해야 한다(눅 18:1). 또한, 바울은 "성령 안에서 모든 일에 기도와 간구를 드리라"고 당부했다. 우리의 상황에 맞게, 또 하나님의 뜻에 따라 그분을 바라는 마음으로 기도해야 한다. 그러면 성령께서 우리의 기도를 도와주신다. 기도할 때는 정신이 산만해지지 않도록 조심하고, 끝까지 인내함으로써 강인해져야 한다. 그런 식으로 기도하는 영혼은 건강한 태도를 유지할 수 있다. 기도가 없으면 이 중요한 사역을 이룰 수 없다. 기도하지 않으면 저주스러운 유혹에 빠질 수밖에 없다. 이 점을 기억하고, 시험에 들지 않겠다는 분명한 목적의식을 가지고 기도에 힘쓰라. 우리의 영혼을 보존하고, 우리의 마음과 길을 지켜달라고 하나님과 날마다 기도로 씨름하자. 선하고, 지혜로운 섭리를 베푸시어 우리의 길과 일을 올바로 이끌어 주고, 우리를 억압하는 유혹에 빠지지 않게 해달라고 기도하자. 다른 사람들은 스스로의 어리석음에 얽매이더라도 우리는 신중하고 부지런한 태도로 우리의 모든 행위를 살펴 구원받게 해달라고 기도하자.

존 오웬, *Works*, 6:126-127

하나님이여 나를 살피사 내 마음을 아시며

우리는 다른 무엇보다 우리의 마음을 잘 살펴 지켜야 할 의무가 있다. 유혹을 피하고 싶은 사람은 자신의 마음을 알려고 노력해야 한다. 자신의 타고난 기질과 성격, 자신의 욕망과 부패한 속성, 자신의 죄의 성향과 영적 약점을 알아야 한다. 자신의 약점이 무엇인지를 알면 죄가 틈탈 기회를 주의 깊게 차단할 수 있다. 유혹은 인간의 타고난 기질과 성격을 이용할 때가 많다. 친절하고, 유순하고, 협조적이고, 부탁을 쉽게 잘 들어주는 성격을 타고난 사람들도 있고, 괴팍하고, 거칠고, 침울한 성격을 타고난 까닭에 다른 사람들을 시기하고, 비난하기를 좋아하고, 악의와 이기심이 강하고, 분노와 불평을 자주 드러내는 사람들도 있다. 이들은 자신의 성격을 잘 극복하지 못하고, 그런 유혹의 덫 가운데 하나에 걸려들 때가 많다. 시험에 들지 않기 위해 조심하는 사람은 자신의 타고난 기질을 정확하게 파악해 유혹을 통해 그런 성격이 고개를 쳐들지는 않는지 유심히 살펴야 한다. 자신이 어떤 기질을 소유하고 있는지, 사탄이 자신의 마음속에서 무엇을 발판으로 삼고 있는지, 어떤 부패한 속성이 강한지, 어떤 은혜가 약한지, 정욕이 타고난 성격 속에 어떤 요새를 구축하고 있는지를 면밀하게 파악하려고 노력해야 한다. 타고난 성격과 해로운 기질로 인한 결과 때문에 삶의 위로를 모두 잃어버린 사람들이 얼마나 많은지 모른다. 심지어는 온순한 성격과 안일한 기질 때문에 어려움을 겪는 사람들도 적지 않다. 자기의 마음을 알아야 한다. 마음속이 아무리 깊어도 샅샅이 살펴야 한다. 마음속이 아무리 어두워도 빠짐없이 조사해야 한다. 마음이 당신을 속이려고 하거나 그 죄악된 성향에 눈 멀게 유도하더라도 속아 넘어가지 말라. 어떤 사람들은 마음속의 악을 없애려고 하기보다 그것을 정당화하고, 은폐하고, 변명하려고 애쓴다. 자기 자신을 부지런히 살피는 사람들이 매우 적은 것은 물론이고, 심지어는 다른 사람들이 스스로를 알려고 노력하는 것까지도 못마땅하게 여기는 사람들이 많다.

존 오웬, Works, 6:131-133

어떤 유혹이 다가오더라도 단호히 물리칠 수 있도록 준비하라. 깨어 경성하면 그렇게 할 수 있다. 마음속에 필요한 것을 잘 준비해 두고, 필요할 때 꺼내 사용해야 한다. 적이 요새를 공격할 의도로 가까이 접근했더라도 인력과 시설이 잘 갖춰져 있어 거뜬히 버틸 것으로 판단되면 공격하지 않고 물러갈 것이 분명하다. 사탄도 우리의 마음이 자신의 공격을 막을 준비가 잘 되어 있는 것을 보면 물러갈 뿐 아니라 놀라 도망칠 것이다(약 4:7). 복음은 그리스도 안에 나타난 하나님의 사랑으로 마음을 가득 채운다. 이것이 유혹을 물리치는 가장 탁월한 보호책이다. 요셉은 그런 식으로 준비했기 때문에 유혹이 모습을 드러내는 순간, 곧바로 "내가 어찌 이 큰 악을 행하여 하나님께 죄를 지으리이까"라고 소리쳤다. 그러자 유혹이 그를 더는 어찌하지 못하고 멈추었다. 그는 하나님을 사랑하는 마음으로 자신을 무장했다(창 39:9). 바울은 "그리스도의 사랑이 우리를 강권하시는도다"(고후 5:14)라고 말했다. 우리는 또한 율법을 통해 하나님을 두려워하는 마음, 곧 죽음과 지옥과 징벌을 두려워하는 마음을 지녀야 한다. 그러나 그런 마음은 복음을 통해 준비된 마음에 비해 제압당하기가 훨씬 쉽다. 오직 그런 두려움으로만 무장한 마음은 잠시 버티다가 유혹에 쉽게 넘어가기 마련이다. 우리는 그리스도 안에 나타난 하나님의 사랑, 하나님의 은혜로운 영원한 계획, 그리스도의 보혈의 맛, 기꺼이 피를 흘리신 그리스도의 사랑에 대한 감각을 마음속에 간직해 두어야 한다. 우리는 우리의 양자됨과 칭의를 비롯해 하나님이 우리를 받아주신 것을 소중하게 생각해야 한다. 거룩함의 아름다움을 마음에 가득 채워야 한다. 왜냐하면 그것이 그리스도께서 죽으신 목적이기 때문이다. 이런 사실들을 염두에 두고 하나님과 날마다 동행하면 유혹의 공격으로부터 안전하게 벗어나 큰 평화를 누릴 수 있을 것이다.

존 오웬, *Works*, 6:133-134

근신하라 깨어라 너희 대적 마귀가
우는 사자 같이 두루 다니며 삼킬 자를 찾나니

유혹을 초기에 발견하려면 항상 깨어 있어야 한다. 대다수 사람은 상처를 입기 전까지는 원수의 존재를 의식하지 못한다. 그들은 아무것도 눈치채지 못한 상태로 유혹에 넘어간다. 그들은 다른 사람들이 집에 불이 났다고 깨우기 전까지 위험을 의식하지 못한 채 잠을 자는 사람과 같다. 너무 늦게서야 시험에 걸려들었다는 사실을 알게 된 사람들이 허다하다. 따라서 주의 깊게 살펴 우리에게 드리워진 올무를 초기에 발견하려고 노력해야 한다. 원수가 세력을 얻어 우리의 영혼에 농축된 독즙을 주입하기 전에 그가 어떤 유리한 고지를 점유하고 있는지 파악해야 한다. 유혹이 다가올 때는 두 개의 세력, 곧 사탄과 정욕이 서로 연합한다. 정욕은 최대한 힘을 발휘하기 위해 사납게 솟구치기 시작한다. 정욕의 일거수일투족이 하나님을 철저하게 대적한다. 정욕이 처음 솟구칠 때 그것을 살려 두어서는 안 될 적으로 간주하라. 그것을 가장 큰 적으로 여겨 미워하라. 그것을 파괴해 죽여 없앨 수만 있다면 더 바랄 것이 없을 것이다. 그 힘에서 벗어날 수만 있다면 참으로 행복할 것이다. 우리의 정욕처럼 사탄도 우리에게 선한 의도를 지니고 있지 않기는 마찬가지다. 사탄은 우리가 당하는 모든 유혹의 원흉이다. 사탄은 친구인 척하면서 뱀처럼 우리를 속이고, 사자처럼 우리를 삼킨다. 사탄은 율법을 어기도록 이끌 뿐 아니라 복음을 저버리게 하려고 애쓴다. 사탄은 죄를 더 거센 공격의 계기로 삼아 그리스도께 더 이상 관심을 기울이지 못하게끔 획책한다. 사탄은 오늘은 "그리스도께 관심을 기울이고 있으니 담대하게 죄를 지어도 괜찮아."라고 속삭였다가 내일은 "네가 죄를 지었다는 사실이 곧 네가 그리스도께 관심이 없다는 증거다."라고 말한다. 유혹이 처음 시작될 때 십자가에 못 박히신 그리스도를 믿는 믿음으로 즉각 물리치라. 그러면 유혹이 눈앞에서 흔적도 없이 사라질 것이다. 죄와 절대 협상하지 말고, "바로 이런 죄 때문에 그리스도께서 죽으셨다."라고 말하라.

존 오웬, Works, 6:134-135

약속하신 이는 미쁘시니

모든 약속에는 고려해야 할 것이 세 가지 있다. 하나는 약속을 허락하신 성부의 신실하심이고, 다른 하나는 약속의 내용이 되시는 성자의 은혜이며, 나머지 하나는 약속을 이루시는 성령의 능력과 효력이다. 하나님의 신실하심이 그분의 약속을 뒷받침한다(고전 10:13). 우리가 시험을 당하더라도 감당하지 못할 만큼은 되지 않을 것이다. 우리가 능히 감당할 수 있는 시험만 우리에게 주어지며, 감당하기 벅찬 시험이 닥친다면 피할 길이 주어질 것이다. 이것을 안심하고 믿을 수 있는 근거는 무엇일까? 그것은 바로 하나님의 신실하심이다(히 10:23). 하나님의 신실하심은 약속 이행의 근거다. "주는 항상 미쁘시니 자기를 부인하실 수 없으시리라"(딤후 2:13). 따라서 우리가 약속 아래 있는 한, 하나님의 신실하심이 우리를 보존한다. 또한, 언약의 모든 약속에는 성자의 은혜가 존재한다. 모든 약속은 성자의 약속이다. 그분은 "내가 너희를 지킬 것이다."라고 말씀하셨다. 그분은 어떻게 우리를 지키실까? 그분은 우리에게 허락하신 자신의 은혜로 우리를 지키신다. 이 약속에 참여한 영혼은 시험의 때에 그리스도의 은혜를 통해 도움을 받을 것이다. 바울은 시험이 감당하기 어려울 만큼 강력해지자 주님께 도움을 간구했다(고후 12:8). 그리고 주님으로부터 "내 은혜가 네게 족하도다"(9절)라는 응답을 받았다. 성령의 능력의 역사하심도 하나님의 약속을 뒷받침한다. 성령께서 '약속의 성령'으로 불리시는 이유는 그리스도께서 성령을 약속하셨기 때문만이 아니라 그분이 하나님의 약속을 효과적으로 성취하고, 우리의 영혼 속에서 약속을 이루시기 때문이다. 성령께서는 우리의 영혼이 규칙에 따라 바르고 신중하게 행할 수 있도록 도와주신다(사 59:21 참조). 하나님의 약속을 붙잡을 때마다 성부의 신실하심, 성자의 은혜, 성령의 능력이라는 도움이 함께 주어진다. 이 세 가지가 모두 우리를 보존하는 일에 관여한다.

존 오웬, *Works*, 6:141-142

사람이 숯불을 밟고서야
어찌 그의 발이 데지 아니하겠느냐

병원에 가면 다쳤거나 각종 질병에 걸린 관계로 병들어 누워 있는 사람들이 많다. 그들에게 어떻게 그런 상태가 되었느냐고 물으면 제각각의 이유를 말해줄 것이다. 그러면 그런 일이 우리 자신에게 닥치지 않도록 주의하지 않겠는가? 분명히 그럴 것이다. 감옥에 가면 처형 날짜를 기다리며 갇혀 있는 비참한 사람들이 많다. 그들에게 어쩌다 그런 지경에 이르렀느냐고 물으면 제각각 이유를 말해줄 것이다. 그러면 그런 일을 피하려고 주의를 기울이지 않겠는가? 시험에 드는 것도 마찬가지다. 이런저런 죄로 인해 영적 상처를 입은 불쌍하고, 비참한 영혼들이 얼마나 많은지 모른다. 그런 사람들이 도처에 널려 있다. 그런 사람들에게 어쩌다 그렇게 되었느냐고 물어 보라. 그러면 "불행하게도 우리는 시험에 들어 저주스러운 올무에 걸리고 말았소이다. 그 때문에 이렇게 된 것이오."라고 대답할 것이다. 만일 우리가 지옥 속을 들여다볼 수 있다면 정죄당한 가엾은 영혼들이 암흑의 사슬에 묶여 있는 것을 보고, 그들의 울부짖음을 들을 수 있을 것이다. 그들에게 물어보면 어떤 대답을 들을 수 있을까? 자신이 걸려든 유혹과 유혹자를 저주하는 말을 듣게 되지 않겠는가? 그런데도 우리가 이 일을 소홀히 할 수 있을까? 시험에 든 사람들이 모두 넘어진 것을 알면 더욱 깨어 조심해야 할 것이다. 일단 시험에 들면 상처와 부상을 입지 않고는 빠져나올 수 없다. 따라서 전혀 해가 없을 것처럼 보이더라도 경각심을 가지고 죄가 처음 고개를 쳐들 때와 사탄이 다가오는 과정을 주의 깊게 지켜봐야 할 필요가 있다. 우리 자신의 연약함과 어리석음은 물론, 유혹의 막강한 힘을 이미 경험해 보지 않았는가? 주의 깊게 깨어 경계하는 것을 소홀히 한다면 시험에 들어 죄를 짓게 될 것이 틀림없다. "선 줄로 생각하는 자는 넘어질까 조심하라"(고전 10:12)라는 말씀을 기억하고, 스스로 자만하지 말라. 과거에 받은 은혜는 우리를 악으로부터 지켜주지 못한다. 따라서 항상 깨어 경계해야 한다.

존 오웬, *Works*, 6:149-150

너희가 영생을 얻기 위하여
내게 오기를 원하지 아니하는도다

죄인을 비참함에서 건져낼 수 있는 유일한 방책인 그리스도의 은혜와 긍휼을 포함하여 그리스도를 거부하는 불신앙보다 더 터무니없는 죄는 없다. 불신자는 하늘의 빛과 지혜를 가지고 오신 그리스도를 거부한다. 불신자는 율법을 통해 영원한 진노를 받기로 정죄되었지만, 자기에게 온전하고, 완전한 의를 제공할 수 있으신 그리스도를 거부한다. 그의 본성과 행위는 온전히 오염되었지만, 성화를 이루어 주실 그리스도를 믿으려고 하지 않는다. 그의 영혼과 육체는 죄로 인해 야기된 비참한 결과와 불행에 짓눌려 있는 상태다. 그는 자신의 속박된 상태를 좋아하기 때문에 그리스도나 그분이 제공하는 구원을 받아들이려고 하지 않는다. 이렇듯 죄는 자신이 지배하는 자들을 이성 없는 짐승으로 전락시킨다. 죄는 죄인의 심장을 찔렀다. 그의 상처는 치명적이고, 영원한 죽음을 맞이할 운명이다. 그리스도께서는 그의 상처를 치유할 유일한 방책을 제공하셨지만, 그는 그것을 자기에게 적용하기를 원하지 않는다. 그는 죽음을 사랑하는 사람처럼 행동하고, 죽음을 달콤한 것으로 여긴다. 그는 불에 타는 것은 싫어하면서도 영원한 불꽃을 일으키는 죄를 서슴없이 저지른다. 그는 정죄당한 상태를 두렵게 여기면서도 정죄의 원인인 죄를 즐거워한다. 그는 멸망하는 것은 원하지 않으면서도 영원한 멸망에서 자기를 건져줄 수 있는 유일한 분이신 그리스도를 원수처럼 여겨 거부한다. 어처구니없게도 사람들은 자신의 파멸을 좋아하는 것처럼 행동한다. 지옥을 향해 가고 있는 가엾고 비참한 사람들 가운데 자기를 아무렇게나 내던져 버리려고 애쓰는 사람들이 얼마나 많은지 모른다. 그리스도께서 양심의 가책을 불러일으켜 그들을 멈추게 하려고 하시지만 그들은 전혀 아랑곳하지 않는다. 그들은 영혼의 치유책을 결사적으로 거부하고, 그리스도의 은혜로운 제안을 거부함으로써 스스로를 파멸시킨다. 그런 자들에게 정죄는 불가피하다. 왜냐하면 다른 구원의 길은 없기 때문이다. 어쩌면 이교도나 귀신들이라 하더라도 이 놀라운 치유책을 이렇게까지 고집스럽게 거부함으로써 자신들의 죄를 가중시키지는 않을 것이다.

존 플라벨, *Works*, 2:27-29

오늘 구원이 이 집에 이르렀으니

그리스도와 그분의 모든 축복이 구원을 통해 우리의 것이 된다면 우리가 회심한 날은 진정 크나큰 은혜의 날이 아닐 수 없다. 그날에 회심한 영혼에게 주어지는 극상의 축복은 이루 다 헤아릴 수 없이 많다. 구원의 날에 그리스도께서 영혼에 임하실 때 그분은 빈손으로 오시지 않고, 자신의 지혜와 의와 거룩함과 구속이라는 온갖 보화를 가져다주신다. 엄청난 은혜, 가장 좋은 은혜가 그분과 함께 주어진다. 그리스도께서는 믿는 영혼과 자신이 하나로 연합하는 날에 특별한 즐거움과 기쁨을 느끼신다. 그날은 왕의 즉위식과 같은 날이다. 솔로몬의 즉위식이 있던 날, 그의 머리에는 왕관이 올려지고, 백성들은 기뻐하며 지축이 흔들릴 정도로 크게 환호했다. 그러나 그런 즉위식의 기쁨도 가엾은 영혼들이 그리스도께서 자신들의 삶을 다스리도록 동의하는 날에 그분이 느끼시는 기쁨에 비하면 그야말로 아무것도 아니다. 그들은 영광과 존귀로 그분에게 관을 씌워 드림으로써 그분의 마음을 기쁘게 만든다. 그날은 죄인도 그 마음에 말로 다 할 수 없는 기쁨과 희락을 느낀다. 왕이 온갖 은혜와 영광의 보화를 가지고 하늘로부터 내려와서 자신을 값없이 영원한 분깃으로 내주시는 순간, 죄인은 기쁨의 황홀경에 도취될 것이다. 삭개오가 기뻐 어쩔 줄을 몰라 하며 나무에서 내려온 것은 지극히 당연했다(눅 19:6). 내시가 기뻐하며 집으로 돌아갔던 것도 조금도 놀랍지 않고(행 8:39), 간수가 기뻐하며 가족들과 함께 하나님을 믿었던 것도 조금도 이상하지 않으며(행 16:34)), 회심한 사람들이 기뻐하며 음식을 나눠 먹으며 하나님을 찬양했던 것이나(행 2:41, 46) 사마리아에 큰 기쁨이 있었던 것도 너무나도 당연했다(행 8:5, 8). 한순간에 그토록 많은 축복이 한꺼번에 주어지는 것을 생각하면, 그리스도께서 영혼 안에 임하실 때 그런 기쁨을 느끼는 것은 조금도 놀랍지 않다. 이 세상의 모든 왕국의 영광을 다 합쳐도 구원의 기쁨과는 비교할 수 없다. 한순간에 그런 큰 은혜를 허락하시는 하나님은 영원토록 찬양해도 모자랄 것이다.

존 플라벨, *Works*, 2:29-30

너희가 이것을 알고 행하면 복이 있으리라

이 말씀은 다른 모든 말씀에 생명을 불어넣는다. 위대한 목자께서 다른 모든 가르침을 완결짓는 마지막 가르침을 베푸셨다. 이 가르침은 그분이 앞서 가르친 모든 것의 핵심을 관통한다. 행복은 단지 하나님의 말씀을 듣는 데 있지 않고, 행하는 데 있다. 하나님이 우리를 지으신 목적은 지식을 쌓게 하기 위해서가 아니라 선한 일을 하게 하시기 위해서다. 성경은 사도들의 지식에 대해서는 거의 아무것도 언급하지 않고, 그들의 행위에 대해서만 많은 것을 알려준다. 모세는 "말과 일에 능한" 사람이었다. 고넬료는 "하나님을 경외하며 백성을 많이 구제했던" 사람이었고, 백부장은 회당을 지어주었기 때문에 은혜를 받을 만한 사람이었으며, 도르가는 가난한 자들을 위해 많은 옷을 만들어 준 사람이었고, 가이오는 "온 교회를 돌보아 주었던" 사람이었다. 그들의 행위는 큰 심판의 날에 상을 받을 것이다. 주님은 그들에게 "내 아버지께 복 받을 자들이여…내가…헐벗었을 때 옷을 입혔고"라고 말씀하실 것이다. 하나님은 그런 사람들을 통해 찬양을 받으시고, 그들은 하나님께 복을 받을 것이다. 말은 한갓 바람에 지나지 않는다. 그것은 바다를 지나가는 배처럼 아무런 흔적을 남기지 않는다. 그러나 행위는 사람들의 눈앞에 드러난다. 아우구스티누스의 어머니로 유명한 모니카는 한 교양 있는 이웃 여성으로부터 어떻게 악한 남편을 구원으로 인도했느냐는 질문을 듣고는 이렇게 대답했다. "일단 그의 생각을 지켜보며 중요하지 않은 문제는 모두 양보해 그를 기쁘게 해주었죠. 그가 화를 내도 꾹 참았고, 만족스러운 식사와 돌봄을 제공했어요. 그러면서 그를 먼저 하나님의 것으로 만들었고, 그런 다음에 차츰 나의 것으로 만들었답니다." 설교자들이 이런 방법을 사용하면 많은 사람을 회심시킬 수 있을 것이다. 지식이 늘어날수록 행함은 줄어들고, 그로 인해 하나님의 명예는 더 많이 훼손된다. 우리 모두 참된 그리스도인의 일을 하자. 하나님과 사람 앞에서 우리 자신을 입증해 보이자. 매일 아침 해야 할 일을 계획할 때에 우리 자신의 무능함을 인정하고, 무엇을 바라고, 무엇을 하든지 우리 자신을 은혜의 사역에 맡기자. 우리 안에서 그리스도께서 사실 수 있게 해달라고 도우심을 간구하자.

새뮤얼 워드, *Sermons*, 163-174쪽

전도자가 이르되…헛되고 헛되니 모든 것이 헛되도다

이 말씀에는 해 아래 있는 모든 것을 제대로 평가한 내용이 함축되어 있다. 우리가 가장 원하는 것은 행복이고, 우리의 가장 큰 어리석음은 세상의 쾌락을 통해 그것을 얻을 수 있다고 생각하는 것이다. 이런 이유로 사람들은 쾌락을 추구하고, 부를 쌓고, 명예와 높은 직위를 얻으려고 애쓴다. 그들은 그런 것들이 자신을 진정으로 행복하게 해줄 것이라고 믿는다. 그러나 이것은 죽은 자들 가운데서 산 사람을 찾으려는 것과 같다. 세상의 것들은 생수를 담아둘 수 없는 깨진 항아리와 다름없다. 그릇된 망상에 사로잡힌 우리는 그런 것들을 안정되고, 영원하고, 만족스러운 것으로 생각한다. 순례의 길을 가는 동안 잠시 사용해야 할 것이 궁극적인 목적으로 간주된다. 우리는 세상의 것들이 실제로 줄 수 있는 것보다 훨씬 더 많은 것을 기대한다. 따라서 허영은 어떤 대상 안에 있다기보다 그것을 욕망하는 우리의 애정affection 속에 있다. 어떤 것을 즐거워한다는 것은 그것을 온전히 사랑하는 것을 의미한다. 그런 사랑은 오직 하나님께만 드려야 한다. 우리가 세상의 것들을 사용하는 목적은 창조주께 나아가기 위해서다. 그런 것들을 우리를 위해 사용할 수 있지만 즐거워해야 할 대상은 오직 하나님뿐이다. 금과 은은 찬란한 빛을 내는 단단한 진흙에 불과하지 않은가? 가장 향기가 강한 향수는 나무들이 흘리는 끈적거리는 땀에 지나지 않고, 가장 부드러운 비단은 미천한 벌레의 배설물에 불과하며, 가장 값비싼 포도주는 포도나무를 통해 걸러나온 흙탕물에 지나지 않고, 가장 맛있는 음식은 요리된 오물에 불과하다. 인간의 허영심과 관습이 함께 공모해 우리를 속인다. 세상은 알맹이보다 겉모습이 훨씬 더 낫게 보인다. 죽음의 순간에 세상은 참으로 허무하기 그지없다. 이런 속된 즐거움이 우리의 근심과 시련을 달래줄 수 없다. 참된 안식과 만족은 오직 하나님 안에서만 발견된다. 우리의 생명을 지탱해 주겠다고 약속하신 하나님께 우리의 모든 짐과 염려를 맡기자. 우리가 지닌 욕구의 물줄기를 하늘로 향하게 하자. 오직 그곳에서만 영원하고, 만족스러운 행복을 발견할 수 있다. 우리 모두 하나님과 겸손하게 동행하자.

에제키엘 홉킨스, *Works*, 1:14-50

하나님은 이르시되 어리석은 자여
오늘 밤에 네 영혼을 다시 찾으리니

내가 논하고 싶은 주제는 세상과 그 안에 있는 모든 것의 허무함이다. 우리는 헛된 것을 더 이상 추구하지 말고, 위의 것을 사모해야 한다. 오직 그것들만이 가치가 있고, 영원하며, 안전하다. 어떻게 하늘에서 기원한 불멸의 영혼이 흔적도 없이 사라질 즐거움에 도취될 정도로 그렇게 심하게 퇴락할 수 있단 말인가? 묵상과 열정의 날개를 타고 하나님과 함께 높이 날아올라야 할 우리가 세상의 흙과 쓰레기 속을 기어다니고 있다. 우리는 땅위의 흙을 핥는 뱀과 같다. 우리는 우리의 품격을 추락시켜 한없이 저급한 것을 흠모하고, 우리의 보배로운 영혼을 팔아넘기려고 애쓴다. 우리의 영혼은 세상을 수천 개 합친 것보다 더 귀한 가치를 지니지만, 우리는 세상의 지극히 적은 일부를 얻는 것에 관심을 쏟는다. 이 세상의 신은 인간의 눈을 멀게 하고, 그 앞에 이상한 안개를 흩뿌려 속된 즐거움이 헛되고, 불안정한 것이라는 명백한 사실을 분별하지 못하게 만든다. 하나님이 지으신 것은 무엇이든 선하다. 그러나 피조물을 가장 위대한 선으로 간주하면, 그것은 그 즉시 헛된 것으로 바뀐다. 위로보다 고통을 더 많이 안겨주는 세상으로부터 행복과 만족을 기대하는 것은 헛되다. 영혼은 특히 양심이 괴로울 때와 임종을 앞둔 순간에 구원과 위로를 더욱 필요로 한다. 그런 순간에 세상은 그저 무익하고, 허무할 뿐이다. 불멸의 영혼을 소홀히 해서야 되겠는가? 참으로 안타깝게도 일시적인 부를 쌓기에 급급한 사람들이 너무나도 많다. 그런 노력은 영혼에 빈껍데기만 잔뜩 가져다준다. 구세주께서는 영혼은 소홀히 한 채 곡식을 창고에 가득 쌓는 데만 몰두했던 부자를 어리석은 자로 일컬으셨다. 보배로운 영혼을 헛된 세상과 맞바꾸는 것은 참으로 어리석기 그지없다. 그런 사람들은 세상을 얻기 위해 얼마나 큰 것을 잃고 있는지 모른다. 그들은 마지막 날에는 영혼과 함께 세상도 잃게 될 것이다.

에제키엘 홉킨스, *Works*, 1:16-46

쉬지 말고 기도하라

쉬지 말고 기도하라는 것은 다른 의무들을 모두 제쳐놓고 항상 기도의 의무만을 이행하라는 뜻이 아니다. 그것은 정해진 시간과 시기에 따라 정기적으로 기도하고, 또 시간을 정해놓고 꾸준히 기도하라는 뜻이다(창 8:22). 아울러 쉬지 말고 기도하라는 것은 감정을 쏟아 끈질기게 기도하라는 의미이기도 하다(행 12:5). 교회는 베드로를 위해 열성을 다해 끈기 있게 기도했다. 이 밖에도 하루를 살면서 기회가 있을 때마다 틈틈이 거룩한 묵상을 시도하는 것도 쉬지 말고 기도하는 것에 해당한다. 말씀을 듣거나 읽을 때는 물론이고, 어떤 의무를 이행하거나 심지어는 직업 활동을 하면서도 얼마든지 묵상할 수 있다. 마음과 감정을 하늘로 향하면 소란스러운 세상의 일이나 군중 틈에서도 기도를 드릴 수 있다. 기도의 화살을 하늘로 날리면서 세상의 직업 활동을 한다는 것은 거룩한 신비가 아닐 수 없다. 그리스도인은 군중 가운데 있으면서도 마치 혼자인 듯 한적한 시간을 보낼 수 있다. 그리스도인은 자신의 가게나 밭을 골방으로 만들 수 있고, 세상을 위해 거래하면서도 천국을 덤으로 얻을 수 있다. 쉬지 말고 기도하는 것은 항상 기도할 준비가 되어 있는 심령 상태를 유지하는 것을 의미한다. 이것이 사도의 말에 담겨 있는 가장 참되고, 자연스러운 의미일 것이다. 다시 말해, 그의 말에는 항상 자유롭고, 친밀한 태도로 우리의 소원을 하나님께 아뢰는 습관을 지니라는 의미가 담겨 있다. 우리는 기회가 있을 때마다 은혜의 보좌 앞에 엎드려야 한다. 그렇게 하려면 두 가지가 필요하다. (1) **세상의 일과 즐거움에 지나치게 몰두해서는 안 된다.** 세상과 그것을 향한 마음 때문에 하늘을 향해 피어오르는 거룩한 불꽃이 사그라져 꺼지게 해서는 안 된다. (2) **기도하려는 마음을 항상 유지하려면 고범죄를 짓지 않도록 주의해야 한다.** 양심 위에 죄책이 쌓이면 기도하려는 마음이 차갑게 식는다.

에제키엘 홉킨스, *Works*, 3:578-581

하나님이 그 아들의 영을 우리 마음 가운데 보내사
아빠 아버지라 부르게 하셨느니라

기도는 거듭남의 가장 큰 증표 가운데 하나다. 거룩한 공경심으로 담대하게 '아빠 아버지'라고 부를 수 있다는 것은 우리가 하나님의 자녀라는 확실한 표지이다. 하나님이 우리를 자신에게 가까이 나오도록 허락하신 것은 말로 다 할 수 없이 큰 특권이다. 우리도 하늘의 천사들과 권세들처럼 하나님의 발아래 엎드려 그분을 예배한다. 우리에게 이 특권을 허락하기 위해 그리스도께서 값비싼 희생을 치르셨다. 우리는 오직 그리스도를 통해 은혜의 보좌 앞에 담대히 나갈 수 있다. 그리스도께서 자신의 죽음과 보배로운 피로 길을 열어 주시기 전까지는 죄인이 하나님께 접근하는 것이 전혀 허락되지 않았다. 그토록 값비싼 대가를 통해 우리에게 허락된 이 특권을 마음껏 누려야 하지 않겠는가? 세상에서 우리의 비밀과 고민을 흉금 없이 털어놓을 수 있는 충실한 친구보다 더 귀한 것은 없다. 우리는 기도를 통해 하나님 앞에 직접 나아갈 수 있다. 그분은 우리에게 가장 뛰어난 조언과 도움을 제공하는 우리의 충실한 친구이시다. 기도는 영혼의 비밀과 고민을 하나님께 숨김없이 털어놓을 수 있는 수단이다. 우리의 마음속에서 슬픔이 솟구쳐 올라 억장이 무너지려고 할 때 하나님 앞에 나가 마음을 쏟아낼 수 있다는 것은 참으로 큰 은혜가 아닐 수 없다. 우리는 기도를 통해 하나님께 우리의 사정을 알리고, 우리의 소원을 아뢸 수 있으며, 우리를 지탱해 주겠다고 약속하신 하나님께 우리의 모든 짐을 맡길 수 있다. 하나님은 기도를 우리에게 필요한 축복과 긍휼을 얻는 수단으로 정하셨다. 믿음, 사랑, 인내, 겸손, 능력과 같은 영적 축복은 모두 은혜의 보좌에서 주어지는 선물이다. 우리의 기도와 하나님의 긍휼은 우물 속에 있는 두 개의 물통과 같다. 하나는 올라가고, 하나는 내려온다. 우리의 기도는 하늘에 계신 하나님께로 올라가고, 그분의 긍휼과 축복은 우리에게로 내려온다.

에제키엘 홉킨스, *Works*, 3:582-584

나의 도움은 천지를 지으신 여호와에게서로다

믿음으로 사는 것은 우리의 특권이다. 믿음으로 사는 것은 하나의 행위가 아닌 항구적인 습관과 같은 것이다. 믿음은 자신의 속성을 드러내시는 하나님을 항상 의지하는 것을 의미한다. 하나님의 속성은 믿음의 근거요 지주대이다. 믿음은 하나님의 속성을 믿고, 주장한다. 하나님의 속성에 관해 배우라. 그것을 분명하고, 온전하게 알려고 노력하라. 더 많이 알수록 더 많이 신뢰할 수 있다. 하나님을 많이 생각하라. 기쁜 마음과 일관된 태도로 그분을 자주 생각하라. 그러면 영혼에 하나님의 감화가 미치고, 열기와 빛이 가득 차고, 마음에 하나님에 관한 인상이 깊이 새겨질 것이다. 많이 아는 사람은 많이 믿고, 많이 묵상하는 사람은 믿음이 강해진다. 시편 저자는 "하나님이여 주의 생각이 내게 어찌 그리 보배로우신지요"(시 139:17)라고 말했다. 그분의 속성에 깊이 관심을 기울이라. 하나님을 바라보는 것만으로 만족하지 말라. 그분이 나의 하나님이시라는 사실을 알아야 한다. 믿음은 하나님이 능력이 있으시다는 사실뿐 아니라 그분이 우리가 구하는 것을 기꺼이 이루어 주신다는 사실을 믿는다. 믿음으로 두 가지 사실을 붙잡으라. 하나는 하나님이 능력이 있고, 전능하고, 전지하고, 모든 것이 충족하시다는 사실이고, 다른 하나는 그분이 기꺼이 긍휼을 베풀어 우리의 필요를 채워 주신다는 사실이다. 그런 속성들을 근거로 믿음을 주장하는 법을 배우라. 믿음으로 하나님의 능력과 긍휼을 모두 붙잡으면 은혜롭고, 강력한 확신을 쉽게 끌어낼 수 있다. 우리는 하나님의 기꺼운 마음을 의심하는 경향이 있지만, 그분은 지금까지 그런 속성을 분명하게 드러내 보여주셨다. 하나님의 능력을 묘사하는 속성은 단한 가지뿐이지만 그분의 기꺼운 마음을 입증하는 속성들은 많다. 예를 들면, 긍휼, 선, 관대하심, 은혜, 사랑, 인애, 동정, 연민, 인내, 오래 참음 등이다. 이 두 가지 토대 위에 믿음을 세우면 믿음이 굳세질 것이다. 하나님은 능력과 기꺼운 마음을 지니고 계신다.

데이비드 클락슨, *Works*, 1:174-179

시련과 위험에 처했을 때는 하나님의 능력을 의지해야 한다. 믿음으로 우리 자신을 지탱하며 바울처럼 하나님의 전능하심을 믿어야 한다. 그는 "내게 능력 주시는 자 안에서 내가 모든 것을 할 수 있느니라"(빌 4:13)라고 말했다. 혹독한 고난을 겪고 있는가? "우리가 섬기는 하나님은 우리를 능히 구원하실 수 있다."고 믿었던 다니엘의 세 친구를 본받으라. 아브라함처럼 하나님의 능력을 믿으라(롬 4:21). 하나님의 능력을 굳게 의지하라. 하나님의 긍휼도 함께 생각하라. 하나님의 긍휼이 미칠 수 없을 만큼 비참한 상황이나 개선할 수 없을 만큼 나쁜 상황이나 달콤하게 할 수 없을 만큼 쓰디쓴 상황이나 용기를 줄 수 없을 만큼 절망스러운 상황은 존재하지 않는다. 그 어떤 것도 우리의 믿음을 지탱해 주지 못할 때, 하나님의 긍휼은 우리의 믿음을 지탱해 준다. 수고나 비용을 들이지 않고, 손짓 한 번만으로 우리를 쉽게 도울 수 있는 친구가 있다면 그가 그렇게 해 줄 것이라고 믿는 것은 조금도 어렵지 않다. 하나님이 바로 그런 분이시다. 하나님이 기꺼이 도우실 것이라는 사실을 의심할 수 있을까? 하나님은 긍휼을 베풀기를 기뻐하신다(렘 9:24). 그분은 전능하고, 전지하시다. 하나님의 속성을 인간들이 흔히 의지하는 것과 비교해 보라. 그들은 재물, 힘, 왕들을 의지한다. 재물은 불확실하고, 불충분하고, 불만족스럽고, 제한적이고, 기만적이지만 하나님은 변하지 않고, 만족스럽고, 충족하고, 신실하시다. 인간의 힘은 하찮지만 하나님은 전능하시다. 왕들은 두려워 떠는 상한 갈대와 같지만 하나님은 만세 반석이시다. 거미집이나 그림자나 거짓말이나 아무것도 아닌 것을 신뢰할 셈인가? 하나님을 신뢰하는 것이 합리적이지 않은가? 하나님의 속성을 의지해 믿음을 강화하라. 우리는 죄가 있지만 하나님은 은혜로우시다. 우리는 무가치하지만 하나님은 긍휼이 풍성하시다. 우리는 하나님의 오래 참으심을 남용하지만 그분은 사랑이시다. 우리는 불충실하지만 하나님은 신실하시다. 자신의 상황에 가장 적합한 하나님의 속성을 의지하라. 그분 안에는 우리가 필요로 하는 것이나 바라는 것이나 생각하는 것을 무한히 뛰어넘는 것이 존재한다.

데이비드 클락슨, *Works*, 1:179-182

너희 안에서 행하시는 이는 하나님이시니
자기의 기쁘신 뜻을 위하여
너희에게 소원을 두고 행하게 하시나니

우리를 재난으로부터 보호하는 것은 많은 재물이 아니라 우리를 유심히 살펴 보살피시는 하나님의 섭리다. 우리를 위한 하나님의 섭리는 순결한 상태로 오래도록 번영을 구가할 수 있는 견고한 기반을 제공한다. 하나님의 섭리는 자신의 형상을 지닌 모든 사람을 영원한 팔로 감싸 안는다. 하나님은 우리를 더 높이 나아가게 하고, 어떤 고귀한 출생이나 직위가 할 수 있는 것보다 더 안전하게 우리를 보호하신다. 하나님의 섭리를 관찰함으로써 얻는 기쁨과 즐거움은 매우 크다. 장차 천국에서 황홀한 기쁨을 느끼며 하나님의 계획과 방법이 어떻게 우리를 그곳으로 인도했는지를 살펴보면서 즐거운 한때를 보낼 것이 틀림없다. 하나님의 섭리는 우리를 천국으로 인도할 뿐 아니라 지금 우리의 영혼에 천국을 가져다준다. 온 세상이 부지런히 돛을 펼치고, 그릇된 계획과 목적에 따라 노를 저어갈 때, 하나님은 모든 것을 섭리해 자기의 영광을 드높이시고, 자기 백성이 행복을 누리게 하신다. 세상은 하나님의 계획을 반대함으로써 오히려 그것을 더욱 촉진시키고, 그분의 뜻을 거부함으로써 오히려 그것을 성취하며, 교회를 흩음으로써 오히려 교회를 더 확장시킨다. 세상은 성도들의 상태를 불안정하게 만듦으로써 오히려 그들의 안식을 더욱 달콤하게 만든다. 섭리의 발자취를 하나씩 추적하면 참으로 놀라운 역사를 편찬할 수 있을 것이다. 섭리는 한편으로는 가로막는 것처럼 보여도 다른 한편으로는 구원의 길을 보여 주고, 한쪽으로 이끌었다가 다시 다른 쪽으로 인도하며, 슬픔을 주었다가 편안함을 주고, 독즙을 주었다가 해독제를 준다. 섭리는 우울한 구름을 일소한다. 숨 막힐 듯 옥죄다가도 넓게 열어 주고, 아무것도 주지 않다가 새로운 것을 공급해 준다. 이런 섭리를 통해 우리가 발견하는 기쁨은 말로 다 형용할 수 없다. 독자들이여, 우리를 향한 섭리의 길을 유심히 살펴보면 큰 기쁨을 누리며 살 수 있다. 그것은 땅 위에 천국이 임하는 것과 같다. 섭리를 공부하는 영광을 만끽하기 바란다.

존 플라벨, *Works*, 4:336-342

우리의 싸우는 무기는 육신에 속한 것이 아니요
오직 어떤 견고한 진도 무너뜨리는 하나님의 능력이라

사탄이 죄를 짓도록 유혹할 때 그는 저항에 부딪힌다. 초기의 저항은 하나님의 능력과 갑주가 아닌 육신의 힘과 동기에서 비롯하는 경우가 많다. 육신적인 동기는 하나님보다 사람을 두려워하는 경향이 있다. 즉, "이 일을 해서 사람들의 분노를 사거나 나의 주인을 불쾌하게 하거나 내 부모를 노엽게 하거나 나의 목회자에게 좋지 않은 인상을 주게 되면 어쩌지?"라고 생각한다. 그러나 오히려 "이 일을 해서 하나님께 죄를 지으면 어쩌지?"라고 생각해야 한다. 헤롯은 세례 요한이 두려워서 많은 일을 했다. 만일 그가 하나님을 두려워했다면 자신이 원하는 일이 아닌 다른 어떤 일이라도 기꺼이 하려고 노력했을 것이다. 자연인의 동기로는 원수의 화살을 막아낼 수 없다. 우리 자신의 힘을 의지한다면 곧 고갈되고 말 것이다. 그러나 하나님의 능력을 의지한다면 끝까지 버틸 수 있다. 우리는 "나의 정욕을 따르지 않을 거야. 그렇게 하는 것은 피 흘리신 구세주를 능욕하는 것이야. 그러니 더러운 유혹자여, 나는 너와 너의 길이 싫어."라고 말해야 한다. 이것이 흔들리지 않을 토대다. 죄를 지었다면 선하신 하나님을 노엽게 해드린 것을 슬퍼해야 한다. 그리스도인은 죄를 지으면 죄를 증오해야 한다. 그러나 에서처럼 해서는 안 된다. 에서가 슬퍼한 이유는 장자의 권리를 팔았기 때문이 아니라 축복을 잃은 것이 아쉬워서였다. 사탄은 부지런히 은혜를 사용하고 활용하는 영혼을 보면 두려워 떤다. 그러나 그런 수단만을 의지하는 것은 매우 위험하다. 영혼은 어떤 의미에서는 기도하고, 회개하고, 믿으면서도 멸망할 수 있다. 은혜의 수단을 육신적으로 의지하면 기도하고 회개하면서도 얼마든지 영혼이 멸망할 수 있다. 구원받기를 원한다면 우리의 의무를 이행하는 것과 상관없이 그리스도께 나와야 한다. 우리의 의무를 의지하는 한, 진정한 의미에서 그리스도께로 도망칠 수 없다. 어떤 사람들은 의무에만 집착하는 탓에 그것이 없이는 주님께 나아가지 못한다. 그런 이유로 그들은 유혹의 때에 하나님의 진노와 사탄의 분노 아래 무참하게 짓밟힌다. 가엾은 세리는 자신을 의지하지 않고 모든 것을 내려놓은 채 하나님의 긍휼에 의지해 도우심을 구했다. 그는 "나는 죄인입니다. 불쌍히 여기소서"라고 부르짖었다.

윌리엄 거널, *The Christian in Complete Armour*, 1:51-57

무릇 하나님께로부터 난 자마다 세상을 이기느니라
세상을 이기는 승리는 이것이니 우리의 믿음이니라

믿음의 가장 근본적인 행위 가운데 하나는 우리를 온전히 행복하게 하기에 충분한 능력을 지니신 하나님께 우리의 영혼을 맡기는 것이다. 유혹이 찾아와 "영혼이여, 네 믿음을 잠시 굽히거나 이 한 가지 죄만 허용하면, 너는 세상에서 영예의 자리에 오를 수 있을 것이다."라고 말하면, 우리는 믿음으로 단호하게 유혹의 화살을 물리쳐야 한다. 믿음은 자기가 누구에게 속했는지를 기억하고 있다. 하나님은 우리의 지극히 높으신 주님이시다. 믿음은 죄를 지어 영예와 찬사를 받으면 사탄의 지배 아래 놓인다는 것과 세상의 화려함이 그 어떤 만족도 줄 수 없다는 것을 잘 알고 있다. 세상은 온갖 염려와 두려움을 불러일으킬 뿐, 그 가운데 어느 하나도 진정시킬 수 없다. 믿음은 양심을 더럽히기보다는 세상의 영예를 포기한다. 허다한 증인들이 믿음의 승리자로 우뚝 서 있다(히 11장). 그들의 고결한 기품이 우리의 마음속에 스며들었으면 더 바랄 것이 없겠다. 누군가가 자기 앞에서 사색이 되어 도망치는 모습을 보는 군인은 용기백배할 것이 틀림없다. 믿음은 옛 성도들이 이룬 업적을 떠올리며 이렇게 기도한다. "아브라함과 모세를 비롯한 신앙의 거장들, 곧 믿음으로 세상의 화려함과 영광을 거부하고, 유혹을 물리치며, 사자와 같은 정욕의 아가리를 다물게 만든 사람들의 하나님이여, 어디에 계신지요? 저희에게도 기꺼이 승리를 허락해 주실 거죠? 모든 신자의 핏줄 속에도 그들과 똑같은 피와 정신이 흐르고 있지 않습니까? 그들은 승리할 텐데 저만 홀로 죄의 노예가 되란 말입니까? 주님, 저도 승리할 수 있도록 도와주소서." 믿음은 "오, 나의 영혼이여! 세상을 이기고 승리함으로써 이 사람들처럼 너 자신을 증명해 보이라."라고 호소한다. 유혹을 이기는 믿음을 지니고 있는가? 사탄의 화살이 날아올 때 영혼을 보호하고, 전쟁의 날에 자신을 능히 보호해 줄 믿음이 있는가? 믿음으로 그리스도께 손을 갖다 대면 그분에게서 능력이 영혼 안으로 흘러 들어와서 유혹의 불화살을 꺼뜨릴 것이다.

윌리엄 거널, *The Christian in Complete Armour*, 2:83-87

선진들이 이로써 증거를 얻었느니라

히브리서는 믿음을 높이 칭찬하며, 믿음이 놀라운 업적과 결과와 열매를 가져온다고 강조한다. 히브리서 저자는 믿음을 권하기 위해 구약 성도들의 경험을 열거했다. 그들은 제각각 은사가 달라 아벨은 의로, 에녹과 노아는 하나님과의 동행으로, 모세는 온유함으로, 아브라함은 순종으로, 그 외의 사람들은 단호한 결심과 용기로 유명했지만, 가장 영광스러운 것은 바로 그들의 믿음이었다. 히브리서 11장은 많은 결과들이 믿음 외에 자기 부인이나 기독교적 용기와 같은 다른 은사들로부터 직접 비롯했다고 말하지만, 히브리서 저자는 궁극적으로 그들이 믿음으로 이런저런 일을 했다고 역설했다. 따라서 믿음을 얻어 유지하는 것에 가장 우선적인 관심을 기울여야 마땅하다. 믿음은 모든 은사 중에 가장 뛰어날 뿐 아니라 가장 많은 공격을 받는다. 사탄은 믿음을 향해 격렬한 악의와 적의를 쏟아낸다. 그리스도께서는 베드로에게 "사탄이 너희를 밀 까부르듯 하려고 요구하였으나…내가 너를 위하여 네 믿음이 떨어지지 않기를 기도하였노니"(눅 22:31-32)라고 말씀하셨다. 대개는 믿음이 먼저 쇠퇴하고 나서 삶의 결함이 생겨난다. 능동적인 믿음의 소유자가 누리는 상급 가운데 하나는 좋은 평판이다. 하나님은 자기 종들의 명예를 통해 영광을 얻으신다. 그리스도께서 사람들을 자신의 소유로 삼으시면 그들은 "여호와의 기념이 된다"(사 55:13). 그리스도께서는 가시나무와 찔레를 '긍휼의 그릇'으로 만들어 자신의 기념으로 삼으신다. 다윗이 자신의 수하에 그토록 훌륭한 인물들을 많이 거느린 것은 그의 큰 영예였다. 그와 마찬가지로 주님도 심판의 날에 "그의 성도들에게서 영광을 받으실" 것이다(살후 1:10). 그리스도께서 영광을 받으시는 이유는 그분의 개인적인 영광과 임재의 광채는 물론, 자기 백성의 특권과 기품에서 비롯하는 영예로움 때문이다. 그날에 그리스도께서는 성도들에게 높임을 받으실 것이다. 그분은 지금도 성도들 안에서 영예를 누리신다. 그리스도의 명예가 걸려 있기 때문에 신자들은 각별히 주의하며 살아가야 할 필요가 있다.

토머스 맨튼, *By Faith*, 51-58쪽

그 날에 그가 강림하사
그의 성도들에게서 영광을 받으시고

신자들은 하나님을 영화롭게 한다. 따라서 그분도 그들을 영화롭게 하실 것이다. 하나님을 영화롭게 하는 사람은 그 누구도 멸망하지 않을 것이다. 하나님은 마지막 날에는 물론, 이 세상에서도 신자들을 영화롭게 하신다. 이렇게 말하면 "하나님이 그분의 신실한 백성들을 어떻게 영화롭게 하시나요? 우리는 세상의 찌꺼기처럼 되지 않았습니까?"라고 물을지도 모르겠다. 물론, 이 축복은 현세에서는 온전하지 않다. 죄가 존재하는 한, 우리는 언제라도 수치를 당할 수 있다. 우리의 삶에는 두 시대가 혼합되어 있다고 말할 수 있다. 이 세상에서 우리는 명예와 불명예, 좋은 평판과 악한 평판을 동시에 경험한다. 이 세상에서 하나님이 우리를 영화롭고, 명예롭게 하시는 것은 단지 시작에 불과할 뿐이다. 세상에 순응하며 적당히 죄에 동참하지 않으면 사람들로부터 칭찬을 받기가 어렵다(요 15:19). 일상생활 속에서 악인들에게 우리를 비난할 기회를 주지 않으면 참 좋겠지만, 우리가 신앙을 고백한다는 단 하나의 이유로 비난을 받을 수 있다. 바벨론 사람들은 하나님과 관련된 문제를 떠나서는 무엇으로도 다니엘을 공격할 수 없었다(단 6:5). 좋은 평판을 받기 위해 믿음에 충실한 삶을 사는 것이 과연 헛된 영광을 구하는 것인가? 우리는 이 의무에 먼저 관심을 기울이고, 축복은 하나님께 맡겨야 한다. 그러나 사람들은 대개 이와 정반대로 행동한다. 그들은 축복만 즐기고 의무는 등한시한다. 어떤 사람들은 섬김은 소홀히 하고 칭찬만을 원한다. 허영심이나 찬사를 받고 싶은 생각을 부추기는 육신의 은밀한 속삭임에 주의해야 한다. 우리는 사람이 아닌 하나님에게서 비롯하는 축복을 구해야 한다. 하나님에게서 비롯하는 축복은 은혜를 통해 주어진다. 그런 축복이 주어지는 이유는 우리의 믿음을 격려하기 위해서다. 하나님의 영광이 우리의 가장 우선적인 목적이 되어야 한다. 세상 사람들은 육신적인 이익을 증대하기 위해 명성을 얻으려고 애쓰지만 우리는 항상 하나님의 영광을 주된 목적으로 삼아야 한다. 우리는 우리 자신을 이 위대한 목적을 이루는 수단으로 간주해야 하다. 우리가 얻는 영예는 하나님의 사역이 계속해서 이루어지는 과정에서 우리를 격려하기 위해 주어지는 은혜로운 축복이다. 선한 양심의 소유자는 그런 축복을 지나치게 자랑하지 않을 것이 틀림없다.

토머스 맨튼, *By Faith*, 51-58쪽

하나님의 나라는 먹는 것과 마시는 것이 아니요 오직 성령 안에 있는 의와 평강과 희락이라

성부와 성자께서는 성령을 선물로 약속하셨다. 성령께서는 자기 백성의 마음속에 들어가 사랑으로 그들과 영원히 함께 거하면서 그들의 다양한 상황 속에서 자기의 기쁘신 뜻에 따라 권위와 능력으로 행하신다. 성령께서는 그들을 훈련하고, 강화해 모든 일에 대비하게 하고, 그들이 알아야 할 것을 알려주며, 마음의 성향을 자기가 기뻐하는 쪽으로 서서히 바꾸어 놓으신다. 성령의 기쁨이 진정한 열매다. 그것은 영적 활력과 자양분을 가져다주는 견실한 열매다. 그분은 영혼을 위로하고, 회복시키고, 강화하고, 굳건하게 하신다. 인내, 관대함, 선함, 온유함은 모두 성령의 열매다. 그런 열매는 오직 신자의 마음속에서만 발견된다. 그분은 우리의 외적 위로를 모두 거두어 욥처럼 가난과 고통을 겪게 하는 와중에서도 여전히 우리 안에 머물면서 적절한 평화와 위로를 허락하신다. 성령께서는 무거운 십자가를 지우고, 곳간이 텅 비게 하고, 궁핍한 상태로 고난과 고통을 당하게 할 때도 우리 안에 거하면서 말로 다 할 수 없는 기쁨과 영광으로 우리의 마음을 가득 채워주신다. 그리스도께서는 "평강이 너희에게 있을지어다"라고 말씀하셨다. 세상은 십자가와 고난이 제거되지 않는 한, 평화와 기쁨을 줄 수 없지만, 그리스도께서는 시련의 와중에서도 평화를 허락하신다. 우리 안에 거하는 성령께서는 환난 속에서 영광을 누리고, 십자가 아래에서 기뻐하며, 심지어는 죽음을 통해서까지 승리하게 하신다. 이것은 확실한 축복이다. 하나님이 자기에게 구하는 자를 외면하신 적은 한 번도 없으셨다. 그분은 앞으로도 그러실 것이다. "구하라. 그러면 얻을 것이다."라는 것이 그분의 은혜로운 선언이다. 이 약속을 붙잡고 간절히 구하면 확실하게 응답받을 것이다. 하나님이 구하는 모든 것을 풍성하게 허락하실 것이고, 우리의 마음은 크게 기뻐할 것이다. 마귀든 사람이든 그 누구도 우리의 기쁨을 우리에게서 빼앗아 갈 수 없다.

토머스 찰스, *Spiritual Counsels*, 55-64쪽

만물보다 거짓되고 심히 부패한 것은 마음이라 누가 능히 이를 알리요마는

회심은 전적으로 하나님의 사역이다. 오직 하나님만이 우리의 마음을 움직여 자신의 뜻에 복종시킬 수 있으시다. 인간의 본성을 생각해 보면 그럴 수밖에 없다는 것을 알 수 있다. 인간은 하나님의 일에 온전히 무지하다. 모든 사람이 돌같이 무감각하고, 단단한 마음을 지니고 있다. 하나님의 말씀이 아무리 역사해도 소용이 없을 때가 얼마나 많은지 모른다. 죄는 인간을 지배하는 주인이고, 인간은 거기에 기꺼이 복종하는 종이다. 죄는 계속 명령을 내리고, 인간은 죄가 시키는 대로 따른다. 인간은 굳어진 마음 때문에 총명이 어두워졌다(엡 4:18). 인간은 하나님과 원수이기 때문에(롬 8:7) 그분을 기쁘시게 할 수 없다. 인간은 심지어 가르침을 원하지도 않을 뿐 아니라 누군가가 올바른 길로 인도할라치면 버럭 화를 낸다. 인간은 허물과 죄로 죽은 상태다(엡 2:5). 사실, 인간은 죽은 것보다 더 못하게 되었다. 그가 살아 있는 이유는 하나님을 거부하고, 대적하기 위해서다. 인간은 참으로 불행하고, 비참한 피조물이 아닐 수 없다. 인간의 본성 안에는 인간을 은혜로 나아가게 만드는 요소가 전혀 없다. 하나님이 회심을 통해 역사하지 않으시면 인간은 결코 새로워질 수 없다. 이 큰 악을 해결하려면 전능한 능력이 필요하다. 하나님이 우리의 총명을 밝히고, 마음을 열어주셔야 한다(엡 1:18, 행 16:14). 하나님은 말씀으로 마음의 문을 두드릴 뿐 아니라 마음을 열고 들어와 그곳을 점유하신다. 하나님은 다양한 열쇠를 사용해 마음의 문을 여신다. 그분은 십자가나 고난이나 설교나 메시지를 이용하신다. 그러나 우리의 마음은 하나님이 자신의 손가락을 열쇠 구멍에 집어넣으실 때 비로소 열린다. 구원은 거듭남(요 3:3), 부활(엡 2:5), 새 창조(엡 2:10), 어둠 속의 빛(고후 4:6)과 같은 용어로 표현된다. 우리는 새로운 피조물로 불리고, 하나님의 능력에 의해 정복된다(고후 10:4). 우리 안에서 역사하는 하나님의 능력과 은혜는 참으로 신비스럽기 그지없다. 하나님은 그리스도 안에서 우리의 생명의 원천이시다(고전 1:30).

토머스 맨튼, *Works*, 1:138-144

가장 위대한 사도가 가장 낮은 단계의 겸손을 자처했다. 그는 자기를 모든 성도 중에 지극히 작은 자요 사도들 가운데 맨 마지막이요 죄인들의 괴수라고 지칭했다. 건물도 기초를 가장 낮게 만든 건물이 가장 튼튼하고, 나뭇가지도 열매가 가장 많이 맺은 가지가 가장 낮게 늘어지는 법이다. 겸손한 영혼의 한 가지 속성은 묵묵히 짐을 지고, 고난과 비난을 감내하며, 요란하게 떠들지 않는 것이다. 겸손한 영혼은 사람들의 행위 가운데서 하나님을 발견한다. 그런 영혼의 소유자는 이차적인 원인들을 꿰뚫어 보고, 그 안에서 하나님의 손길을 발견한다. 아론은 자기 아들이 느닷없이 무서운 심판을 받아 죽은 것을 보면서도 격정을 다스리고, 마음의 평화를 유지했다. 그가 하나님의 끔찍한 정의의 칼날 아래에서 침묵할 수 있었던 이유는 아들들을 삼킨 불이 하나님에게서 나왔기 때문이다. 사무엘이 엘리에게 하나님이 그의 가문을 영원히 심판하실 것이라고 말하자 그는 "이는 여호와이시니 선하신 대로 하실 것이니라"(삼상 3:18)라고 대답했다. 엘리는 겸손히 인내하며 자신의 목을 심판의 도마 위에 올려놓았다. 그의 말은 "이는 여호와시니 그분이 때리든, 죽이든 원하는 대로 하실 것이다."라는 의미였다. 겸손한 영혼은 고난 속에서는 신음할 수 있지만, 평온한 상황에서는 불평하는 법이 없다. 교만한 영혼은 입으로만 인내를 말하지만, 겸손한 영혼은 폭풍우와 같은 시련 속에서 인내를 발휘한다. 겸손한 영혼은 "나는 고난을 받고 있지만 멸망하지 않는 것만으로도 큰 은혜요, 나는 구덩이에 떨어졌지만 지옥에 떨어지지 않은 것만으로도 큰 긍휼이다. 하나님은 의로우시기 때문에 나를 해롭게 하지 않으시고, 은혜로우시기 때문에 나를 해치지 않으신다. 따라서 나는 조용히 잠잠할 것이다. 그분이 원하는 대로 하셔도 괜찮다."라고 말한다. 그러나 교만한 영혼은 저항을 당하면 저항하고, 공격을 당하면 공격한다. 가인은 "내 죄벌이 지기가 너무 무거우니이다"(창 4:13)라고 불평했다. 고난과 시련 속에서 인내하는 것은 결단코 쉽지 않지만 많은 유익이 있다는 것을 잊지 말라.

토머스 브룩스, Works, 3:7-19

·

하나님이여 사슴이 시냇물을 찾기에 갈급함 같이
내 영혼이 주를 찾기에 갈급하니이다

하나님을 즐거워하는 사람들은 그 즐거움을 더 많이 추구한다. 그들은 항상 하나님을 갈망하며 그분과 더 많은 교제를 누리고 싶어 한다. 악인들은 항상 하나님과 어울리기를 싫어하고 멀리 도망쳐 숨기를 원한다. 시 42:1에서 하나님을 향한 영혼의 성향이 '달린다', '찾는다' 등의 동작 동사들로 표현되었다. 전자는 하나님을 즐거워하려는 간절함을, 후자는 부지런히 은혜의 수단을 사용하는 행위를 각각 나타낸다. 우리의 영혼의 가장 큰 바람은 하나님을 발견하는 것이다. 우리는 그분이 우리를 인도하고, 위로하고, 굳세게 하고, 거룩하게 하고, 자신의 은혜를 은혜롭게 즐기는 법을 가르쳐 주시기를 원한다. 하나님을 발견하려면 그분을 발견할 수 있는 곳에서 그분을 찾아야 한다. 그것은 바로 말씀과 기도와 성도들의 모임이다. 그리스도와의 교제를 즐거워하는 것이 우리가 기울이는 모든 노력의 궁극적인 목적이다. 하나님을 섬기는 것과 그분을 구하는 것은 서로 별개다. 하나님을 섬기는 것은 그분을 예배의 대상으로 삼는 것이고, 그분을 구하는 것은 그분을 예배의 목적으로 삼는 것이다. 왕과 한마디 말도 하지 않고서 궁궐을 맴도는 사람들이 많다. 형식적인 신자는 의식만을 거듭 치르는 것으로 만족해하지만 경건한 신자는 하나님과 한적하게 교제를 나누기를 원한다. 만일 의식을 통해 하나님을 발견하지 못했다면 그분과의 교제를 통해 그분을 찾으려는 노력을 해야 한다. 때로는 공적인 장소가 아닌 사적인 장소에서 하나님을 발견할 수 있다. 우리는 기도를 통해 가장 직접적으로 하나님을 즐거워할 수 있다. 그러나 기도를 통해 하나님을 발견할 수 없을 때는 성찬이나 말씀 안에서 그분을 찾아야 한다. 말씀 안에서도 그분이 발견되지 않을 때는 묵상을 통해 그분을 찾아야 한다. 공예배를 통해 하나님을 찾았지만 발견할 수 없었다면 밤중에 묵상할 때 그분을 발견할 수도 있다. 우리는 계속해서 하나님을 찾아야 한다. 하나님이 만나주지 않으신다고 해서 그분을 찾는 일을 포기하는 것이야말로 육적인 사람들의 큰 교만이다. 우리는 "당신이 내게 축복하지 아니하면 가게 하지 아니하겠나이다"(창 32:26)라고 말했던 야곱처럼 계속해서 하나님을 찾아야 한다.

토머스 맨튼, *Psalm 119*, 1:16-18

이 하나님은 영원히 우리 하나님이시니

하나님은 우리의 언약의 하나님이요 영원하신 하나님이시기 때문에 우리의 분깃은 영원하다. 우리는 잠시 이 세상을 여행하다가 영원한 산에 이르는 축복을 누리게 될 것이다 (창 49:26). 가진 것이 풍성해 잠시 편안한 삶을 누리는 것도 복 받은 인생인데 영혼이 영원하신 창조주를 즐거워하는 기쁨에 흠뻑 취하는 것은 더더욱 큰 복이 아니겠는가? 그분은 우리의 생명을 유지해 주는 분일 뿐 아니라 우리가 영원히 즐거워할 수 있는 분이시다. 하나님의 취소할 수 없는 결정에 따라 죽음이 우리에게 닥치더라도 영원하신 창조주께서는 우리를 영광스러운 불멸의 세상으로 인도함으로써 죽음조차도 승리로 만드신다. 우리는 그곳에서 지고하신 하나님의 은혜로 영원한 삶을 누릴 것이다. 영원하신 하나님과 연합한 신자가 멸망하는 일은 절대로 없다. 왜냐하면 하나님이 영원무궁토록 존재하시기 때문이다. 그분은 항상 끊임없이 솟아나는 생명의 원천이시다. 이것이 곧 교회의 위로다. 세상을 떠난 후에는 세월이 영원토록 무수히 흘러도 아무런 변화도 없이 하나님과 영원히 살게 될 것이다. 하나님은 시작도, 끝도 없으시다. 우리의 하나님은 그런 하나님이시다. 다시는 죽음이 존재하지 않을 것이고, 기쁨의 강수가 영원히 흐를 것이다. 누구도 죽음이라는 단어를 듣지 못할 것이다. 그리스도께서 정복하신 원수들 가운데 하나인 죽음은 영원히 자취를 감출 것이다. 행복은 전적으로 하나님의 임재에 달려 있다. 신자들은 그분 앞에 영원히 거할 것이다. 하나님이 살아 계시는 한, 행복은 사라지지 않을 것이다. 그분은 처음이요 나중이시다. 그분은 모든 기쁨의 시작이자 모든 즐거움의 마지막이시다. 그분의 앞이나 뒤에는 아무것도 존재하지 않는다. 화염검이 지키지 않는 기쁨의 낙원이 무한정 펼쳐질 것이다. 시간이 아무리 많이 흘러도 하나님은 처음과 마찬가지로 항상 새롭고 영광스러우실 것이다. 그 무엇도 썩어 없어지지 않을 것이다. 하나님은 우리의 영원한 분깃이시다.

스티븐 차녹, *The Existence & Attributes of God*, 88쪽

오늘 우리에게 일용할 양식을 주시옵고

하나님은 우리의 삶에 필요한 것을 은혜로 값없이 베풀어 주신다. 하나님은 우리가 누리는 일반 은혜에 관심을 기울이신다. 하나님이 그것들을 베푸시는 이유는 하늘과 땅의 절대적인 주권자이시기 때문이다. 모든 것이 하나님의 것이다. 우리가 누리는 축복은 모두 하나님에게서 빌려온 것이다. 하나님은 사람들에게 살 곳을 빌려준 위대한 집주인이시다. 그분은 우리가 거하며 즐길 수 있는 땅을 허락하셨다. 그분은 각 사람에게 특정한 분깃을 할당해 주셨다. 그런 것들은 우연의 결과물이나 다른 사람들의 선물이나 우리의 노력에서 비롯된 것이 아니라 하나님의 섭리를 통해 특별하게 작정된 것이다. 그것들이 기부나 매매나 상속이나 노력 등 어떤 경로를 통해 주어졌든 모두 다 하나님이 허락하신 것이다. 그분은 우리에게 그것들을 얻는 수단을 정해 주셨다. 사람들의 마음은 하나님의 손안에 있다. 하나님이 사람들의 마음을 움직여 우리에게 친절을 베풀게 하신다. 그분은 그들의 마음을 섭리의 도구로 사용해 우리를 양육하신다. 하나님은 섭리와 언약의 약속을 통해 축복을 베푸신다. 하나님의 섭리는 모든 사람에게 미친다. 심지어 악인들도 그분의 일반적인 선물을 누릴 수 있다. 그러나 언약의 축복은 오직 신자들에게만 주어진다. 의인이 하나님에게서 받은 축복은 아무리 적은 것이라도 악인들의 보화보다 더 낫다. 의인의 축복에는 하나님의 사랑이 담겨 있기 때문에 그것은 악인의 풍성한 소유보다 더 낫다. 만족도 우리가 구해야 할 하나님의 축복 가운데 하나다. 양식은 우리의 필요를 채워 주지만, 그것을 즐기는 것도 하나님의 축복에 해당한다. 행복은 풍부함이 아닌 주어진 것에 자족하는 데 있다(눅 12:15). 인간 안에서 이중적인 전쟁이 벌어진다. 즉 인간과 그의 양심 사이에서 벌어지는 전쟁은 인간의 생각을 괴롭히고, 인간의 애정affections과 그의 상황 사이에서 벌어지는 전쟁은 시기심에서 우러나는 불평불만을 야기한다. 따라서 "우리에게 일용할 양식을 주시옵고"라고 기도할 때는 또한 자족함도 함께 구해야 한다.

토머스 맨튼, *Works*, 1:149-154

본래 하나님을 본 사람이 없으되 아버지의 품 속에 있는 독생하신 하나님이 나타내셨느니라

하나님은 예수님을 교회의 위대한 선지자요 교사로 세우셨다. 예수님은 하나님의 마음 속에 있는 비밀을 세상에 권위 있게 드러내신다. 예수님은 성부의 품에 있는 진리를 가져 다주셨고, 자신의 말씀을 우리에게 전하셨다(요 17:8). 예수님은 성부와 함께 있으면서 직접 본 것을 우리에게 말씀하셨다(요 8:38). 하나님의 품속에 영원히 계셨던 그리스도 외에 누 가 하나님의 비밀을 알 수 있겠는가? 그리스도께서 지니신 신성의 영광이 그분의 말씀을 들었던 사람들의 마음속에 분명하게 드러났다. 심지어 그분의 원수들도 "그 사람이 말하 는 것처럼 말한 사람은 이 때까지 없었나이다"(요 7:46)라고 인정하지 않을 수 없었다. 그리 스도께서는 사람들을 깨우쳐 다양하고, 분명하고, 강력하고, 은혜롭고, 순수하고, 온전하 게 하나님의 뜻을 차근차근 가르쳐 주셨다. 인간은 본성적으로 하나님의 일에 관해 무지 하고 어둡다. 세상은 어둠 속에 있다. 인간은 타락하지 않은 순결한 상태에서는 하나님의 뜻을 분명하게 이해할 수 있었지만, 지금은 본성이 부패한 탓에 그 빛이 완전히 사라졌다 (고전 2:14). 자연인은 본성이 어두워졌기 때문에 성령의 일을 인식할 수 없을 뿐 아니라 본 능적으로 적대감을 드러낸다. 예수 그리스도를 통해 마음이 치유되어 깨우침을 받기 전까 지 인간의 타고난 능력으로는 성령의 일을 분별할 수 없다. 아무리 명석하고, 세심하고, 예 리한 기지와 이성을 지니고 있더라도 초자연적인 신비는 이해할 수 없다. 인간은 하나님 의 신비에 관해서는 전적으로 무지하다. 그리스도의 말씀은 빛은 물론, 능력과 열기와 함 께 임한다. 그분의 말씀은 은혜롭고, 자애롭게 임해 양들의 마음속에서 뜨겁게 타오른다 (요 10:4-5). 그리스도의 뜻을 알고, 이해했다면, 요구된 의무가 아무리 힘들고, 금지된 죄가 아무리 매혹적이라도 그분의 뜻에 무조건 복종해야 한다.

존 플라벨, *Works*, 1:121-128

신령한 자는 모든 것을 판단하나

그리스도 예수께서는 교회의 위대한 선지자요 교사이시기 때문에 그분의 기준에 따라 우리의 교리를 분별하고, 판단해야 한다. 그분은 우리의 교리를 시험하는 척도이시다. 그리스도께서 자신의 인격 안에 존재하시는 것처럼 그분의 교리도 그분의 인격 안에 존재한다. 세상 사람들은 모든 오류가 그리스도에게서 비롯한 것처럼 생각하지만 그분은 거룩하고, 겸손하고, 신령하고, 온유하고, 온화하셨다. 그분은 세상의 지혜와 육신의 만족에 반하는 분이시다. 그분이 가르치는 진리들도 마찬가지다. 그것들에는 그분의 성품과 형상이 각인되어 있다. 어떤 교리가 그리스도의 영으로부터 비롯했는지 아닌지 시험해 보고 싶은가? 그렇다면 다음의 규칙을 따라야 한다. 즉 어떤 교리가 죄를 장려하고, 은근히 부추기거나 자아를 높이거나 세상의 계획에 동조하거나 인간의 정욕이나 일시적인 기분을 맞추는 것이라면 거부해도 무방하다. 어떤 교리가 그것을 믿는 사람을 육적이고, 교만하고, 육욕적으로 만든다면 예수 그리스도에게서 비롯한 것이 아니라고 결론지어도 아무런 문제가 없다. 그리스도의 교리는 경건을 장려한다. 그분의 진리는 거룩하게 하는 능력이 있다. 그리스도의 흔적도 느껴지지 않고, 거룩함을 독려하는 것도 아니면 아무리 매혹적으로 보여도 절대로 받아들이지 말라. 그리스도께서는 자신의 영광을 훼손하는 것이나 자신이 감당한 죽음의 목적에 어긋나는 것은 아무것도 가르치지 않으셨다. 우리도 그리스도께서 누구를 보내 자신의 뜻을 알리게 하셨는지를 판단할 수 있다. 그런 사람들은 마음속에 성령을 모시고 있고, 입으로 그분의 말씀을 전한다. 그들은 받은 은혜의 분량대로 주어진 사역을 완수하려고 노력한다(요 20:21). 사역자들은 위대하신 목자를 본받으려고 노력해야 한다. 하위 목자들은 충실하고, 온유하고, 성실해야 할 뿐 아니라 하나님의 나라가 번성하는 것을 기뻐하고, 신앙고백에 일치하는 삶을 살며, 항상 하나님과 은밀하고 은혜로운 교제를 나눠야 한다. 그런 식으로 그리스도를 본받으려고 노력하는 사람들은 하나님이 자기 백성에게 최상의 축복을 베풀기 위해 보내신 사람들인 것이 분명하다.

존 플라벨, *Works*, 1:128-130

주 예수 그리스도와 그분에게서 비롯하는 모든 보배로운 축복이 특별하고 효과적인 적용을 통해 우리의 소유가 된다. 그리스도의 죽음과 부활의 효력이 인간의 마음에 효과적으로 적용되려면 죄에서 돌이켜 하나님께로 나가야 한다. 그러면 새로운 원리와 규칙에 따라 살며 행동하는 새로운 피조물이 된다. 인간은 본성적으로는 지혜, 의로움, 거룩함, 구원함을 얻을 수 없다. 그것들은 모두 외부에서, 즉 그리스도에게서 온다. 그분은 죄인에게 그 모든 것이 되어 주신다. 인간보다 더 연약한 상태로 세상에 태어나는 피조물은 없다. 인간이 지닌 탁월함은 모두 외부로부터 받은 것이다(고전 4:7). 훌륭하고, 값진 그리스도의 의의 옷을 입고서 마치 그것을 자기 스스로 만든 것처럼 거만하게 세상을 활보하는 것은 결코 용납할 수 없는 교만이요 허영일 것이다. 죄인이 스스로 짠 실은 단 한 올도 없다. 모든 것이 은혜로 거저 주어진 것이다. 우리의 탁월함은 모두 그리스도에게서 비롯했다. 거룩한 사람들은 자기에게서 은혜로운 원리나 훌륭한 행위가 발견될 때마다 조심스러운 태도로 스스로를 부인하고, 값없는 은혜를 그 모든 것의 원천으로 인정한다. 거룩한 바울은 자기 안에 신적 생명의 원리가 존재하는 것을 발견했을 때 칭찬과 영광을 눈곱만큼도 자기에게 돌리지 않고, "이제는 내가 사는 것이 아니요 오직 내 안에 그리스도께서 사시는 것이라"(갈 2:20)라고 말했다. 바울은 정당하고, 필요한 자기변호를 하기 위해 어쩔 수 없이 하나님을 위해 행한 의무들을 언급해야 했을 때도 조심스럽게 "내가 모든 사도보다 더 많이 수고하였으나 내가 한 것이 아니요 오직 나와 함께 하신 하나님의 은혜로라"(고전 15:10)라고 말했다(인간 중에 바울보다 하나님을 위해 더 많은 일을 한 사람이 누가 있겠는가?). 따라서 우리는 스스로는 아무것도 가진 것이 없고 모든 것을 그리스도에게서 받았다는 것을 명심하고, 그분께 더욱더 사랑받는 자가 되어야 한다.

존 플라벨, *Works*, 2:15-26

사람이 만일 온 천하를 얻고도 제 목숨을 잃으면 무엇이 유익하리요

사람들은 세속적인 용무를 처리할 때 기회를 잘 포착해 이전보다 더 좋은 결과를 얻으려고 노력한다. 농부는 적절한 시기에 밭을 갈고, 씨를 뿌린다. 추수기가 다가오면 그는 잠을 자며 헛되이 시간을 낭비하지 않는다. 만일 그랬다가는 농작물을 하나도 거두지 못하게 될 것이다. 상인은 독수리 같은 눈으로 신중하게 자신을 부유하게 할 기회를 살핀다. 사람들은 자신의 재산을 위협할 위험이 다가오는 듯하면 즉각 경각심을 곤두세운다. 그런 경우, 그들은 위협적인 재난을 피하기 위해 서둘러 분발한다. 그러나 사람들이 자신의 영원한 행복이 걸려 있는 문제를 다루는 태도를 살펴보면 큰 차이가 있다는 것을 알 수 있다. 사람들은 그런 일에는 얼마나 냉랭하고, 굼뜨고, 무기력한지 모른다. 사람들은 많지만 지혜로운 사람은 별로 없다. 사람들의 마음이 잠들지 않게 하려면 권고와 조언을 끊임없이 반복해야 할 필요가 있다. 그들은 많은 어려움을 토로하고, 온갖 변명을 늘어놓고, 금세 낙담한다. 사람들은 스스로의 영적 문제와 사후 세계의 행복을 생각할 시간이 필요하다는 것을 의식하지 않는다. 현재의 삶과 그 즐거움이 얼마나 불확실한 것인지를 깨닫는 사람은 거의 없다. 우리를 의의 길로 인도하는 가르침은 하나님의 말씀 안에 풍성하게 제시되어 있다. 성경은 인간의 정신적 능력에 맞춰져 있기 때문에 생각을 깨우치는 힘이 크다. 우리는 일시적인 것보다 영원한 것에 대해 더 지혜로울 수 있도록 도와주는 탁월한 수단을 지니고 있다. 사람들이 영원한 것을 현실로 받아들여 존중하지 않는 이유는 그 진리에 대한 증거가 충분하지 않아서가 아니다. 그 이유는 가장 명확한 증거를 통해 드러난 진리의 중요성을 의식하지 못하고, 무관심한 태도로 일관하기 때문이다.

조나단 에드워즈, *Works*, 1:158-159

나의 간절한 기대와 소망을 따라…살든지 죽든지
내 몸에서 그리스도가 존귀하게 되게 하려 하나니

하나님의 영광을 추구하는가? 그렇다면 다음과 같은 증표가 있는지 살펴보라. (1) **하나님의 이름이 세상에서 존중을 받는다면 손해를 보아도 만족하는가?** 우리 자신이나 우리의 이익이나 욕구와 상관없이 하나님이 영광을 받으시기를 원하는가? 하나님이 무엇이 되기를 원하시든, 또 무엇을 하기를 원하시든 기꺼이 따르는 것으로 만족한다면 하나님의 영광을 추구한다는 확실한 증표다. (2) **범사에 하나님의 뜻에 기꺼이 복종함으로써 오직 하나님만 영광을 받으시도록 기도하는가?** 영적 활력과 능력을 간구할 때 마음속으로 무슨 생각을 하는가? 박수갈채를 받을 생각으로 즐거워하고, 대중의 찬사를 받을 생각에만 골몰하는가? 원수를 징벌해 만천하가 알 수 있게 해달라고 기도하면서 무슨 생각을 하는가? 복수심의 발로나 개인적인 행복과 안전을 위해서인가? 아니면 하나님의 영광을 위해서인가? 예수님은 "아버지여 나를 구원하여 이 때를 면하게 하여 주옵소서 그러나 내가 이를 위하여 이 때에 왔나이다 아버지여, 아버지의 이름을 영광스럽게 하옵소서"(요 12:27-28)라고 기도하셨다. 하나님의 이름을 영광스럽게 하고, 그분의 이름을 욕되게 하지 않을 목적으로 그분께 구하는가? 육적인 동기는 자기 절제나 자기 부인을 싫어하고, 욕망을 들끓게 만든다. 라헬은 자식을 못 낳으면 차라리 죽어버리겠다고 생각했을 것이 틀림없다. 마음이 세속적인 성공이나 쾌락이나 위로에 집착하면 자기를 부인하지 못하고, 불평을 일삼을 수밖에 없다. 하나님의 자녀들은 오직 하나님의 영광만을 구해야 하고, 어떤 상황에서든 자기 자신을 그분의 처분에 기꺼이 맡겨야 한다. (3) **기도 응답을 받았을 때, 곧 하나님이 우리가 구하는 축복을 허락하셨을 때 어떤 마음이 드는가?** 받은 축복을 하나님의 영광을 위해 사용하지 않는다면 그것은 그분의 영광을 위해 구한 것이 아니다. 하나님의 은혜를 죄를 억제하는 계기로 삼지 않거나 정욕을 위해 사용한다면 그것은 곧 하나님의 영광을 구하려는 의도가 없었다는 증거다.

토머스 맨튼, *Works*, 1:73-74

악은 어떤 모양이라도 버리라

안셀무스는 죄의 수치와 지옥의 고통 가운데 하나를 선택해야 한다면 죄 있는 천국에 가기보다 죄 없는 지옥에 가는 것을 선택할 것이라고 말하곤 했다. 그는 죄를 그만큼 철저하게 증오했다. 죄를 멀리하는 것이 가장 지혜롭고, 안전한 길이다. 음녀의 집에 가까이 가서는 안 된다(잠 5:8). 다윗은 그 덫에 가까이 다가갔다가 온몸의 뼈가 부러졌다고 할 만큼 심한 양심의 상처를 입었다. 세네카는 비록 이교도였지만 "징벌할 신이 없고, 고통을 줄 마귀가 없고, 활활 타오르는 지옥도 없고, 보는 사람이 아무도 없더라도 양심이 슬퍼할 테니 죄를 더럽고, 추악하게 여겨 멀리하라."라고 지혜롭게 말했다. 성경은 "적은 누룩이 온 덩어리에 퍼지는 것을 알지 못하느냐"(고전 5:6)라고 말씀한다. 아담 한 사람의 죄가 온 인류에게 퍼졌다(롬 5:12). 아버지의 죄가 자녀에게, 남편의 죄가 아내에게, 주인의 죄가 종에게 영향을 미친다. 죄는 널리 퍼지는 전염성과 기만성과 매혹적인 특성을 띤다. 죄는 사탄이 낳은 자식이다. 죄는 영혼에 잠시 입을 맞추다가 영원히 영혼을 배신한다. 죄는 사탄에게 우리를 통제할 지배권과 우리를 비난할 빌미를 제공한다. 죄는 영혼을 홀려 악을 선으로, 선을 악으로 부르게 한다. 죄에 매료된 영혼은 하나님을 대적한다. 하나님은 영혼을 쳐서 그 뼈를 부러뜨리시지만, 영혼은 두려워하거나 아랑곳하지 않고 악의 길을 고집한다. 죄는 서서히 은밀하게 영혼을 영원한 죽음으로 몰고 가지만 죄에 매료된 영혼은 죄를 멈추지 않는다. 의원이 테오티무스에게 시력을 잃지 않으려면 음주를 삼가라고 말했지만, 그는 "안녕! 유쾌한 빛이여!"라고 말했다. 그는 죄를 멈추기보다 차라리 시력을 잃기를 원했다. 적에게 하나님을 부인하게 한 뒤 그를 칼로 찔러 영혼과 육체를 모두 파괴한 한 이탈리아인의 이야기는 죄의 사악한 특성을 여실히 드러낸다. 간절히 권하노니 죄를 멀리하라!

토머스 브룩스, *Works*, 1:12-16

영으로써 몸의 행실을 죽이면 살리니

정죄하는 죄의 권세로부터 확실하게 벗어난 가장 훌륭한 신자일지라도 일평생 내주하는 죄의 권세를 죽이는 일을 한시도 게을리해서는 안 된다. '죽인다'는 것은 말 그대로 살아 있는 것의 생명을 죽여 없애는 것을 의미한다. 살아 있는 것을 죽이는 것은 그것의 힘과 활력과 능력의 원리를 제거해 적절한 행동을 할 수 없게 만드는 것이다. 내주하는 죄는 '옛 사람'으로 불리는 살아 있는 인격에 비유되었다. 옛 사람은 그 나름의 기능, 속성, 지혜, 기술, 통찰력, 힘을 지니고 있다. 바울 사도는 성령으로 이 옛 사람을 죽이라고 말했다. 옛 사람은 그리스도의 십자가의 공로로 완전히 죽었다. 즉, 옛 사람은 그리스도와 함께 십자가에 못 박혔다(롬 6:6). 이 과정은 중생에서부터 시작한다(롬 6:3-5). 죄에 저항하고, 그것을 파괴하는 원리가 중생을 통해 우리의 마음속에 주어졌다(갈 5:17). 그 이후부터 그 원리가 서서히 작동하기 시작해 일평생 완전의 단계를 향해 나아간다. 따라서 우리의 죽을 육체에 남아 있는 죄를 죽여 육신의 행위를 부추기는 그 생명력을 제거하는 것은 모든 신자가 항상 힘써 이행해야 할 의무다. "살리니"라는 말씀대로 이 의무에 대한 약속은 생명이다. 이 말은 영원한 생명은 물론, 신자가 이미 누리고 있는 영적 생명을 가리킨다. 바울 사도가 다른 곳에서 "너희가 주 안에 굳게 선즉 우리가 이제는 살리라"(살전 3:8)라고 말한 대로, 신자는 영적 생명의 기쁨과 위로와 활력을 누린다. 영적 생명의 활력과 능력과 위로는 육신의 행위를 죽이는 것에 크게 의존한다. 죄는 잠잠한 것처럼 보일 때도 결코 잠잠하지 않는다. 잔잔한 물이 대부분 깊은 것처럼 죄도 마찬가지다. 죄와의 싸움은 위험의 기미가 거의 없어 보일 때도 항상 활발하게 이루어져야 한다.

존 오웬, Works, 6:5-11

5월
11
욥 1:21

주신 이도 여호와시요 거두신 이도 여호와시오니 여호와의 이름이 찬송을 받으실지니이다

겸손한 영혼은 하나님이 미소를 지으실 때나 찡그리실 때나 축복을 베푸실 때나 거두어가실 때나 은혜를 누릴 때나 시련을 겪을 때나 축복과 은혜를 누릴 때나 고난과 손실을 경험할 때나 상관없이 항상 하나님을 찬양한다. 겸손한 영혼은 모든 이차적인 요인들을 넘어서서 하나님의 손길을 발견한다. 그는 자신의 가슴에 손을 올려놓고 "여호와의 이름이 찬송을 받으실지니이다"라고 즐거이 노래한다. 겸손한 영혼은 이렇게 말한다. "제가 어둠 속에 있는 것이 하나님의 뜻이라면 하나님을 찬양하겠나이다. 제가 다시 빛 가운데 있는 것이 하나님의 뜻이라면 하나님을 찬양하겠나이다. 하나님이 저를 위로하셔도 하나님을 찬양할 것이고, 제게 고난을 허락하셔도 하나님을 찬양할 것입니다. 저를 가난하게 만드셔도 하나님을 찬양할 것이고, 부하게 만드셔도 하나님을 찬양할 것입니다." 겸손한 영혼은 성부의 손에 회초리만 들려 있는 것이 아니라 그 회초리 위에 달콤한 꿀이 묻어 있는 것을 본다. 겸손한 영혼은 가장 씁쓸한 잔의 밑바닥에 설탕이 고여 있는 것을 보고, 하나님의 징계가 가르침을 주기 위한 것임을 안다. 겸손한 영혼은 하나님이 행하시는 모든 일의 목적이 교훈과 갱생과 구원에 있다는 것을 안다. 겸손한 영혼은 형통할 때 하나님을 찬양하면 더욱 형통하고, 시련을 겪을 때 하나님을 찬양하면 그것을 극복할 수 있다는 것을 안다. 은혜를 받을 때 하나님을 찬양하는 것은 빚을 갚는 것이요, 고난을 받을 때 하나님을 찬양하는 것은 그분께 빚을 지우는 것이다. 사람들은 등에 매를 맞으면서도 교만한 마음을 버리지 않는다. 태양이 빛을 비출 때, 곧 하나님이 미소를 띠고 쓰다듬어 주면서 베푸실 때는 겸손한 척하는 신자들이 많다. 그러나 하나님이 찡그린 얼굴로 매를 때리실 때는 교만한 영혼들은 온갖 불평을 쏟아낸다. 그들은 하나님이 때리시면 발로 차며 대항한다. 그러나 겸손한 영혼은 지혜와 인내로 모든 징계를 감당한다. 교만한 사람들은 자기를 책망하는 사람은 물론, 그의 책망까지 비웃는다. 그들은 교만과 분노로 무장한 상태다. 그들은 부드럽게 건드려도 쐐기풀처럼 찔러대고, 조금 거칠게 만지면 격렬하게 대항한다.

토머스 브룩스, *Works*, 3:24-26

지극히 높으신 하나님이 우리의 기도를 들으신다. 그분은 피조물이 필요하지 않은 무한한 초월자이지만 은혜롭게도 땅의 비천한 벌레와도 같은 우리에게 기꺼이 관심을 두신다. 하나님은 자신을 시은좌에 앉아 있는 자로 나타내 누구나 자기 앞에 나와 기도할 수 있게 하셨다. 그분은 자기 앞에 나와 필요한 것을 구하도록 허락하셨고, 우리의 기도를 기꺼이 들어주신다. 하나님은 우리의 기도를 듣겠다는 약속을 많이 하셨다. 성경에는 그런 약속들이 가득하다. 그분은 자신을 기도를 듣는 하나님으로 나타내셨다. 그렇다면 하나님이 우리의 기도를 들으신다는 것이 무슨 의미일까? 그 의미는 두 가지다. (1) **하나님은 자기에게 기도하는 사람들의 간구를 들어 주신다.** 하나님은 자기에게 기도하는 사람들을 기뻐하신다. 그분은 우리가 기도로 자기를 존귀하게 여기는 것을 기꺼이 받아주신다. (2) **하나님은 우리에게 자신의 충족한 은혜를 발견할 수 있는 기회를 허락함으로써 자기를 나타내신다.** 하나님은 우리가 기도할 때 자신의 주권과 영광스러운 은혜를 드러내신다. 그분은 자기 안에서 안식을 누리며 자기의 은혜와 신실함을 믿고, 자기의 뜻에 따라 기도하도록 이끄신다. 한나가 하나님 앞에 와서 자신의 영혼을 쏟아놓자 하나님은 그녀의 마음을 잔잔하게 달래주고, 그녀의 슬픔을 없애 주셨다(삼상 1장). 하나님은 자신을 새롭게 발견할 수 있는 기회를 그녀에게 허락해 자신의 은혜를 신뢰하며 묵묵히 자기의 뜻을 따를 수 있도록 인도하셨다. 기도로 구한 특정한 일이 그대로 응답될 것이 확실하다고 단정할 필요는 없지만, 하나님이 우리의 기도를 듣고 계시는 것은 의심의 여지가 없는 사실이다. 따라서 우리는 하나님이 우리가 구한 것을 은혜로운 계획에 따라 처리해 주실 것이라고 자신 있게 믿고, 그분의 섭리 안에서 안심할 수 있다. 하나님은 우리의 필요와 간구에 적합한 것을 허락함으로써 우리의 기도를 듣고 계신다는 사실을 분명하게 보여 주신다.

조나단 에드워즈, *Works*, 2:114

이는 그가 모든 지혜와 총명을 우리에게 넘치게 하사
그 뜻의 비밀을 우리에게 알리신 것이요

하나님이 우리에게 영적 빛을 부여하셨다. 이 빛은 자연적인 수단을 통해 얻어지는 그 어떤 것과도 다르다. 이 빛은 하나님의 말씀에 계시된 거룩하고, 탁월한 것들을 옳게 인식할 수 있는 능력을 준다. 하나님이 거룩하시다는 신념은 물론, 그분의 거룩하심이 지니는 사랑스러움을 의식하는 능력이 이 빛을 통해 주어진다. 그로써 우리의 생각 속에 영적인 것을 즐거워하며 묵상할 수 있는 능력이 생겨난다. 이 영적 빛을 열심히 구하라. 그것은 피조물이 가질 수 있는 가장 탁월한 지혜. 이것은 인간의 그 어떤 학식보다 더 뛰어나다. 그리스도 안에 나타난 하나님의 영광을 조금만 의식해도 영혼이 크게 고양된다. 이 지식은 은혜롭고, 즐겁다. 이 지식은 가장 정교하고, 아름다운 것들을 볼 수 있게 해 준다. 고난 속에서 우리를 지탱해 주고, 어둡고 험악한 세상 속에서 마음의 평화를 가져다주는 것 가운데 이보다 더 강력한 것은 없다. 이 빛은 의지에 효과적으로 영향을 미쳐 영혼의 본성을 변화시킨다. 이 빛은 우리의 본성을 하나님의 본성에 동화시키고, 영혼을 그분의 형상으로 변화시킨다(고후 3:18). 이 빛은 세상에서 돌이켜 하늘의 것을 사모하는 성향을 불러일으키고, 하나님을 마음의 유일한 분깃으로 붙들게 한다. 오직 이 빛만이 영혼을 그리스도를 믿는 구원 신앙으로 인도할 수 있다. 이 빛은 기쁨의 소식을 받아들이도록 마음에 영향을 미쳐 구원자이신 그리스도의 계시를 묵묵히 따르게 하고, 영혼에 영향을 미쳐 그리스도께 온전히 헌신하게 하며, 삶을 전반적으로 거룩하게 만드는 열매를 맺는다. 단순한 개념적인 이해만으로는 이런 역사가 일어날 수 없다. 이 빛은 마음의 밑바닥까지 도달해 본성을 변화시킨다. 이 빛은 하나님을 우리의 순종과 섬김을 받으시기에 지극히 합당하신 분으로 나타낼 뿐 아니라, 그분을 진지하게 사랑하는 마음을 주고, 그분이 자기에게 순종하는 자에게 약속하신 영광스러운 상급이 실제적인 현실임을 일깨워 준다.

조나단 에드워즈, *Works*, 2:12-17

그리스도께서 우리를 위하여 저주를 받은 바 되사
율법의 저주에서 우리를 속량하셨으니

율법의 저주는 죄인을 정죄해 영혼과 육체의 죽음에 이르게 한다. 그리스도 외에는 그 어떤 것도 영혼을 자유롭게 할 수 없다. 율법의 저주는 상상할 수 있는 가장 무서운 것이다. 그것은 영혼의 영원한 생명을 공격하며, 한 번 판결을 내리면 번복할 수 없다. 행위의 변화를 시도하고, 눈물을 아무리 많이 흘려도 한 번 유죄 판결을 받은 죄인은 자유로워질 수 없다. 율법의 저주는 한갓 피조물로서는 도저히 충족시킬 수 없는 무한한 만족(보속)을 요구한다. 그리스도께서는 신자를 이 저주에서 해방하신다. 그분은 징벌을 받아야 할 책임을 면제하고, 죄책의 속박과 사슬을 없애 주신다. 죄인을 대신해 온전한 대가가 치러졌고, 완전한 만족이 이루어졌다. 속전이 충분히, 온전하게 치러졌다. 그리스도께서 우리를 위해 저주를 받으셨다. 그것은 신성과 인성을 지닌 존재의 행위였다. 다른 존재는 그 어떤 존재도 하나님께 저질러진 무한한 죄책을 온전히 충족시킬 수 없다. 그리스도께서는 우리를 위해 하나님께 복종함으로써 율법의 요구를 만족시키셨다(빌 2:8). 우리를 향한 그리스도의 사랑은 가장 자유롭고, 자발적인 행위였다. 그분은 우리에 대한 사랑과 연민으로 행동하셨다. 바울은 "나를 사랑하사 나를 위하여 자기 자신을 버리신 하나님의 아들"(갈 2:20)을 깊이 생각하며 감격스러워했다. 하나님은 의로우시기 때문에 그리스도께서 빚을 온전히 청산하신 이상, 신자를 정죄하실 수 없다. 실망스러운 상황 속에서 사탄이나 양심이 죄책감을 부추기는가? 하나님은 그리스도를 속죄제물로 삼으셨다. 본문은 참으로 크나큰 위로를 주는 말씀이 아닐 수 없다. 그리스도의 속죄는 적절하고, 온전하고, 참되다. 그분의 피는 속죄의 피다. 성부께서 우리의 죗값을 그리스도의 영혼과 육체에 정확하게 요구하셨다. 그분은 성자의 복종을 통해 온전한 기쁨과 만족을 얻으셨다. 그리스도의 속죄를 믿는 우리의 믿음은 영원히 보증된 하나님의 진리에 근거한다. 우리는 그런 속죄의 은혜를 허락해 주신 하나님을 겸손히 찬양해야 한다.

존 플라벨, *Works*, 1:176-187

아빠 아버지

하나님은 베풀기를 좋아하는 자기에게 기도로 필요한 것을 구하라고 명령하셨다. 하나님은 우리의 아버지가 아니신가? 이 사실은 우리가 구하는 것을 하나님으로부터 받게 될 것이라는 강한 확신을 심어 준다. '우리 아버지'는 하나님께 기도할 때 사용할 수 있는 가장 적절한 칭호가 아닐 수 없다. 이 이름은 우리의 믿음을 격려할 뿐 아니라 하나님이 우리의 기도에 응답하시리라는 것을 확실하게 보장한다. 세상 아버지들의 자애로움은 하나님과 비교하면 무자비함이나 다름없다. 그런 사람들도 자기 자식들의 요청을 거절하지 않는다. 그렇다면 선과 사랑 그 자체이신 하나님은 더더욱 그러시지 않겠는가? 하늘에 계신 하나님은 모든 부성애의 원천이시다. 만일 하나님이 우리가 구하는 것을 허락하지 않으신다면 그 이유는 그것이 우리에게 유익하지 않기 때문이다. 따라서 하나님이 기도를 들어주지 않으신다고 불평하다가 기도가 도리어 저주가 되어버리는 일이 없도록 조심해야 한다. 하나님은 자기 자녀들이 자기의 뜻과 그들의 필요에 가장 적합한 것을 구하면 그들을 부끄럽게 만들어 되돌려 보내지 않으신다. 오, 그리스도인들이여, 무거운 짐을 짊어지고 탄식하는가? 하나님이 우리의 아버지가 아니신가? 그분 앞에 나아가 담대하게 사정을 아뢰라. 그러면 그분이 기꺼이 들어주실 것이다. 영적인 축복을 원하는가? 하나님께 원하는 것을 말씀드리라. 우리의 아버지일 뿐 아니라 모든 은혜의 하나님이신 그분이 그 충만한 데서 우리의 필요를 허락하실 것이다. 하나님은 자기 자녀들이 자기처럼 되기를 원하신다. 일시적인 축복이 필요한가? 은혜의 아버지요 모든 위로의 하나님이신 그분께 구하라. 기꺼이 우리를 구원하기를 원하고, 또 능히 그렇게 하실 수 있는 아버지가 계시는데 어찌하여 궁핍한 상태로 낙담하며 돌아다니는 것인가? 다만 빵 대신 돌을 구하지 않도록 주의하기만 하면 된다. 자신에게 유익한 것을 구하라. 그러면 받을 것이다. 우리는 우리의 현재 상태와 상황에 만족할 수 있다. 왜냐하면 세상에서 가장 위대한 자들에게나 우리에게나 하나님은 똑같이 아버지가 되시기 때문이다.

에제키엘 홉킨스, *Works*, 1:53-63

하나님의 장막이 사람들과 함께 있으매
하나님이 그들과 함께 계시리니

세상을 창조하고, 말씀으로 유지하시는 영광스럽고, 무한하신 하나님은 하늘의 천군천사들에게 항상 찬양을 받으신다. 이 하나님이 우리를 땅에서 일으켜 세우고, 우리의 마음 속에 있는 두려움과 고통을 없애 주고, 우리를 하나님의 아들들처럼 살게 해줄 것이라는 기쁜 메시지를 전하셨다. 하나님은 우리의 슬픔을 눈여겨보신다. 하나님이 보이지 않고, 우리를 버리신 것처럼 느껴질 때도 그분은 우리 곁에 계신다. 하나님이 우리를 잊으셨다고 절망할 때 그분은 우리에게 가장 큰 애정을 기울이신다. 그분은 우리가 짓는 한숨의 횟수를 헤아리고, 눈물을 병에 담아 두신다. 그분은 마음의 신음 소리를 들으신다. 하나님의 섭리는 날마다 은혜를 산처럼 높이 쌓아 올리고 있지만, 우리는 과연 그분의 은혜와 사랑을 보고, 느끼고, 맛보고 있는지 궁금하다. 은혜에 전적으로 의지하며 살고 있는가? 은혜를 의심하는가? 그것을 인정하기가 어려운가? 그렇다면 그것은 육신이 영향을 미치고 있고, 우리의 부패함이 아직 남아 있다는 증거다. 뱀은 항상 하나님에 대한 그릇된 생각을 부추긴다. 그러나 머지않아 우리의 구원자가 돌아와서 자신의 사랑을 확실하게 보여 줌으로써 더 이상 의심이 생겨날 여지를 남겨 두지 않으실 것이다. 지금은 단지 위로의 맛만 볼 뿐이지만 나중에는 위로의 성대한 잔치를 즐기게 될 것이다. 지금은 두려움을 이겨냈어도 금세 다시 두려움에 사로잡히고, 마음의 평화도 일정하지 않고 기복이 심하지만, 그때가 되면 완전하고 영구한 평화를 누리게 될 것이고, 주님을 항상 즐거워할 것이다. 오, 그리스도인들이여! 우리의 위로가 더 풍성해야 하지만 세상에서 너무 많은 것을 기대하면 실수를 저지르기 쉽다. 장차 천국에서 누리는 진정한 안식이 우리의 참된 평화가 될 것이다. 아직 보이지 않는 축복을 바라보는 것이 믿음의 뛰어난 역할이다. 아직 보이지 않는 하늘의 축복을 얼마나 알고 바라는지에 우리가 세상에서 느끼는 평화와 안전이 달려 있다. 그리스도인들이 한쪽 눈으로는 십자가에 못 박히신 그리스도를 바라보고, 다른 한쪽 눈으로는 그분의 영광을 바라본다면 더 바랄 것이 없겠다.

리처드 백스터, *Practical Works*, 2:884-885

그러므로 너희가 그리스도와 함께 다시
살리심을 받았으면 위의 것을 찾으라
거기는 그리스도께서 하나님 우편에 앉아 계시느니라

불신자들은 세상의 것들에서 행복을 찾는다. 그러나 신자들은 하나님 안에서 행복을 찾는다. 신자가 세상의 즐거움을 통해 평화를 얻으려는 것은 믿음의 본성에 어긋난다. 현세의 삶은 감옥 생활이나 다름없지만, 안타깝게도 우리는 거기에서 위로를 찾으려 할 때가 너무나도 많다. 우리는 그런 행위를 통해 우리의 참된 위로를 없애고 나서는 위로가 없다며 불평한다. 안정된 평화나 흔들리지 않는 기쁨을 그것들의 원천이신 그리스도가 아닌 다른 것에서 찾으려는 것은 큰 어리석음이 아닐 수 없다. 그리스도인들이 한쪽 눈으로는 십자가에 못 박히신 그리스도를 바라보고, 다른 한쪽 눈으로는 그분의 영광을 바라보는 법을 배울 수만 있다면 더 바랄 것이 없겠다. 영원한 기쁨을 더 많이 생각하면 우리의 마음속에 영적 기쁨이 더 풍성해질 것이다. 하늘을 잊고 사니 위로가 없는 것이 너무나도 당연하다. 그리스도인들이 하늘을 바라보지 않고, 세속적인 욕망만을 키운다면 두려움과 근심 걱정에서 자유롭기 어렵다. 하늘의 축복을 바라보며 세상의 즐거움을 지나치게 추구하지 않는다면 고민하거나 불평할 일이 없지 않겠는가? 우리가 근심 걱정에 사로잡히는 이유는 하나님이 약속하신 것을 바라보지 않거나 그분이 약속하시지 않은 것을 추구하기 때문이다. 우리는 고난, 손실, 원수들의 해악, 친구들의 불친절한 태도, 질병, 세상에서 당하는 멸시와 비웃음 따위를 슬프게 여긴다. 그러나 그보다 더 나은 것을 바라는 것이 옳지 않겠는가? 하나님이 우리에게 믿으라고 요구한 것이 물질적 번영, 부, 명예, 친구들인가? 성경에 그런 것들에 관한 약속이 있는가? 우리가 우리 자신에게 약속하고, 그 약속이 우리를 기만한다면 누구를 탓할 수 있을 것인가? 우리가 세상의 것들에 실망하는 이유는 그것들에 너무 지나친 기대를 걸기 때문이다. 아아, 우리는 언제쯤이나 성경과 섭리를 통해 세상의 것은 덜 구하고, 하나님의 것은 더 많이 구하는 법을 배울 수 있을 것인가?

리처드 백스터, *Practical Works*, 2:884-885

우리가 담대하여 원하는 바는 차라리 몸을 떠나 주와 함께 있는 그것이라

죽음과 지옥이 가장 시꺼먼 어둠을 드러낸 상황에서도 흰 옷을 입은 천국의 영혼들을 볼 수 있는 믿음을 지니고 있다면 우리의 영혼도 육체와 함께 죽지 않을 것이라는 위로를 충분히 느낄 수 있다. 영혼의 불멸성은 하나님의 손가락이 인간의 영혼에 새겨주신, 지워지지 않는 원리다. 영혼이 육체와 지나치게 친밀한 관계를 맺고 있는 사람은 육체와 영혼의 분리를 생각조차 하기 싫어할 뿐 아니라 심지어는 어떻게 죽게 되는지조차도 모를 수밖에 없다. 그런 사람은 자신이 유일한 축복으로 알고 있는 육체와 이별하는 것을 싫어한다. 그러나 거듭난 영혼은 천국에 관한 숭고한 생각을 떠올리기를 좋아하고, 언제라도 기꺼이 육체를 떠나고 싶어 한다. 요한은 성도들이 그리스도의 날개 그늘 아래서 그분의 보호와 감독을 받으며 안전하게 안식을 누리는 광경을 목격했다. 그리스도께서는 그들을 성부께 내보이고, 비난과 정죄로부터 보호하며, 암탉이 병아리를 모으듯 그들을 모으고, 모든 고통으로부터 그들을 온전히 지켜 주신다. 그리스도는 그들을 안팎의 괴로움으로부터 보호하고, 낙원에서 자신과 함께 완전한 평화를 누리게 하신다. 이런 사실을 묵상하면 죽음의 두려움을 극복할 수 있는 담대한 마음이 생겨난다. 우리는 하늘의 것들에 마음을 집중하고, 그것들을 종종 생각해야 한다. 만일 이 세상에 일평생 우리의 몸과 마음을 자유롭고, 편안하게 해줄 섬이 있다면 모두 그곳에 살기를 원할 것이 틀림없다. 그리스도께서는 신자들의 강한 요새이시다. 그분은 죽음이 자기에게 끼칠 수 있는 해를 조금도 두려워하지 않으신다. 그분은 영원한 영광의 중한 것을 바라보신다. 오, 그리스도여! 저희의 마음속에서 그런 현실에 대한 묵상이 이루어지게 도와주소서! 그런 생각을 저희의 기억 속에 깊이 각인시켜 주시고, 일평생 자주 생각할 수 있게 해주소서! 우리 모두 우리의 위로자께서 우리의 마음속에 그런 생각을 불러일으키심으로써 즐겁게 요단강을 건너 기쁨이 끝이 없는 세상에 이를 수 있게 되기를 간절히 기도하자. 주 예수님! 속히 오시옵소서!

새뮤얼 워드, *Sermons*, 61-68쪽

너를 치려고 제조된 모든 연장이 쓸모가 없을 것이라

지금까지 하나님의 백성을 진멸할 의도로 사용된 가장 강력한 무기도 모두 다 아무 소용이 없었다. 야곱이 요셉의 아들들을 축복했을 때처럼 하나님의 섭리가 그런 무기들을 서로 엇갈리게 만들어 정반대의 결과를 가져왔다. 참으로 놀랍게도 연약한 자들이 교회를 유익하게 하는 도구로 사용되었다. 그리스도께서는 왕과 황제들의 궁궐에 있던 유창한 웅변가나 방백들이 아닌 열두 명의 가난한 일꾼들과 어부들을 선택하셨다. 그런 선택을 겉보기로만 판단한다면 그보다 더 터무니없는 일은 없을 것이다. 그러나 참으로 짧은 시간 안에 복음이 세상 모든 나라에 퍼졌다. 나팔 소리 아래 여리고가 이스라엘의 손에 함락되었다. 횃불을 든 삼백 명의 용사 앞에 미디안의 대군이 혼비백산했다. 포위 공격을 받던 프랑스 베지에의 개신교 신자들이 술에 취한 한 북 치는 사람을 통해 구원받았다. 그는 한밤중에 자신의 숙소로 가는 도중에 자기가 무슨 일을 하는 줄도 모르는 상태에서 마을의 비상종을 울렸는데 그때가 마침 적들이 공격을 개시한 시점이었다. 가능할 것 같지 않은 연약한 수단을 통해 교회 전체가 축복을 받고, 신자들이 보존되는 역사가 종종 일어났다. 거미 한 마리가 그리스도의 종이었던 두 물랭^{Du Moulin}이 숨어 있던 화덕 입구에 거미줄을 쳐준 덕분에 그는 적들에게 발견되지 않고, 파리 대학살의 참극에서 목숨을 구할 수 있었다. 또한, 암탉 한 마리가 그가 살인자들을 피해 숨어 있는 곳에 여러 날 동안 날마다 달걀을 낳아 주어 생명을 유지할 수 있게 해주었다. 이런 사례들은 셀 수 없이 많지만 모든 시대의 사람들이 너무나도 분명하고, 명백하게 알고 있는 진실이기 때문에 굳이 더 나열할 필요가 없다. 교회를 파괴할 목적으로 동원된 가장 적절하고도 강력해 보이는 수단들이 모두 실패로 끝나고, 가장 어리석고, 하찮아 보이는 수단들이 승리와 성공을 거두어 교회를 유익하게 한 사례들을 보면 하나님의 특별한 섭리가 그 모든 것을 관장하고 있다는 것을 인정하지 않을 수 없지 않겠는가?

존 플라벨, *Works*, 4:354-356

너희도 상을 받도록 이와 같이 달음질하라

하늘로부터 오는 열정의 불은 세상에서는 항상 이상한 것처럼 취급되었다. 그 열기를 느끼는 사람이나 그 본질을 아는 사람은 거의 없다. 그것은 영혼에 생기와 활력을 불어넣는다. 열정과 영혼의 관계는 날개와 새, 바람과 돛의 관계와 같다. 그것은 또한 용기와 군인, 기개와 말의 관계와도 같다. 거짓 열정과 이상한 불이 많다. 그런 열정은 하나님께는 가증스럽고, 사람들에게는 불쾌하며, 나답과 아비후 같은 사람들에게는 위험하다. 참된 열정을 지닌 사람은 과시욕이 없이 성령 안에서 뜨겁고, 형식이 아닌 내용을 중시하며, 자신이 아닌 하나님을 위해 일한다. 열정은 우리 자신의 헛된 상상이 아닌 말씀의 인도를 받아야 한다. 참된 열정은 사람이 아닌 하나님의 칭찬을 받는다. 그런 사람의 가치는 사람들과 천사들의 입으로 결정되지 않는다. 참된 열정은 불이 이 집에서 저 집으로 번지는 것처럼 모든 장애물을 뛰어넘는다. 그 앞에서 하나님의 원수들이 모두 무릎을 꿇는다. 베드로는 마른 나뭇가지들 사이를 걸어 다니는 불꽃 같은 사람이었다. 시련은 단지 돌을 날카롭게 만들어 더욱 강하게 해줄 뿐이다. 나태한 사람은 "길에 사자가 있다."고 말하지만 다윗 같은 사람은 밖에 나가 사자와 맞선다. 느헤미야에게 산발랏에 관해 말하면 그는 "내가 그런 사람을 두려워해 도망치겠는가?"라고 말할 것이고, 갈렙에게 가나안 땅에 거인들이 산다고 말하면 "즉시 올라가서 정복하자."고 말할 것이다. 아가보가 바울의 띠로 자기를 묶으면서 그가 결박당할 것이라고 말하자 바울은 "내가 결박당할 뿐 아니라 죽을 것도 각오하였다."라고 대답했다(행 21:10-14). 루터에게 보름스의 원수들에 대해 말하자 그는 귀신들이 그곳의 집들의 기왓장처럼 많을지라도 기꺼이 가겠다고 대답했다. 열정의 소유자는 육적인 조언자들과 친구인 척하는 적들에게 "사탄아, 내 뒤로 물러가라."고 말하면서 불속을 담대하게 지나간다. 그런 열정은 죽음만큼 강하고, 로뎀나무 숯만큼 뜨겁다. 하나님은 그런 사람에게 영예로운 상급을 주실 것이다. 마귀와 세상은 그런 사람을 미워한다. 참된 열정이 있는 곳에는 항상 반대 세력이 존재한다. 그리스도께서는 우리에게 참된 열정을 지니라고 요구하신다. 우리 모두 열정을 뜨겁게 피워 올리자. 참된 열정은 식지 않고, 영원하다. 귀 있는 자는 듣고 열심을 내라(계 3:19).

새뮤얼 워드, *Sermons*, 71-84쪽

주의 전을 사모하는 열심이 나를 삼키리라

열정은 불과 같아서 항상 더 높이 치솟아 오르고 싶어 한다. 열정은 앞에 있는 것을 뛰어넘어 완전을 목표로 나아간다. 열정은 더 많은 것을 열망한다. 그것은 어느 때나 항상 더욱 힘차게 전진하고, 자라난다. 게으른 그리스도인들은 열정을 지나친 원칙주의와 동일시한다. 그들은 "어떤 오락은 그리스도인의 자유를 사용해 즐겨도 괜찮지 않은가?"라고 말한다. 그러나 열정은 오른손이 죄를 짓게 하면 그것을 과감하게 잘라 버리고, 칭찬할 만한 것은 무엇이든 기꺼이 받아들이며, 의심스러운 것은 무엇이든 멀리한다. 참된 열정은 그리스도께서 순결하신 것처럼 자기를 순결하게 하려고 노력한다. 참된 기독교가 죄를 짓게 허용할 리 만무하지 않은가? 뜨거운 쇠에 차가운 물을 뿌리면 '칙' 소리가 날 수밖에 없다. 더럽고, 비속한 말을 묵인한다면 만군의 주님을 향한 헌신이 거짓이라는 것을 스스로 폭로하는 셈이다. 가장 좋은 자기 성찰의 방법은 하나님에 대한 우리의 헌신을 우리가 즐거워하는 다른 일을 할 때의 태도와 비교하는 것이다. 불은 오랫동안 덮어 둘 수 없다. 불은 타올라 나갈 곳을 찾거나 아예 꺼져 버리거나 둘 중 하나다. 세속적인 것을 생각하는 마음은 온갖 헛된 것에 이리저리 나뉘고, 산만해질 수밖에 없지만, 열정은 필요한 것은 오직 한 가지뿐이라고 생각한다. 열정은 그 한 가지를 위해서라면 다른 모든 것을 언제라도 포기할 준비가 되어 있다. 사람들은 헤롯처럼 자신의 즐거움을 위해서라면 세상의 절반이라도 내줄 의향이 있고, 어떤 사람들은 매와 사냥개를 구할 수만 있다면 어떤 대가든 치르려고 한다. 모두가 자기가 좋아하는 일을 할 수 있는 한 시간을 마련하기 위해 일정을 신중하게 계획한다. 그런데 어찌하여 하나님과 영혼을 위해서는 아침과 저녁에 30분도 할애하지 못하고, 한 주에 한두 편의 설교를 듣는 것조차 마다하는 것인가? 영혼도 육체처럼 자양분이 필요하다. 연극을 볼 때는 아무렇지도 않은데 설교를 들을 때는 가시방석에 앉아있는 것처럼 느끼는 이유가 무엇인가? 안식일이 공휴일보다 더 길게 느껴지는 이유가 무엇인가? 열정이 없기 때문이 아닌가? 자신의 영혼을 정직하고, 솔직하게 대하라. 이런 원칙을 적용해 스스로를 시험하라. 만일 원칙에 못 미친다고 판단되거든 서둘러 태도를 고치고 "열심을 내라."

새뮤얼 워드, *Sermons*, 84-86쪽

내가 잠잠하고 입을 열지 아니함은 주께서 이를 행하신 까닭이니이다

다윗은 이차적인 원인들을 뛰어넘어 첫 번째 원인(제1 원인)을 바라보고, 침묵을 지켰다. 고난 속에서 하나님을 바라보면, 은혜로운 사람은 마음을 차분하게 가라앉히고, 입을 다물게 마련이다. 은혜로운 영혼은 가장 혹독한 고난과 가장 슬픈 섭리 아래에서도 그렇게 처신해야 할 의무가 있다. 이것은 신중하고, 거룩한 침묵이다. 이 침묵은 하나님을 바라보며 그분을 모든 고난의 원인자로 인정한다. 욥은 "주신 이도 여호와시요 거두신 이도 여호와시오니"(욥 1:21)라고 말했다. 만일 욥이 고난 속에서 하나님을 바라보지 않았다면 "이 끔찍한 갈대아인들이 나를 약탈하고 유린했구나!"라고 울부짖었을 것이다. 욥은 하나님이 그들의 행위를 허락하신 것을 알고는 손으로 입을 가렸다. 아론도 자기 아들들의 때 이른 죽음 속에서 하나님의 손길을 발견하고는 마음의 평정을 유지했다(레 10:3). 그는 그런 슬픈 재난 속에서 하나님을 발견하고, 스스로 마음과 입에 재갈을 물렸다. 요셉도 형제들이 자기를 애굽에 팔아넘긴 사건 속에서 하나님의 손길을 보았다(창 45:8). 고난 속에서 하나님을 보지 못하는 사람은 크게 동요하며 흔들리기 쉽다. 그들은 곧 불같이 분노한다. 그들은 무례한 태도로 분노를 한껏 드러내며 하나님을 향해 화를 내는 것이 마땅하다고 대놓고 말하기를 서슴지 않는다(욘 4:8-9). 그러나 고난 속에서 하나님의 손길을 보는 사람들은 다윗처럼 손으로 입을 가린다(삼하 16:11-12). 고난 속에서 하나님의 손을 보지 못하면 마음은 초조해지고, 분노가 치솟을 수밖에 없다. 아론은 하나님의 주권을 인정하고 침묵했고, 욥은 하나님의 위엄을 보고 입을 다물었으며, 엘리는 하나님의 권위를 보고 묵묵히 받아들였다(삼상 3:11-19). 고난이 닥쳤을 때 그것이 하나님이 허락하신 사실이라는 것을 깨닫지 못하면 불평하고 고민하며 투덜댈 수밖에 없다. 따라서 우리는 만왕의 왕이요 만주의 주이신 하나님을 바라보고, 그분의 전능하신 손 아래에서 겸손해야 한다.

토머스 브룩스, *Works*, 1:129-300

나의 영혼이 잠잠히 하나님만 바람이여
나의 구원이 그에게서 나오는도다

고난을 허락하신 하나님의 손길 아래에서 은혜롭고, 신중한 태도로 침묵을 지키려면 마음과 정신을 고요하고, 차분하게 유지해야 한다. 마음속에 있는 불평불만을 모두 없애야 한다. 그런 영혼은 하나님께 온전히 복종한다. 모든 분노가 차분하게 가라앉고, 누그러진다. 그런 쓴 잔을 우리의 손에 들려준 장본인은 바로 성부이시다. 우리의 어깨 위에 무거운 십자가를 지운 것은 다름 아닌 그분의 사랑이요, 우리의 목에 멍에를 지운 것은 그분의 은혜다. 하나님의 백성이 징계를 받을 때 하나님은 성령과 말씀으로 그들의 마음속에 아름다운 음악을 울려 주며 모든 동요와 격정을 잠잠하게 해 주신다 . 성도의 거룩한 침묵은 하나님을 비난하거나 불의하시다고 욕하지 않는다. 그런 영혼은 "오, 주님. 주님이 제게 허락하신 이 모든 고난 속에 불의한 것은 조금도 없나이다. 제가 모든 수치를 짊어지겠나이다. 하나님은 의로우십니다. 주님이 제게 행하신 일 가운데 불의하거나 잔인한 것은 아무것도 없습니다. 오, 주님. 주님의 심판은 의롭고, 주님이 저를 괴롭게 하심은 성실하심 때문이라는 것을 압니다."(시 119:75)라고 말한다. 하나님의 심판은 항상 의롭다. 하나님이 우리에게 고난을 허락하시는 이유는 성실하시기 때문이다. 그분의 뜻이 곧 정의의 원칙이다. 따라서 은혜로운 영혼은 그분의 행사를 비난하거나 의문시하지 않는다. 고난받는 영혼은 하나님이 오직 의로운 일만 하신다는 것을 알고. 그분 앞에서 자신의 입을 가린다. 징계의 회초리와 그것을 휘두르는 손에 조용히 입을 맞추는 것은 하나님께 불의하다는 비난을 덧씌우지 않는 가장 고귀한 태도다. 거룩한 침묵은 고난의 날에 부패한 마음이 하나님을 향해 쏟아내는 온갖 비난이 그분과 전혀 상관이 없다는 것을 겸손히 인정함으로써 가장 밝은 빛을 발한다. 루터는 "하나님은 선한 일 외에는 아무것도 하실 수 없고, 또 하지 않으신다. 다른 사람들은 자주 그렇게 하지만 그분은 그렇게 하실 수 없다."라고 말했다.

토머스 브룩스, *Works*, 1:300-301

누구든지 나를 따라오려거든
자기를 부인하고 자기 십자가를 지고 나를 따를 것이니라

우리는 십자가에 관해서는 거의 문외한에 가깝다. 십자가가 닥치면 우리는 주님의 징계를 싫어하거나 놀라서 기절하거나 둘 중 하나다. 고난이 견딜 만하면 우리는 그것을 무시하는 경향이 있고, 피가 날 정도로 심해 감당하기 어려우면 곧 생기를 잃고, "내가 당하는 슬픔과 같은 슬픔이 어디에 또 있을까?"라고 화를 내며 울부짖는다. 고난은 세상에서 나쁜 것으로 간주되지만 하나님의 징계와 사랑은 서로 일치할 때가 많다. 하나님은 고난으로 자기 백성을 훈련하신다. 그분은 고난받는 다른 사람들에 대해 동정심을 느끼도록 가르치신다. 우리는 시온에서 편안하게 지낼 때는 다른 사람들이 고난받는 것에 무관심한 경향이 있다. 또한, 하나님은 외적인 위로와 은혜를 귀하게 여기면서도 이에 대한 맹목적 사랑에 빠지지 않도록 가르치신다. 우리는 그런 축복에 더 많이 감사해야 하지만 그것이 올무가 되어서는 안 된다. 하나님은 우리 자신을 부인하고, 자기의 뜻에 온전히 복종하도록 가르치신다. 우리는 형통할 때면 온통 우리의 뜻만을 내세우며 마치 하나님께 상황을 더 좋게 만드는 방법을 알려 드리기라도 하듯 그분의 조언자처럼 행세한다. 우리는 십자가를 짊어져야 할 때 그것을 거부한다. 십자가를 조금씩 짊어져야만 그것을 더 많이 짊어지는 법을 배울 수 있다. 멍에에 익숙하지 않은 수송아지는 인내심이 없지만, 그것에 익숙해진 후에는 기꺼이 그 아래에 목을 드리운다. 하나님도 형통할 때 우리가 지녔던 유약한 정신을 조금씩 강하게 길들이신다. 하나님은 이런저런 방식으로 자기 자녀들에게 순종하는 마음을 가르쳐 마침내 "하나님이 원하시는 것을 하나님이 원하실 때 하나님이 원하시는 방식대로 이행하겠습니다. 하나님의 뜻이 하늘에서 이루어진 것 같이 땅에서도 이루어지기를 원합니다."라고 고백하게 만드신다. 마지막으로, 우리는 고난을 통해 겸손과 온유를 배운다. 우리는 본성적으로 교만하다. 우리의 교만은 편안함과 형통함을 통해 더욱 굳어진다. 시련을 겪어야만 비로소 우리 자신의 마음을 알 수 있다. 하나님은 고난을 통해 자기 백성에게 온유함을 가르치고 나서 그들을 구원하신다.

토머스 케이스, *Select Works, A Treatise of Afflictions*, 5-27쪽

네 하나님 여호와께서 이 사십 년 동안에 네게 광야 길을 걷게 하신 것을 기억하라 이는 너를 낮추시며 너를 시험하사 네 마음이 어떠한지…알려 하심이라

하나님은 자기 백성에게 고난을 주어 교만, 조급함, 불신앙, 우상 숭배, 하나님께 대한 불신, 불평, 감사하지 않는 태도와 같은 마음의 숨겨진 부패함을 드러내신다. 죄는 고난의 불이 일어나기 전까지는 쉽게 알아차릴 수 없을 정도로 매우 깊게 숨겨져 있다. 금속의 찌끼는 용광로 속에서 걸러진다. 고난의 용광로는 우리가 생각했던 것보다 더 많은 부패함을 보여 준다. 우리의 내면에서 자기애가 안달을 치며 부글부글 끓어오르고 있고, 교만, 하나님에 대한 불신, 피조물을 의지하는 마음, 불만족, 불평 따위가 하나님의 거룩하고, 의로운 통치를 거역한다. 화로다, 나여! 그것이 곧 나의 마음이다. 고난은 옛 죄를 상기시킨다. 요셉의 형제들은 "우리가 아우의 일로 말미암아 범죄하였도다"(창 42:21)라고 말했다. 그들은 요셉을 노예로 팔아넘긴 지 이십 년이 흐른 뒤에 고난을 겪는 과정에서 그 일을 떠올렸다. 고난은 죄를 기억나게 한다. 하나님은 고난을 통해 우리 자신을 비우고, 예수 그리스도께 달려 나가 의와 힘을 구하게 하신다. 그분은 굽어진 것을 보게 해 곧게 펴게 하고, 약한 것을 보게 해 강하게 만들게 하며, 부족한 것을 보게 해 채우게 하고, 절룩거리는 것을 보게 해 곁길로 치우치지 않게 하신다. 또한, 고난은 우리에게 기도를 가르친다. 전에는 기도하지 않았던 사람들이 고난을 겪으면 기도한다. 그들은 더 많이, 더 자주 기도한다. 다윗은 항상 기도했지만, 박해를 당하자 기도에 더욱 전념했다(시 109:4). 참으로 안타깝게도, 삶이 평화롭고, 고요할 때면 가끔 생각날 때 한 번씩 진정성 없는 기도를 드리거나 온갖 사소한 일에 몰두하다가 겨우 몇 마디 기도를 드리는 것으로 만족하는 경향이 있다. 하나님은 고난을 통해 우리를 엎드려 기도하게 하신다. 그리스도께서는 고통 속에서 더욱 간절하게 기도하셨다(눅 22:44). 다윗도 마찬가지였다(시 22편). 그는 온 힘을 다해 기도했고, 야곱의 참된 후손답게 자기를 축복하지 않으시면 놓아주지 않겠다며 하나님과 씨름했다.

토머스 케이스, *Select Works, A Treatise of Afflictions*, 28-32쪽

만일 누가 죄를 범하여도 아버지 앞에서
우리에게 대언자가 있으니 곧 의로우신 예수 그리스도시라

대언자란 적에 의해 고소당한 사람을 대신해서 법정에서 변호해 주는 사람을 가리킨다. 그리스도께서는 자신의 자녀가 말과 행동으로 하나님이 가증스럽게 여기시는 죄를 지었을 때 대언자로 나서신다. 지금은 그리스도께서 다윗과 같은 죄인을 변호하기 위해 나서신 때이다. 다윗과 같은 죄도 은혜를 받을 수 있는가? 다윗이 저지른 죄와 같은 죄를 지은 사람이 성도로 인정받아 구원의 상태에 이르는 것이 과연 가능한가? 하나님은 그런 죄인을 용서하고도 여전히 거룩하고, 의로우실 수 있는가? 주 예수님의 공로가 그런 죄를 저지른 사람에게까지 미칠 수 있는가? 여기 끔찍한 죄를 지은 탓에 구원이 의심스러운 사람이 있다. 그러나 그리스도께서 그를 대언하기 위해 나서신다. 다윗은 하나님이 자기를 버리실까봐 두려웠고, 마귀는 일이 그렇게 흘러가기를 바랐다. 사탄은 그의 영혼이 정죄를 받게 하려고 하나님 앞에서 그를 비난했다. 그러나 은혜롭게도 다윗에게는 그를 대변해 줄 대언자가 있었다. 그리스도의 지혜와 능력을 통해 그는 죄와 죽음의 율법이 자신에게 구형한 중벌을 면할 수 있었다. 이것이야말로 하늘 아래에서 가장 큰 신비 가운데 하나다. 거룩하고, 무죄하신 그리스도께서 그런 중한 죄인을 정의롭고, 공의로우신 하나님 앞에서 옹호하신다. 그리스도는 사탄의 비난에 맞서 그런 죄인을 변호하고, 그를 율법의 판결을 통해 주어진 저주와 죄로부터 효과적으로 구원해 내신다. 사탄은 악의를 품고 우리를 밀 까부르듯 까부르며 우리를 멸망시키려고 부지런히 애쓴다. 그는 우리가 유혹에 넘어가 죄를 지으면 성부 하나님 앞에서 우리를 비난할 근거를 확보할 수 있다. 죄를 범해도 의로우신 예수 그리스도께서 성부 앞에서 우리를 대변하신다는 본문은 바로 이런 우리를 위한 말씀이다.

존 번연, *Works*, 1:153-160

그는 우리를 위한 화목 제물이니

그리스도께서는 우리의 대언자로 하나님의 법정에 서서 성부 앞에서 우리를 옹호하신다. 우리가 어떤 죄로 고발을 당해도 예수님은 그 죄를 자신의 죄로 인정하고, 그 모든 책임을 홀로 짊어지신다. 그리스도께서 반드시 그렇게 해주셔야만 한다. 만일 그분이 죄를 숨기거나 줄이거나 우리에게 떠넘기면 우리는 죽을 수밖에 없다. 그분은 모든 죄를 자기의 것으로 받아들여 직접 짊어지셔야 한다. 그분이 그렇게 하시는 것은 사랑의 발로이자 지극히 합법적인 것이다. 그 이유는 우리가 그분의 몸의 지체이기 때문이다(엡 5:30). 죄를 지은 것은 그리스도의 손이요 발이요 귀다. 따라서 그분이 살면 우리도 산다. 그 이상 더 무엇을 바라겠는가? 죄로 인해 온갖 고통과 시련을 겪는 이 시대에 이보다 더 큰 위로는 없다.

그리스도의 여러 직임은 서로 조화를 이룬다. 우리의 죄는 희생제물인 그분에게 전가된다(사 53장). 그분은 제사장으로서 우리의 죄책을 담당하시고(출 28:38), 우리의 대언자로서 우리의 죄를 자신의 것으로 받아들이신다(시 69:5). 그리스도께서 우리의 죄를 자신의 것으로 받아들이셨기 때문에 우리와 사탄은 더 이상 다툴 이유가 없다. 예수 그리스도께서 우리의 다툼을 자신의 다툼으로 바꾸셨다. 오, 복되신 하나님! 저희에 대한 사랑이 너무나도 크옵니다. 주 예수님이 우리를 위해 우리의 문제를 그런 식으로 처리해 주시니 참으로 은혜가 넘친다. 주 예수님은 우리의 죄를 짊어지고 나서 우리를 위해 자신의 공로를 하나님 앞에 내놓으셨다. 그분은 자신이 하나님과 그분의 율법을 만족하게 한 것에 대해 의롭고, 정당한 판결을 요구하고, 공개적인 법정에서 "죄를 지은 자의 더러운 옷을 벗기라…내가…네게 아름다운 옷을 입히리라"라고 선언하신다(슥 3:4). 따라서 죄를 지었다면 예수님을 바라보라. 하나님 앞에서 우리를 변호해 줄 대언자이신 예수님을 바라보라. 다른 것을 바라보지 말라. 오직 예수님만이 우리를 구원하시는 방법을 알고 계신다. 그분은 공의로운 방법으로 구원을 베푸실 것이다. 이것은 진정 경이로운 일이 아닐 수 없다. 사탄은 수치를 느끼고, 하나님은 영광을 받으시며, 우리는 온전한 구원을 얻는다. 이것이 우리가 누릴 위로와 구원이다.

존 번연, *Works*, 1:161-162

누가 능히 하나님께서 택하신 자들을 고발하리요 의롭다 하신 이는 하나님이시니

하나님은 친히 자기를 위해 사람들을 택하시고, 그들을 모든 해로운 것들로부터 안전하게 보호하신다. 선택은 변함도 없고, 회전하는 그림자도 없으신 하나님만큼이나 영원하다. 이것이 선택이 '영원한 목적'으로 일컬어지는 이유다(엡 3:11, 롬 9:11 참조). 선택은 절대적이고 무조건적이다. 하나님은 우리의 행위를 미리 내다보고 우리를 선택하신 것이 아니다. 우리 안에 있는 그 어떤 죄도 선택을 무효화시키거나 공허한 것으로 만들 수 없다. 우리는 하나님의 선택을 통해 그리스도 안에 감추어져 보호를 받는다. 하나님은 우리 자신이나 우리의 덕성이나 그 무엇 때문이 아니라 오직 자기의 기쁘신 뜻에 따라 그리스도 안에서 우리를 선택하셨다(엡 1:4-11). 하나님은 자신이 미리 정한 긍휼의 그릇들에게 베풀 은혜를 영광스럽게 하겠다고 결심하셨고, 선택은 그런 영원한 작정에서 비롯한 결과였다(롬 9:15, 18, 23). 선택의 사랑을 고려하면 하나님의 영원한 뜻에 따라 부르심을 받은 자들에게는 모든 것이 합력해서 선을 이룰 것이라고 결론지을 수 있다(롬 8:28-30). 값없이 주어지는 변함없는 은혜의 언약을 통해 선택받은 자들에게 영원한 기업이 주어진다. 은혜의 언약은 죄의 위험과 사탄의 악의로부터 그들을 안전하게 지켜 준다. 우리의 대언자이신 주 예수 그리스도의 피가 언약을 보증한다. 그분은 큰 심판의 날에 이 언약의 중보자요 우리의 보증인이 되신다. 그 덕분에 우리는 하나님 앞에서 무사할 수 있다(롬 9:23, 히 7:22, 9:15, 7-24, 13:20, 요 10:28-29). 하나님의 선택과 목적과 작정을 통해 선택받은 자들은 모든 어려움을 극복하고 영광에 이르기에 충분한 은혜를 그리스도 안에서 부여받는다. 선택받은 자 모두가 처음 믿음을 가진 이후로(선택받은 자는 반드시 믿음에 도달한다) 자신의 영혼 안에 약속의 일부인 성령의 첫 열매와 보증을 보유한다.

존 번연, *Works*, 1:163-164

아버지여 나를 구원하여 이 때를 면하게 하여 주옵소서
그러나 내가 이를 위하여 이 때에 왔나이다
아버지여, 아버지의 이름을 영광스럽게 하옵소서

"이름이 거룩히 여김을 받으소서." 그리스도께서는 기도할 때 가장 먼저 이 간구를 드리라고 가르치셨다. 다른 무엇보다 하나님의 영광을 우선시해야 한다. 이것이 우리의 모든 생각과 노력을 기울여 추구해야 할 가장 중요한 것이다. 우리가 좋아하는 것들은 물론, 심지어 우리의 생명보다 하나님의 영광을 더 중요하게 여겨야 한다. 이것이 구원자이신 예수님의 태도였다. 그분의 말씀에는 "목숨은 소중할 수밖에 없고, 제가 마셔야 할 잔은 너무나도 쓰며, 제가 감당해야 할 진노는 견딜 수 없을 만큼 중하고 무한하지만 그 무엇도 아버지의 영광만큼 중요하지는 않습니다. 죽음과 십자가는 큰 고통을 안겨 주겠지만, 아버지여, 아버지의 이름을 영화롭게 하옵소서."라는 의미가 담겨 있다. 우리도 이와 똑같은 태도를 지녀야 마땅하다. 다른 것들을 구하는 것은 한계와 제약이 뒤따를 수 있지만, 하나님의 영광을 구하는 것은 절대적이며 무조건적이다. 다시 말해, 우리는 "아버지여, 아버지의 이름을 영화롭게 하옵소서. 아버지의 뜻의 결정과 섭리에 따라 제가 고난이나 슬픔은 물론, 심지어 죽음을 당할 수밖에 없더라도 아버지여, 아버지의 이름을 영화롭게 하옵소서. 제가 쓰러진 그 자리에 아버지를 찬양하는 기념비와 승전비를 세우소서. 제가 희생되고, 모든 것을 잃더라도 아버지의 이름이 거룩히 여김을 받으소서."라고 기도해야 한다. 이 간구를 가장 먼저 드려야 하는 이유는 기도를 처음 시작할 때 하나님의 도우심을 구해야만 거룩한 의무를 이행해 그분을 영화롭게 할 수 있기 때문이다. 하나님의 영광을 구한다는 것은 곧 그분에게 세 가지를 구하는 것이다. 첫째는 우리에게 하나님을 영화롭게 할 수 있는 은혜를 허락해 달라는 것이고, 둘째는 이 문제와 관련해 다른 사람들에게도 똑같은 은혜를 베풀어 달라는 것이며, 셋째는 전능한 섭리를 베풀어 선하거나 악한 모든 것을 관장하고 인도해 영광을 받으시라는 것이다. 이처럼 우리는 하나님의 손길을 통해 무엇이 주어지든 "아버지의 이름이 거룩히 여김을 받으소서."라고 외쳐야 한다.

에제키엘 홉킨스, *Works*, 1:74-75

주께서 인생으로 고생하게 하시며
근심하게 하심은 본심이 아니시로다

　본문의 히브리어는 '마음에서 우러나온 것이 아니다'라는 의미다. 하나님은 자기 자녀들을 고통스럽게 하는 것을 즐거워하지 않으신다. 그런 행위는 그분의 마음의 본성에 어긋난다. 하나님은 자기 자녀들이 슬퍼하는 것을 슬퍼하시고, 그들이 징벌당하는 것을 가슴 아파하신다. 하나님은 자기 백성을 고통스럽게 하려는 성향이 없으시다. 그분은 그런 행위를 '기이한 사역'으로 일컬으신다(사 28:21 참조). 하나님의 긍휼과 징벌은 벌에게 있는 꿀과 침과 같다. 벌은 본성적으로 꿀을 만들어 내고, 침은 단지 화가 났을 때만 사용한다. 하나님은 긍휼을 베풀기를 좋아하시며(미 7:18), 자기 백성이 고통당하는 것을 기뻐하지 않으신다(호 11:8). 긍휼과 인애가 그분에게서 거침없이 자연스럽게 흘러나온다. 하나님은 가혹하거나 난폭하지 않으시다. 그분은 이유 없이 괴롭히거나 두렵게 하지 않고, 단지 분노하셨을 때만 징벌을 베푸신다. 하나님은 손으로 자기 백성을 징벌할 때도 마음으로는 그들을 안타깝게 여기신다(렘 31:18-20). 하나님의 행위만을 보고 그분의 속마음을 판단하는 것은 옳지 않다. 욥과 나사로의 경우처럼, 하나님은 마음으로는 끔찍이 아끼면서도 손으로는 엄격하고, 혹독하게 대하실 수 있다. 따라서 잠잠하라. 모든 불평과 불만을 중단하고, 초조해하거나 조급해하지 말며, 손으로 입을 가리라. 고난을 주시는 하나님의 손길 아래 잠잠하라. 양심을 일깨워 영혼 속에서 일어나는 혼란과 소란함을 잔잔하게 가라앉히라. 고난 속에서도 은혜롭고, 복되고, 영혼을 고요하게 해 주는 것들을 생각하라. "일어나사 바람과 바다를 꾸짖으시니 아주 잔잔하게 되거늘"(마 8:26)이라는 말씀대로, 그리스도께서는 사나운 바람과 거친 파도를 꾸짖으셨다. 그런 식으로 양심을 일깨워 영혼을 향해 "조용하고 잠잠하라."라고 말하라. 성경은 이렇게 말한다. "너는 여호와를 기다릴지어다 강하고 담대하며 여호와를 기다릴지어다"(시 27:14), "여호와 앞에 잠잠하고 참고 기다리라"(시 37:7).

토머스 브룩스, Works, 1:304-305

나도 하나님과 사람에 대하여
항상 양심에 거리낌이 없기를 힘쓰나이다

아담이 죄를 지은 후에 남아 있던 양심의 작은 불꽃이 매일 죄를 짓는 습관을 통해 더욱 작게 사그라든다. 양심의 눈은 쪼여 나가고, 그 입은 굳게 닫히고, 그 심장은 상처를 입어 잘 뛰지 않는다. 양심은 하나님이 영혼 안에 마련해 주신 독특한 기능으로 거룩하고, 고귀한 능력을 지니고 있다. 양심은 결정하고, 사면하고, 정죄하는 역할을 하는 재판관이요, 기록자이자 증인이다. 양심은 의지와 감정과 관련해서는 간수이자 사형집행자와 같은 역할을 하고, 징벌과 상을 베푸는 기능을 한다. 양심은 명령하고, 금지하고, 질책하고, 제재하고, 위로하고, 고통을 준다. 하나님은 양심에 능력과 힘을 부여하셨다. 양심은 우리의 품속에 있는 하나님의 정보원이자 우리가 생각하거나 실행하는 모든 것을 가장 정확하게 기록하는 서기다. 양심은 하나님의 군대 장교이자 사령관이다. 양심을 피할 수 있는 길은 존재하지 않는다. 양심은 권위와 통치권을 가지고 있다. 선한 양심은 그리스도의 보혈을 의지한다. 양심이 바다처럼 요동할 때는 그리스도께서 잠잠하게 해 주신다 . 그리스도 안에서는 정죄함이 없다. 선한 양심을 유지하고 싶은가? 선한 양심은 한 가지 계명도 어기지 않고, 모든 영역에 영향력을 미치려고 애쓴다. 선한 양심은 크고 작은 모든 의무에 관심을 기울인다. 선한 양심은 큰 죄를 짓지 않으려고 극도로 조심할 뿐 아니라 사소한 죄도 용납하지 않는다. 선한 양심은 수치스러운 결함이나 흠을 피하려고 노력할 뿐 아니라 죄의 겉모습만 보아도 곧 얼굴을 붉히며 물러난다. 선한 양심은 단지 편안함만이 아닌 탁월함을 추구한다. 선한 양심은 합법적인 것만이 아닌 명예로운 것을 추구한다. 선한 양심은 하루를 인생의 전체로 여기고 최선을 다한다. 양심은 낮과 밤을 탄생과 죽음처럼 여기고, 항상 선하게 살기 위해 단 하루도 경계를 게을리하지 않는다. 양심은 매일 청결하고, 깨끗하게 유지해야 할 그릇과 같다. 우리는 날마다 양심을 닦아 깨끗하게 유지해야 한다.

새뮤얼 워드, *Sermons*, 94-112쪽

로마에서 하나님의 사랑하심을 받고 성도로 부르심을 받은 모든 자에게

바울은 연약한 성도, 강한 성도, 부유한 성도, 가난한 성도 모두에게 편지를 썼다. 그 이유는 모든 성도가 저마다 사랑스러움을 지니고 있기 때문이다. 가장 적은 은혜도 가장 위대한 사도의 존중을 받을 가치를 지녔다. 모든 신자는 하나의 머리에게 속하며, 하나의 영광의 소망이 그들에게 주어졌고, 모두가 똑같이 그리스도의 보배로운 피로 구원받았다(벧전 1:19). 모든 신자가 '성도'로 일컬어진다. 그들은 정말로 참 신자인가? 보이는 교회 안에 있는 사람들이 정말로 거룩한 성도인가? 그래야 마땅하지만 개중에는 그렇지 않은 사람들도 있다. 성경은 교회를 좋은 씨앗과 나쁜 씨앗이 섞여 있는 밭에 비유했다(마 13:19-20). 참된 신자는 새 생명을 얻고, 어둠에서 나와 기이한 빛 속으로 들어갔다(벧전 2:9). 성도는 새로운 피조물이며, 그 사실을 삶으로 보여야 한다. 그렇지 않으면 그는 참 성도가 아니다. 단지 도덕적일 뿐인 사람은 사람들 앞에서 겉으로 올바른 행위를 하는 것처럼 보이지만 하나님을 섬기는 일에는 아무런 관심이 없다. 그는 외적인 품행에만 관심을 기울일 뿐 은밀한 죄는 전혀 의식하지 못한다. 그의 행위는 거룩하지 않다(벧전 1:15). 위선자는 자신의 생각과 감정과 욕망과 정욕을 옳게 의식하지 못한다. 그는 작은 약속이나 추잡한 말은 신경 쓰지 않는다. 참된 성도는 영혼의 내적 상태부터 다르다. 성도의 영혼 안에는 훨씬 더 뛰어난 생각과 욕망과 목적의 원천이 존재한다. 그는 외적인 태도보다 내적인 마음 상태에 더 큰 관심을 기울인다. 그는 부끄러운 일을 생각하는 것조차 부끄럽게 여긴다. 그는 무엇을 하든 마음에서 우러나오는 사랑으로 한다. 그는 속사람이 온전히 선하게 될 때까지 노력한다. 그러나 위선자는 그런 것에는 아무런 관심이 없다. 그는 오직 외적인 것에만 관심을 기울인다. 그는 다른 사람들이 자신의 외적 행위를 좋게 여기면 그것으로 만족한다. 그는 단지 보이는 것, 곧 겉으로 드러난 것만을 위해 살아간다.

리처드 십스, *Works*, 3:11-12

여호와 하나님은…정직하게 행하는 자에게
좋은 것을 아끼지 아니하실 것임이니이다

영생을 얻기 위해 하나님을 신뢰할 수는 있어도 일용할 양식을 위해 하나님을 신뢰할 수는 없다고 말하는 사람들이 많다. 그런 생각은 완전히 잘못되었다. 사실, 일용할 양식보다 죄 사함과 영생을 위해 하나님을 신뢰하는 것은 더 힘들고, 어려운 일이다. 일용할 양식과 관련된 축복은 모든 피조물, 심지어는 가장 작은 벌레에게까지 주어진다. 이런 점에서 하나님의 특별한 사랑보다 그분의 일반 은혜를 믿는 것이 더 쉬울 수밖에 없다. 그러나 일시적인 것들과 관련해 연약한 믿음을 드러내는 사람들이 많기 때문에 하나님이 우리에게 그런 축복을 얼마나 아낌없이 베풀기를 원하시는지를 우리는 잠시 생각해 봐야 할 필요가 있다. 그리스도께서는 우리의 몸과 영혼을 값 주고 사셨다. 따라서 우리는 몸으로 하나님께 영광을 돌려야 한다(고전 6:20). 하나님이 우리에게 더 큰 축복을 주셨지만, 그분은 더 작은 축복도 결코 소홀히 하지 않으신다. 하나님이 그토록 큰 대가를 치르고 우리를 사셨다면, 하나님이 우리에게 모든 것을 기꺼이 주지 않으실 것이라는 생각은 이 얼마나 논리에 맞지 않는가(롬 8:32)? 짐승에게도 양식을 주시는 하나님이 어찌 자녀들의 생계를 유지해 주지 않으시겠는가? 하나님이 우리의 일을 도와주고, 우리의 삶을 지탱해 주지 않으실 것이라는 생각은 참으로 터무니없고, 부자연스럽다. 일용할 양식은 성부의 능력을 통해 주어진다. 그분은 그것을 우리에게 확실하게 베풀어 주신다. 따라서 우리는 일용할 양식을 자신 있게 기대할 수 있다. 그것은 주님의 값없는 은혜와 긍휼에서 비롯한다. 우리 가운데 누가 염려함으로 키를 한 자라도 더 크게 할 수 있겠는가? 물론, 우리가 자녀들이 사과보다 지혜를 구할 때 더 기뻐하는 것처럼, 하나님도 우리가 영적인 것을 구할 때 더 기뻐하시는 것이 사실이다. 그러나 우리는 일용할 양식도 구해야 한다. 왜일까? 그 이유는 그것들이 하나님을 섬기며 사는 삶에 유익하고, 선하기 때문이다. 그것들이 없으면 많은 유혹에 노출될 수밖에 없다. 그리스도께서는 우리에게 일용할 양식을 구하라고 가르치셨다. 우리는 빵 조각을 먹을 때마다 "이것은 하나님이 내게 주신 선물이야."라고 말하고, 매일 잠을 잘 때마다 "이것은 주님의 선하신 은혜야."라고 말해야 한다. 하나님은 우리가 그런 외적인 축복을 인정하는 것을 기뻐하신다.

토머스 맨튼, *Works*, 1:157-161

주께서 심지가 견고한 자를 평강하고 평강하도록
지키시리니 이는 그가 주를 신뢰함이니이다

　지혜로우신 성령께서 섭리의 바퀴를 움직이신다는 것은 고난을 겪는 성도들에게 큰 위로와 격려가 되는 사실이 아닐 수 없다. 성령님은 가장 거친 피조물들과 그들의 가장 파괴적인 의도까지도 온전히 통제해 복되고 행복한 결과를 끌어내신다. 하나님과 그분의 섭리가 없다면 세상은 살 가치가 없을 것이다. 하나님은 자신의 날개 아래로 피하고, 자신의 성소로 도망쳐 오는 사람은 그 누구라도 내치지 않으신다. 하나님의 섭리는 무엇이든 다 성도에게 이롭다. 이런 사실을 생각하면 기쁨과 위로와 용기가 넘친다. 이런 사실은 큰 난관에 직면했을 때 우리의 마음과 기도에 놀라운 생명력과 희망을 불어넣는다. 장차 천국에서 현세에서는 이해할 수 없었던 섭리의 과정과 의도를 온전히 알게 되면 참으로 기쁘기 그지없을 것이다. 때때로 우리를 크게 낙심하게 만드는 어둡고, 복잡하고, 당혹스러운 섭리, 성경의 약속들과 도무지 조화시키기 어려운 섭리, 마치 우리의 행복을 파괴하기 위해 주어진 것처럼 비통한 슬픔을 느낄 수밖에 없고, 부당하게 단죄되었다는 생각을 할 수밖에 없었던 섭리들이 그때에는 모두 확실하게 이해될 것이다. 섭리에 대한 현재의 이해는 천국에서의 이해와 비교하면 완전하지 않다. 그러나 그 모든 불리한 조건에도 불구하고 현재의 이해에도 내가 '작은 천국'이라고 부를 수 있을 만큼 상당히 많은 은혜로움이 간직되어 있다. 우리는 그것을 통해 세상에서 대로를 걷듯 하나님과 함께 걸어갈 수 있다. 우리의 영혼은 하나님의 섭리를 통해 그분과 은혜로운 교제를 나눌 수 있다. 하나님의 섭리를 지켜보는 사람들이 전혀 예기치 않았던 그분의 지혜로운 처사를 발견하고, 기쁨의 눈물을 터뜨릴 때가 얼마나 많은지 모른다. 만일 하나님이 그들을 그들의 생각대로 하도록 놔두셨다면 십중팔구 스스로를 고통스럽게 만드는 결과가 초래되고 말았을 것이다. 참으로 감사하게도, 하나님의 섭리는 우리의 끈덕진 요구보다 우리의 진정한 유익을 더 많이 고려함으로써 우리가 욕심에 이끌려 자멸하지 않도록 보호해 준다.

존 플라벨, *Works*, 4:342-349

그 날 밤에 왕이 잠이 오지 아니하므로

자연적인 원인을 뛰어넘는 은혜와 구원이 하나님의 백성에게 많이 주어진다. 불이 태우려고 하고, 물이 휩쓸어 가려고 하고, 사자가 삼키려고 할 때, 하나님은 그것들을 모두 멈추게 하실 수 있다. 바다가 양쪽으로 갈라져 위기에 처한 이스라엘 백성에게 안전한 통행로를 제공했다. 불도 하나님의 충실한 증인들의 머리털 한 올도 태우지 못했고, 굶주린 사자도 다니엘 앞에서 유순해져 아무런 해도 끼치지 못했다. 은밀하고, 기이한 섭리의 손길이 요셉을 팔아넘긴 형제들의 시기심과 하만의 끔찍한 계획을 통해 오히려 하나님의 백성에게 더 큰 유익과 발전을 가져다주지 않았던가? 요셉의 출세 과정에서 열두 가지나 되는 놀라운 섭리의 단계가 확인된다. 만일 그 가운데 하나라도 어긋났더라면 그런 일은 절대로 일어나지 않았을 것이다. 그러나 모든 단계가 정확한 장소에서 시기적절하게 순서대로 전개되었다. 유대인들이 하만의 계략에서 구원받은 사건에서도 최소한 일곱 가지 섭리의 행위가 확인된다. 그런 행위들이 신기하게 서로 들어맞아 하만의 계략을 깨뜨렸다. 하나님의 백성에게 긍휼을 베풀기 위해 활용된 수단과 도구들을 진지하게 생각해 보면 섭리의 작업장에 종류와 크기가 다양한 온갖 연장들이 비치되어 있고, 그것들을 사용하는 능숙한 손이 있다고 고백하지 않을 수 없다. 우리는 수많은 섭리가 너무나도 정확하게 시간을 맞춰 일어난 사실을 알고 있다. 만일 조금이라도 일찍이나 늦게 일어났더라면 그와 같은 결과가 나타나지 않았을 것이다. 다윗이 사울에게 붙잡힐 찰나에 블레셋 족속이 침공했다는 소식이 사울에게 전달되었고(삼상 23:27), 아브라함이 이삭을 죽이려고 하던 순간에 천사가 나타나 아브라함을 저지했으며(창 22:10-11), 랍사게에게도 정확한 시점에 호된 섭리가 주어졌고(사 37:7-8), 하만의 계략이 무르익어갈 무렵에도 신기하게도 왕이 그날 밤에 잠을 이루지 못했다. 이처럼 하나님의 섭리는 놀라울 정도로 정확한 시점에 일어난다.

존 플라벨, *Works*, 4:351-355

무릇 하나님께로부터 난 자마다 세상을 이기느니라
세상을 이기는 승리는 이것이니 우리의 믿음이니라

신자들의 경험을 살펴보면, 외적 상황이 어려워지면 그들의 내면에서 당혹감과 두려움이 크게 치솟는 것을 알 수 있다. 사탄은 고난을 이용해 하나님과 우리 사이를 갈라놓으려고 애쓴다. 그는 욥처럼 자기가 승리할 희망이 거의 없는 신자들에게 가장 강한 악의를 품는다. 그는 우리를 좌초시키지 못하면 폭풍우를 일으켜 전복시키려 하고, 우리에게서 은혜를 빼앗을 수 없으면 우리의 평화와 위로를 교란시키려 한다. 신자들은 내외적인 시련을 겪을 수밖에 없다. 왜냐하면 십자가를 짊어지신 그리스도와 연합했기 때문이다. 우리는 저주로부터 구원받았지만 십자가를 짊어져야 한다. 외적인 고난은 종류가 다양하고, 가혹해 감당하기가 쉽지 않다. 그것들은 믿음과 인내의 힘을 온전히 다 발휘해야 감당해 낼 수 있을 정도로 혹독하다. 내적인 고난은 육체의 고난보다 훨씬 더 가혹하고, 고통스럽다. 그것은 상처받은 영혼의 힘으로는 감당하기 어렵다. 부러진 허리로 짐을 짊어져야 하는 경우처럼, 이 두 가지 고난이 우리에게 한꺼번에 닥칠 때도 적지 않다. 그럴 때는 어떻게 해야 할까? 믿음을 새롭게 함으로 하나님을 붙잡아야 한다. 믿음은 우리를 은혜 안으로 인도할 뿐 아니라 유혹과 시련을 뚫고 계속 전진하도록 이끈다. 믿음과 기도는 마음의 생명을 유지해 주는 영혼의 호흡이다. 우리는 갖가지 삶의 상황과 우여곡절 속에서도 항상 하나님을 신뢰해야 한다. 나는 나의 축 처진 마음을 그리스도의 값없는 은혜에 의탁하고, 나의 믿음과 생명과 소망을 새롭게 할 것이다. 이것이 내가 가야 할 길이다. 나는 절대로 그 길에서 돌아서지 않을 것이다. 이런 믿음의 힘을 지닌 그리스도인은 지옥의 문에 담대히 도전할 것이다. 다윗은 "내가 두려워하는 날에는 내가 주를 의지하리이다"(시 56:3)라고 말했다. 두려운가? 두렵지 않을 사람이 누가 있겠는가? 그러나 어느 길을 선택하겠는가? 믿으라. 항상 믿음을 사용하라. 지금 당장 믿음을 가지라.

엘리어스 플레저, *Puritan Sermons* 1659-1689, 1:317-324

6월
6
딤전 6:8

우리가 먹을 것과 입을 것이 있은즉
족한 줄로 알 것이니라

하나님이 세상에서 우리에게 허락하신 분깃에 만족하자. 하나님은 자신의 주권대로 행하신다. 우리는 하나님이 다른 사람들에게 더 많이 주셨더라도 그분이 우리에게 주신 것에 만족해야 한다. 선한 주인은 "친구여 내가 네게 잘못한 것이 없노라 네가 나와 한 데나리온의 약속을 하지 아니하였느냐…내가 선하므로 네가 악하게 보느냐"(마 20:13-15)라고 말했다. 다른 사람들이 소득이 더 많고, 더 많은 것을 누린다고 해도 주권자이신 하나님이 자기가 원하는 대로 나눠주시는 것이니 불평해서는 안 된다. 우리는 아무것도 받을 자격이 없기 때문에 모든 것을 족하게 여겨야 한다. 다른 사람이 비용을 들여 대접하는데 음식이 마음에 안 든다고 불평한다면 우리는 그런 사람을 나쁘게 볼 것이 틀림없다. 우리는 아무런 대가도 치르지 않고 생명을 유지하는 셈이니 우리의 손에 주어진 것에 만족해야 마땅하다. 지혜로우신 하나님은 얼마만큼을 우리에게 주는 것이 가장 좋은지 잘 아신다. 양들이 아닌 목자가 목초지를 선택한다. 하나님이 우리의 삶의 상황에 적합한 것을 주시도록 모든 것을 그분께 맡기라. 하나님은 우리가 감당할 수 있는 분깃만을 허락하신다. 만족 자체가 하나님의 선물이요 큰 축복이다. 우리의 상황을 만족스럽게 여겨야만 땅 위의 축복들을 통해 더 큰 즐거움과 위로를 누릴 수 있을 것이다. 우리의 행복은 풍부한 소유가 아닌 만족에 있다(눅 12:15). 모든 영적 불행은 양심과 화평이 없거나 현재의 상황과 화평이 없을 때 생겨난다. 분깃이 많든 적든 거기에는 똑같은 사랑이 담겨 있다. 동생은 형보다 받는 것이 적지만 부모의 애정은 똑같이 받는다. 부모는 동생도 똑같이 사랑한다. 따라서 하나님의 자녀는 "다른 사람에게 나보다 더 많이 주셨더라도 하나님은 나를 사랑하셔."라고 말해야 한다. 우리 모두 하나님의 은혜로운 섭리를 통해 우리 각자에게 주어진 것에 만족하자.

토머스 맨튼, *Works*, 1:164-165

날마다 우리 짐을 지시는 주
곧 우리의 구원이신 하나님을 찬송할지로다

하나님은 놀라운 기적으로 광야에서 자기 백성을 먹이셨다. 그들은 매일 만나를 거두었다. 그리스도께서는 우리에게 이번 달이나 이번 해가 아닌 "오늘 우리에게 일용할 양식을 주옵소서"라고 기도하라고 가르치셨다. 하나님은 우리의 기도를 매일 듣기를 원하신다. 그분은 우리가 너무 오랫동안 자기와 교제를 중단하는 것을 원하지 않고, 자주 교제를 나눔으로써 자기를 알고, 친숙해지기를 바라신다. 단 하루라도 하나님께 드리는 기도를 걸러서는 안 된다. 우리의 특권은 하루 동안만 지속된다. 하나님에게서 빌려온 은혜와 위로는 기도로 늘 새롭게 하지 않으면 사라지고 만다. 하나님의 자녀들은 대제사장처럼 일 년에 고작 한 차례 시은좌 앞에 나가는 것으로 만족해서는 안 된다. 하나님은 우리가 매일 은혜의 보좌 앞에 나오기를 원하신다. 우리가 누리는 은혜는 하나님으로부터 한꺼번에 흘러나오지 않고, 매일 새롭게 주어진다. 그 은혜를 모두 합치면 너무 많아 우리가 활용하고, 다루기가 어렵다. 은혜는 엄청나게 많지만, 하나님은 우리가 그것을 인정하고, 감사할 수 있을 만큼만 조금씩 나눠주신다. 그분은 우리가 자기를 잊지 않고, 새로운 찬양의 이유를 발견할 수 있도록 매일 새로운 은혜를 허락하신다. 날마다 새로운 능력, 새로운 은혜, 새로운 공급이 필요하다. 하루의 일과 어려움과 염려와 짐은 그날로 족하다. 내일 일을 미리 생각하며 걱정할 필요가 없다. 한 날의 괴로움은 그날로 족하다(마 6:34). 하나님은 우리가 내일 일을 지나치게 염려하는 것을 원하지 않으신다. 그분은 우리가 오늘 이상의 일을 생각하기를 바라지 않으신다. 인생은 안개와 같다. 우리는 내일이 올는지 알 수 없다. 그런데도 우리는 우리의 영혼을 향해 "영혼아 여러 해 쓸 물건을 많이 쌓아 두었으니 평안히 쉬고 먹고 마시고 즐거워하자"(눅 12:19)라고 자장가를 불러준다. 한 번에 하루씩 살아가면서 하나님 앞에 나가라. 그러면 하나님께서는 우리의 필요를 넉넉히 허락하실 것이다.

토머스 맨튼, *Works*, 1:165-166

우리를 구원하시되…
중생의 씻음과 성령의 새롭게 하심으로 하셨나니

죄의 오염을 일으키는 원천이자 근원은 인간의 부패한 본성이다. 우리는 이 점을 부끄럽게 생각해야 마땅하다. 허영스럽고, 어둡고, 무지한 생각, 왜곡되고 강퍅한 의지, 무질서한 감정을 생각해 보라. 타락은 우리의 본성을 오염시켜 철저히 더럽혔다. 어리석은 상상과 헛된 생각을 일삼고, 영적인 것과 하나님과의 교제를 거부하고, 육체의 쾌락과 악을 추구하면서도 조금도 수치를 느끼지 않는 인간의 성향을 옳게 말할 수 있는 사람이 과연 얼마나 될까? 그러나 이제 우리의 악한 성향이 우리의 본성 안에서 이루어진 성령의 효과적인 사역을 통해 치유되었다. 그분은 우리에게 새로운 이해력, 새로운 마음, 새로운 감정을 주셨고, 온 영혼을 새롭게 해 하나님의 형상을 회복하셨다. 성령께서는 중생의 씻음과 하나님의 형상을 회복하는 것을 통해 그런 역사를 이루신다. 이것이 우리의 성화가 시작되는 근원이다. 우리의 생각과 마음과 감정이 성령을 통해 새로워진다. 그분은 우리를 모든 영적인 죄와 습관적인 죄로부터 깨끗하게 하신다. 우리의 죄를 더 깨끗하게 씻어내려면 성령을 통해 우리의 본성을 개혁하는 일을 더욱 열심히 해야 한다. 우리의 생각 속에 있는 구원의 빛과 우리의 의지와 감정 속에 있는 신령한 사랑이 더 많아지고, 항상 기꺼이 복종하려는 마음을 유지하면 더욱 거룩해질 수 있다. 성령께서는 은혜로 우리의 영혼을 굳세게 함으로써 우리를 정화하신다. 그분은 중생을 통해 정화의 원리를 우리에게 부여한 이후부터는 복종의 의무를 이행함으로써 죄를 대적하도록 이끄신다. 성령께서는 그리스도의 피를 특별하게 적용함으로써 영혼을 죄의 오염으로부터 정화하는 동력인(動力因)이시다.

존 오웬, *Works*, 3:436-438

예수의 피가 우리를 모든 죄에서 깨끗하게 하실 것이요

그리스도의 피가 우리를 죄에서 깨끗하게 한다. 복음의 신비에 속한 진리 가운데 이보다 더 분명하게 제시된 진리는 없다. "그의 피로 우리 죄에서 우리를 해방하시고"(계 1:5). 그리스도의 피에 진정으로 관심을 기울이는 사람은 또한 미래의 죄의 오염으로부터의 정화도 소유하고 있다. 성령께서는 그리스도의 피가 지닌 정화 능력을 우리의 영혼과 양심에 적용하신다. 그로써 우리는 부끄러움 없이 담대하게 하나님께 나아간다. 예수님의 피는 이중적 기능, 곧 속죄와 화목은 물론, 정화와 성화의 기능을 한다. 그분은 단지 속죄를 이루기 위해서만이 아니라 자기의 피를 뿌려 우리를 거룩하게 하기 위해 목숨을 내놓으셨다. 우리는 믿음으로 그리스도의 피가 지닌 정화의 힘과 효력을 얻는다. 믿음은 계속해서 그리스도께 착 달라붙게 만드는 은혜다. 믿음으로 그리스도의 옷을 만진 여인이 혈루병을 고치는 효력을 얻었다면, 그분을 믿음으로 계속 붙잡는 사람들은 영적 불결함을 없앨 수 있는 효력을 얻을 수 있지 않겠는가? 우리를 더럽히는 정욕과 부패가 믿음을 통해 죽고, 제압되고, 우리의 마음 밖으로 서서히 쫓겨나간다. 모든 더러움은 우리 안에 남아 역사하는 정욕에서 비롯한다. 믿음은 성령께서 새롭게 공급하시는 힘과 예수 그리스도로부터 비롯하는 은혜를 통해 정욕과 부패를 정복하려고 노력한다. 믿음은 가장 큰 노력을 기울여 죄의 오염을 방지하기 위해 두 가지 동기를 고려한다. 첫째, 믿음은 하나님의 탁월한 약속에 참여하기를 원한다. 약속들을 생각하면 신자의 영혼 안에 강한 용기가 솟아나 온전한 정결과 거룩함을 힘써 추구하게 된다(고후 7:1). 둘째, 믿음은 미래에 영광 가운데서 하나님을 즐거워할 일을 생각한다. 그 즐거움은 죄를 깨끗하게 씻어내야만 누릴 수 있다.

존 오웬, *Works*, 3:438-447

보라 내가 너를 연단하였으나 은처럼 하지 아니하고
너를 고난의 풀무 불에서 택하였노라

성경은 고난이 우리의 죄를 정화하는 역할을 한다고 말씀한다. 하나님은 고난을 통해 자기 집에 있는 그릇들에 묻은 오물과 찌끼를 씻어내신다. 고난의 '불'은 사람들의 행위와 공적을 시험해 풀과 짚은 태우고, 금과 은은 정화한다(고전 3:12-13). 이런 일은 성령의 사역을 통해 효과적으로 일어난다. 고난은 세상의 좋은 것들, 곧 우리를 어리석음과 방탕함으로 유혹해 무절제하게 집착하게 만드는 것들의 매력과 위로와 아름다움을 제거한다. 하나님이 고난을 허락하시는 이유는 사람들의 생각 속에 이 세상이 꽃피우지 못하게 만들기 위해서다. 고난은 세상에 속한 것들의 공허함과 허무함과 무기력함을 드러낸다. 고난은 세상과 우리의 고삐 풀린 감정affections 사이에서 즐거움을 가로챈다. 곧 우리의 생각을 오염시키는 쾌락을 거두어간다. 우리의 생각과 감정affections은 악한 대상과 우리가 지나치게 사랑하는 대상을 통해 더럽혀진다. 고난은 우리의 부패를 촉진하고, 전쟁터에 나가는 말처럼 광기와 격정으로 정욕을 추구하도록 압박하는 감정affections의 예봉을 꺾어놓는다. 징계는 죄의 오염으로부터 우리를 구원해 하나님의 거룩하심에 참여하게 만든다. 하나님은 고난을 통해 성령의 온갖 은사가 항상 부지런히 활기차게 작동하게 함으로써 영혼을 죄의 오염으로부터 깨끗하게 하신다. 그러나 고난의 때는 특별한 위로와 구원이 필요한 때이다. 그래야만 고난을 잘 감내할 수 있다. 고난의 목적은 은혜를 부지런히 활용해 성화를 이루는 것이다. 이것이 하나님이 요구하고, 계획하시는 것이다. 이것이 없으면 고난은 단지 우리를 비참하게 만들 뿐이다. 그런 경우에는 탈출구를 찾을 수가 없어 더 큰 불행과 파멸에 빠질 수밖에 없다.

존 오웬, *Works*, 3:447-448

주의 말씀은 내 발에 등이요 내 길에 빛이니이다

중생을 통해 우리 안에서 역사하기 시작한 거룩한 초자연적 원리는 영혼이 거룩함의 의무를 이행할 수 있도록 능력을 준다. 거룩함의 원리는 우리 스스로 배워 터득할 수 있는 것이 아니다. 이것은 오직 하나님만이 가르치실 수 있다. 거룩함의 아름다움과 영광은 이루 다 형용하기가 불가능하다. 거룩함에는 하나님에 대한 순종, 그리스도의 형상을 본받음, 성령에 대한 순종, 하나님의 가족에 관한 관심. 천사들과의 교제, 어둠과 세상으로부터의 분리가 포함된다. 거룩함은 성경에 계시된 대로 하나님께 실제로 순종하는 것을 의미한다. 하나님의 말씀은 모든 거룩한 순종의 규칙이다. 이것은 우리의 상상력이나 성향 안에서 발견되지 않는다. 하나님의 말씀 안에 명령된 것에는 모두 순종해야 하며, 그밖의 것은 그 무엇도 구속력이 없다. 하나님의 말씀을 가감하지 말라는 엄격한 명령이 주어졌다. 우리는 명령된 것을 이행해야 할 뿐 아니라 명령된 모든 것을 이행해야 한다. 명령되지 않은 것은 순종해야 할 의무가 없다. 우리 안에 남아 있는 선천적인 본성의 빛도 도덕적인 선과 악을 가르쳐 줄 수 있지만, 이 빛은 복음적인 거룩함의 궁극적인 기준이 아니다. 우리는 이 빛을 말씀에 종속시켜야 한다. 은혜를 통해 우리의 마음에 기록된 율법은 하나님의 말씀에 기록된 율법과 일치해야 한다. 하나님은 성령과 말씀이 항상 서로를 동반할 것이라고 가르치셨다. 성령께서는 말씀이 먼저 우리에게 요구하지 않은 것은 우리 안에서 아무것도 행하지 않으신다. 영혼의 내적 사역은 모두 말씀에 의해 규정된다. 말씀은 거룩함의 유일한 규칙이다. 우리의 존재와 행위가 모두 하나님의 말씀에 일치해야 한다. 어떤 헌신의 행위나 도덕적인 의무 이행이든 하나님의 말씀에 일치해야만 우리의 성화를 이루는 데 이바지할 수 있다.

존 오웬, *Works*, 3:469-471

고난은 하나님의 말씀을 은혜롭게 만든다. 형통할 때는 말씀의 은혜로움을 의식하지 못할 때가 많다. 하나님이 자기 자녀들에게 세상의 좋은 것들을 즐기지 못하게 하면 그들은 그제야 비로소 말씀의 은혜로움을 깨닫는다. 고난은 또한 천국을 간절히 사모하는 마음을 불러일으킨다. 생명을 위협하는 위험에 처한 상황에서는 특히 더 그렇다. 전능하신 하나님의 등불이 우리의 장막을 비추고, 번영과 평화를 누릴 때는 별다른 믿음의 증거가 없어도 만족스럽게 생각한다. 그러나 시련이 닥쳤을 때는 그리스도와 하나님의 사랑을 믿는다는 확실한 증거가 세상을 만 개 합쳐 놓은 것보다도 더 귀하게 느껴진다. 그리스도의 날에는 불 시험을 감당할 수 있는 것 외에는 아무것도 필요하지 않을 것이다. 고난은 영혼이 하나님과 친밀하고, 은혜로운 교제를 나누도록 이끈다. 외적인 번영은 하나님과의 교제를 가로막는 큰 장애물이다. 그 이유는 우리가 세상의 것들에 애정을 무절제하게 쏟아붓고, 그것들이 하나님과 우리의 마음 사이를 비집고 들어와서 은혜로운 교제와 교통을 방해하도록 허용하기 때문이다. 하나님의 백성이 합법적인 즐거움을 통해 가장 많이 죄를 범하는 이유는, 중대한 죄에 비해 그 올무가 잘 보이지 않기 때문이다. 우리는 작은 죄는 크게 경계하지 않는다. 형통함으로 우리의 마음이 편안해지면, 작은 죄는 큰 해가 없다는 생각이 들기 시작한다. 스스로 속아 넘어가는 것이다. 가장 적은 독즙도 독즙인 것처럼, 가장 작은 죄도 죄의 본성을 똑같이 지니고 있다. 작은 죄가 하나님을 더 크게 모욕하는 이유는 우리가 사소하게 여기는 일로 그분을 욕되게 하고, 감각적인 작은 즐거움으로 그분의 분노를 자극하기 때문이다. 그러나 고난은 세상을 향하는 마음을 죽이고, 양심을 일깨워 죄에 예민하게 반응하게 한다. 고난은 "주님, 주님이 주님을 위해 제 마음을 만드셨나이다. 따라서 주님 안에서 안식을 얻을 때까지 제 마음은 안식을 누릴 수 없나이다. 오, 제 영혼이 안식을 되찾게 도와주소서."라고 기도하게 만든다.

토머스 케이스, *Select Works, A Treatise of Afflictions*, 32-39쪽

너는 마음을 다하여 여호와를 신뢰하고 네 명철을 의지하지 말라

우리는 고난을 통해 감정이나 지각이 아닌 믿음으로 사는 삶의 필요성을 배운다. 하나님은 삶의 불확실한 변화를 통해 이것을 가르치신다. 오늘은 희망이 가득하지만 내일은 죽음이 찾아오고, 오늘은 좋은 소식이 들리지만 내일은 나쁜 소식이 들리고, 이곳에서는 위로가 넘치지만 저곳에서는 영혼을 놀라게 하는 공포가 휘몰아치는 등, 삶은 불확실하기 짝이 없다. 세속적인 희망은 기복이 심하다. 감각에 의존하는 삶은 참으로 비참한 삶이다. 그것은 죽음보다 더 나쁜 삶이다. 그런 삶은 희망과 공포 사이를 오르내리며, 막연한 운명 사이에서 당혹스러워한다. 그것은 폭풍우가 몰아치는 바다 위에 있는 선원들의 처지와 같다. 그들은 하늘 높이 치솟았다가 깊은 곳으로 다시 떨어진다. 혹독한 시련 때문에 그들의 영혼이 녹아내린다. 그들은 술 취한 사람처럼 이리저리 비틀거리며 어쩔 줄 모른다. 따라서 하나님은 우리의 절망을 통해 믿음으로 사는 삶의 필요성을 가르치신다. 절망을 극복하게 도와줄 믿음이 없다면 참으로 크게 낙심할 수밖에 없을 것이다. 믿음은 결코 절망하지 않는다. 하나님은 항상 우리가 기대하는 것보다 더 좋은 것을 베푸신다(딤후 4:17). 하나님은 변하지 않는 삶을 사신다. 우리도 믿음으로 변하지 않으시는 하나님을 신뢰하면 그런 삶을 살 수 있다. 우리는 너무 오랫동안 감정과 이성에 의존하는 삶을 살아왔다. 믿음과 감정 사이에 끼여 살아가는 것은 믿음의 삶이 아니다. 온전히 믿음으로 살지 않으면 믿음으로 사는 것이 아니다. 하나님은 우리가 이차적인 원인들을 통해 시련을 겪고, 괴로움을 당하도록 허용하신다. 세상의 무익한 수단과 방법을 모두 사용하고 나면 비로소 그리스도만을 의지하게 될 것이 분명하다. 하나님은 실망스럽고, 변하기 쉬운 세상의 것들을 통해 자기 백성에게 믿음으로 사는 삶의 탁월성을 깨우쳐주신다. 가장 뛰어난 사람도 한갓 숨을 쉬는 작은 흙덩이에 지나지 않는다. 오직 하나님을 의지해야만 행복해질 수 있다. 창조주 하나님이 못하실 일이 무엇이 있겠는가? 그분은 능력도 있고, 의지도 있으시다. 인간은 불충실할지 몰라도 하나님은 결코 불충실하지 않으시다.

토머스 케이스, *Select Works, A Treatise of Afflictions*, 43-48쪽

모든 지각에 뛰어난 하나님의 평강이 그리스도 예수 안에서 너희 마음과 생각을 지키시리라

안전한 삶은 믿음의 삶밖에 없다. 믿음의 삶은 난공불락의 요새와 같다. 주님을 영원히 신뢰하라. 그분 안에 영원한 능력이 있다. 수많은 세월이 흘러도 우리의 반석이신 주님은 영원히 거하신다. 광야에서 만나를 내려주신 하나님이 우리에게 일용할 양식을 주신다. 바위에서 물을 내신 하나님은 영원히 마르지 않는 샘물이시다. 믿음은 필요한 것을 구하고, 받은 것에 감사한다. 믿음은 수단을 사용하지만 오직 하나님만 의지한다. 믿음은 사용할 수단이 없을 때는 "비록 무화과나무가 무성하지 못하며 포도나무에 열매가 없으며 감람나무에 소출이 없으며…외양간에 소가 없을지라도 나는 여호와로 말미암아 즐거워하며 나의 구원의 하나님으로 말미암아 기뻐하리로다"(합 3:17-18)라고 말한다. 믿음은 온 땅에 기근이 들어도 하나님을 의지해 살아간다. 하나님의 평화가 갑작스러운 시련과 두려움으로부터 우리의 마음을 지켜준다. 믿음은 풍부할 때도 범사에 하나님을 즐거워하고, 궁핍할 때도 하나님 안에서 모든 것을 즐거워한다. 바울은 아시아에서 자신이 겪었던 시련을 묘사하면서 "힘에 겹도록 심한 고난을 당하여 살 소망까지 끊어지고"라고 말하면서, "이는 우리로 자기를 의지하지 말고 오직 죽은 자를 다시 살리시는 하나님만 의지하게 하심이라"라고 덧붙였다(고후 1:8-9). 하나님이 죽은 자를 살리는 분이라면 아무리 큰 어려움도 능히 해결할 수 있으실 것이 틀림없다. 하나님은 죽은 자에게 생명을 불어넣고, 죽은 희망을 되살리며, 절망의 무덤 속에서 새로운 소망을 불러일으키신다. 그분은 죽은 뼈에 생기를 불어넣고, 죽은 믿음을 되살리신다. 우리는 우리 자신만을 의지하려 하는 교만한 피조물이다. 그러나 하나님은 이해하기 어려운 섭리를 통해 예기치 못한 시련으로 우리가 가는 길을 가로막으신다. 하나님은 우리를 심지어 삶을 포기하고픈 절망에까지 몰아넣고, 사형 선고를 받은 것과 같은 상황에 이르게 만들어 우리 자신이 아닌 죽은 자를 살리는 하나님을 의지하게 하신다. 그분은 절망으로 우리를 넘어뜨려 우리 자신이 얼마나 어리석고, 연약한지를 보여 줌으로써 오직 하나님만을 의지하게 하신다. 주님의 능력을 의지해 살아가라!

토머스 케이스, *Select Works*, *A Treatise of Afflictions*, 48-57쪽

우리는 미쁨이 없을지라도 주는 항상 미쁘시니 자기를 부인하실 수 없으시리라

하나님은 고난을 통해 자기 백성에게 자신을 알리신다. 우리는 성경을 통해서는 하나님의 말씀을 듣고, 고난을 통해서는 그분을 본다. 번영은 무신론의 산실이다. 형통할 때는 하나님을 의지하는 마음이 조금씩 사라진다. 우리의 영혼은 고난을 통해 유혹적이고, 매혹적인 세상의 것들에서 자유롭게 되고, 우리의 생각은 더욱 진지하고, 명료해져 하나님의 빛을 받아들일 수 있게 된다. 유리가 깨끗할수록 빛을 더 많이 투과한다. 마음이 교만한 악인은 하나님을 알 수 없다. 바로는 "여호와가 누구냐?"라고 말했다. 심지어 경건한 사람들도 하나님을 깊이 이해하지 못한다. 하나님은 징계를 통해 자기 백성에게 자신을 알려 위로를 얻게 하신다. 그분이 자기 백성에게 고난을 허락하시는 이유는 자기를 알고, 사랑하게 하기 위해서다. 모세는 빽빽한 구름에 둘러싸여 있을 때 하나님을 가장 분명하게 볼 수 있었다. 그 후로 그것이 하나님이 성도들에게 자기를 알리고자 할 때 사용하시는 방법의 전형이 되었다. 하나님은 그들을 갈라진 바위틈에 숨겨 놓고, 그들에게 "나는 자비롭고, 은혜로운 여호와 하나님이다."라고 자신의 이름을 알려 주신다. 하나님의 백성은 고난을 통해 그분의 속성(거룩함, 정의, 신실함, 은혜, 충족성 등)을 의식한다. 다윗은 고난을 많이 겪을수록 하나님의 신실하심을 더욱 분명하게 깨달았다. 하나님의 신실하심은 고난을 통해 가장 잘 경험할 수 있다. 그 이유는 고난을 겪을 때 기도를 가장 많이 하기 때문이다. 야곱이 에서를 만나기 전에 하나님과 씨름하며 축복해 주시지 않으면 놔주지 않겠다고 말했던 것처럼, 우리도 고난이 닥쳤을 때는 예수님과 씨름해야 한다. 시련을 겪을 때는 아침 일찍부터 기도한다. 형통할 때는 기도를 해도 응답이 되든 말든 크게 신경 쓰지 않는다. 그러나 고난이 닥치면 하나님을 향한 간절한 기도가 되살아난다. 하나님은 자기의 말을 반드시 지키신다. 고난은 하나님의 백성의 믿음을 시험하는 용광로다. 고난은 약속을 충실하게 지키시는 하나님을 볼 수 있게 해 준다.

토머스 케이스, *Select Works, A Treatise of Afflictions*, 57쪽

주의 앞에는 충만한 기쁨이 있고

우리의 행복은 우리가 마음으로 받아들인 대상의 탁월함에 따라 그 정도가 달라진다. 성도들은 하나님 안에서 안식하기로 선택했다. 죄인에게 그가 보물처럼 여기는 것을 주면 어려움 속에서조차 만족스러워할 것이고, 탐욕스러운 사람에게 큰 재물을 주면 에서처럼 "나는 풍족하다."라고 말할 것이며, 야심이 많은 사람에게 높은 직위를 주면 아무 걱정 없이 지낼 것이고, 육욕적인 사람에게 육신의 쾌락을 마음껏 누리게 하면 천성에 걸맞은 삶을 사는 셈이 될 것이다. 그러나 경건한 사람의 행복과 즐거움은 하나님 안에 있다. 경건한 사람은 하나님을 즐거워할 때 가장 큰 행복을 느낀다. 왜냐하면 모든 것을 소유했기 때문이다. 하나님을 얼마나 즐거워하느냐에 따라 우리가 느끼는 행복의 정도가 달라진다. 천국에서 하나님을 온전히 즐거워하는 사람들은 악을 알지 못한다. 그는 모든 폭풍우와 비바람이 미치지 못하는 곳에 있기 때문에 좋은 것만을 누린다. 그들이 있는 곳에는 항상 봄과 여름만 있다. 그리스도인도 비록 불완전하게나마 하나님을 즐거워하면 그런 특권을 부분적으로 누릴 수 있다. 그의 삶은 낮과 밤, 빛과 어둠, 선과 악의 사이에서 전개된다. 악은 그를 놀라게 할 수는 있을지언정 해롭게 할 수는 없다. 그는 가장 탁월한 것을 맛볼 수 있지만 온전한 만찬은 성부의 집에 마련되어 있다. 알프스산맥을 넘는 사람들은 자신의 발아래에서 소낙비가 내리는 것을 볼 수 있다. 그들에게는 빗방울이 단 한 방울도 떨어지지 않는다. 하나님을 우리의 분깃으로 삼는 것은 모든 위험으로부터 안전한 높은 망대 위에 올라서 있는 것과 같다. 그리스도인들은 가장 심한 폭풍우 속에서도 굳게 닻을 내리고 안전하게 거할 수 있다. 환란의 때에 하나님은 그들을 주의 장막의 은밀한 곳에 숨겨 그 무엇도 그들을 해치지 못하게 하신다. 그분은 자신의 깃털로 그들을 덮고, 성도들은 그분의 날개 아래로 피한다(시 91:4). 그들은 하나님의 능력으로 시련을 극복하고, 가장 큰 위험에 대항한다. 그들은 멸망과 기근을 비웃고(욥 5:22), 가장 큰 고난도 넉넉히 이긴다(롬 8:37). 하나님은 우리를 모든 악에서 구원하고, 우리의 영혼에 선한 모든 것을 가득 채워 행복하게 해 주신다.

조지 스윈녹, *Works*, 4:2-7

이 물을 마시는 자마다 다시 목마르려니와

하나님이 인간의 행복인 이유는 인간의 영혼 안에 하나님으로만 충족될 수 있는 갈망이 있기 때문이다. 굶주린 사람은 뱃속에서 심한 허기를 느낀다. 그에게 음악을 들려주거나 명예를 수여해도 허기는 가시지 않는다. 그런 것들은 그에게 적합하지 않다. 그에게 음식을 주면 허기는 곧 사라진다. 인간의 영혼도 마찬가지다. 명예, 재물, 세상의 쾌락을 아무리 많이 주어도 영혼의 갈망은 조금도 줄어들지 않는다. 영혼은 여전히 갈망한다. 그런 것들은 영혼의 본성에 적합하지 않기 때문에 영혼의 갈망을 해소할 수 없다. 하나님을 영혼 앞에 보여주고, 그분을 맛보게 하라. 그러면 영혼은 만족할 것이고, 세상을 향한 끈질기고, 무절제한 욕망이 사라질 것이다. 이 만나를 맛보면 애굽의 양파가 생각나지 않을 것이다. 하나님이 영혼의 참된 행복인 이유는 그분이 영원한 선이시기 때문이다. 하나님 안에서 안식을 누리는 영혼은 영원한 안식일을 즐긴다. 대다수 사람은 외적인 위로에서 행복을 찾는다. 그런 위로는 요란한 소리를 내며 높이 불어났다가 순식간에 사라지는 홍수와 같다. 그러나 복되신 하나님은 영원히 콸콸 흘러나오는 샘물과 같으시다. 모든 것이 충족하신 영원한 하나님이 성도의 특별한 분깃이다. 그분은 무한한 만족을 가져다주신다. 하나님은 영원히 나의 분깃이다. 하나님이 영혼을 향해 "나는 네 것이다. 내가 가진 것도 모두 네 것이다."라고 말씀하시면, 그 말씀을 듣는 순간, 심장이 기쁨으로 쿵쾅거리며 그분을 간절히 사모하게 될 것이 틀림없다. '나의'라는 소유대명사는 영혼이 느끼기에 참으로 귀하디귀한 표현이 아닐 수 없다. 루터는 대명사에 많은 영적 가치가 담겨 있다고 말했다. 우리의 위로는 이 소유대명사에서 비롯한다. 하나님은 나의 하나님이시다. 신자의 모든 기쁨이 이 한 줄에 매달려 있다. 이 줄을 자르면 모든 것을 잃는다. 나는 이따금 다윗이 다음의 말씀을 마치 사탕처럼 혀로 굴리면서 음미했다는 생각을 하곤 한다. "나의 힘이신 여호와여 내가 주를 사랑하나이다 여호와는 나의 반석이시요 나의 요새시요 나를 건지시는 이시요 나의 하나님이시요 내가 그 안에 피할 나의 바위시요 나의 방패시요 나의 구원의 뿔이시요 나의 산성이시로다"(시 18:1-2).

조지 스윈녹, *Works*, 4:7-12

하나님 아는 것을 대적하여 높아진 것을 다 무너뜨리고
모든 생각을 사로잡아 그리스도에게 복종하게 하니

상상력은 영혼의 기능 가운데 하나다. 불필요한 어려움 가운데 많은 것이 그것에서 비롯한다. 상상력을 통한 지각은 감각을 근거로 좋은 것이나 나쁜 것을 피상적으로 이해한다. 감각의 즐거움은 상상력에 크게 영향을 미친다. 따라서 아무리 좋은 것도 불편하게 느껴지면 상상력은 그것을 나쁜 것으로 판단하고, 아무리 나쁜 것도 인정과 만족을 가져다주면 좋은 것으로 받아들인다. 상상력은 외적인 위로에서 행복을 느끼고, 외적인 불편에서 불행을 느낀다. 더욱이 그것이 느끼는 행복이나 불행은 실제보다 더 클 때가 많다. 많은 사람의 삶이 상상력에 지배된다. 그들은 상상력을 즐기는 데 시간을 허비하고, 진정으로 탁월한 것은 등한시한다. 세상에서 위대해지고 싶은 욕망과 야심이 거기에서 비롯한다. 그것은 세상이 높은 가치를 두는 것들을 풍성하게 누리려는 무한정한 욕구를 불러일으킨다. 설상가상으로 세상에서 위대해지고 싶은 이 부패한 욕망이 교회 안에까지 침투해 들어왔다. 사람들은 헛된 영광을 위해 자신들의 생명을 희생한다. 만일 하나님을 거스른 그릇된 행동보다 평판을 잃는 것이 더 슬프다면 그것은 곧 양심이 아닌 평판을 위해 살아가고 있다는 증거다. 세속적인 감정으로 하늘의 일을 하는 것이나 그리스도 안에서가 아닌 세상 안에서 그리스도를 찾으려는 것은 우리의 신앙고백을 훼손한다. 상상력을 통제하지 않으면 마구 날뛸 수밖에 없다. 하나님이 말씀과 성령으로 우리의 마음속에 통제부를 세워 이 방자한 기능을 제압하는 것이 필요하다. 이 문제를 해결하려면 우리의 영혼을 하나님의 진리와 성령께 복종시켜야 한다. 성령께서 우리의 마음에 하나님의 율법을 기록하시면 그분의 율법과 우리의 마음이 서로 동조하게 되고, 영혼 안에 모든 선한 생각에 순응하려는 성향이 생겨난다.

리처드 십스, *Works*, 1:178-181

하나님은 예수 그리스도 안에서 우리에게 가장 분명하게 나타나셨다(요 1:18). 영원하신 삼위일체 하나님은 창조 사역을 통해서도 나타난다(롬 1:20). 그러나 피조 세계를 통해 알게 되는 하나님에 관한 지식은 헛된 상상력과 인간의 마음속에 존재하는 우상 숭배적인 개념들을 제어할 수 없다. 하나님의 영원한 신성은 섭리의 사역을 통해서도 많이 나타난다(욥 9:10-11). 하나님은 때로는 욥의 앞에서, 때로는 그의 뒤에서, 때로는 그의 오른쪽에서, 때로는 그의 왼쪽에서 일하셨다. 욥은 하나님과 그분의 사역 계획과 그 이유를 이해하기 위해 그분을 이리저리 따라다녔다. 그러나 그는 그것을 이해할 수 없었다. 의롭고, 거룩한 율법을 통해서도 하나님의 영원한 신성을 발견할 수 있다. 율법을 통한 하나님의 나타나심은 그것을 처음 목격한 사람들을 두렵게 했다(히 12:21). 가장 명확하고, 가장 은혜롭고, 가장 편안한 하나님의 나타나심은 "보이지 아니하는 하나님의 형상"(골 1:15)이신 예수 그리스도 안에서만 이루어진다. 하나님은 그리스도 안에서 다른 어떤 수단으로도 나타낼 수 없을 만큼 분명하게 자신을 나타내셨다. 그리스도께서는 성부의 인격과 완전한 속성의 형질을 그대로 빼닮으셨다(히 1:3). 빌립이 성부 하나님을 보여달라고 요구하자 예수 그리스도께서는 "나를 본 자는 아버지를 보았거늘 어찌하여 아버지를 보이라 하느냐…내가 아버지 안에 거하고 아버지께서 내 안에 계심을 믿으라"(요 14:9, 11)라고 말씀하셨다. 하나님은 창조 사역과 관련해서는 우리 위에 계시고, 섭리 사역과 관련해서는 우리 밖에 계시며, 율법과 관련해서는 우리 반대편에 계시고, 본체적으로는 우리의 눈에 보이지 않으신다. 그분은 오직 그리스도 안에서만 임마누엘, 곧 인간의 육신을 입고 나타난 하나님이 되신다. 임마누엘은 우리 안에 거하는 하나님, 우리와 함께하는 하나님, 우리를 위하는 하나님이시다. 따라서 예수 그리스도를 통하지 않고서 하나님에 관한 참된 구원의 지식을 얻을 수 있는 사람은 아무도 없다. 그런 사람은 지금까지 단 한 사람도 없었다.

토머스 케이스, *Select Works, A Treatise of Afflictions*, 69-71쪽

주님 무엇을 하리이까

고난을 겪을 때는 구원보다 의무에 더 많은 관심을 기울여야 할 필요가 있다. 이 시대에 하나님이 우리에게 원하시는 것이 무엇인지를 진지하게 생각해야 한다. 우리는 어떤 시련이나 상황 속에서도 특별한 은사를 활용하거나 의무를 이행할 기회를 찾을 수 있다. 구원만을 바라는 것은 오직 나만을 사랑하려는 인간의 자연스러운 성향이다. 인간은 고난을 받으면 그 무거운 짐에서 벗어나 구원받기를 원한다. 사람들은 고난을 성화를 이루는 기회로 삼기보다 그것에서 속히 벗어나기만을 바란다. 그러나 가만히 자신의 행위를 돌아보면서 새로운 각오로 좀 더 잘하려고 노력하는 것이 바람직하다. 사람들은 "하나님이 이 병을 낫게 해주거나 이 고통을 없애 주신다면 그분과 더욱 친밀하게 지내고, 가정의 의무에 충실하고, 더 유익한 삶을 살고, 이러저러한 일을 할 텐데."라고 생각하기를 좋아한다. 그러나 그런 생각은 부패한 마음의 간사한 속임수이거나 하나님을 무시하는 삶을 부추기려는 마귀의 유혹과 술책에 지나지 않는다. 그런 생각은 하나님이 지금 행하기를 원하시는 의무를 등한시하게 할 뿐이다. 하나님은 징계를 통해 우리의 영혼을 유익하게 하기를 원하신다. 그분은 자신의 목적을 이해하도록 우리의 영혼을 지도하신다. 하나님의 목적은 우리가 이렇게 고백하는 것이다. "내가 죄를 지었사오니 다시는 범죄하지 아니하겠나이다 내가 깨닫지 못하는 것을 내게 가르치소서 내가 악을 행하였으나 다시는 아니하겠나이다"(욥 34:31-32). 우리의 행위를 살피고, 시험하자. 현재의 상황이 우리에게 최선이라고 생각하고, 어떤 형편에 처했든지 만족하는 법을 배우자(빌 4:11). 환난 중에도 즐거워하자(롬 5:3). 예수 그리스도를 높이고, 우리의 고난을 통해 그분을 영화롭게 하자. 바울은 십자가를 피하기보다 그것을 더 영광스럽게 하는 법을 배우려고 노력했다. 바울은 그리스도를 위해 고난을 받으면서도 자기로 인해 그분이 조금이라도 수치를 당하시는 일이 없기를 바랐다. 그리스도께서 높임을 받으시기를 바라고, 우리의 영혼을 미쁘신 창조주께 의탁하자(벧전 4:19).

토머스 케이스, *Select Works, A Treatise of Afflictions*, 65-67쪽

우리가 겪는 모든 고난은 우리 영혼의 유익을 위한 것이다. 하나님의 징계와 사랑은 하나다. 이것은 참으로 은혜롭고, 복된 가르침이 아닐 수 없다. 이 가르침은 시련의 와중에서도 마음을 평안하게 하고, 영혼을 굳게 붙잡아 준다(고후 4:16). 육신이 손실을 당하면 영혼은 유익을 얻고, 재산을 잃으면 은혜로 돌려받는다. 따라서 우리는 가장 큰 슬픔 속에서도 낙심하지 않고 우리 자신을 위로할 수 있다. 하나님은 세상의 위로를 거두어가면서 우리의 마음에 은밀한 사랑의 인상을 남겨 영혼을 굳세게 해 주신다. 우리는 "우리를 사랑하시는 이로 말미암아 넉넉히 이길 수" 있다(롬 8:37). 하나님은 고난을 통해 꼭 필요한 한 가지를 가르치신다. 즉 고난은 우리가 생각하는 필수적인 것이 얼마나 잘못된 것인지를 깨우쳐 준다. 우리는 건강과 자유는 필수불가결하고, 명예와 재물도 반드시 있어야 하며, 자녀들에게 물려줄 재산도 많이 쌓아야 한다고 생각한다. 그러나 시련이 닥쳐 죽음이 목전에 이르고, 하나님이 무덤의 공포와 마지막 심판의 두려움과 영원한 형벌의 무서움을 보여 주시면, 우리는 그제야 비로소 땅의 티끌에 우리의 입술을 대고(애 3:29 참조) "내 생각이 얼마나 잘못되었는가! 내가 재를 먹고 나의 허탄한 마음에 미혹되었구나(사 44:20 참조)!"라고 탄식하기에 이른다. 바꾸어 말해, 죄의 용서, 그리스도에 관한 관심, 하나님의 사랑에 관한 의식, 영광의 확신이야말로 필수불가결한 것이라는 사실을 깨닫는다. 필요한 한 가지는 오직 그리스도뿐이다. 다른 것들은 있어도 그만 없어도 그만이다. 우리 주 예수 그리스도를 아는 지식에 비하면 세상의 것은 모두 한갓 배설물에 지나지 않는다. 그리스도가 없으면 영혼은 영원히 멸망한다. 만일 하나님께 속한 사람이 이 교훈을 말씀의 학교에서 배우지 못했다면 고난의 학교에서 배우게 될 것이다.

토머스 케이스, *Select Works, A Treatise of Afflictions*, 69-71쪽

그 보배롭고 지극히 큰 약속을 우리에게 주사

믿음은 하나님의 약속을 효과적으로 활용하며 그것을 통해 큰 용기를 얻는다. 개개의 상황에 적합한 약속들이 있다. 그 자체로 분명한 약속도 있고, 믿음으로 적용해야 할 약속도 있다. 하나님의 칭호들도 약속이나 다름없다. 그분은 방패요 든든한 망대요 은신처요 우리의 분깃이시다. 믿음은 이것들을 약속으로 활용한다. "오직 성령의 열매는 사랑과 희락과 화평과 오래 참음…"(갈 5:22)과 같은 성경 말씀도 약속으로 적용할 수 있다. 믿음은 성령께서 우리 안에서 그런 열매를 맺으신다고 확신한다. 하나님이 과거에 자기 백성을 위해 행하신 일들도 사실상 약속이나 마찬가지다. 믿음은 하나님이 앞으로도 그와 똑같은 방식으로 역사하실 것이라고 믿는다. 믿음은 "하나님이 자기를 믿는 사람들을 구원하셨으니 나도 그분을 믿으면 틀림없이 구원받을 거야."라고 생각한다. 하나님은 어제나 오늘이나 영원토록 동일하시다. 다윗은 하나님의 이름으로 골리앗을 물리치고 승리했다. 우리도 그런 식으로 우리의 정욕과 맞서 싸우면 승리할 수 있을 것이다. 하나님의 백성들이 드렸던 기도와 그분의 명령도 약속이나 마찬가지다. 우리에게는 일흔 번씩 일곱 번이라도 용서하라는 명령이 주어졌다. 믿음은 "그렇게 명령하셨으니 하나님은 그보다 훨씬 더 많이 용서해 주실 거야."라고 생각한다. 심지어는 경고의 말씀에서도 약속을 발견할 수 있다. 악인들이 지옥에 간다면 경건한 자들은 천국에 갈 것이 틀림없다.

약속들을 한데 모아 놓고 묵상하라. 그것들은 광야와 같은 이 세상에서 우리의 양식이 된다. 보물을 채굴하듯 약속들을 자주 캐내야 한다. 이 값진 진주들을 땅속에 가만히 묻어 두어서는 안 된다. 그것들을 마음속에 깊이 간직하라. 그것들을 기억 속에 가득 채우라. 보배로운 약속은 우리의 소명을 이행할 때나 고난을 겪을 때나 배척을 당할 때 큰 위로를 준다. 약속들을 자주 진지하게 묵상하라. 묵상은 약속의 정수를 짜내는 수단일 뿐 아니라 우리의 믿음을 약속과 하나로 결합해 용기를 북돋운다.

데이비드 클락슨, *Works*, 1:187-189

마귀의 간계를 능히 대적하기 위하여
하나님의 전신 갑주를 입으라

마귀는 매우 간교한 적이다. 그는 자신이 성공을 거둘 가능성이 가장 큰 때를 알고, 그 때를 틈타 유혹의 기술을 구사한다. 그는 애굽에서 갓 태어난 아이를 죽였던 것처럼 새로 회심한 신자를 노리고, 신자가 큰 고난을 겪을 때를 틈타 가까이 접근한다. 그는 어두운 골목에서 공격할 대상을 기다리는 강도와 같다. 성을 공격하는 군대는 성 안에 양식이 떨어져 협상을 요청해 올 때까지 기다린다. 또한, 마귀는 우리가 큰 사업을 계획해 하나님의 영광을 드높이려고 할 때 공격을 감행한다. 그는 말의 발뒤꿈치를 무는 뱀처럼 행동한다. 우리의 공적 지위가 높을수록, 하나님을 섬기는 우리의 행위가 뛰어날수록 우리를 대적하는 사탄의 간계는 더욱 흉악해진다. 마귀는 자신의 유혹을 더욱 강화시킬 대상이나 기회를 발견했을 때도 어김없이 공격을 가해온다. 마귀는 하와가 생명 나무 곁에 서 있을 때 그녀에게 접근했다. 생명 나무가 보이는 상황에서 그의 유혹의 힘은 두 배로 증가했다. 마음속에 잠자고 있는 정욕을 일깨우는 대상이 존재하는 경우에는 유혹하기가 훨씬 더 쉬워진다. 신자가 유혹의 대상이 가까이 접근하도록 허용한다면 마귀는 자신의 계략이 곧 효과를 발휘할 것을 알고서 기뻐한다. 따라서 죄에 굴복하기를 원하지 않는다면 죄의 문 앞에 앉거나 그 곁을 지나가서는 안 된다. 호기심 가득한 눈으로 우리를 매료시킬지 모르는 세상의 아름다움을 바라보지 말라. 마음속에 받아들여서는 안 될 것을 곰곰이 생각하지 말라. 신자가 육신의 힘이 다해 임종을 앞둔 때도 유혹의 때가 될 수 있다. 마귀는 비겁하게도 유혹할 시간이 얼마 남지 않은 상황에서 연약한 자를 노린다. 그는 신자가 영원한 세상에 들어가려고 하는 순간에 자신의 기지와 간계를 총동원한다. 그는 신자가 천국에 들어가는 것을 막을 수 없다고 하더라도 순순히 놓아주기를 거부하고 어떻게든 고통을 가하려고 애쓴다.

윌리엄 거널, *The Christian in Complete Armour*, 1:71-74

능력이 있어 여호와의 말씀을 행하며
그의 말씀의 소리를 듣는
여호와의 천사들이여 여호와를 송축하라

거룩한 천사들은 하늘에서 하나님의 뜻을 어떻게 이행할까? **첫째, 그들의 순종은 완전 무결하다.** 그들은 하나님이 요구하시는 것은 무엇이든 다 이행하고, 순종하기를 마다하지 않는다. 그들은 하나님을 섬기거나 그분의 시중을 드는 일을 태만하게 하거나 소홀히 하는 법이 절대 없다. 그들은 끊임없이 하나님을 찬양하고, 송축하며, 그분의 명령과 지시를 받들어 언제라도 이행할 준비를 하고 있다. **둘째, 천사들은 두려움이나 강요에 이끌리지 않고, 자발적으로 즐겁게 순종한다.** 순종은 그들의 영원한 기쁨이다. 우리도 우리의 영광이요 가장 큰 상급이신 하나님의 명령을 귀찮은 일로 여겨 억지로 이행하지 말고, 기꺼이 받들어 이행해야 한다. **셋째, 천사들은 열의를 가지고 하늘에서 하나님의 뜻을 이행한다.** 당신은 냉랭하거나 무관심한 태도로 순종하는가? 불 없이 희생 제사를 드리는가? **넷째, 천사들은 하나님의 뜻을 신속하게 이행한다.** 그러나 참으로 슬프게도 우리는 얼마나 느리고, 굼뜬지 모른다. 우리는 우리의 주재이신 하나님의 뜻에 순종하기보다 그것을 거부하려고 애쓴다. 우리는 갖가지 변명을 내세워 시간을 늦추거나 지체하기를 좋아한다. 우리는 다른 할 일이 없어 시간이 남을 때 하나님을 섬기면 된다고 생각한다. 그러나 천사들은 하나님의 뜻을 그런 식으로 이행하지 않는다. 우리도 하나님의 뜻이라는 것을 알자마자 곧바로 신속히 이행해야 한다. **다섯째, 천사들은 밤낮으로 항상 꾸준하게 하나님의 뜻을 이행한다**(계 7:15). 그들은 주어진 일을 지겨워하지 않는다. 하나님을 섬기는 것이 그들의 행복이요, 순종이 그들의 영광이다. 우리보다 못한 사람들과 우리 자신을 비교하면서 조금 나은 순종을 한 것으로 만족해서는 안 된다. 우리 자신을 천사들과 견주어야 한다. 거룩한 천사들처럼 기쁨과 열의를 가지고 신속하고, 꾸준하게 하나님께 순종하는가? 그들처럼 하나님 안에서 기뻐하는가?

에제키엘 홉킨스, *Works*, 1:95-98

하늘과 땅을 창조하신 사랑하는 하나님, 당신은 저를 향한 그 선하신 뜻에 따라 세상과 제가 존재하기 전에 저를 그리스도 안에서 주님의 자녀로 선택하셨습니다. 당신은 저의 가장 사랑스러운 아버지가 되셨습니다. 저를 사랑하고, 돌보고, 도와주고, 양육하고, 모든 필요를 공급해 주시는 당신의 사랑과 자애로운 섭리는 세상의 그 어떤 아버지의 사랑보다 더 뛰어납니다. 하나님이 저의 사랑스러운 아버지이시고, 제가 예수 그리스도를 통해 영원히 당신의 자녀가 되었다는 사실을 받아들이기를 주저하거나 의심하지 않겠습니다(요일 4:10). 저는 당신께 저의 모든 염려를 맡길 수 있고, 또 확실한 희망과 편안한 마음으로 제가 필요로 하는 모든 것을 믿고 구할 수 있습니다. 저는 당신의 자녀가 될 자격이 없습니다. 제가 당신의 자녀가 된 것은 오직 그리스도 안에 나타난 하나님의 선하심과 은혜 덕분입니다. 당신의 선하신 뜻대로 저를 자녀로 입양하셨기 때문에, 저를 이롭게 하는 것은 그 어느 하나도 부족하지 않을 것이 분명합니다. 당신의 능력은 절대적이고, 당신의 뜻은 너무나도 관대합니다. 저는 당신을 기뻐하고, 찬양하고, 신뢰하고, 경외하고, 섬기고, 사랑하고, 의지하며 하나님의 자녀답게 행동해야 합니다. 그러나 슬프게도 제 마음은 너무나도 둔감합니다. 저는 감사할 줄 모를 뿐 아니라 하나님의 풍성한 긍휼을 의심하고, 불신하는 마음이 가득합니다. 하나님을 향한 저의 사랑과 경외심과 의지하는 마음은 너무나도 미미합니다. 선하신 아버지여, 하나님 자신을 위해 저를 용서하시고, 긍휼히 여기소서. 성령께서 제게 하나님을 나타내 하나님을 진정으로 알고 사랑하게 하시며, 믿음으로 저의 모든 필요를 하나님께 의지하게 하옵소서. 저는 하나님의 손에서 모든 것을 구해야 합니다. 아버지여, 당신 안에서 영광을 누리게 하소서. 당신은 저의 주인이요, 하나님이요, 아버지이십니다. 그러나 슬프게도 저는 이런 사실을 등한시하고 있습니다. 하나님이 저를 당신의 아들과 당신이 나누는 복된 교제 안으로 부르셨는데도 감사할 줄 모르는 죄를 짓고 있습니다. 오, 선하신 아버지여, 저를 긍휼히 여겨 용서해 주소서. 그리스도를 위해 하나님의 복된 교제의 참된 기쁨을 느낄 수 있는 은혜를 제게 허락하소서. 하나님의 자녀로서 하나님 앞에 나와 당신의 영광을 위해 이 모든 것을 구하옵니다.

존 브래드퍼드, *The Writings of John Bradford*, 1:11-123

너희가…좋은 것으로 자식에게 줄 줄 알거든
하물며 하늘에 계신 너희 아버지께서…
좋은 것으로 주시지 않겠느냐

성경은 우리의 아버지이신 하나님과 우리가 마지막에 누리게 될 복된 기쁨 안에서 영광을 누리며 즐거워하라고 가르친다. 우리는 잠시 세상에 거하며 비참한 일을 겪지만, 우리의 본향은 천국이다. 따라서 물질적인 축복만을 근거로 하늘에 계신 우리 아버지의 은혜를 판단해서는 안 된다. 세상에서는 악인들이 하나님의 자녀들보다 더 형통할 때가 많다. 세상의 것을 생각하지 말고, 하늘의 것을 생각해야 한다. 그러나 세상에서 하나님이 공급해 주시는 것들을 통해서도 그분의 거룩한 섭리를 발견할 수 있다. 하나님은 이곳 세상에서 내가 어렸을 때부터 필요한 것들을 공급해 주셨다. 물론, 그런 것들은 그분이 나의 영혼을 보살펴 주신 것과는 비교가 되지 않는다. 땅 위의 축복은 하늘에서 누릴 축복의 맛보기에 지나지 않는다. 세상의 것들을 잃으면 하늘의 영원한 것들을 더 많이 생각할 기회를 가질 수 있다. 슬프게도 나는 세상의 것에 골몰한 나머지 하늘의 것을 거의 생각하지 않는다. 하나님이 세상에서 나를 자애롭게 바로잡아 주고, 필요한 섭리를 베풀어 주시는데도 감사하는 마음이 없다. 나는 참으로 비참하기 짝이 없는 속물이며, 건강, 재물, 친구, 명예, 지혜와 같은 유형적인 은혜를 많이 받았는데도 감사할 줄 모른다. 나는 하나님 아버지의 신령한 은혜, 그리스도 예수의 은혜, 성령의 약속, 복음, 영광과 천국에 관해서도 감사하지 않는다. 나는 형통할 때 교만하고, 아무 걱정 없이 안전하게 지내는 까닭에 하나님을 잊고 말았다. 나는 조금의 고난도 못 견디고, 나의 우울한 마음 상태만을 걱정하기 일쑤다. 오, 사랑하는 아버지여, 감사할 줄 모르고, 세상을 사랑하고, 신령한 은혜를 멸시하는 저를 용서하소서. 제게 성령을 주어 주님의 임재와 능력과 지혜와 선하심에 관한 살아 있는 지식과 빛으로 제 생각의 눈을 밝히소서. 제게 뜨거운 열정을 주셔서 오직 주님 외에는 세상에서 아무것도 바라지 않게 하소서. 기도하오니 주님이 적절하다고 생각하시는 때에 제가 구하는 것들을 허락해 주소서.

존 브래드퍼드, *The Writings of John Bradford*, 1:123-125

오늘 우리에게 일용할 양식을 주시옵고

하나님의 영광을 구하고 난 뒤에는 우리의 일시적인 필요를 구해야 한다. 우리의 가장 큰 필요는 영적인 것들이지만 하나님은 우리에게 일시적인 축복도 함께 허락하신다. 우리는 여인숙에 잠시 머무는 것처럼 그것들을 즐길 수 있다. 우리는 세상의 위로들로 우리의 심신을 달랠 수 있지만, 거기에 안주하거나 그것들로부터 참된 안식을 얻으려고 해서는 안 된다. 우리는 세상에서 나그네요 순례자이다. 우리의 본향은 천국이며, 우리는 그곳을 향해 가는 중이다. 우리는 그 여행길을 가는 동안 세상에서 주어지는 것들에 감사하며, 고향으로 가는 동안 우리를 지탱해 줄 양식을 구하고, 그것을 즐겁게 먹는다. 구세주께서는 섭리를 베풀어 우리에게 날마다 땅 위의 축복을 허락하실 뿐 아니라 하늘의 신령한 축복을 내려 주신다. 우리는 대개 영적 필요보다는 일시적인 필요에 더 많은 관심을 기울인다. 구세주께서는 우리의 관심을 차츰 일시적인 필요에서 영적인 필요로 돌리도록 이끄신다. 우리는 일시적인 필요를 공급해 달라고 구하도록 허용되었지만, 그것들은 영혼에 필요한 것들과 비교하면 그다지 중요하지 않다. 우리는 영적인 은혜에 훨씬 더 많은 관심을 기울여야 하고, 그것을 더욱 끈덕지게 구해야 한다. 양식은 잠시 있다가 썩어 흙이 되어 벌레들의 먹이가 되고 말 비천한 육신에 양분을 공급할 뿐이다. 죄의 용서와 영적 은혜를 구하는 것이 그보다 훨씬 더 중요하다. 그것들이 없으면 우리의 영혼은 영원히 멸망할 것이다. 양식은 이 세상의 삶에 필요한 모든 것을 나타내는 비유적 의미를 지닌다. 그런 것들도 필요하다. 하나님은 우리에게 그것들을 주겠다고 약속하셨다. 우리가 즐기는 것은 무엇이든 그분의 관대하신 은혜에서 비롯한 것이다. 그분이 우리의 식탁을 차려 주시고, 우리의 잔을 가득 채워 주신다. 그분이 우리의 건강과 힘을 유지해 주시고, 날마다 많은 은혜를 베푸신다. 재물과 명예와 친구와 기쁨과 위로의 축복을 누리는가? 하나님이 그런 좋은 것들을 우리에게 가득 채워 주신다. 그분은 자신이 가진 모든 것을 풍성하게 베풀어 인간이 쓰고, 누릴 수 있게 하시는 위대한 주님이요 소유주이시다.

에제키엘 홉킨스, *Works*, 1:98-103

백성들아 시시로 그를 의지하고
그의 앞에 마음을 토하라 하나님은 우리의 피난처시로다

오직 하나님만을 의지하는 것은 신자가 항상 이행해야 할 필수 의무다. 거룩한 신뢰는 가장 높은 음계의 음표에 곡조를 맞춘다. 하나님을 신뢰하는 영혼은 다른 성도들보다 더 높은 궤도를 비상하며, 천국의 시민군을 이끈다. 인내는 희망을 길게 갖는 것이고, 신뢰는 믿음을 굳게 강화하는 것이다. 믿음이라는 특효약은 용기와 인내를 가져다준다. 그것은 육적인 두려움이나 의기소침과는 정반대다. 사방에서 공격을 당해도 굳게 버티며 물러서지 않는 사람은 복되다. 그런 사람은 마귀가 화살통의 화살을 모두 쏘아도 항복할 의사를 조금도 내비치지 않는다. 그는 자신이 점유하고 있는 유리한 위치에서 한 발자국도 물러서지 않는다(사 12:2). 다윗은 "여호와는 나의 빛이요 나의 구원이시니 내가 누구를 두려워하리요 여호와는 내 생명의 능력이시니 내가 누구를 무서워하리요"(시 27:1)라고 담대하게 외쳤다. 그가 하나님을 신뢰하자 마음속에서 속되고, 소심한 인간의 두려움이 흔적도 없이 사라졌다. 아리마대 요셉도 마음속에서 거룩한 신뢰가 솟아오르자 담대하게 예수님의 시신을 요구했다(막 15:43). 다윗은 골리앗과 맞서 곰과 사자와 같은 그의 이빨과 갈기를 움켜쥐고 승리했다. 신자가 하나님을 신뢰하고, 자신의 의무가 무엇인지를 안다면 그것으로 충분하다. 그러면 담대한 마음으로 용기 있게 즐거이 의무를 이행함으로써 자기 자신과 자신의 승리를 하나님께 온전히 바칠 수 있다. 거룩한 신뢰는 어떤 효과를 일으킬까? 거룩한 신뢰는 하나님께 충실하고, 열정적이고, 효과적인 기도를 드리도록 이끌고, 어떤 상황에서든 성실하고 진지한 태도로 즐거이 순종하도록 도와준다. 하나님이 약속하신 것을 누리기를 바라는 자들은 그분이 명령하신 것을 이행할 것이 틀림없다. 그런 사람들은 심지어 지금도 영혼을 황홀하게 하는 기쁨을 누리게 될 것이다. 하나님을 우리의 의지처요 힘으로 삼으면 그분은 우리의 기쁨이요 노래가 되어 주실 것이 틀림없다.

토머스 라이, *Puritan Sermons 1659-1689*, 1:369-375

여호와를 의지할지어다

주 여호와 하나님은 신자가 의지해야 할 유일한 대상이시다. 폭풍우가 사납게 몰아치는 바다에서 우리는 이 바위를 우리의 피난처로 삼아야 한다(사 26:4). 태양이 뜨겁게 내리쬘 때 요나의 박 넝쿨은 무가치한 것으로 드러났다. 하나님의 날개 아래와 같은 그늘은 어디에도 존재하지 않는다(시 36:7). 거룩한 신뢰는 거룩하신 하나님께만 합당한 특별한 예배의 행위다. 거룩한 신뢰는 어떤 피조물에게도 돌릴 수 없다. 만일 그렇게 한다면 그 피조물은 우리의 우상이 된다. 하나님을 신뢰하면 다른 신뢰의 대상들과는 완전히 단절된다. 우리는 하나님과 재물을 겸하여 섬길 수 없다. 우리의 신뢰의 활에는 활줄이 하나뿐이어야 한다. 하나님이 곧 하나뿐인 활줄이시다. 좀 더 구체적으로 말하면 하나님 외에는 우리 안에 있는 것이든 밖에 있는 것이든 그 무엇도 신뢰해서는 안 된다. 우리의 명철을 의지해서는 안 된다(잠 3:5). 우리의 명철은 우리를 수렁에 빠뜨릴 것이다. 우리의 마음을 신뢰해서도 안 된다. 우리의 마음은 심히 부패했다(렘 17:9). 육신의 힘을 신뢰해서도 안 된다. 아무리 건장한 팔도 질병과 죽음의 공격을 물리칠 수 없고, 놋쇠 기둥처럼 튼튼해 보이는 다리도 곧 그 실체를 드러내 진흙 기둥처럼 내려앉을 것이다. 선천적이거나 후천적인 재능을 신뢰해서도 안 된다. 그것은 전적으로 무익할 뿐이다. 우리의 밖에 있는 것들 가운데도 의지할 만한 것은 아무것도 없기는 마찬가지다. 피조물을 신뢰하는 것은 그것이 무엇이 되었든 자갈을 먹고 사는 것이나 다름없다. 많은 재물을 의지해서는 안 된다. 재물은 아무리 많아도 불확실하기 짝이 없고, 진노의 날에 아무런 도움이 되지 않는다. 재물을 의지하는 자들은 천국에서 분깃을 얻을 수 없다. 부자가 영광의 문 안으로 들어가는 것은 낙타가 바늘귀로 들어가는 것보다 더 어렵다. 사람을 신뢰하는 것은 부러진 갈대를 의지하는 것과 같다. 인간은 흙이며, 죽음과 함께 우리의 모든 희망도 사라진다. 그러나 성도는 안전한 토대 위에 하나님에 대한 신뢰를 구축할 수 있다. 하나님 안에서 발견하는 것은 무엇이든 우리에게 오직 그분만을 신뢰하라고 가르친다. 우리의 하나님은 가장 안전한 의지처이시다.

토머스 라이, *Puritan Sermons 1659-1689*, 1:375-376

우리가 구하거나 생각하는 모든 것에 더 넘치도록 능히 하실 이에게

하나님의 전능한 팔은 신자들이 신뢰할 수 있는 안정된 토대를 제공한다. 그분의 전능한 손은 하늘을 덮는다(사 40:12). 하나님은 강하고 능하시며(시 24:8), 말씀으로 세상을 창조하셨다(시 33:9). 그분은 '엘-샤다이,' 곧 전능하신 하나님이시다(창 17:1). 그분의 광대한 능력은 우리의 필요와 기도와 생각은 물론, 우리가 필요로 하거나 구하거나 생각할 수 있는 모든 것을 넘어선다. 우리는 위대한 것들을 구할 수 있고, 그보다 훨씬 더 위대한 것들을 상상할 수 있지만, 하나님의 능력은 그 모든 것을 무한히 능가한다. 우리의 입을 아무리 크게 벌려도 하나님은 그것을 가득 채우시고도 남는다(시 86:10).

피조물 가운데는 영원히 죽지 않는 영혼의 무게를 감당할 만한 의지처가 없다. 그런 것은 우리의 발밑에서 쉽게 무너져 내린다. 그러나 전능하신 하나님은 바위와 같으시다. 그분 위에 집을 짓는 자는 바람이 불고, 폭풍우가 몰아쳐도 무너지지 않을 것이다(마 7:25). 아브라함은 그 토대 위에 초월적인 믿음을 구축했고(롬 4:21), 다윗은 확고부동한 신뢰를 구축했다(삼하 12:2-3). 하나님께 대한 신뢰를 구축할 수 있는 또 다른 토대는 그분의 무한한 선하심과 긍휼과 관대하심이다. 하나님의 마음은 그분의 팔이 강한 만큼이나 온유하기 그지없다. 그분은 우리에게 기꺼이 구원을 베풀기를 원하시고, 또 구원할 능력이 있으시다. 성경은 "아버지가 자식을 긍휼히 여김 같이 여호와께서는 자기를 경외하는 자를 긍휼히 여기시나니"(시 103:13)라고 말씀한다. 자식의 어려운 처지를 보고도 도와주지 않는 아버지는 아버지로 불릴 자격이 없다. 그런 사람은 인간이 아닌 짐승이다. 하나님은 자기 백성을 긍휼히 여기신다. 그분의 사랑은 그 이상이요, 무한하다. 최상의 아버지는 오직 하나님뿐이시다. 선하심은 하나님의 사랑스러운 속성이요 그분의 영광이다. 모세가 하나님께 하나님의 영광을 보여 달라고 하자 그분은 자신의 선하심을 보여 주셨다(출 33:18). 우리의 내면에는 하나님을 설득할 만한 것이나 내세워 주장할 만한 것이 아무것도 없지만, 하나님의 품속에는 중보자가 있다. 그 중보자란 다름 아닌 그분의 선하심이다. 하나님의 선하심이 우리의 구원을 확실하고도 효과적으로 중재해 줄 것이다.

토머스 라이, *Puritan Sermons 1659-1689*, 1:376-378

내가 결코 너희를 버리지 아니하고 너희를 떠나지 아니하리라

우리는 하나님의 보배로운 약속들을 생각하며 그분에 대한 신뢰를 구축할 수 있다. 믿음이 쇠약해질 때 이 약속을 붙잡으면 새로운 힘을 얻을 수 있다. 본문의 헬라어 문장에는 부정어가 다섯 차례나 사용되었다. 본문을 원문대로 옮기면 "나는 너희를 버리지 않고 not, 결코never 버리지 않을 것이다. 나는 너희를 떠나지도neither 않을not 것이고, 결코never 떠나지 않을 것이다"라는 뜻이다. 이 보배로운 약속이 다섯 차례나 되풀이되는 것을 보면 우리의 마음에 위로가 가득 넘치고, 지극히 풍성한 약속의 영광 속에서 기쁨을 만끽할 수 있다. 어떤 사람은 하나님이 우리를 버리실지도 모른다고 생각하지만, 그분은 우리를 버리지 않고, 결코 떠나지 않으실 것이다. 하나님은 잠시 우리를 떠나시더라도 우리를 완전히 버리지 않으신다. 하나님은 우리를 잠시 떠나시더라도 우리와의 관계를 완전히 끊지 않으신다. 우리를 떠나시는 것은 잠시 눈앞에서 사라지는 것일 뿐, 관계의 단절이 아니다. 외적 섭리가 변하는 것일 뿐, 하나님의 성향은 조금도 변하지 않는다. 물 가운데로 지나고, 불 가운데로 지나고 있는가? 하나님은 우리와 함께하겠다고 약속하셨다. 화기가 느껴질 수는 있어도 불꽃이 우리를 사르지는 못한다(사 43:2). 하나님의 약속은 하나님과 신자를 굳게 결속시키는 맹약이요 계약이다. 믿음은 그것을 보증으로 삼아 "하나님, 여기 하나님이 지불하겠다고 약속하신 청구서가 있습니다. 하나님이 손으로 직접 쓰고 인장을 찍으신 것입니다."라고 담대히 주장할 수 있다. 우리의 신뢰는 견실하고, 견고하며, 확고부동한 하나님의 신실한 속성에 의해 더욱 강화된다. 하나님이 약속을 하신 이유는 그분의 선하심 때문이고, 그분이 약속을 지키시는 이유는 그분의 신실하심 때문이다. 하나님이 한 번 발설하신 말씀은 천지가 없어지더라도 일점일획도 없어지지 않는다(눅 21:33). 하나님의 신실하심 때문에 그분의 약속은 반드시 성취된다. 하나님은 단 한 번도 자기를 믿는 사람을 실망시키신 적이 없고, 앞으로도 없을 것이다(시 9:10). 하나님은 자신의 말에 충실하고, 진실하시다. 하나님이 승리를 약속하셨다면 전쟁이 시작되기도 전에 승리의 나팔을 울릴 수 있다. 오, 성도들이여, 하나님을 신뢰하라.

토머스 라이, *Puritan Sermons 1659-1689*, 1:378-379

아브람아 두려워하지 말라 나는 네 방패요 너의 지극히 큰 상급이니라

우리는 형통할 때 조심스러운 태도로 하나님을 의지해야 한다. 한낮의 따뜻한 햇볕 아래 앉아서 젖으로 우리의 발자취를 씻으며(욥 29:6 참조), 우리의 발을 기름에 잠그고(신 33:24 참조), 하나님의 등불이 우리의 성막을 비추며, 우리의 길이 유쾌한 곳으로만 펼쳐져 나갈 때야말로 하나님을 의지해야 할 때다. 그렇게 잔잔하고, 고요한 때에 영혼의 키를 잘 조종해 나가려면 믿음의 기술을 최대한 발휘해야 한다. 믿음의 눈을 모든 즐거움의 원천이신 하나님께 고정해야 한다. 믿음은 모든 좋은 선물이 위로부터 주어진다는 것을 인정한다. 우리의 모든 즐거움이 하나님에게서 비롯하기 때문에 우리는 하나님께 모든 찬양과 영광을 돌려야 한다. 믿음은 하나님이 요구하시면 언제라도 기꺼이 모든 것을 내려놓아야 한다. 하나님이 빌려준 것을 되돌려줄 때가 되었다고 말씀하시면 기꺼이 그분의 주권에 복종해야 한다. 은혜로운 마음은 세상의 것들을 그리스도를 위해 사용하기를 기뻐한다. 마리아는 사랑하는 주님의 머리에 기꺼이 향유를 부어 드렸다. 그녀의 향유는 어떤 시장에 내다 팔았어도 그보다 더 큰 가치를 지니지는 못했을 것이다. 신자가 누리는 즐거움 가운데 선한 양심을 버리거나 믿음이 파선되는 위험을 감수하면서까지 포기하지 않고 굳게 지켜야 할 만큼 크고, 보배로운 즐거움은 존재하지 않는다(딤전 1:19). 외적인 즐거움은 유쾌하지만, 그것들의 원천이신 하나님은 무한히 더 귀하시다. 양식과 포도주가 풍성하면 기쁘지만, 하나님을 즐거워하지 않으면 아무런 가치가 없다. 하나님의 인격과 임재를 그런 것과 어찌 비교할 수 있겠는가? 오, 지극히 귀한 하나님의 얼굴빛이여! 세상의 축복을 누린다면 에서처럼 많은 것을 가졌다고 말할 수 있을지 모르지만, 하나님을 소유한다면 야곱처럼 모든 것을 소유한 사람이 될 수 있다. 하나님 안에는 영원한 기쁨과 희락이 가득하다. 오직 그분만이 만족을 주실 수 있다. 하나님은 모든 것을 충족하게 채우는 분깃이시다. 하나님은 우리의 태양이자 방패요, 뿌리이자 가지요, 토대이자 모퉁잇돌이요, 검이자 방패다. 오직 그분만이 우리의 모든 소원과 필요를 채워 주실 수 있다. 그분은 우리의 하나님이요 분깃이요 모든 것이 되신다.

토머스 라이, *Puritan Sermons 1659-1689*, 1:381-385

역경의 때는 하나님을 신뢰하기에 적합한 때다. 먹을 양식이나 마실 물이 없고 오직 고통과 놀람만이 있을 때는 슬픔에 잠겨 낙담하고, 절망하며 탄식할 때가 아니라 하나님을 신뢰해야 할 때다. 폭풍우가 몰아치면 신자는 닻을 위로 던져야 한다. 신뢰는 쇠약해져 정신을 잃고 기절할 상황에 직면한 신자를 도와주는 가장 훌륭한 방책이다. 하나님의 섭리가 우리의 슬픔을 크게 가중시키고, 우리를 거듭해서 처참하게 깨부수고, 하나님의 화살이 우리에게 단단하게 박히고, 그분의 손이 우리를 심하게 짓누르고, 재를 양식처럼 먹어야 하고, 음료에 눈물을 섞어 마실 수밖에 없을 때야말로 더욱 믿음을 분발시켜야 할 때다. 믿음은 폭풍우 속에서 키를 잡고, 영혼이 난파하지 않도록 지켜 준다. 믿음은 고난이라는 골리앗과 격투를 벌여 승리한다. 마음이 낙심되고, 영혼이 정신을 잃을 때 믿음은 병을 꺼내 원기를 회복시키는 강장제를 나눠 준다. 믿음은 온갖 풍랑과 폭풍우와 바람, 곧 슬픔과 불행의 태풍 속에서도 어디에, 어떻게 닻을 드리워야 하는지 알고 있다. 예수님은 "너희는 마음에 근심하지 말라"(요 14:1)고 말씀하셨다. 믿음은 모든 질병의 해독제요 치료제다. 믿음은 신자가 죽음의 와중에서도 생명을 유지하도록 도와준다. 하나님은 일반적인 수단들이 아무 소용이 없을 때 비상한 수단들을 동원해 우리를 붙들어 주신다. 그분은 독을 해독제로, 장애를 발전으로, 멸망을 구원으로 바꾸실 수 있다. 까마귀들이 엘리야에게 양식을 가져다주었다. 큰 물고기는 요나에게 배와 조타수가 되었다. 전능하신 하나님은 수단 없이 역사하실 수 있다. 하나님은 종종 자기 백성을 어떻게 해야 할지 모르는 상황 속으로 끌어들이신다. 하나님이 그렇게 하시는 이유는 자신이 무엇을 할 수 있는지를 그들에게 보여 주시기 위해서다. 하나님은 자기 백성과 항상 함께 계시지만, 그들이 가장 힘든 상황에 처했을 때 가장 은혜롭게 대해 주신다.

토머스 라이, *Puritan Sermons 1659-1689*, 1:381-397

어떤 형편에든지 나는 자족하기를 배웠노니

　믿음이 극도로 주의를 기울여 피해야 할 올무와 함정이 있다. (1) **정신을 혼란스럽게 하는 염려를 경계해야 한다**(빌 4:6). 참새를 먹이시는 하나님이 필요한 것을 공급해 주실 것이다. (2) **육적인 죄를 경계하고, 사람이나 육적인 도움을 의지하지 말아야 한다.** 옳지 못한 수단으로 구원을 얻으려는 것은 황금 낚싯바늘로 물고기를 낚으려다가 쓸모없는 것만 잡는 것과 같다. 그런 방법은 영혼을 죽이고 육체만 보존하는 결과를 낳을 뿐이다. (3) **이스라엘의 거룩한 자를 한 가지 구원의 방법에만 국한해서는 안 된다.** 나아만은 엘리사 선지자가 환처 위에 손을 얹어 자기를 고쳐줄 것이라고 생각했다. (4) **인내심을 잃고 안달복달하거나 궁시렁거리거나 하나님의 처사를 다투어서는 안 된다.** 그것은 가엾은 요나를 걸려 넘어지게 만든 걸림돌이었다. 그는 박 넝쿨이 시들자 죽어도 좋다는 심정으로 크게 분노했다. (5) **고난을 겪더라도 하나님의 사랑을 의심해서는 안 된다. 하나님의 행위만 보면 그분의 마음을 옳게 이해하기가 어렵다.** 믿음을 가져야만 하나님의 찌푸린 얼굴 외에는 아무것도 볼 수 없을 때에도 그분의 마음속에 있는 사랑을 의식할 수 있다. 믿음의 바닥짐은 여러 가지 조수를 헤쳐 나가게 한다. 자족의 조수도 헤쳐 나가고(빌 4:11) 겸손의 조수도 헤쳐 나간다. 겸손은 영혼을 안정되게 하여 폭풍우를 잘 헤쳐 나가도록 돕지만, 교만은 마음을 잔뜩 부풀려 어떤 짐도 짊어질 수 없게 만든다. 믿음은 신령한 생각을 하도록 이끈다. 믿음은 위의 것을 좋아하고, 사랑한다. 신령한 생각이 가득한 믿음은 높이 날아올라 별들 너머를 바라본다. 믿음은 순례의 길을 가는 동안 세상의 것을 꼭 필요한 만큼만 원한다. 믿음은 인생의 갖가지 사건들 속에서 하늘의 손길을 찾는다. 믿음은 사건들 너머 하나님의 마음을 바라본다. 욥은 "하나님이 거두어 가셨다"라고 말했다. 하나님은 항상 사랑으로 행동하신다. 그분은 무슨 일을 하든 성도의 유익을 목표로 삼으신다. 믿음은 장래의 영광을 바라본다. 그리스도께서는 십자가를 거쳐 낙원에 들어가셨다. 그리스도인들도 마찬가지다. 오늘은 십자가를 짊어지지만, 내일은 생명의 면류관을 쓰게 될 것이다(약 1:12).

토머스 라이, *Puritan Sermons 1659-1689*, 1:392-400

세월을 아끼라 때가 악하니라

하나님은 고난을 통해 우리에게 세월을 아끼는 법을 가르치신다. 우리는 삶이 평온할 때 무심코 흘려 보내는 귀한 시간이 얼마나 많은지 모른다. 그런 시간은 다시는 되돌아오지 않는다. 시간의 참된 가치를 헤아릴 줄 아는 사람이 있는가? 대다수 사람은 자신이 사용할 수 있는 시간보다 더 많은 시간을 소유하고 있기라도 한 것처럼 시간을 헛되이 낭비한다. 그로 인해 우리의 짧은 인생이 더더욱 짧아진다. 사람들이 "무엇을 하면서 시간을 보내야 하는가?"라고 푸념하는 소리를 들으면 참으로 서글프기 짝이 없다. 그러나 시련과 어려움이 닥치고, 칼날이 육신을 위협하고, 총이 가슴을 겨누고, 칼이 목을 겨누고, 죽음이 문 앞에 이르면 하찮게 여겼던 시간이 얼마나 귀하게 느껴지는지 모른다. 때가 악할 때는 세월을 아껴야 한다. 목숨을 위협하는 위기가 닥쳤을 때는 세월을 아껴 기도와 묵상에 사용하고픈 생각이 들기 마련이다. 그럴 때는 한순간이라도 헛되이 흘러가지 않도록 자투리 시간까지 다 모으려고 애쓸 것이다. 우리는 계획도 없고, 시간을 능숙하게 다룰 능력도 없는 탓에 느닷없이 죽음을 맞이하는 경우가 많다. 그동안 오랜 세월을 살아오면서 여러 가지 계획을 세웠고, 앞으로도 그럴 테지만, 정작 우리의 회계 장부를 준비하는 데 필요한 시간은 마련하지 않는다. 오늘이 우리가 소환되는 날이 되는지도 모른다. 우리의 시간은 모두 흘러갔는데 우리의 일은 아직 시작조차 하지 못했다면 참으로 난감할 것이 틀림없다. 영혼의 일이 아직 끝나지 않은 상태에서 죽음이 닥쳐온다면 영혼은 크게 당황할 수밖에 없다. 이제 막 여행을 시작했는데 해가 지는 것을 본다면 여행자는 겁에 질릴 수밖에 없을 것이다. 인생은 저물어 가는데 일은 시작해야 한다면 참으로 곤란할 것이다. 우리가 남겨 놓은 시간은 너무나도 짧아 지나간 시간을 헛되이 흘려보낸 것을 슬퍼할 겨를이 없다. 하나님은 우리가 잃어버린 기회를 되찾아 짧은 시간에 많은 일을 할 수 있도록, 감옥에 갇힌 베드로를 찾아온 천사처럼 우리의 옆구리를 치며 급히 일어나 띠를 띠고 신을 신으라고 말씀하신다. 우리의 시간을 조금이라도 낭비하는 것은 안타까운 일이다. 시간은 너무나도 짧고, 귀한 것이다.

토머스 케이스, *Select Works, A Treatise of Afflictions*, 71-77쪽

오히려 너희가 그리스도의 고난에 참여하는 것으로
즐거워하라 이는 그의 영광을 나타내실 때에
너희로 즐거워하고 기뻐하게 하려 함이라

우리의 고난은 그리스도 예수의 고난을 조금이나마 이해하게 해 준다. 우리는 형통할 때는 십자가를 모른 체한다. 그리스도의 고난에 관한 이야기를 들으면 잠시 그분이 가엾게 느껴지지만 그런 연민의 감정은 신속하게 사라진다. 그러나 하나님이 힘든 고난을 허락해 우리의 육신을 괴롭게 하고, 우리의 뼈를 고통스럽게 하고, 펄펄 끓는 열병으로 뜨거워 견딜 수 없게 하시고, 우리의 발이 차꼬에 상처가 나고, 우리의 영혼이 호된 시련을 당하면 그제야 비로소 창에 찔린 예수님을 생각하며 이렇게 말할 것이다. "십자가의 한 조각도 이렇게 무거운데 십자가는 얼마나 무거웠을까? 내가 겪는 육신의 고통이 이렇게 심한데 주님이 영혼으로 감내하신 고뇌는 얼마나 심했을까? 인간의 분노도 이토록 강렬한데 하나님의 진노는 얼마나 강렬했을까? 친구들에게 버림받는 것은 그야말로 심장을 찌르는 듯한 고통이 아니었을까? 하나님의 사랑하시는 아들이 아버지로부터 버림을 받으셨으니 얼마나 큰 고통이었을까? 사슬은 너무나도 무겁고, 감옥은 너무나도 혐오스럽고, 사형 선고는 너무나도 두렵지 않았을까? 하늘과 땅을 창조하신 분이 결박당한 채로 조롱과 학대를 받고, 매질과 침 뱉음을 당하고, 비방을 받아 감옥에 갇혀 심문을 받고, 정죄를 받아 가장 수치스럽고 저주스러운 방식으로 처형되신 것은 그분에게 어떤 경험이었을까?" 그리스도께서 죄인들의 모순된 행위와 마귀의 분노와 하나님의 진노를 남김없이 감당하시면서 '나의 하나님, 나의 하나님, 어찌하여 나를 버리시나이까?'라고 외치신 것은 그분에게 어떤 경험이었을까? 예수님은 강포를 행하지 않으셨고, 그 입에 어떤 거짓도 없으셨다. 하나님을 찬양하라. 나의 감옥은 지옥이 아니고, 나를 사르는 불은 꺼지지 않는 불이 아니며, 나의 잔은 진노로 가득 차지 않았다. 나는 장차 임할 진노로부터 구원받았다. 그리스도께서 우리에게 유산으로 물려주신 남은 십자가에 동참하면 그분의 고난을 어느 정도 이해할 수 있다. 우리의 고난은 그분의 고난에 비하면 그야말로 아무것도 아니지만, 고난을 겪으면 우리가 이해할 수 없었던 것을 조금은 이해할 수 있다.

토머스 케이스, *Select Works, A Treatise of Afflictions*, 73-75쪽

차라리 세상을 떠나서 그리스도와 함께 있는 것이 훨씬 더 좋은 일이라

고난은 천국을 소중히 여겨 갈망하도록 가르친다. 형통할 때는 세상에 만족하며 예수님의 제자들처럼 "여기가 좋사오니"라고 말한다. 생명은 달콤하지만 죽음은 쓰다. 세상이 우리를 우호적으로 대하며 즐겁게 해 주는 동안에는 우리는 천국을 사모하지 않는다. 그러나 가난, 투옥, 박해, 질병이 찾아오면 세상에서의 삶이 그렇게 좋아 보이지 않는다. 그런 경우에는 천국을 생각하며 얼른 죽고 싶은 생각이 든다. 하나님은 우리의 마음이 차츰 세상을 멀리하고, 본향을 향하도록 훈육하신다. 우리는 잔인한 감독관이 일을 두 배로 늘리기 전까지 애굽의 고깃국을 좋아했던 이스라엘 백성처럼 세상에 만족한다. 하나님은 세상을 사랑하는 마음을 줄여 주고 하늘의 위로가 실제로 이루어지기를 바라는 마음을 길러 주어 "주 예수님, 오시옵소서!"라고 외치게 하신다. 고난은 천국의 영광을 드러낸다. 천국은 지친 이들에게는 안식을 주고, 추방당한 이들에게는 거할 집을 주며, 멸시당한 이들에게는 영광을 주고, 포로된 이들에게는 자유를 주며, 용사들에게는 승리를 주고, 정복자들에게는 생명의 면류관을 주며, 굶주린 이들에게는 감추인 만나를 주고, 목마른 이들에게는 생명수를 주며, 슬퍼하는 이들에게는 충만한 기쁨을 주고, 애통하는 이들에게는 영원한 희락을 준다. 천국은 보배롭고, 영혼은 그리스도와 함께 있기를 바란다. 이것이 가장 큰 행복이다. 소망은 영혼 안에 있는 생명을 유지시킬 뿐, 영혼을 채워줄 수는 없다. 영혼은 본향에 돌아가서 아버지의 품 안에 안기기를 원한다. 믿음으로 행하는 이들은 믿는 것이 현실이 되어 나타나기 전까지는 결코 만족하지 않는다. 야곱은 요셉이 살아 있다는 소식을 듣는 것만으로 만족하지 않았다. 그는 "내가 죽기 전에 가서 그를 볼 것이다"라고 말했다. 아우구스티누스는 하나님이 모세에게 "네가 내 얼굴을 보지 못하리니 나를 보고 살 자가 없음이니라"(출 33:20)라고 하신 말씀을 읽고, "그렇다면 주님, 주님의 얼굴을 볼 수 있도록 제게 죽음을 허락하소서."라고 기도했다.

토머스 케이스, *Select Works, A Treatise of Afflictions*, 75-78쪽

기도를 계속하고 기도에 감사함으로 깨어 있으라

기도할 때 생각이 산만해지기 쉽다. 우리는 하나님을 구하는 일에 집중해야 하지만, 바람이 들어오지 않도록 생각의 창문을 모두 닫기가 불가능하다. 산만해지지 않으려고 노력하면 하나님이 자비 가운데 우리의 기도의 파편 조각들을 한데 모아 응답해 주실 것이다. 애완견이 이리저리 뛰어다니다가 주인에게 돌아오는 것처럼 우리의 생각도 이리저리 흩어졌다가 모이기를 반복한다. 기도할 때 그런 잡생각이 드는 이유는 무엇일까? (1) **사탄이 우리 곁에서 기도를 방해할 기회를 호시탐탐 엿보고 있기 때문이다.** 사탄은 열정이 식게 하거나 생각을 산만하게 함으로써 우리를 방해한다. 사탄은 기도를 두려워하기 때문에 우리를 속여 기도하지 못하게끔 유도한다. 따라서 경계를 늦춰서는 안 된다. (2) **우리가 불안정한 피조물이기 때문이다.** 우리는 하나의 대상에 오랫동안 집중하기가 어렵다. 우리는 바람에 날리는 마른 잎사귀처럼 이리저리 흔들린다. 매일 이것이 사실이라는 것을 의식하지 못하는 사람은 하나님은 물론, 자기 자신의 마음조차 모르는 사람일 것이 분명하다. (3) **우리가 실천적인 무신론에 사로잡혀 있기 때문이다.** 우리는 보이지 않는 영들의 세계를 거의 의식하지 않는다. 우리 눈에 보이는 것들이 영이신 하나님과 보이지 않는 능력보다 우리에게 더 큰 영향을 미친다. 하나님은 우리의 시야와 의식에서 멀리 벗어나 계신다. (4) **우리 안에 뿌리를 내리고 있는 정욕이 의무를 행하려고 할 때 우리를 교란하기 때문이다.** 세상의 것을 탐하는 마음, 쾌락을 추구하는 육적인 마음, 명예를 좇는 야심적인 마음이 우리의 관심을 흩뜨린다. (5) **감각이나 기억을 통해 들어온 헛된 공상과 호기심이 잡생각을 불러일으키기 때문이다.** (6) **극심한 걱정 근심이 우리의 믿음을 방해하고, 기도에 집중하지 못하게 하기 때문이다.** 우리는 로마 군대가 예루살렘을 침공했을 때 묵묵히 희생제사를 드렸던 제사장들을 본받아야 한다. 다른 사람들은 모두 도망쳤지만, 제사장들은 로마인들이 칼을 들고 달려드는데도 마치 아무것도 들리지 않는 것처럼 자신의 안전을 아랑곳하지 않고 의무를 이행하는 데 집중했다.

토머스 맨튼, *Puritan Sermon 1659-1689*, 1:401-410

여호와여 아침에 주께서 나의 소리를 들으시리니
아침에 내가 주께 기도하고 바라리이다

기도할 때 생각이 산만해지지 않게 하려면 어떻게 해야 할까? (1) **하나님이 은혜의 능력을 허락하실 때까지 기다려야 한다.** 하나님의 사랑과 은혜가 우리 안에서 강력하게 역사하면 생기가 넘치는 신령한 마음을 유지할 수 있다. 그런 마음이 줄어들면 영혼은 그릇 나가고, 무가치한 것과 죄에 다시 빠져들게 된다. (2) **하나님의 위대하심을 묵상해야 한다. 우리가 어떤 분을 대하고 있는지를 의식하는 것은 매우 중요하다.** 우리가 보이지 않는 하나님을 볼 수만 있다면 공경심이 더 커질 것이다. 천국에서 복된 천사들과 함께 만물을 꿰뚫어 보시는 하나님 앞에 서 있다고 상상해 보라. 비천한 벌레와 같은 우리가 하나님 앞에 나가려면 얼마나 큰 공경심과 경외심을 지녀야 할지 생각해 보라. (3) **우리의 생각을 산만하게 만드는 정욕을 죽이려고 애써야 한다.** 하나님께 나아갈 때 어떤 생각에 시달리는가? 무가치한 감정 하나가 우리의 기도를 방해할 수 있다. (4) **먼저 기도할 준비를 갖춰야 한다.** 자신을 산만하게 만드는 방해 요인들이 무엇인지 살피고, 육적인 생각들을 떨쳐 버려야 한다. 하나님의 원수에게는 마음을 굳게 닫고, 오직 하나님께만 마음을 기울이겠다는 각오로 임하라. (5) **자신이 원하는 목적에 초점을 맞춰야 한다.** 관심을 흩뜨러뜨리는 유혹이 느껴지거든 단호하게 물리쳐야 한다. 때에 맞지 않는 생각을 부추겨 현재의 의무에 집중하지 못하게 하는 것이 마귀의 계략이다. 그는 처음부터 대뜸 신성모독적인 생각을 부추기지 않는다. 그렇게 하면 우리는 곧 깜짝 놀라며 정신을 바짝 차릴 것이다. 마귀는 합리적인 생각을 부추기는 데서부터 시작한다. 그런 생각을 하지 않도록 주의하라. 그런 생각이 떠오른 이유를 알려고도 하지 말고 그냥 무시해 버리라. (6) **영적 감정을 진작시키려고 노력해야 한다.** 그러면 하나님과의 대화가 더욱 즐거워질 것이다. 우리의 영혼을 유익하게 해줄 것을 구할 때 하나님보다 더 나은 대화 상대가 또 누가 있겠는가? (7) **기도의 책임이 얼마나 중차대한 것인지를 기억해야 한다.** 기도는 생과 사의 문제를 다룬다. (8) **하나님의 일들을 엄숙하게 묵상하는 습관을 길러야 한다.** 마음속에 진리를 즐거워하면 말과 애정affections을 항상 잘 다스려 그토록 자주 일어나는 산만한 생각을 즉각 떨쳐 버릴 수 있다.

토마스 맨튼, *Puritan Sermon 1659-1689*, 1:410-415

의인의 간구는 역사하는 힘이 큼이니라

사람이 어떤 일을 할 때는 의도를 가지고 할 것이 틀림없다. 마음속으로 바라는 은혜를 소유하고 싶은 마음이 강렬해지면 열정적으로 기도하기 마련이다. 하나님은 열정적인 예배를 원하신다. 그분은 위대하고, 영광스러운 하나님이시다. 따라서 하나님 앞에 나갈 때는 감정을 최상의 상태로 유지해야 한다. 지루한 태도로 위대하신 하나님께 기도하는 것이 과연 온당할까? 그런 주권자에게 아뢰려면 정신이 온전히 깨어 있어야 하지 않겠는가? 하나님은 위대하시기 때문에 최상의 것을 드려야 한다. 그렇게 하지 않는 것은 그분이 응당 받으셔야 할 것을 빼앗는 것이다. 하나님은 또한 살아 계시는 하나님이시다. 살아 계시는 하나님께 죽어 있는 마음으로 기도를 드리는 것이 과연 온당할까? 생명이신 하나님이 활기 없는 게으른 헌신을 어떻게 열납하시겠는가? 하나님은 사랑의 하나님이시기 때문에 똑같이 사랑을 되돌려받기를 원하신다. 열정과 기도의 관계는 불과 향의 관계와 같다. 기도할 때 우리의 마음이 냉랭하고 형식적이면 하나님의 약속을 받기에 적합하지 않다. 하나님이 자기 백성에게 긍휼을 베풀고 싶으실 때는 기도의 영을 일깨우신다. 열정이 영혼과 결합해 당장 해야 할 일에 모든 생각을 집중하게 만든다. 열정은 산만함이나 딴생각이 들어오는 것을 허용하지 않는다. 열정적으로 기도하지 않으면 기도를 전혀 하지 않는 것과 같다. 냉랭한 기도가 참된 기도가 아닌 것은 불을 그린 그림이 참된 불이 아닌 것과 같다. 우리 자신의 마음조차 뜨겁게 만들지 못하는 기도가 어떻게 하나님의 마음을 움직일 수 있겠는가? 하나님은 열정적인 기도를 냉랭한 태도로 응대하지 않으신다. 엘리야의 기도가 하늘에서 불을 내린 이유는 하늘로 불을 날려 올렸기 때문이다. 탐욕스러운 사람은 얼마나 큰 열정으로 세상의 것들을 추구하는지 모른다. 그는 먼지와 같은 것을 갈망한다. 그는 원하는 것을 얻은 후에도 토끼를 쫓다가 놓친 사냥개처럼 행동한다. 그는 끼니도 거른 채 또다시 서둘러 나간다. 살아 계시는 하나님이요 자애로우신 아버지야말로 우리의 모든 열정을 받기에 합당하지 않으신가? 오, 참으로 부끄럽기 짝이 없다. 냉랭한 마음으로 하나님을 예배하지 말자. 우리의 열정이 속된 재물을 추구하는 세상 사람들의 열정보다 못해서야 되겠는가?

윌리엄 거널, *The Christian in Complete Armour*, 2:468-478

그 보배롭고 지극히 큰 약속을 우리에게 주사

우리는 믿음을 통해 성경의 여러 곳에서 위로의 약속을 발견할 수 있다. 우리가 적용할 수 있는 예표들과 암시적인 약속들이 많다. 믿음의 삶은 약속의 힘으로 유지된다. 믿음은 하나님의 약속을 근거로 그분을 설득할 수 있는 거룩한 논리를 펼친다. 다른 사람에게 주어진 약속이라도 그것을 그 사람에게만 국한시켜야 할 특별한 이유가 없다면 우리에게 얼마든지 적용할 수 있다. 예표들도 약속처럼 개인적으로 적용할 수 있다. 하늘에서 내린 만나는 그리스도를 통해 주어지는 영적 자양분을 예표한다. 현실적인 약속도 영적인 것에 적용할 수 있고, 영적인 약속도 현실적인 것에 적용할 수 있다. 하나님이 사랑하는 자들에게 양식을 주시는데 영혼이 핍절하도록 놔두시겠는가? 하나님이 영혼을 죽음에서 구원하시는데 한갓 빈껍데기와 같은 세상의 것들을 필요한 대로 주시지 않겠는가? 신자는 조건을 제대로 충족시키지 못하더라도 주저하지 말고 조건적인 약속을 주장해야 한다. 은혜가 밖으로 활활 타오르지 않고, 연기만 잔뜩 뿜어낼 수도 있고, 믿음이 장대한 백향목처럼 성장하지 못할 수도 있다. 그러나 그리스도께서는 상한 갈대를 기뻐하신다. 따라서 실망하지 말고 약속을 적용해야 한다. 하나님은 낮은 조건을 제시하신다. 하나님은 믿음을 더 기쁘게 여기신다. 믿음이 있으면 약속에 딸린 조건을 지키는 것보다 약속을 더욱 확실하게 받아 누릴 수 있다. 믿음 없이 조건만 충족시키면 약속이 이루어질 수 없다. 약속에 믿음을 더하면 하나님이 가장 기뻐하시는 것을 드리는 셈이 된다. 한 가지 약속을 주장하면 다른 모든 약속에 관해서도 관심이 생기기 마련이다. 믿음의 첫 번째 행위는 그리스도에 관한 관심을 불러일으키는 것이다. 그리스도를 소유한 사람은 모든 것을 소유한다. 믿는 자는 모든 약속을 주장하고, 그것들을 자신 있게 적용할 수 있는 권리가 있다. 하나님은 우리를 염두에 두고 약속을 허락하셨다. 참으로 큰 격려가 되는 사실이 아닐 수 없다. 믿음으로 살라. 하나님이 약속을 허락하신 이유는 우리를 생각하고, 또 지켜보고 계시기 때문이라는 것을 기억하라.

데이비드 클락슨, *Works*, 1:187-193

그가 말씀하시매 이루어졌으며 명령하시매 견고히 섰도다

하나님의 말씀은 곧 행위다. 하나님은 자신의 약속을 반드시 이행하신다. 그분은 약속으로 그치지 않고, 그것을 기꺼이 이루기를 원하신다. 인간과는 달리 그분의 말과 행위는 조금도 괴리가 없다. 이 점을 생각하면 믿음을 좌절시키는 주된 요인이 즉각 사라진다. 그런 괴리가 존재한다고 생각하기 때문에 하나님의 약속에 관한 우리의 신뢰가 약해지는 것 아닌가? 다시 말해, 약속의 성취가 불확실하고, 어렵다거나 먼 미래에나 가능할 것이라고 믿기 때문이 아닐까? 성취가 약속만큼 분명하다고 믿는다면, 하나님이 오늘날에도 여전히 약속을 쉽고 확실하게 이루실 것이라는 믿음의 결론에 도달할 수 있을 것이다. 하나님의 의지가 모든 확실성의 근간이다. 하나님이 기꺼이 약속하셨다면 그분은 또한 그것을 기꺼이 이루실 것이다. 하나님에게 약속과 성취는 같은 것이다. 신자들은 약속된 모든 것을 주장할 권리가 있다. 그 권리는 하나님의 영원한 뜻과 그리스도의 보혈을 통해 신자들에게 주어졌다. 하나님의 영광스러운 본성이 모든 약속의 성취에 관여한다. 만일 하나님이 약속을 지키지 못한다면 그분은 더 이상 하나님이 되실 수 없다. 하나님이 완전하지 않다면 더 이상 하나님이 아니시다. 하나님이 약속을 이루지 못한다면 그분은 완전하실 수 없다. 하나님이 약속을 이행하지 않으신다면 그렇게 할 의도가 없거나 그렇게 하실 능력이 없거나 둘 중 하나일 것이다. 그런 경우라면 능력이나 지혜가 다 부족하신 셈이 될 것이다. 하나님이 약속을 이행할 의도가 없으시다면 어떻게 그분이 정직하시다고 말할 수 있겠는가? 또, 약속을 이룰 의도였지만 마음이 바뀌셨다면 어떻게 변하지 않는 하나님이 되실 수 있겠는가? 하나님이 불변하지 않다면 영원하실 수도 없다. 하나님이 하나님이시라면 자신의 약속을 반드시 이행할 수밖에 없다. 하나님의 약속 이행을 의심하는 것은 곧 그분이 존재하지 않으신다고 말하는 것이나 다름없다. 이것은 하나님의 존재의 영광이 관련된 문제다. 하나님이 약속을 이행한다면 아무것도 잃지 않으실 테지만 약속을 이행하지 않는다면 모든 것을 잃으실 것이다. 하나님은 어떤 것을 약속할 때 자신의 존재를 걸고 말씀하신다. 인간은 신실하지 못해도 여전히 인간일 수 있지만, 하나님은 하나님이 되실 수 없다. 그분은 자기 자신을 부인할 수 없으시다.

데이비드 클락슨, *Works*, 1:193-196

평강의 하나님이 속히 사탄을
너희 발 아래에서 상하게 하시리라

사탄은 참된 은혜로 무장한 영혼을 절대로 정복할 수 없다. 사탄이 밀 까부르듯 까불러도 참된 성도들은 결국에는 명예로운 승리를 거둘 것이다. 성령께서는 그리스도를 광야로 인도했을 뿐 아니라 그분에게 승리를 안겨 주셨다. 사탄은 그리스도인의 양심을 더럽히고, 하나님의 형상을 훼손하려고 애쓴다. 그러나 하나님은 한 가지 죄와 관련된 사탄의 유혹을 또 다른 죄를 방지하는 예방책으로 활용하신다. 하나님은 성도의 참된 친구이시다. 하나님은 마귀의 작전 회의실에 들어가서 마귀의 계획이 오히려 성도를 유익하게 하도록 이끄신다. 하나님은 또한 성도들의 넘어짐을 다른 이들을 위한 한 줄기 희망이요 격려로 이용해 그들이 완전한 절망에 이르지 않게 하신다. 다윗은 중대한 죄를 지었지만 긍휼을 얻었고, 베드로도 심하게 넘어졌지만 지금 천국에 있다. "내 영혼아, 어찌하여 절망에 사로잡혀 있느냐? 일어나 수많은 죄인들을 용서하신 하나님께 긍휼을 구하라." 하나님은 성도들 가운데 일부를 훈련시켜 비슷한 상황에 처한 동료 신자들에게 도움이 되도록 하기 위해 사탄에게 그들을 유혹하도록 허락하기도 하신다. 하나님은 그들이 사탄의 챗열 아래에서 훈련을 받아 그의 책략은 물론, 그들 자신의 마음을 경험적으로 알게 하신다. 고통스러운 슬픔을 경험해 본 적이 있는 사람들이 가엾은 영혼들을 다른 누구보다 더 부드럽게 대할 수 있다. 성도도 사탄의 속임수에 넘어갈 수 있다. 하지만 거짓된 마음의 소유자는 자발적으로 정욕을 좇는다. 성도들은 다른 사람들처럼 노골적으로 죄를 짓지 않는다. 하나님은 그들의 실패를 믿음을 더욱 굳세게 하는 기회로 바꿔 주신다. 참된 믿음의 소유자는 더욱 분발해 용감하게 싸운다. 하나님은 때로 사랑하는 자녀들이 넘어지도록 내버려두시지만, 결국에는 사탄의 계획을 좌절시키신다. 그 어떤 지옥의 음모도 하나님의 손을 흔들어 그분이 쓰거나 그리시는 글자를 망가뜨릴 수 없다. 하나님의 신비로운 섭리가 휘장처럼 이 일을 가리고 있기 때문에 우리는 하나님이 무엇을 하고 계시는지 볼 수 없다.

윌리엄 거널, *The Christian in Complete Armour*, 1:100-111

우리의 씨름은 혈과 육을 상대하는 것이 아니요…
이 어둠의 세상 주관자들과…악의 영들을 상대함이라

이 세상을 살아가는 그리스도인들의 상태가 씨름으로 묘사되었다. 씨름은 일대일로 겨루는 고독한 싸움이다. 그리스도인의 삶은 전투의 연속이기 때문에 삽만큼이나 칼이 필요하다. 마귀가 사방에서 그리스도인을 공격한다. 그리스도인이 기도할 때면 사탄과 육신이 그의 기도 소리를 잠식하기 위해 잡소리를 낸다. 그리스도의 사랑을 자주 묵상하라. 그러면 죄의 유혹을 수치스럽게 여겨 거부할 수 있다. 죄를 마음속에 품고 있으면서 그리스도를 사랑한다고 말하지 말라. 죄 때문에 그분의 심장이 찔리셨다. 자식이 자기 아버지가 찔린 칼을 즐겨 사용하는 것은 조금도 온당하지 않다. 지혜로운 씨름꾼처럼 온몸의 체중으로 마귀를 짓눌러라. 마귀가 숨을 쉬거나 일어서게 하지 말라. 죄에 맞서 싸울 때 비로소 은혜의 상태가 시작된다. 이런 현실은 소란도 없고, 투쟁도 없는 본향으로 돌아가려는 갈망을 부추긴다. 그곳에는 칼은 없고 손만 있고, 북은 없고 수금만 있으며, 피 흘리는 군인들과 상처 입은 양심의 신음 소리는 없고, 하나님과 어린 양을 찬양하는 아름답고 은혜로운 음악만 있다. 이것으로 우리 자신을 위로하자. 하나님의 백성을 위한 안식처가 존재한다. 이곳 세상에서는 승리를 거두었어도 또다시 싸워야 한다. 한 차례의 유혹이 끝났더라도 싸움은 여전히 계속된다. 귀신들이 굴속에서 나와 활동하는 한 무슨 평화를 누릴 수 있겠는가? 그러나 죽음이 찾아올 때 그 마지막 일격이 가해진다. 선한 의원이신 주님이 영적으로 눈멀고 저는 것을 모두 완벽하게 치유하실 것이다. 그리스도인들이여, 싸움이 아니면 무엇이 우리의 삶의 기쁨을 앗아 가겠는가? 사는 것보다 오히려 죽는 것이 유익하지 않은가? 싸움 이후의 평화는 달콤하다. 하나님과 천국의 복된 시민들을 보는 순간 우리를 가득 채울 기쁨과 영광을 무슨 말로 표현할 수 있겠는가? 그것은 오직 그곳에 거하는 사람들만 말해줄 수 있다.

윌리엄 거널, *The Christian in Complete Armour*, 1:113-122

볼지어다 내가 문 밖에 서서 두드리노니

하나님은 자신의 사자들을 통해 죄인들에게 말씀하신다. 하나님의 사자들의 임무는 하나님의 목적을 이루는 것이다. 그들의 말과 조언과 권고와 책망은 모두 하나님의 것이다. 죄인들이 하나님의 사역자들이 그분의 이름으로 전하는 말씀을 거부하는 것은 곧 성령을 대적하는 것이다. 그들은 마치 그리스도께서 눈앞에 계시기라도 한 것처럼 그분과 싸우는 중이다. 하나님이 죄인들을 처리하기 위해 나서시면 그런 사실이 분명하게 드러날 것이다. 바꾸어 말해, 하나님은 그들이 무례하게도 하나님이 기울이는 노력을 거부하고 있다는 사실을 일깨워주실 것이다. 성령께서는 사람들의 양심에 역사하신다. 성령께서는 그들의 마음속에서 그들을 책망하시고, 그들의 죄가 얼마나 흉악한지를 보여 주신다. 성령께서는 그런 사역을 너무나도 훌륭하게 수행하시기 때문에 죄인은 때로 불과 유황 냄새를 맡고, 마치 일시적으로 지옥에 들어간 듯한 느낌을 받는다. 때로 성령께서는 죄인들과 함께 협력도 하고, 의논도 하면서 복음을 은혜롭게 제시하신다. 그분은 희망의 문을 열어 주면서 저항하는 팔을 내려놓고 그리스도께 나와 생명을 얻으라고 간곡히 호소하신다. 성령께서는 그들이 조금이라도 긍휼을 원하는 마음을 갖는다면 그리스도께서 기꺼이 받아줄 의향이 있으시다는 것을 깨우쳐 주신다. 성령께서는 여기저기 죄인들을 쫓아다니시고, 시시때때로 그들을 독려하신다. 그러나 성령의 손길을 뿌리치며 저항하는 사람들이 너무나도 많다. 그런 행위는 악의적이기 때문에 어떤 죄인들은 아직 돌이킬 수 없는 상황에 이르지 않았는데도 용서받을 수 없는 죄의 두려움을 느끼게 된다. 죄인들이여, 마음의 문을 두드리고 계시는 성령께 스스로가 어떻게 반응하고 있는지 살펴보라. 그분이 두드릴 때 문을 열라. 그러면 그분이 손님이 되고, 유쾌한 벗이 되어 주실 것이다. 성령을 거부하면 그분이 다시 문을 두드리실 것이라는 보장이 없다. 일단 성령께서 노력을 중단하시면 영원히 구원받지 못하는 불행한 사람이 되고 만다. 성령이 없으면 마른 땅 위에 놓인 배와 같은 신세가 된다. 성령께서는 영혼을 떠다니게 만드는 조수와 바람이시다.

윌리엄 거널, *The Christian in Complete Armour*, 1:116-117

그런즉 우리는 몸으로 있든지 떠나든지
주를 기쁘시게 하는 자가 되기를 힘쓰노라

그리스도를 왕으로 모시는가? 그러려면 우리를 사탄의 속박에서 구원하신 그리스도를 충성스럽고, 신실한 태도로 섬겨야 한다. 그리스도께서는 우리를 억압하는 사탄의 권세를 깨뜨렸을 뿐 아니라 그의 분노로부터 우리를 능히 지켜 주실 수 있다. 그리스도 외에 우리를 다스릴 권한을 지닌 자가 누구인가? 그리스도는 우리를 구원하기 위해 자신의 생명을 내주셨고, 평생토록 거룩한 두려움으로 자기를 섬길 수 있도록 우리를 모든 원수로부터 구해 내셨다. 오, 그리스도인들이여, 귀신들과 사람들이 악한 일을 하더라도 우리는 거기에 참여하지 말자. 우리의 핏줄 속에 충성스러운 피가 흐르고 있다면, 주님의 거룩한 율법을 조금이라도 어길 경우에는 우리의 심장이 우리를 질타할 것이다. 사랑하는 주님에 대한 반역심을 마음속에 숨기고 다닐 바에는 차라리 가슴에 핀 숯을 품고 다니는 것이 낫다. 그래서는 안 된다. 그리스도의 이름을 높이기를 원하고, 이 시대를 위한 하나님의 도구가 되기를 바라야 한다. 왕에게 얻을 수 있는 것만 구하고, 그를 어떻게 섬길 것인지를 전혀 생각하지 않는 사람은 충실한 신하가 아니다. 그와 마찬가지로 하나님의 영광보다 자신의 행복을 더 많이 생각하는 사람은 참된 그리스도인이 아니다. 바울은 복음을 전하기 위해 기꺼이 고난을 받고, 나중에 상급을 받기를 기다렸다. 이것이 삶을 살 가치가 있게 만든다. 하나님을 섬기는 것은 그분의 구원하시는 사랑에 대한 감사의 표시다. 그리스도인들이여, 하나님이 우리를 어둠의 권세에서 구원해 사랑하는 아들의 나라로 옮기셨으니 시간을 헛되이 낭비하지 말자. 하나님을 위해 하고 싶은 것이 있으면 신속히 시행하라. 열정적으로 일하라. 새 왕의 칼을 손에 들고 있다면 그것을 사용해야 한다. 스스로가 그것을 어떻게 사용하고 있는지 살펴보라. 하나님 앞에 결과를 보고할 때 우리의 나태함과 비겁함으로 인해 칼집에 들어 있는 칼이 녹슨 상태로 발견되어서는 안 된다. 충실하라. 자신의 임무와 사역에 정성을 기울이라. 그렇게 해야 하는 이유는 우리가 하나님의 사자들이며, 장차 기쁨으로 그분의 얼굴을 뵈어야 하기 때문이다.

윌리엄 거널, *The Christian in Complete Armour*, 1:134-139

너를 치려고 제조된 모든 연장이 쓸모가 없을 것이라

사탄의 왕국은 강력하다. 그의 군대는 막강하고, 하나님과 사람을 대적하기 위해 조직되었다. 그들은 비록 타락했지만, 여전히 천사들이기 때문에 천사의 능력과 권세를 지니고 있다. 그러나 사탄의 능력을 옳게 이해한다면 사자 같은 그가 그렇게 사납게 느껴지지는 않을 것이다. 다음 세 가지를 기억하라. (1) **사탄의 능력은 파생된 능력이다.** 그의 능력은 스스로의 것이 아니라 하나님에게서 비롯한 것이다. 그의 능력은 우리를 결코 해할 수 없다. 성부께서 사탄에게 자기 자녀들을 해칠 칼을 주실 리가 있겠는가? 그리스도께서는 빌라도에게 위에서 주시지 않으면 아무것도 할 수 없을 것이라고 말씀하셨다. 우리를 때리는 잔인한 간수를 보지 말고, 체포 영장을 읽어 보고 누가 그것을 써주었는지 살펴보라. 영장 맨 밑에서 성부의 서명을 발견할 수 있을 것이다. (2) **사탄의 능력은 제한된 능력이다.** 사탄은 자신이 원하는 것을 모두 다 할 수 없다. 그는 식탁 아래에 개처럼 서 있고, 성도들은 편안하게 만찬을 즐긴다. 개는 감히 소란을 피울 수 없다. 왜냐하면 주인이 지켜보고 있기 때문이다. (3) **사탄의 능력은 섬기는 능력이다.** 그것은 하나님이 성도를 섬기라고 주신 능력이다. 루터는 개신교인들을 억압하는 법령이 공포되었다는 말을 듣고는 의회가 그것을 일방적으로 발효했을 뿐 하늘의 칙령은 그와 다르다고 말했다. 사탄은 우리의 은혜를 훼손하고, 우리의 영혼을 파괴하려고 애쓰지만, 하나님의 생각은 위로와 평안이다. 리워야단은 자신이 성도들을 삼킬 수 있을 줄로 생각하지만, 그것은 요나의 큰 물고기처럼 우리를 본향으로 안전하게 데려가게 하기 위해 하나님이 보내신 것이다. 하나님은 때로 자신의 자녀들이 유혹을 당하도록 허용하신다. 그러나 우리가 옷에 묻은 얼룩을 문질러 빨아 깨끗하게 표백하는 것처럼, 성도들의 흠도 사탄의 유혹과 시련을 통해 깨끗하게 제거된다. 사탄의 유혹이 오히려 우리를 유익하게 한다는 것을 알고 우리 자신을 격려해야 한다. 하나님이 세상의 임금과 고난을 허락해 그가 지닌 모든 분노와 능력을 쏟아붓게 하는 이유는 우리의 영원한 기업을 얻게 하시기 위해서다. 이것은 수수께끼와도 같은 사랑이요 지혜이지만 그리스도의 영을 받은 사람은 그것을 풀어낼 수 있다.

윌리엄 거널, *The Christian in Complete Armour*, 1:140-148

너희가 순종하는 자식처럼…
모든 행실에 거룩한 자가 되라

하나님은 우리의 탁월한 왕이시다. 하나님께 복종하고, 그분을 기쁘시게 하는 것이 우리의 행복이다. 따라서 하나님께 우리의 영혼을 온전히 복종시키려고 노력해야 한다. 하나님의 뜻에 진심을 기울여 정확하게 순종하는 것을 우리의 즐거움으로 삼아야 한다. 하나님께 온전히 순종한다는 것은 무엇을 의미하는가? 그것은 순종이 우리 안에 깊이 뿌리를 내려 자연스럽게 흘러나오고, 일상생활의 습관으로 굳어지는 것을 의미한다. 다시 말해, 영혼이 항상 하나님의 뜻을 받들 준비가 되어 있고, 그분의 모든 명령을 지키려고 노력하며, 단호하면서도 강력한 태도로 불순종의 유혹을 물리치고, 자발적으로 즐거이 모든 힘을 다해 하나님께 순종해야 한다. 이런 온전한 순종과 복종은 어렵지만 조금도 주저하지 말고 그렇게 하려고 최선을 다해야 한다. 그러려면 어떻게 해야 할까? (1) **하나님의 통치를 생각하라.** 하나님이 자신이 창조한 피조물들을 다스리시는 것이 마땅하지 않은가? 그리스도께서 자기가 값 주고 사신 영혼들을 다스리시는 것이 마땅하지 않은가? 성령께서 자기가 거듭나게 하신 영혼들을 다스리시는 것이 마땅하지 않은가? (2) **하나님은 우리를 다스리기에 온전히 합당하시다.** 하나님의 관심은 우리의 유익이다. 하나님은 우리의 가장 사랑스러운 친구요 아버지이시다. 하나님은 우리가 우리 자신을 사랑하는 것보다 우리를 더 많이 사랑하신다. (3) **우리가 우리 자신을 다스릴 자격이나 능력이 없다는 것을 기억하라.** 우리는 부패한 의지와 격렬한 정욕으로 인해 눈이 멀어 무지하고, 왜곡되었다. (4) **순종에는 상이, 불순종에는 징벌이 주어진다는 것을 잊지 말라.** 하나님은 우리가 자신의 율법을 잘 지키는지 아닌지 유심히 지켜보신다. (5) **온전한 순종의 즐거움을 생각하라.** 순종하면 우리의 내면에 평온이 깃들고, 음식이 입에 달며, 잠이 달콤하고, 노동이 즐거우며, 삶이 유쾌해진다. 하나님이 우리를 소유하시면 우리의 양심에는 평화와 위로가 넘친다. (6) **우리의 영원한 상급을 생각하라.** "잘하였도다. 착하고 충성된 종아." 우리가 순종하든 순종하지 않든 하나님은 통치하실 것이다. 순종하겠다고 동의하라. 그렇지 않으면 하나님이 우리의 동의를 구하지 않고 우리를 징벌하실 것이다.

리처드 백스터, *A Christian Directory*, 1:75-77

죄의 삯은 사망이요

죄는 항상 매우 악하지만 형통할 때는 죄를 의식하지 못한다. 세상의 먼지가 우리의 눈에 들어간 까닭에 죄를 분명하게 볼 수 없다. 하나님은 종종 자기 자녀들에게 고난을 통해 죄가 큰 악이라는 사실을 깨우쳐 주신다. 죄는 그 자체로 악이다. 죄는 악을 초래할 뿐 아니라 악 자체다. 죄는 괴로움을 야기할 뿐 아니라 괴로움 자체다. 죄는 열매는 물론, 뿌리까지 쓰다. 하나님은 고난을 이용해 죄인에게 죄의 행위는 물론, 그 본질을 보여 주신다. 죄는 섞인 것이 없는 순수한 악이다. 죄는 전체가 다 악이다. 죄의 원인자는 마귀이고, 그 결말은 죽음이다. 죄는 그 자체로 악할 뿐 아니라 하나님에 대해 악을 저지른다. 죄는 하나님을 멀리하고 세상으로 달려간다. "내 백성이 두 가지 악을 행하였나니 곧 그들이 생수의 근원되는 나를 버린 것과 스스로 웅덩이를 판 것인데 그것은 그 물을 가두지 못할 터진 웅덩이들이니라"(렘 2:13). 죄는 몇 곱절로 증식되는 왜곡된 악이다. 죄는 생수와 영광의 근원을 버리고, 물을 붓자마자 빠르게 새어 나가는 깨진 그릇을 찾는다. 죄가 심히 악한 이유는 하나님을 대적하는 악이기 때문이다. 하나님은 영원한 팔로 이스라엘을 붙들어 주셨다. 하나님은 그들을 인도하시고, 필요한 것을 제공하셨지만 그들은 아무런 이유 없이 그분을 버렸다. 그들은 부족한 것이 없었지만 완악하게 등을 돌렸다. 고난은 죄인을 심문하고, 판결하고, 정죄하는 하나님의 재판정 가운데 하나다. 고난을 통해 죄의 실체가 사람의 눈앞에 고스란히 드러나면 유죄를 인정하지 않을 수 없다. 하나님은 재판관이시고, 양심은 증인이며, 죄는 기소장이고, 고난은 증거이자 형 집행자다. 영혼은 조만간 죄가 고난보다 더 큰 해악이라는 것을 깨닫고, 고난은 잊은 채 죄를 애통해하기 시작한다. 죄가 고난보다 더 무겁게 느껴진다. 그러면 영혼은 재 가운데 앉은 욥처럼 "제가 범죄했사오니 어찌하오리까"(욥 7:20, 킹 제임스 성경 참조)라고 부르짖을 수밖에 없다.

토머스 케이스, *Select Works, A Treatise of Afflictions*, 78-82쪽

모든 육체는 풀이요
그의 모든 아름다움은 들의 꽃과 같으니

우리는 형통할 때는 세속적인 축복을 좋아한다. 마치 우리의 행복과 위로가 온통 세상의 것에서 비롯하는 것처럼 그것에 집착한다. 하나님은 시련의 때에 우리의 잘못을 깨우쳐 주시고, 이 물질세계의 덧없음을 알게 하신다. 물질세계는 아무것도 아니다. "헛되고 헛되니 모든 것이 헛되도다"(전 1:2). 고난은 우리에게 세상이 우리가 기대하거나 스스로 좋다고 치켜세우는 것과 다를 뿐 아니라 겉으로 드러나 보이는 모습이나 그것이 약속하는 듯 보이는 것과는 전혀 딴판이라는 사실을 일깨워 준다. 친구든 재물이든 세속적인 관심이든, 사람이 무엇을 자신의 보화로 삼든 간에 그것들은 죽음이나 심판으로부터 우리를 구원할 수 없다(잠 11:4). 영혼은 경험을 통해 세상의 것들이 부적합하고, 불만족스럽다는 것을 깨닫는다. 보이지 않는 영혼과 보이는 위로, 불멸의 영혼과 일시적인 만족, 영적인 것과 세속적인 분깃은 서로 비교할 수 없다. 세상의 위로가 영혼을 만족시킬 수 없는 것은 우리가 숨 쉬는 공기가 주린 배를 채워줄 수 없는 것과 같다. 영혼은 시련의 때에 "너희는 다 재난을 주는 위로자들이로구나…너희는 다 쓸모없는 의원이니라"라고 말한다(욥 13:4, 16:2, 막 5:26 참조). 그러나 그리스도 안에는 무한한 충만함이 있다. 그리스도는 망하게 된 가엾은 죄인들의 모든 필요를 채워 주기에 적합하시다. 그런 능력을 지닌 왕이나 그런 지혜를 지닌 선지자나, 그런 은혜를 지닌 제사장은 아무도 없었다. 하나님이 성령을 한량없이 부어 주신 분은 오직 그리스도뿐이시다(요 3:34). 우리는 그분의 충만하심으로부터 은혜를 받는다. 우리 자신을 세상의 것으로 가득 채우면 그리스도 안에서 즐거워할 수 없다. 그것이 우리의 죄요 어리석음이다. 그러나 하나님이 세상의 것들을 베옷으로 덮어 주시면 우리는 비로소 그리스도의 아름다우심을 발견하고, 그분의 은혜로우심을 느낄 수 있다. 그리스도께서는 세상의 아름다움과 영광을 무한히 능가하신다. 그분은 통치하는 왕이요, 가르치는 선지자요, 섬기는 제사장이시다. 그분은 지극히 보배로우시다. "제게 그리스도를 주소서. 그렇지 않으면 저는 죽을 것입니다."

토머스 케이스, *Select Works, A Treatise of Afflictions*, 83-87쪽

내가 네 갈 길을 가르쳐 보이고
너를 주목하여 훈계하리로다

주님께 더욱 순종하려면 그분의 위대하심과 임재와 섭리에 관심을 집중해야 한다. 그러면 순종하려는 마음 상태를 유지할 수 있다. 위대하신 하나님께 순종하지 않는 것은 죄와 불법을 저지르는 것이다. 하나님은 우리와 항상 함께 계시기 때문에 계속해서 주의를 기울여 존중해야 한다. 유혹은 무엇이든 하나님을 노엽게 하도록 충동한다. 우리가 향해 가고 있는 곳, 곧 안식과 기쁨의 장소를 기억하라. 그리스도께서는 본향에 안전하게 도착하도록 우리를 인도하신다. 죄는 그분의 도우심과 우리의 행복을 거부하는 것이다. 하나님은 우리를 해치거나 파괴할 의도로 우리를 다스리는 독재자가 아니시다. 하나님의 율법은 우리의 유익과 안전을 위해 주어졌다. 하나님은 우리를 영생으로 이끄시고, 지혜로운 조언으로 인도하신다. 하나님은 우리를 희락의 강수가 흐르고, 영원히 기쁨이 충만한 빛의 세계로 인도하신다. 그곳에서 우리는 하나님의 얼굴을 보고, 그분의 사랑을 느낄 것이다. 그런 인도자는 참으로 매혹적이지 않은가? 그런 인도자는 배를 통제하는 선장과 같다. 선원들이 선장에게 순종하면 원하는 항구에 안전하게 도착할 수 있다. 그런 통제를 괴롭게 여겨서야 되겠는가? 천국에 가는 동안 얼마나 무서운 위험과 시련과 원수들이 도사리고 있는지 생각해 보라. 우리의 안전은 안내자의 도움에 달려 있다. 안내자가 우리 스스로 알아서 하도록 놔두게 할 생각인가? 우리의 질병은 치명적이지만 오직 예수 그리스도만이 치유하실 수 있다. 그리스도께서 치유해 주지 않으시면 우리는 영원히 멸망한다. 우리의 의원에게 순종하지 않을 셈인가? 유혹이 닥쳐올 때를 생각해 보라. 깊은 계곡 위에 좁은 다리가 놓여 있다. 우리의 친구들과 행복이 모두 계곡 건너편에 있기 때문에 그곳으로 건너가야만 한다. 그럴 때 그리스도께서 우리의 손을 잡고 건네주려고 하시는데 그분의 도움을 거절해서야 되겠는가? 끝없는 불행의 골짜기를 건너 영생으로 이끄시는 그분을 꼭 붙잡고, 온전히 순종해야 하지 않겠는가?

리처드 백스터, *A Christian Directory*, 1:77

순종함과…택하심을 받은 자들에게 편지하노니

우리 자신이 얼마나 연약한지 생각해 보라. 부지중에 하늘의 인도자에게 불순종하는 잘 못을 저지르지 않으려면 깨어 경성해야 할 필요가 있다. 우리의 마음을 살피는 일이 너무 나도 중요하다. 게으른 마음은 서둘러 따라가야 할 때 늦장을 부린다. 어리석은 마음은 안 내자를 앞서 보낸 채 온갖 장난감을 가지고 논다. 비겁한 마음은 하늘의 장군을 쫓아가야 할 때 위험을 느끼면 뒷걸음질 친다. 배반하는 마음은 가장 큰 확신을 느낄 때 우리를 속 인다. 순종과 불순종의 결과를 생각하라. 순종은 결국 행복한 결과를 가져오지만, 죄의 열 매는 얼마나 쓴지 모른다. 하나님의 얼굴을 피해 도망치고 있지는 않은가? 지금은 죄가 처 음 죄를 지었을 때와 다르게 보이는가? 죄가 얼마나 큰 마음의 슬픔을 안겨 주었고, 얼마 나 큰 진노에 대한 두려움을 불러일으켰는지를 생각하라. 부러진 뼈들이 고침을 받기까 지 얼마나 오랜 시간이 걸렸는지를 생각하라. 그러면 죄가 가까이 다가오는 순간에 곧바 로 두려움을 느끼고 피할 수 있을 것이다. 모래 늪에 빠져본 적이 있는 짐승은 두 번 다시 그곳에 접근하지 않을 것이고, 낚싯바늘에 걸렸다가 살아난 물고기도 다음에 그것을 보면 놀라며 도망칠 것이다. 어디에서 넘어졌고, 언제 피할 수 있었는지를 생각하라. 그런 생각 을 하면 좀 더 온전하게 순종할 수 있다. 지금은 시련의 날이다. 우리의 순종에 얼마나 많 은 것이 달려 있는지를 생각하라. 하나님은 시험을 거치지 않은 종들에게는 면류관을 허 락하지 않으신다. 사탄은 우리가 하나님께 충실한지 아닌지를 알기 위해 우리를 시험한 다. 사탄은 악의를 품고 우리를 영원히 멸망시키려고 애쓴다. 이런 생각을 하면 깨어 경성 할 수 있다. 강도를 당하게 될 것을 미리 안다면 각별한 주의를 기울여 경계하지 않겠는 가? 생명을 얻기 위해 경주하고 있다면 있는 힘을 다해 달려야 하지 않겠는가? 항상 순종 하며 깨어 있으라.

리처드 백스터, *A Christian Directory*, 1:77-78

오직 주 예수 그리스도로 옷 입고
정욕을 위하여 육신의 일을 도모하지 말라

우리를 유혹하고, 속이는 것들을 피해야 한다. 그것들은 마음을 미혹해 불순종하게 만든다. 하나님이 명령하시는 소리를 듣지 못하게 만드는 동료들이나 속된 일을 멀리해야 한다. 하나님이 큰 시험을 허용하시면 그분은 우리를 안전하게 잘 이겨내게 도우시지만, 스스로 시험에 뛰어들면 저항하기가 어렵다. 강력하고, 끈질긴 유혹의 영향력 아래에 있는 것은 위험하다. 따라서 유혹에 압도되지 않으려면 그것을 피해야 한다. 오랫동안 유혹을 받는 것은 특히 더 위험하다. 그런 경우에는 저항하다 지쳐 굴복할 가능성이 크다. 항상 깨어 있는 마음 상태를 유지하기는 어렵다. 항상 은혜로운 상태를 유지하는 사람은 거의 없다. 도둑이 우리가 잠잘 때를 노린다면 깨어나기 전에 도둑을 맞을 수밖에 없다. 지속적인 유혹은 순종의 습관을 방해하고, 죄에 대한 증오심과 거룩한 결심을 약화시킨다. 우리는 그런 식으로 눈에 띄지 않을 만큼 천천히 유혹에 굴복해 죄를 짓는다. 온전한 순종을 원하는 마음을 유지하려면 우리의 정신을 흐리게 만드는 동료들이나 일을 피해야 한다. 불을 끄려면 연료를 제거해야 한다. 불가피하게 강한 유혹에 노출되었을 때는 경각심을 곤두세우고 하나님의 전신 갑주를 입어야 한다. 우리의 생사가 그것에 달린 것처럼 생각하고 힘써 저항해야 한다. 개개의 유혹이 모두 우리를 파멸시키려는 마귀의 획책이다. 사탄이 "이것을 네 구원과 맞바꾸라. 네 하나님과 영혼과 영원한 소망을 내게 넘기라. 이 죄를 지으면 지옥에서 영원히 고통을 받게 될 것이다. 이것을 하면 네 육신은 즐거워하고, 네 하나님은 노여워하고, 네 구원자는 슬퍼할 것이다."라고 말한다고 상상해 보라. 이것이 모든 유혹의 배후에 숨어 있는 진리다. 그러니 유혹을 혐오스럽게 여겨 단호히 거절해야 마땅하지 않겠는가? 가장 강력한 유혹의 미끼를 보면 크게 두려워하며 도망쳐야 한다. 마귀의 계책이 무엇인지 알았으니 순종의 결의를 다지고, 항상 깨어 있으라.

리처드 백스터, *A Christian Directory*, 1:78

육체의 소욕은 성령을 거스르고

육신이 가장 큰 즐거움을 느끼는 것에 대해서는 경각심을 크게 느껴야 할 필요가 있다. 물론, 하나님이 은혜로 우리의 육신을 위해 허락하신 모든 즐거움을 다 거부하라는 말은 아니다. 육체의 감각을 즐겁게 하는 것은 그 자체로는 선도 아니고 악도 아니다. 그러나 우리는 합법적인 즐거움을 거룩하게 진작시켜 나가는 것을 일상의 의무로 삼아야 한다. 왜냐하면 무절제한 즐거움은 죄이기 때문이다. 즐거움이 하나님을 등한시하게 하고, 죄를 짓도록 부추겨 영혼을 부패시킨다면 도를 넘었다고 할 수 있다. 육체로 느끼는 즐거움이 다 죄는 아니지만, 육신의 쾌락과 육적인 마음은 죄인들의 가장 큰 특징이요, 사람들을 멸망으로 이끌기 위한 마귀의 가장 강력한 미끼에 해당한다. 이것이 우리의 육신을 가장 즐겁게 하는 것을 극도로 조심해야 하는 이유다. 육신의 즐거움을 피하라. 그러면 멸망을 피할 수 있다. 시련보다 번영을, 가난보다 부를, 낮은 신분과 멸시보다 명예를, 비방과 책망보다 칭찬과 찬사를, 비천하고 평범한 직위보다는 높고 위대한 직위를 더 두려워해야 한다. 그러나 육신의 정욕을 좇기 위해 이성을 포기한 사람들은 그렇게 생각하지 않는다. 그런 사람들이 죽 한 그릇이나 창기나 높은 직위나 배를 채우는 맛있는 고기나 술을 위해 선뜻 장자권을 파는 것은 조금도 이상하지 않다. 천국은 진지한 신자들과 죄를 죽여 없애는 성도들만이 얻을 수 있는 분깃이다(눅 14:26, 27). 쾌락을 위해 하나님께 등을 돌리는 사람들이 셀 수 없이 많다. 지옥은 신자의 거룩함과 행복보다 재물, 명예, 놀이, 탐식, 술, 더러운 정욕을 더 좋아했던 사람들로 가득 넘칠 것이다. 유혹은 사람들이 좋게 여기는 것, 곧 참된 선으로부터 멀어지도록 부추기는 것에서 비롯한다. 마귀는 불행을 자신의 낚싯바늘에 적합한 미끼로 생각하지 않는다. 수많은 사람이 일시적인 죄의 즐거움을 위해 영원한 즐거움과 무한정한 기쁨을 멸시한다. 죄를 짓기보다 차라리 가난, 수치, 금욕, 굶주림, 갈증, 사랑을 선택하는 사람은 결코 멸망하지 않을 것이다.

리처드 백스터, *A Christian Directory*, 1:78

내가 내 눈과 약속하였나니

우리의 생각을 사로잡아 그리스도께 복종시키려고 노력해야 한다(고후 10:5). 생각은 적절히 통제하지 않으면 제멋대로 마구 날뛰기 쉽다. 심지어는 좋은 것을 생각하더라도 헛된 공상에 치우칠 가능성이 있다. 우리 가운데 가장 뛰어난 사람들도 예외가 아니다. 헛된 공상에 이끌리는 사람은 인간이 아닌 짐승처럼 살 수밖에 없다. 공상은 우리가 미처 의식하기도 전에 불길처럼 일어난다. 욥은 이런 사실을 알았기 때문에 "눈과 약속하였다"고 말한다. 우리는 생각을 영적인 일에 유익하게 사용해야 한다. "이것이 진정으로 영예롭고, 영구한 즐거움을 가져다주는 것인가?"를 생각해야 한다. 하나님은 세상의 것들로 신령한 것을 나타내신다. 따라서 우리도 하나님의 방식을 따라야 한다. 예를 들어, 하나님은 천국을 잔치에, 그분과 우리의 연합을 결혼에, 그리스도를 하늘에서나 땅에서나 지극히 사랑스럽고, 큰 위안을 주는 이름에 각각 비유하셨다. 하나님은 지옥을 두렵거나 고통스러운 것에 빗대셨다. 이처럼 우리의 상상력을 발동해도 아무런 해가 없이 큰 영적 유익을 얻을 방법이 있다. 불이 무서운 것이라면 지옥 불은 과연 어떨까? 어두운 지하 감옥이 괴로운 곳이라면 영원한 어둠은 과연 어떨까? 친구들과의 만남이 즐거운 것이라면 천국에서의 만남은 과연 어떨까? 성경은 이런 방식으로 우리의 믿음과 상상력을 돕는다. 정화된 상상력은 피조 세계의 모든 것을 천국에 오르는 사닥다리로 활용한다. 어린 시절은 상상력이 풍부하기 때문에 악을 피하고, 선을 사랑하도록 가르치기에 좋다. 어린아이들은 자신의 상상력을 이용해 불과 어둠으로 나타낸 지옥을 증오하는 법을 배울 수 있다. 생각을 거룩하게 사용하는 능력을 신장하는 것이 중요하다. 성찬이 우리의 감각을 이용해 우리의 영혼을 돕고, 우리의 상상력을 이용해 우리의 믿음을 독려하지 않는가? 이처럼 우리의 영혼은 상상력으로 인해 큰 해를 입을 수도 있고, 많은 유익을 얻을 수도 있다.

리처드 십스, *Works*, 1:180-185

아버지 앞에…비노니…
너희 속사람을 능력으로 강건하게 하시오며

그리스도인이 해야 할 가장 어렵고도 중요한 일은 보이지 않는 마음을 잘 다스리는 것이다. 선한 그리스도인은 생각으로 죄를 짓기 시작한 순간부터 즉시 회개하기 시작한다. 하나님은 겉사람은 물론, 속사람까지 다스리신다. 우리는 전인(全人)이 구원받기를 원하기 때문에 우리의 전부를 주님께 드려 다스림을 받아야 한다. 우리의 속사람을 하나님의 진리와 선하심에 일치시켜야 한다. 그렇지 않으면 그릇된 판단으로 우리 자신의 영혼을 해롭게 하고, 하나님이 의도하신 것과 다른 관점에서 상황을 바라보는 잘못을 저지를 수밖에 없다. 잘못된 편견으로 다른 사람들을 바라보면 그들에게 큰 해를 끼치기 마련이다. 부당한 의심에 사로잡히면 다른 사람들을 오판하기 쉽다. 우리는 판단하기 좋아하는 성향을 지니고 있다. 이 성향이 우리의 영혼을 지배하면 우리 마음대로 어떤 사람을 높이 세우기도 하고, 넘어뜨리기도 한다. 사탄은 상황을 그릇 판단하게 만들 의도로 종종 우리의 생각을 흐트러뜨린다. 그는 환상을 불러일으켜 세상의 것들은 본래보다 더 크게 보이게 하고, 영적인 것들은 더 작게 보이게 만들어 우리의 감정을 왜곡시킨다. 상상력이 모태라면 사탄은 모든 기형적인 개념들과 무질서한 정욕의 아비라고 말할 수 있다. 양심을 지켜 악을 저지르지 않는 훌륭한 신자들조차도 생각을 통제하는 데에는 실패할 수 있다. 하나님은 행위와 생각을 모두 훤히 꿰뚫어 보신다. 그분은 악한 행위는 물론, 악한 생각까지도 미워하신다. 우리가 양심으로 생각을 다스리지 못하면 하나님은 종종 실제 행위를 통해 그런 사실이 드러나게 하신다. 우리는 모든 것을 꿰뚫어 보시는 하나님을 존중해 그분을 노엽게 하는 일을 자제하고, 마음도 굳게 지켜야 한다. 그렇게 하는 것이 그분을 영화롭게 하는 것이다. 우리의 영혼이 속사람의 선한 속성을 거스르는 것은 무엇이든 단호히 배격해야만 성령께서 우리의 마음속에 자신의 왕국을 건설하신다.

리처드 십스, *Works*, 1:186-188

믿음을 따라 하지 아니하는 것은 다 죄니라

조금이라도 불순종할 것 같은 기미가 느껴지면 즉각 거룩한 은사들, 곧 하나님을 향한 열정과 용기와 사랑을 동원해 맞서라. 죄가 작고, 연약한 경우는 쉽게 물리칠 수 있다. 그러나 유혹이 강하게 치솟으면, 은혜는 약해지고 하나님의 임재와 속성과 진리에 대한 감각이 부족해지기 쉽다. 그러면 죄를 꾸짖는 목소리가 더 이상 들리지 않게 된다. 하나님의 음성이 들리는 범위에서 벗어나 그분의 부르심이 들리지 않는 곳에서 서성거리지 말라. 죄의 행위를 신속하게 거부하지 않으면 순종의 습관이 약해지는 위험이 초래된다. 하나님의 뜻을 분명하게 이해함으로써, 의심하며 순종을 주저하는 일이 없도록 노력하라. 죄가 죄인지 아닌지 의심하기 시작하면 결심이 약해져 죄에 끌리는 마음이 생겨날 수밖에 없다. 자신의 의무를 분명하게 의식하면 모든 유혹을 물리치는 데 큰 도움이 된다. 어떤 것이 죄라는 확신이 들면 맞서 싸우기가 더 쉬워진다. 우리의 생각을 미혹해 죄를 죄가 아니고, 의무를 의무가 아닌 것처럼 믿게 만드는 것이 마귀의 책략이다. 의무를 소홀히 하면 죄를 짓기 마련이다. 죄를 논쟁거리로 만들어, 누구는 죄라고 하고 누구는 아니라고 하는 순간 마귀는 크게 유리한 고지를 점유하게 된다. 술 취함, 난잡한 성행위, 욕설, 도둑질을 비롯한 악행들이 죄인지 아닌지를 따지는 논의가 불거진다면 양심의 가책을 덜 느끼면서 죄를 더 많이 짓는 결과가 나타날 수밖에 없다. 위험스럽게도 이런 식으로 선한 사람들이 죄에 맞설 힘을 잃고, 좀 더 쉽게 죄를 저지를 수 있다. 마귀가 그런 육신적인 안일함의 잠에 빠져들게 하지 못하도록 주의해야 한다. 부주의한 잠에 빠지면 순종이 귀찮게 느껴진다. 다시 말해, 박차를 가해도 아무것도 느끼지 못하는 지친 말처럼 된다. 은혜에 절반만 정복된 상태이면 차츰 순종하려는 마음이 사라지고, 마침에는 죄에 굴복하기 쉽다.

리처드 백스터, *A Christian Directory*, 1:78-79

내가 너를 위하여
네 믿음이 떨어지지 않기를 기도하였노니

그리스도께서는 자기 백성을 대언하신다. 그리스도는 사탄이 정죄하는 그들의 약점을 변호하신다. "이는 불에서 꺼낸 그슬린 나무가 아니냐"(슥 3:2). 우리의 불이 완전히 꺼지지 않은 이유는 성부의 긍휼 때문이다. 성부는 우리에게 온유하고, 자비롭고, 오래 참으신다. 그분은 우리가 병들어 연약할 뿐 아니라 미끄러져 넘어지기 쉬운 상태라는 것을 잘 아신다. 그분은 우리에게 마음을 기울이시며, 우리가 파멸하지 않도록 주의 깊게 고난의 강도를 조절하신다. 그분은 우리의 잘못대로 갚지 아니하신다. 만일 그러신다면 우리는 견딜수 없을 것이다. 성부는 인내를 최대한 발휘하신다. 그분은 우리의 적은 충성을 많은 것으로 여기신다. 그분은 자기 백성의 영혼을 너그럽게 봐주시고, 그들의 잘못을 그들의 육신의 탓으로 돌리신다. 우리의 대언자이신 그리스도께서 우리의 친구로 나서서 우리를 위해 간청하신다. 그리스도는 사탄에 맞서 자기 백성의 연약함을 변호함으로써 그들을 유익하게 하신다. 우리가 은혜로 구원받지 않았는가? 그리스도께서는 은혜의 성령을 보내 우리를 돕게 하신다. 그 이유는 우리 스스로는 선한 것을 아무것도 할 수 없기 때문이다. 하나님은 그리스도의 의를 우리에게 입혀 우리의 벌거벗음을 가려 주셨다. 우리 자신의 공로는 아무것도 없다. 하나님은 우리를 죽을 때까지 그리스도의 품 안에 두셨다가 죽은 뒤에는 천사들의 품에 안긴 채 천국에 들어가게 하신다. 하나님의 아들께서는 우리의 머리요 제사장이요 대언자요 구원자요 대장이시다. 하나님은 우리의 연약함을 미리 알고 우리를 불쌍히 여겨 구원하기 위한 계획을 세우신다. 사람들이 가장 연약하고, 무기력한 자녀를 정성껏 보살피는 것처럼, 우리의 대언자께서도 자기 양들을 팔로 모아 품에 안고 데려오신다. 부모는 자식이 병들면 눈물을 글썽이며 무엇이라도 해주려고 돈주머니를 뒤지는 법이다. 그와 마찬가지로 그리스도께서도 사탄에 맞서 우리의 연약함을 변호하시고, 전능하신 하나님도 우리를 깊이 생각하고, 동정하신다. 장차 하나님이 우리에게 모든 것을 보여주시면 우리는 그리스도께서 우리를 얼마나 많이 변호하셨고, 그 변호로 인해 우리가 얼마나 많은 구원을 받았는지를 분명하게 알게 될 것이다.

존 번연, *Works*, 1:167-169

하나님은 한 분이시요 또 하나님과 사람 사이에
중보자도 한 분이시니 곧 사람이신 그리스도 예수라

그리스도 예수께서는 하나님의 자녀로 입양된 모든 신자의 대언자이시다. 말씀으로 하나님의 자녀로 거듭났는가? 양자의 영을 받았는가? 믿음으로 하나님을 아버지로 부르는가? 그렇다면 그리스도께서 대언자가 되어 하나님 앞에 나서서 자신이 드린 희생제사를 근거로 변호해 주실 것이다. 그분은 연약한 이들과 강한 이들 모두를 변호하신다. 인간을 지옥의 사나움에서 안전하게 보호해 줄 힘은 이 세상 어디에도 없다. 그 어떤 경험도 사탄의 공격을 막아낼 수 없다. 가장 훌륭한 사람도 죄의 성향을 지니고 있다. 키가 큰 사람일수록 더 크게 넘어지는 법이다. 따라서 모든 자를 위한 대언자가 반드시 필요하다. 누구라도 넘어질 수 있다. 가장 깨끗하고, 품위 있는 사람도 가장 약한 사람만큼이나 쉽게 더럽혀질 수 있다. 사탄은 오히려 그런 사람들을 더 많이 노린다. 가장 위대한 신자도 가장 큰 죄를 지을 수 있다. 강력한 자도 가장 연약하고 어린 자만큼이나 대언자를 필요로 한다. 사탄은 베드로를 유혹해 넘어뜨릴 의도를 품었다. 그는 가룟 유다의 목을 신속하게 부러뜨렸다. 예수님이 도와주지 않으셨다면 베드로에게도 똑같은 일이 일어났을 것이다. 우리의 육신 안에 죄가 거하고, 마귀가 살아 있는 한 항상 위험이 존재한다. 강한 그리스도인은 사탄으로서도 이기기 어려운 상대일 수 있고, 또 한 가지 일과 관련해서는 사탄을 이길 수도 있지만, 나중에 다른 일과 관련해서는 한번에 두 가지 패배를 당할 수도 있다. 사탄은 다윗과 베드로를 유혹했을 뿐 아니라 지금까지 셀 수 없이 많은 사람을 유혹했다. 사탄이 밀 까부르듯 까부르면 가장 강한 사람도 연약해지고, 가장 지혜로운 사람도 어리석어진다. 긍휼이 풍성하신 하나님은 "나의 자녀들아 내가 이것을 너희에게 씀은 너희로 죄를 범하지 않게 하려 함이라 만일 누가 죄를 범하여도 아버지 앞에서 우리에게 대언자가 있으니 곧 의로우신 예수 그리스도시라"(요일 2:1)라는 말씀으로 내가 말하는 진리, 곧 모두를 위한 대언자가 계신다는 진리를 분명하게 선언하셨다.

존 번연, *Works*, 1:169-171

자기의 죄를 숨기는 자는 형통하지 못하나 죄를 자복하고 버리는 자는 불쌍히 여김을 받으리라

그리스도께서 우리의 대언자가 되시는가? 우리의 행위가 하늘에서 낱낱이 기록되고 있다는 것을 아는가? 하나님의 심판대 앞에서 고발당할 죄의 본질이 무엇인지 아는가? 우리의 대적자가 악의를 품고 있다는 사실과 우리가 얼마나 큰 손실을 감당하게 될 것인지를 생각해 본 적이 있는가? 우리를 변호하기 위한 온갖 수단과 방법이 다 아무 소용이 없다는 사실을 깨달았는가? 어떤 사람들은 자신의 탄식과 눈물과 기도와 변화가 자기를 변호해 줄 것이라고 믿는다. 그런 것들을 시도해 봤지만 아무 소용이 없다는 것을 알았는가? 주 예수님이 우리를 변호하지 않으시면 우리의 상태가 얼마나 절망적일지 생각해 보았는가? 예수님 없이 다른 임시 방편들을 사용하는 한, 그분을 의지하기는 어렵다. "주님이 나서 주지 않으시면 저는 영원히 멸망할 수밖에 없습니다. 주 예수님, 저를 위해 나서 주소서!"라고 생각해 본 적이 있는가? 만일 예수님 없이 하나님 앞에서 죄를 고발당한다면 우리는 우리를 영원히 멸망시키고도 남을 대가를 치러야 할 것이다. 이런 사실이 두려운가? 예수님께 무엇이 문제이고, 상황이 어떤지를 아뢰었는가? 그분은 우리의 입으로 직접 듣기를 바라신다. 우리는 "오, 주님. 중대한 문제를 고하려고 주님께 나왔습니다. 저는 사탄에게 사로잡혀 있고, 양심의 질책을 받고 있습니다. 저는 하나님의 심판대 앞에서 고발당하게 될 것입니다. 이것은 저의 구원이 걸린 문제입니다. 천국에 얼마나 관심을 기울였는지 심문을 받게 될 것입니다. 재판관이 두렵습니다. 저의 교활한 원수는 저를 고발해 제가 사형 선고를 받고 지옥에 떨어지게 하려는 악의를 품고 있습니다. 주님, 율법도 저를 대적합니다. 저는 두려운 죄를 지었습니다. 이것이 제가 저지른 죄입니다. 저는 율법의 판단 아래 있고, 대적자를 유리하게 했습니다. 사탄은 빈틈없이 저를 고발할 것입니다. 주님, 몹시 괴롭습니다. 저를 위해 나서 주옵소서."라고 아뢰어야 한다. 우리의 대언자는 적이 아닌 친구이시다. 그분께 마음을 열고, 모든 사실을 숨김없이 고해야 한다.

존 번연, *Works*, 1:171-172

범사에 감사하라 이것이 그리스도 예수 안에서 너희를 향하신 하나님의 뜻이니라

하나님의 성령께서는 신자들의 영혼에 감사의 교훈을 가르치신다. 다윗의 마음에는 늘 하나님을 향한 찬양이 가득했다. 복음 아래서도 감사를 독려하고, 실천하는 것이 중요하다. 감사는 영혼이 절정의 은혜 안에서 신령하고, 고귀한 상태에 이르렀다는 증거다. 주 예수님은 직접적인 본보기와 계명으로 우리에게 감사를 가르치셨다. 그분은 하나님께 자주, 진심을 기울여 감사하셨다. 예수님은 심지어 평범한 음식을 먹을 때도 감사하셨다(막 8:6). 아홉 명의 나병환자는 감사하지 않았다는 이유로 책망받았다(눅 17:17-18). 감사는 우리가 가진 모든 것과 우리의 존재 자체가 하나님에게서 비롯했다는 것을 인정하는 예배 행위에 해당한다(고전 15:10). 우리의 삶은 불확실하다. 우리는 항상 하나님의 긍휼에 의존한다. 토기장이가 진흙을 마음대로 다룰 권한이 있는 것처럼 주권자이신 하나님은 우리를 창조하지 않으실 수도 있었고, 또 창조하자마자 다시 없애실 수도 있었다(롬 9:21). 우리는 매 순간 하나님을 의존하며, 우리가 가진 것은 모두 그분의 선물이다(행 17:25). 우리를 다스리는 그분의 능력은 절대적이고, 무한하다. "이는 만물이 주에게서 나오고 주로 말미암고 주에게로 돌아감이라 그에게 영광이 세세에 있을지어다"(롬 11:36)라는 말씀대로, 우리는 주권자이신 하나님께 모든 것을 빚지고 있다. 따라서 우리는 그분께 감사해야 한다. 그리스도인은 말로 다 할 수 없이 귀한 은혜를 무수히 받아 누린다(벧전 1:3-4). 불쌍한 죄인들을 위해 예수님을 보내시기로 작정하신 것, 은혜의 샘물을 열어 주신 것, 은혜의 언약을 맺고 재가하신 것, 보배로운 약속들을 허락하신 것을 비롯해 지극히 뛰어난 복음의 특권들, 곧 모든 것을 충족시키는 하나님의 은혜와 영광 및 성자께서 십자가에서 이루신 무한한 공로와 의 등, 그 모든 것에 상응하는 합당한 감사와 찬양을 이곳 세상과 하늘에서 하나님께 드려야 한다. 다윗은 "주의 인자하심이 생명보다 나으므로 내 입술이 주를 찬양할 것이라"(시 63:3)라고 말했다.

윌리엄 쿠퍼, *Puritan Sermon* 1659-1689, 1:415-421

하나님의 자녀가 죄에 대해 감사할 수 있을까? 절대 그럴 수 없다. 그 이유는 다음과 같다. (1) **죄는 가증스럽고, 저주스럽다**(겔 5:11, 갈 3:10). (2) **선을 이루기 위해 악을 행하거나, 은혜를 더하게 하려고 죄에 거할 수는 없다**(롬 3:8, 6:1). 죄가 감사의 근거가 될 수 없는 이유는 죄가 하나님의 영예와 형상과 뜻을 거스르는 것이기 때문이다. (3) **죄는 하나님이 만드신 것이 아니다.** 죄는 재앙이고, 슬픔과 수치의 원천이다. 그럼에도 불구하고 어떤 사람들이 말하는 대로 죄는 비록 부적절하지만, 이따금 결과적으로 감사의 근거가 되기도 한다. 왜 그럴까? 그 이유는 하나님은 무한한 권능으로 죄를 정복할 수 있을 뿐 아니라 무한히 지혜로운 섭리를 베풀어 죄를 허용하고, 처리하고, 통제할 수 있으시며, 값없는 은혜를 베풀어 죄를 용서하실 수 있기 때문이다. 하나님은 죄가 넘치는 곳에 은혜를 더욱 넘치게 하실 수 있다. 하나님은 어둠에서 빛을 불러내고, 큰 죄인들을 위대한 성도로 만드실 수 있다. 하나님은 죄를 통해 자기를 무한히 영화롭게 할 토대를 놓으실 수 있다. 빌라도와 가룟 유다와 유대인들은 하나님이 작정하신 사건들을 이루고 실행했지만, 그리스도를 불신한 행위에 대해서는 칭찬받을 수 없다. 하나님이 죄의 독즙에서 해독제를 뽑아내셨다고 하더라도 그 누구도 죄를 감사하거나 그분께 죄의 탓을 돌려서는 안 된다. 하나님은 가엾은 죄인들을 구원하기 위해 죄를 벌하고, 용서함으로써 영광을 받으시기 때문에 그분을 지극히 높여 찬양해야 마땅하다. 우리는 우리의 죄로 하나님을 심히 욕되게 해드렸기 때문에 무한한 은혜로 똥 더미에서 진주를 만들어내어 자기의 영광을 나타내시는 그분의 은혜를 찬양하는 것이 중요하다. 감사는 형통한 때나 그렇지 않은 때나 항상 하나님을 기쁘시게 한다. 이것이 우리가 하나님께 드릴 수 있는 가장 좋은 선물이요 희생 제사다. 순교자 브래드퍼드는 자신의 생살권을 쥐고 있는 메리 여왕에 대해 이렇게 말했다. "그녀가 나를 석방하든, 투옥하든, 화형에 처하든 나는 그녀에게 감사할 것이다. 하나님이 원하는 대로 내게 행하시기를 바란다. 어떻게 하시든 나는 감사할 것이다."

윌리엄 쿠퍼, *Puritan Sermon 1659-1689*, 1:421-423

역경 속에서 감사하는 것이야말로 그리스도인들의 독특한 특성이 아닐 수 없다. 축복을 받았을 때 하나님께 감사하는 것은 다른 사람들도 할 수 있다. 위험에 처했을 때 감사하는 것은 가장 큰 영적 미덕에 해당한다. "내가 왜 덜 고난을 받아야 하는가? 이런 고난은 내 죄에 비하면 아무것도 아니다. 나는 하나님의 손을 통해 이보다 훨씬 더 큰 고난을 받아야 마땅하다." 그리스도인은 자신의 십자가를 기꺼이 짊어진다. "온 세상이 내 귓전에서 무너져 내리더라도 나는 두려워하지 않을 것이다."라는 어느 시인의 말대로, 그리스도인은 어떤 손실에도 낙담하지 않는다. 고난은 우리를 유익하게 한다. 고난은 우리의 최고선이신 하나님을 닮도록 도와준다. 고난은 하나님과 교제를 나누도록 도와주는 자애로운 사랑의 표징이다. 자녀들은 부모의 회초리에 복종해야 하고, 그것에 입을 맞추어야 한다. 하나님은 고난을 통해 죄를 예방하고, 정화하신다. 망가진 팔다리를 제거하는 의사가 고맙지 않은가? 우리는 마땅히 그에게 감사하며 쓴 약을 달게 먹어야 한다. 하나님이 우리에게 지우신 십자가는 우리가 마땅히 짊어져야 할 십자가에 훨씬 못 미친다. 달콤하게 만든 쓴 쑥 한 방울이 어찌 쓸개에 비교될 수 있고, 작은 고난이 어찌 불못에 비교될 수 있겠는가? 예수님은 우리를 위해 가득 찬 고난의 잔을 들이키셨다. 예수님은 그것을 전부 삼키셨다. 우리는 그렇게 할 수도 없고, 또 그럴 필요도 없다. 그 고난에 아주 조금만 참여하게 된 것을 감사히 여기라. 우리는 고난을 통해 다른 방식으로는 배울 수 없는 것을 배운다. 열을 가하지 않은 밀랍에는 인장이 찍히지 않는다. 고난을 받은 사람에게만 하나님의 지혜가 각인될 수 있다. 고난은 영광을 누릴 준비를 갖추도록 도와준다. 토기장이는 진흙을 잘 이겨 녹로에 올려놓고 모양을 만든 후에 가마에 넣고 굽는다. 나무 그릇은 잘 깎아서 적합하게 만들고, 금은 열을 가한 후에 탕탕 두들겨서 완성품을 만든다. 모든 긍휼의 그릇이 영광을 누리기에 적합한 상태로 만들어진다. 십자가는 우리의 믿음에 날카로운 날과 광채를 더해 예리하게 만든다. 돌은 잘라 내 깎아서 새긴 다음, 닦아서 윤을 낸다. 그와 마찬가지로 성도들도 고난을 통해 가장 큰 영광을 누리기에 합당한 상태로 변화한다.

윌리엄 쿠퍼, *Puritan Sermon 1659-1689*, 1:423-426

하나님이 미리 아신 자들을 또한
그의 아들의 형상을 본받게 하기 위하여 미리 정하셨으니

그리스도를 닮는 것은 매우 큰 특권이다. 십자가보다 그리스도를 더 많이 닮게 만드는 것이 또 어디에 있겠는가? "우리가 그와 함께 영광을 받기 위하여 고난도 함께 받아야 할 것이니라"(롬 8:17). 십자가를 감사하게 생각해야 하는 이유는 그것이 하나님의 특별한 은혜를 보여 주기 때문이다. "너희가 그리스도의 이름으로 치욕을 당하면 복 있는 자로다 영광의 영 곧 하나님의 영이 너희 위에 계심이라"(벧전 4:14). 우리가 십자가를 통해 얻는 유익은 십자가의 본성 자체가 아닌 하나님의 선하심에서 비롯하는 것이다. 의사가 병을 치료하면 약이 아닌 그것을 처방한 의원이 감사를 받는다. 그렇다면 고난 속에서 감사함으로써 우리의 심령을 신령하고, 거룩한 상태로 유지하려면 어떻게 해야 할까? (1) **열심히 기도로 하나님의 성령을 구해야 한다.** (2) **죄를 의식하려고 노력해야 한다.** 그러면 모든 은혜에 감사할 수 있다. 상하고 겸손한 마음이 곧 감사하는 마음이다. 자신이 모든 것을 잃었고, 아무것도 받을 자격이 없다는 것을 아는 사람은 한 방울의 물과 빵 부스러기에도 하나님께 감사한다. (3) **자신에게 주어지는 모든 은혜를 바라보고, 하나님의 손길을 통해 주어지는 것은 무엇이든 우리를 유익하게 하기 위한 것이라는 사실을 기억하라.** 하나님의 긍휼은 고난마저도 달게 만든다. (4) **기도에 응답하신 하나님의 은혜를 찬양하라.** 우리는 이중 은혜를 받는다. 하나는 우리 안에 계시는 양자의 영을 의지해 간구하는 것이고, 다른 하나는 응답을 받음으로써 하나님이 그리스도 안에서 우리를 받아주셨다는 사실을 알게 되는 것이다. 구하지 않은 많은 축복을 베풀어 주신 것에 대해서도 하나님께 감사해야 한다. (5) **하나님께 더 가까이 다가가게 된 것을 특별한 은혜로 여기라.** 긍휼은 우리를 하나님께 붙잡아 매는 줄이다. 따라서 하나님께 감사해야 한다. 목자장이신 예수님이 우리가 곁길로 치우치지 않게 보호하시고, 통제하신다면 그것이 곧 긍휼이다. 예수님이 죄를 짓지 않도록 우리의 길을 가시넝쿨로 에워싸신다면 그것이 곧 은혜다. 폭풍우가 일어나면 어떤 배들은 부서져 물에 가라앉지만 어떤 배들은 항구를 향해 더 빠르게 나아간다.

윌리엄 쿠퍼, *Puritan Sermon 1659-1689*, 1:426-433

진리를 사되 팔지는 말며 지혜와 훈계와 명철도 그리할지니라

사랑하는 친구들이여, 우리는 값이 매우 비싸더라도 진리를 사야 한다. 개개의 진리가 모두 금 조각처럼 귀하다. 진리와 함께 살고 진리를 위해 죽어야 한다. 룻이 나오미에게 말한 대로, 은혜로운 심령의 소유자는 "진리가 가는 곳에 나도 가고 진리가 머무는 곳에 나도 머물 것이다. 죽음 외에는 그 무엇도 나와 진리를 갈라놓을 수 없다."라고 말한다. 집이나 토지나 보석은 합법적으로 팔 수 있지만, 진리는 값을 따질 수 없는 것이므로 팔아서는 안 된다. 진리는 우리의 기업이요 즐거움이다(시 119:111). 우리의 조상들이 그들의 피로 진리를 샀다. 이 귀한 진주를 사기 위해서라면 무엇이든 기꺼이 포기해야 한다. 진리는 천지보다 더 큰 가치를 지녔을 뿐 아니라 사람들이 행복한 삶을 살다가 편안하게 죽어 영원히 주와 함께 다스릴 수 있게 해 준다. 진리를 찾으려면 말씀을 급하게 읽어서는 안 된다. 말씀을 통해 영혼이 은혜와 유익을 얻으려면 거룩하고 신령한 진리를 신중하게 묵상해야 한다. 벌은 꽃을 가볍게 건드는 것으로 그치지 않고, 그 안에 머물면서 꿀을 빨아들인다. 가장 강하고, 은혜롭고, 지혜로운 그리스도인은 말씀을 가장 많이 읽는 사람이 아니라 가장 많이 묵상하는 사람이다. 진리를 알고, 말하고, 읽는 사람이 아닌 행하는 사람이 마지막에 가장 행복한 사람으로 드러날 것이다. 진리를 알고 행하면 복이 있다. 가룟 유다는 그리스도를 주님으로 불렀지만 그분을 배신했다. 그리스도께 입을 맞추었는데도 그분을 배신했던 가룟 유다와 같은 사람들이 얼마나 많은지 모른다. 그들은 입으로는 주님을 고백하지만 행위로는 그분을 부인한다. 그들은 겉으로는 그분께 무릎을 꿇지만 마음으로는 그분을 멸시한다. 그들은 그분을 예수님으로 일컬을 뿐, 주님으로 여겨 복종하지 않는다. 말씀을 읽고, 진리를 깨달으려고 노력하라. 그렇게 하지 않으면 영원히 멸망할 것이다. 우리에게는 두 개의 천국이 있다. 하나는 세상에서 누리는 기쁨과 평화와 위로의 천국이고, 다른 하나는 사후에 누리는 영광과 행복의 천국이다.

토머스 브룩스, *Works*, 1:8, 9

뱀은 여호와 하나님이 지으신 들짐승 중에 가장 간교하니라

사탄은 여러 가지 책략을 사용해 사람들의 영혼을 속이고, 옭아매고, 파멸시킨다. 그는 죄의 참된 실체와 외관을 있는 그대로 보여 주면 영혼이 끌려오지 않고 멀리 도망할 것이라는 사실을 잘 알고 있다. 그는 죄를 미덕으로 위장함으로써 경계심을 풀고 죄짓는 것을 즐기도록 유도한다. 그는 탐욕은 경영 수완이 훌륭한 것으로, 술 취함은 사교성이 뛰어난 것으로 보이게 한다. 그러나 죄는 미덕으로 위장해도 여전히 더럽고, 추악할 뿐이다. 독약은 금을 입혀도 여전히 독약이고, 늑대는 양가죽을 뒤집어써도 여전히 늑대다. 마귀도 겉으로는 광명의 천사처럼 보여도 여전히 마귀에 지나지 않는다. 미덕으로 위장된 죄는 사람들의 영혼을 크게 위태롭게 한다. 가장 위험한 해충이 가장 아름다운 꽃 밑에 사는 법이다. 오, 영혼들이여! 우리가 죽어 심판대 앞에 서게 될 때는 죄의 가면이 벗겨지고 그것을 가렸던 겉껍데기들이 모두 제거되어 그 실체가 적나라하게 드러날 것이다. 그러면 죄가 지옥보다 더 혐오스럽고, 더럽고, 끔찍하게 보일 것이다. 전에 달콤하게 보였던 것이 쓰게 보일 것이다. 죄의 실체가 있는 그대로 드러나면 참으로 수치스러울 것이다. 영원 속에서 죄를 보는 것처럼 지금도 그렇게 죄를 보고, 하나님과 양심을 통해 드러나게 될 죄의 모습을 있는 그대로 바라봐야 한다. 사탄이 미덕으로 위장한 죄 때문에 그리스도께서 슬픔과 죽음을 경험하며 피를 흘리셔야 했다. 하늘의 규(圭)를 쥐고 흔드시던 분이 침 뱉음을 당하고, 십자가에 못 박히셨다. 이것을 생각하면 우리의 마음속에서 죄에 대한 복수심이 생겨나야 마땅하다. 어떤 사람은 "우리의 마음속에서 십자가에 못 박히신 그리스도에 관한 생각이 절대로 사라지지 않게 하자."라고 지혜롭게 조언했다. 이것을 우리의 양식과 음료로 삼자. 이것을 우리의 기쁨과 위로로 삼아 꿀보다 더 달게 여겨 사모하고, 읽고, 묵상하자. 우리의 삶과 죽음과 부활이 이것에 달려 있다.

토머스 브룩스, *Works*, 1:16-18

그러므로 너희 죄가
너희 죽을 몸을 지배하지 못하게 하여

사탄의 책략 가운데 하나는 죄를 본래보다 덜 나쁜 것으로 보이게 만드는 것이다. 그는 "이것은 단지 약간의 자만심, 약간의 세속성, 약간의 더러움, 약간의 술 취함에 지나지 않아." 라고 말한다. 롯이 소알 땅에 대해 "이곳은 단지 작은 성에 불과해. 나의 영혼은 잘될 거야." 라고 생각했던 것처럼 사탄도 "이것은 너를 성가시게 하는 매우 사소한 죄일 뿐이야. 이 죄를 짓는다고 해도 영혼에는 아무 위험이 없어. 이 죄를 지어도 네 영혼은 무사할 거야."라고 말한다. 그러나 열매를 하나 따먹은 죄, 안식일에 나뭇가지 몇 개를 주운 죄, 언약궤를 손으로 잠깐 만진 죄와 같은 '작은' 죄들이 얼마나 큰 진노를 초래했는지 생각해 보라. 그런 죄들은 사람들에게 무서운 진노가 쏟아지는 원인이 되었다. 작은 죄는 큰 죄를 짓는 계기가 된다. 우리에게는 우리의 뜻대로 죄를 떨쳐낼 능력이 없다. 우리가 작은 죄에 굴복하면 더 큰 죄를 짓도록 유혹할 기회가 사탄에게 주어진다. 아우구스티누스는 마귀가 파리를 만들었다고 생각했던 한 남자의 이야기를 전해 주었다. 어떤 사람이 아우구스티누스에게 "마귀가 파리를 만들었다면 벌레도 만들었겠구려."라고 말했다. 그러자 아우구스티누스는 "맞소. 마귀는 벌레를 만들었소이다."라고 대답했다. 상대방은 "마귀가 벌레를 만들었다면 새와 짐승과 사람까지 모두 만들었겠구려."라고 말했다. 그는 그 말을 모두 인정했다. 아우구스티누스는 "그는 파리의 창조에 관해서 하나님을 부인한 탓에 사람을 비롯한 모든 피조물의 창조에 관해서도 그분을 부인해야 했다."라고 말했다. '작은' 죄를 용인하면 더 큰 죄를 짓게 되는 법이다. 사소한 것 하나 때문에 하나님에게서 멀어지는 것은 참으로 안타까운 일이 아닐 수 없다. 작은 죄 때문에 하나님과 결별하고, 지옥행을 감행하는 것보다 더 큰 어리석음은 없다. 유혹이 작을수록 죄는 더 커진다. 어떤 사람들은 작은 죄를 사랑한 탓에 하나님과 자신의 영혼을 영원히 잃고 말았다. 작은 죄가 더 위험할 때가 많다. 큰 죄는 영혼을 놀라게 해 정신을 차리고 회개하게 하지만 작은 죄는 은밀하게 자라나 영혼을 짓밟기에 이른다. 죄가 차츰 커지면 우리가 더는 어찌해 볼 수 없는 지경이 되고 만다. 하나님이 죄인의 눈을 열어 죄의 무섭고, 사악한 본성을 깨닫게 하시기를 기도한다.

토머스 브룩스, *Works*, 1:19-23

순종이 제사보다 낫고

하나님의 말씀을 듣는 것만으로는 충분하지 않다. 우리는 말씀에 순종해야 한다. 순종은 우리가 하나님께 마땅히 돌려드려야 할 영광의 일부다. 순종은 그리스도인의 아름다움이요, 우리를 하나님이 보배롭게 여기고 사랑스럽게 생각하시는 백성으로 만든다(출 19:5). 하나님이 기뻐 받으시는 순종이 이루어지려면 어떤 조건들이 필요할까? (1) **즐거운 마음으로 기꺼이 순종해야 한다.** 그렇지 않은 순종은 제사가 아닌 고행일 뿐이다. 위선자들은 마음이 내키지 않은 상태에서 억지로 순종한다. 가인은 마음이 담기지 않은 제사를 드리는 데 그쳤다. 즐거움은 사랑으로 의무를 행한다는 증거다. (2) **달팽이처럼 굼뜨고 나태한 태도가 아닌 경건하고 열정적인 태도로 순종해야 한다.** 물이 끓어 넘치는 것처럼 마음이 하나님을 섬기려는 뜨거운 감정으로 끓어 넘쳐야 한다. 열정이 없는 순종은 불이 없는 제사와 같다. 엘리야의 기도가 하늘에서 불을 내린 이유는 하늘로 불을 날려 올렸기 때문이다. (3) **하나님의 모든 명령에 순종해야 한다.** 위선자들은 자신들의 평판을 드높이거나 적은 노력만으로 충분한 것과 관련해서만 하나님께 순종한다. 그들은 그 외의 것은 이행하지 않는다. 헤롯은 세례 요한의 말에 귀를 기울였지만 근친상간을 멈추지 않았다. (4) **진지하게 순종해야 한다.** 하나님의 영광을 순종의 목적으로 삼아야 한다. 복종의 목적은 양심의 소리를 무마하거나 사람들의 칭찬을 받기 위해서가 아니라 하나님을 더욱 닮기 위해서다. (5) **항상 순종해야 한다.** 참된 순종은 항상 꺼지지 않고 타올랐던 제단의 불과 같다. 위선적인 순종은 일시적이고, 곧 벗겨질 회칠과 같다. 하나님의 계명은 무겁지 않다. 하나님은 터무니없는 것을 명령하지 않으신다(요일 5:3). 하나님께 순종하는 것은 우리의 의무가 아닌 특권이다. 하나님의 명령은 축복을 가져다준다. 왕이 신하에게 금광을 파라고 명령하고서 그 금을 소중히 간직하는 것처럼 하나님의 모든 명령 안에는 귀한 사랑이 담겨 있다.

토머스 왓슨, *The Ten Commandments*, 1-6쪽

여호와를 기뻐하라

십계명의 요지는 우리 주 하나님을 마음과 영혼과 힘과 뜻을 다해 사랑하라는 것이다. 사랑은 모든 은혜의 여왕이다. 사랑의 본질은 대상을 즐거워하는 것이다. 우리의 사랑이 진실하다면 하나님과 죄 사이에서 둘로 나뉘지 않을 것이 틀림없다. 친어머니가 자기 자식을 둘로 나누지 않는 것처럼 하나님도 우리의 마음이 둘로 나뉘지 않기를 원하신다. 우리는 하나님의 사랑스러우심과 완전하심은 물론, 그분 자체를 사랑해야 한다. 위선자들이 하나님을 사랑하는 이유는 하나님이 양식과 포도주를 허락하시기 때문이다. 우리는 온 힘을 다해 하나님을 사랑해야 한다. 하나님을 아무리 많이 사랑해도 그분이 마땅히 받으셔야 할 사랑에는 미치지 못할 테지만, 그래도 최선을 다해 그분을 사랑하려고 노력해야 한다. 사랑은 근면한 감정이다. 사랑은 적극적이다. 사랑은 손으로 부지런히 일하고, 발로 힘껏 달린다. 막달라 마리아는 그리스도를 사랑했고, 그분께 향유를 부어 드렸다. 하나님은 아름다움의 정화, 곧 기쁨의 원천이시다. 따라서 우리는 하나님을 가장 먼저 사랑해야 한다. 기름이 물 위에 뜨는 것처럼 하나님께 대한 사랑이 그 어떤 것보다 우위에 있어야 한다. 하나님을 사랑하면 그분을 사모할 수밖에 없다. 하나님을 사랑하는 사람은 그분과의 교제를 갈망한다(시 42:2). 하나님을 사랑하는 사람은 그분 없이는 어떤 것에도 만족할 수 없다. 위선자에게 양식과 포도주를 주면 그는 하나님을 사랑하는 척할 테지만 그분이 없더라도 만족을 느낄 것이다. 하나님을 사랑하는 사람은 자기를 그분에게서 떼어 놓는 것을 미워한다. 그것은 다름 아닌 죄다. 해로운 것을 멀리하지 않고서는 건강할 수 없는 것처럼, 죄를 멀리하지 않고서는 하나님을 사랑할 수 없다. 죄는 하나님과의 교제를 파괴한다. 마음으로 하나님을 진정으로 사랑한다면 그분을 슬프시게 하는 것을 슬퍼하게 마련이다. 사랑은 하나님의 은혜로운 임재를 잃게 되는 것을 가장 크게 슬퍼한다. 하나님을 사랑할 수 있는 마음을 허락해 달라고 기도하라. 마음의 제단 위에서 하나님을 향한 사랑의 불길이 항상 활활 타오르게 하라. 세상이나 자신의 의무를 사랑하지 말고, 하나님을 사랑하라.

토머스 왓슨, *The Ten Commandments*, 6-12쪽

나의 죄악을 말갛게 씻으시며

　우리를 죄로 유혹하는 사탄의 책략 가운데 하나는 우리 앞에서 훌륭한 사람들의 미덕은 숨기고, 그들의 죄만을 드러내는 것이다. 사탄은 다윗의 간음죄, 히스기야의 교만함, 욥의 조급함, 노아의 술 취함, 베드로의 신성모독만을 드러내고, 그들의 눈물, 한숨, 신음, 회개는 감춘다. 다윗과 베드로는 끔찍하고, 두렵기 짝이 없는 죄에 걸려 넘어졌지만 회개하고 다시 일어났다. 그들처럼 죄를 지었지만 회개하지 않은 채로 영원히 멸망하는 사람들이 많다. 그런 성도들은 죄의 습관에 빠지지 않는다. 그들은 한두 번 넘어졌다가 회개하고 다시 일어난 후에는 그리스도께 더욱 가까이 다가간다. 그들은 이따금 우발적으로 주저하면서 죄를 짓는다. 그런데 그런 사람들도 죄를 지었다고 핑계대면서 누구든 담대하게 의도적으로 죄를 짓는다면, 즐겁고 기꺼운 마음으로 고집스럽고 파렴치하게 습관적으로 죄를 짓는 결과가 초래될 수밖에 없다. 고의로 죄를 지으면 영혼 안에 죄의 습관이 형성된다. 독즙을 한 번 맛보고 가까스로 해를 면할 수 있었다면 "만일 내가 독즙을 매일 마신다면 어떻게 살아남을 수 있겠는가?"라는 생각이 들어야 정상이다. 하나님은 자기 백성이 죄를 지었다고 해서 그들을 영원히 버리지는 않으시지만 호된 징벌을 내리신다. 다윗이 죄를 짓자 하나님은 그의 뼈를 꺾으셨다(시 51:8). 하나님이 성도들의 실패를 기록으로 남기신 이유는 나약함과 연약함으로 죄를 지은 사람들이 죄의 무게에 짓눌려 절망하고, 낙심하지 않도록 격려하시기 위해서다. 하나님이 그들의 이야기를 기록하신 또 다른 이유는 그들을 본보기로 삼아 서 있다고 생각하는 사람들에게 넘어질까 조심하라는 교훈을 가르치시기 위해서다. 하나님은 다른 사람들을 부추겨 죄를 짓게 할 의도로 자기 자녀들의 죄를 기록으로 남기지 않으셨다. 그분은 우리가 그리스도께 더 가까이 나아가 우리를 넘어지게 만들 수 있는 유혹이나 상황을 피할 수 있기를 바라신다. 성도들의 죄는 하나님의 백성에게 이 악하고, 고단한 세상을 헤쳐 나가는 동안 덫이나 올무에 걸리지 않도록 경고하기 위한 본보기이다.

토머스 브룩스, Works, 1:24-27

참새 두 마리가 한 앗사리온에 팔리지 않느냐
그러나 너희 아버지께서 허락하지 아니하시면
그 하나도 땅에 떨어지지 아니하리라

하나님의 섭리의 신비는 가장 장엄한 주제 가운데 하나다. 우리의 이성은 이 주제를 가능한 한 회피하고 싶어 한다. 선택의 영원한 작정이나 복잡하게 얽힌 신적 섭리의 미로와 미궁을 살피려고 시도하는 순간, 우리의 이성은 크게 당황해할 수밖에 없다. 바울처럼 우리 스스로 다 알 수 없다는 것을 인정하지 않으면(롬 11:33), 섭리의 신비를 탐색하는 일을 포기할 수밖에 없을 것이며, 온전히 만족할 수 없을 것이다. 이 지식은 우리가 감당하기에는 너무나도 경이롭기 그지없다. 우리가 그 은밀한 장소, 곧 하나님이 세상의 키를 붙잡고 계시는 구름과 흑암으로 둘러싸인 누각에 들어가는 것은 불가능하다. 구세주께서는 제자들에게 몸은 죽여도 영혼은 죽일 수 없는 자를 두려워하지 말라고 말씀하셨다. 진흙으로 만든 그릇은 깨질 수 있다. 그러나 그것은 감옥의 문이 열려 영혼이 바라던 자유를 얻게 되는 것과 같다. 그러나 심지어 그것조차도 오직 하나님이 허락하실 때에만 가능하다. 하나님의 허락이 없으면 우리의 털끝 하나 상할 수 없다. 하나님의 섭리는 얼마나 구체적인지 모른다. 세상의 가장 사소한 일까지 섭리를 통해 이루어진다. 참새 한 마리도 하늘에 계시는 아버지께서 허락하지 않으시면 땅에 떨어지지 않는다. 하나님의 섭리는 심지어 참새가 앉을 나뭇가지, 쪼아먹을 알곡, 잠을 잘 장소, 둥지를 지을 곳, 죽을 시간까지 모든 것을 정해 놓았다. 통행이 잦은 길 위의 먼지 하나도 저절로 움직이지 않는다. 하나님이 먼지를 일으켜 그 움직임을 통제하고, 특정한 장소로 이동하게 하신다. 가장 강한 바람도 정해진 곳에 있는 먼지를 움직일 수 없다. 하나님은 가장 정확한 섭리로 우리 자신과 우리의 일을 다스리신다. 하나님의 허락이 없이는 그 어떤 일도 일어나지 않는다. 악도 하나님이 섭리를 통해 허용하셔야만 일어나고, 선도 하나님이 섭리를 통해 작정하셔야만 그분의 목적을 이룬다.

에제키엘 홉킨스, *Works*, 3:368-371

그가 너로 말미암아 기쁨을 이기지 못하시며 너를 잠잠히
사랑하시며 너로 말미암아 즐거이 부르며 기뻐하시리라

하나님은 우리의 기도를 독려하기 위해 자신을 아버지로 나타내신다. 아버지라는 호칭은 하나님의 사랑과 겸손을 보여 준다. 여호와라는 이름은 장엄하고, 아버지라는 이름은 자애롭다. 아버지께서는 지극히 지혜로운 하나님이시다. 그분은 우리에게 가장 좋은 것을 가져다줄 가장 좋은 방법을 알고 계신다. 세상의 아버지들은 자녀들에게 어떻게 조언해야 할지 항상 잘 알고 있지는 않지만, 하늘 아버지께서는 우리에게 가장 좋은 것이 무엇인지, 어떻게 해야 우리를 가장 잘 위로할 수 있는지를 항상 분명하게 알고 계신다. 그분은 낙심한 우리를 격려할 방법을 항상 준비하고 계신다(고후 7:6). 그분은 언제 고난이나 시련을 허락하는 것이 가장 좋은지를 잘 알고 계신다(벧전 1:6). 아버지께서는 불행을 통해 자기 자녀들을 유익하게 하는 법을 알고 계신다(롬 8:28). 그분은 독을 푸는 해독제를 만드는 법을 알고 계신다. 아버지께서는 사랑이시다(요일 4:16). 부모의 사랑은 하나님의 사랑에 비하면 아무것도 아니다. 하나님은 자기 자녀들에게 가장 지고한 사랑, 곧 선택과 구원의 사랑을 허락하셨다(습 3:17). 하나님처럼 사랑하는 아버지는 어디에도 없다. 심지어는 우리조차도 하나님이 우리를 사랑하시는 것만큼 온전하게 우리 자신의 영혼을 사랑할 수 없다. 하나님은 우리에게 측량할 수 없는 풍성한 은혜를 베푸신다(엡 3:8). 그분은 우리에게 감추어진 만나와 생명 나무와 기쁨의 강수를 허락하신다. 진주문과 무한한 즐거움 등, 그분의 보화는 무궁무진하다. 성부께서는 최고의 아버지이시다. 그분은 자기 자녀들에게 그 어떤 아버지가 줄 수 있는 것보다 더 많은 것을 주신다. 하나님은 자기 자녀들을 보석처럼 여기신다. 그분은 그들의 이름을 생명책에 기록하고, 결코 지우지 않으신다(계 3:5). 그분은 우리의 아버지로 불리는 것을 부끄럽게 생각하지 않으신다(히 11:16). 그리스도께서는 우리에게 하나님의 이름을 기록하신다(계 3:12). 참으로 큰 영예요 명예가 아닐 수 없다. 우리는 하나님의 사랑과 은혜의 축복을 누린다. 하나님은 우리가 기뻐해야 마땅한 대상이시다. 하나님의 참된 자녀라면 누구나 베드로처럼 "내가 주님을 사랑하는 줄 주님께서 아시나이다"(요 21:16)라고 말할 것이다.

토머스 왓슨, *The Lord's Prayer*, 1-8쪽

화평하게 하는 자는 복이 있나니
그들이 하나님의 아들이라 일컬음을 받을 것임이요

하나님이 우리의 아버지시라면 우리는 평화로운 기질을 소유하게 될 것이다. 은혜는 은혜롭고, 유쾌한 성향을 불어넣고, 사람들의 투박한 기질을 부드럽게 다듬는다. 은혜는 사자와 같은 사나움을 양과 같은 온순함으로 바꾸어 놓는다. 성부께서는 "평강의 하나님"으로 불리시고(히 13:20), 성자께서는 "평강의 왕"으로 불리신다(사 9:6). 아울러, 성령께서는 평안의 영이시다(엡 4:3). 우리가 평화로울수록 하나님을 더 많이 닮게 된다. 하나님은 마치 로물루스처럼 늑대의 젖을 먹고 자라기라고 한 듯 사납고 잔인하기 그지없는 자들의 아버지가 아니시다. 그들은 악을 즐기며 분열과 박해를 일삼는 기질을 지녔다. 그들은 막시미누스처럼 평화의 길을 모른다. 유세비우스는 막시미누스가 승리를 추구했던 그 이전의 어떤 로마 황제보다도 유대인들을 괴롭히고, 박해하기 위해 더 많은 모험을 감행하고, 더 지루한 여정을 소화했다고 말했다. 그런 사람들은 하나님을 아버지로 부를 수 없다. 만일 그들이 그렇게 부른다고 해도 지옥에서 "아버지 아브라함이여"(눅 16:24)라고 말했던 디베스(부자와 나사로 비유에 등장하는 부자—편집주)처럼 아무런 위로를 느끼지 못할 것이다. 하나님에게서 난 자들은 평화를 만든다. 분열을 조장하는 사람들을 멀리하라(롬 16:17). 그들이 하나님을 아버지로 부를 수 있을까? 마귀는 하늘에서 최초로 분열을 일으켰다. 따라서 그런 사람들은 마귀를 아버지로 불러야 한다. 그들의 음악은 불협화음을 일으킨다. 그들은 분열을 조장하기 위해 단합한다. 삼손이 여우들의 꼬리를 묶은 것은 블레셋 사람들의 밭을 태우기 위해서였다(삿 15:4). 사탄의 왕국은 분열을 일으킴으로써 성장한다. 사탄은 고린도 교회에서 축복의 물줄기를 막기 위해 분쟁의 사과를 집어 던져 놓고, 그들을 분열시키는 것을 가장 좋은 방법이라고 생각했다. 그들은 바울파, 아볼로파, 그리스도파로 갈라졌다. 하나님은 평화의 아들이 아닌 자들의 아버지가 아니시다. 하나님은 형제들 사이에 분쟁의 씨앗을 뿌리는 사람들을 미워하신다(잠 6:16, 19).

토머스 왓슨, *The Lord's Prayer*, 12-13쪽

무릇 하나님의 영으로 인도함을 받는 사람은 곧 하나님의 아들이라

하나님은 참으로 선하시게도 우리의 아버지가 되기를 기뻐하신다. 우리의 마음이 요새처럼 하나님을 배격할 때, 하나님은 우리의 강퍅함을 제압하고, 원수였던 우리를 자녀로 삼으셨다. 하나님은 자기 이름을 우리에게 기록하셨고, 우리에게 영광의 나라를 허락하셨다. 참으로 놀라운 은혜의 기적이 아닐 수 없다. 우리는 우리 안에서 기도하시는 성령을 통해 하나님이 우리 아버지시라는 사실을 깨닫고, '아빠 아버지'라고 부르짖는다. 성령께서는 우리의 마음속에서 특별한 느낌을 불러일으켜 우리가 하나님의 자녀라는 사실을 일깨워 주신다. 성령님은 하나님이 우리를 사랑하기를 원하신다고 은밀하게 속삭이신다. 하나님이 우리의 아버지이시라면 우리는 그분께 가까이 다가가서 그분과 교제를 나누고, 그분 앞에 거하기를 좋아할 것이 틀림없다. 설혹 하나님이 노기를 드러내거나 책망의 말씀을 하시더라도 그것은 다 우리를 사랑하시기 때문이다. 고난은 예리한 화살과 같지만 사랑이 많으신 아버지에게서 비롯된 것이다. 하나님은 우리를 정화하고, 겸손하게 만들기 위해 사랑으로 고난을 베푸신다. 하나님은 우리를 구원하기 위해 때리신다. 하나님이 얼굴을 숨기는 것도 우리를 사랑하셔서다. 햇빛이 사라지면 이슬이 내리는 법이다. 구름 속에서도 무지개가 빛난다. 하나님은 그런 방법을 통해 잠들어 있는 은혜를 일깨우신다. 하나님이 잠시 위로를 거두시는 이유는 불씨가 다시 활활 타오르게 하기 위해서다. 하나님은 자기 자녀들에게 얼굴을 가릴 때에도 여전히 아버지이시고, 그들에게 마음을 기울이신다. 불행히도 악인들은 하나님을 '우리 아버지'라고 부를 수 없다. 그들은 하나님을 '우리 아버지'가 아닌 '우리 재판관'으로 불러야 한다. 그러나 그들도 기도로 하나님께 구하고, 죄를 버리면 하나님을 아버지로 부를 수 있다. 탕자가 아버지에게로 돌아가자, 아버지는 "그를 보고…달려가 목을 안고 입을 맞추었다"(눅 15:20). 그동안 탕자처럼 살면서 정욕을 위해 모든 것을 허비했다면 회개하고 하나님께로 달려가라. 그러면 그분이 은혜의 팔로 안아 주시고, 입맞춤으로 용서를 베푸실 것이다. 아무리 큰 죄도 그리스도의 피로 가릴 수 없을 만큼 클 수는 없다. '아버지'라는 말에는 만 개의 세상을 소유한 것보다 더 큰 위로가 담겨 있다.

토머스 왓슨, *The Lord's Prayer*, 10-15쪽

누가 마음의 문을 두드리고 있는지 생각해 보라. 그분은 다름 아닌 만주의 주, 만왕의 왕이신 전능한 하나님이시다(계 3:20). 우리 안에는 그분을 움직여 마음의 문을 두드리게 만들 공로가 조금도 존재하지 않는다. 참으로 놀랍게도 하나님은 인간이 그럴 만한 자격이 전혀 없는데도 그렇게 하신다. 하나님을 찾지 않은 사람들이 그분을 발견한다. 하나님은 자기를 낮출 필요가 전혀 없는데도 그렇게 하신다. 하나님이 주권자라는 사실을 기억하면 진정 놀랍기 그지없는 일이 아닐 수 없다. 그리스도께서는 인류가 계속 무죄한 상태로 머물렀더라도 단순히 주권자라는 이유 하나만으로 온 인류를 얼마든지 멸하실 수 있었고, 인류의 타락 이후에는 사람들의 자녀들이 처음 태어나는 순간에 즉시 그들에게 죽음의 형벌을 집행할 수도 있으셨다. 그런데 놀랍게도 그리스도께서는 오히려 구원을 베풀기로 결정하셨다. 그리스도께서 누구에게 자기를 낮추셨는지 생각해 보라. 바로 천사들이 아닌 경멸스러운 인간들에게였다. 참으로 경이롭고, 놀랍기만 하다. 그리스도께서 먼지와 재 같은 존재, 곧 벌레와 다름없는 인간에게 자기를 낮추셨다. 그리스도께서 먼지와 재 같은 자들의 시중을 들으셔야 하는가? 그분이 문밖에 서서 벌레의 문을 두드리셔야 하는가? 무한히 영광스럽고, 전능하신 만군의 하나님이 그토록 낮게 자기를 낮추셨다니 너무나도 놀랍고 기이하기만 하다. 인간은 한갓 먼지에 불과하다. 이런 사실만으로도 이미 충분히 경멸스러운데 거기에서 더 나아가 오염된 먼지가 되고 말았다. 그런데 하나님이 그토록 흉측하고, 가증스럽고, 전염성이 있는 나병환자와 같은 죄인의 마음의 문을 두드리시다니 참으로 놀랍지 않은가? 더욱이 우리는 마음과 생각으로 그분을 대적하기까지 한다. 그런데도 하나님은 동정심을 잃지 않고 와서 서서 몇 번이고 끈기 있게 두드리신다. 그리스도의 인내는 진정 놀랍기 그지없다. 그리스도께서는 기다리면서 문을 두드리며 간청하는데도 아무 소용이 없으면 크게 슬퍼하고 탄식하며 눈물을 흘리신다. 참으로 경이롭기 짝이 없다. 죄인들이 그분의 화를 돋우어 떠나시게 하려고 하는데도 사랑스러운 구세주께서는 놀라운 긍휼을 베풀어 서서 두드리며 기다리신다.

데이비드 클락슨, *Works*, 2:35-41

243

그들의 모든 환난에 동참하사

하늘에 계신 아버지께서는 우리에게 깊은 애정을 기울이신다. 하나님의 사랑이 불길이라면 세상 부모들의 사랑은 작은 불티에 지나지 않는다. 하나님의 사랑은 지식을 초월하며, 모든 차원을 뛰어넘는다. 하나님의 사랑은 하늘보다 높고, 바다보다 넓다. 하나님은 우리를 보배롭게 여기신다. 그분은 자기 자녀들을 그 어떤 보물보다 더 귀하게 생각하신다. 그분은 그들과 어울리기를 좋아하신다. 그분은 그들의 얼굴을 보고 싶어 하시며, 그들의 목소리를 듣고 싶어 하신다. 그분은 연약함에 휩싸여 있는 그들을 동정하시고, 가엾게 여기신다. 그들이 다치면 그분은 몹시 가슴 아파하신다. "사울아 사울아 네가 어찌하여 나를 박해하느냐"(행 9:4)라는 말씀이 암시하는 대로, 그들이 상처를 입으면 그분도 함께 피를 흘리신다. 하나님은 자기 자녀들이 괴로움을 당하면 "너희를 범하는 자는 그의[나의] 눈동자를 범하는 것이라"(슥 2:8)라고 말씀하신다. 하나님은 우리 안에 선한 것이 조금이라도 있는지 살피신다. 우리에게서 선한 의도가 발견되면 그분은 그것을 눈여겨보신다. 하나님은 가장 작은 은혜의 불씨도 간과하지 않으신다. 사라는 아브라함을 주로 일컬으며 그에게 순종했다(벧전 3:6). 성령께서는 사라의 불순종이나 약속을 비웃었던 그녀의 태도를 언급하지 않으셨다. 성령께서는 사라의 상처를 정확하게 알고 계셨고, 그녀의 잘못을 너그럽게 눈감아 주셨으며, 오직 그녀의 선한 측면에만 관심을 기울이셨다. 이런 사실은 참으로 크나큰 위로가 아닐 수 없다. 하나님은 껍데기에 숨겨진 알곡을 보신다. 하나님은 인간의 부패함 속에 감추어져 있는 자신의 은혜를 보신다. 우리의 예배가 많은 결함을 안고 있더라도 하나님은 우리의 제사를 외면하지 않으신다. 하나님은 우리가 감당할 수 없는 것을 요구하지 않으신다. 하나님은 우리를 부드럽게 대하시고, 감당할 수 없는 시련을 허락하지 않으신다. 하나님은 우리가 어떤 고난을 겪든지 항상 긍휼을 잊지 않으신다. 하나님은 우리에게 쓴 쑥을 먹으라고 내줄 때 항상 거기에 꿀을 섞어 주신다. 하나님의 자녀는 어떤 먹구름이 몰려와도 그 안에서 긍휼의 무지개가 빛나고 있는 것을 본다. 하나님은 언약궤 안에 막대기(지팡이)와 만나를 놓아 두셨다. 우리 아버지의 막대기에는 항상 만나가 같이 있다.

토머스 왓슨, *The Lord's Prayer*, 15-19쪽

그들을 내 손에서 빼앗을 자가 없느니라

하나님이 우리의 아버지이시라면 악한 자가 결코 승리할 수 없다. 하나님은 사탄의 모든 유혹을 자기 자녀들을 유익하게 만드는 수단으로 만드실 수 있다. 사탄의 시험은 기도를 독려하고, 안일함을 일깨우는 수단이 된다(고후 12:8). 바람에 흔들리는 나무가 땅속에 뿌리를 더욱 안정되게 내리는 것처럼, 유혹의 바람은 하나님의 자녀들을 은혜 안에 안정되게 머물도록 도와준다. 우리에게는 진정한 재앙이 닥치지 않는다. 악인들에게 주어지는 고난은 재앙이지만 하나님의 자녀들은 고난을 통해 더 나아진다. 용광로가 금을 손상시킬 수 있는가? 그 어떤 고난이 은혜를 훼손할 수 있겠는가? 고난은 은혜를 정화하고, 정제할 뿐이다. 고난 자체가 아닌 고난의 해악으로부터 자유롭다는 것은 참으로 크나큰 특권이 아닐 수 없다. 그리스도께서는 모든 고난의 해악을 없애셨다. 하나님이 우리의 아버지이시기 때문에 우리는 기쁨으로 은혜의 보좌 앞에 나갈 수 있고, 자신 있게 승리를 확신할 수 있다. '아버지'라는 칭호는 하나님의 마음을 움직인다. 아버지가 어떻게 자기 자녀들을 거부하실 수 있겠는가? 우리에게는 기도를 드릴 수 있는 성부와 기도하도록 도와주시는 성령과 우리의 기도를 대언하시는 중보자가 계신다. 하나님의 자녀들은 어떤 어려움을 당하든 하나님께 달려가야 한다. 까마귀의 울음소리를 들어주는 분이 어찌 자녀들의 부르짖음을 들어주지 않으시겠는가? 성부께서는 우리 앞에 서서 위험을 막아 주신다(행 18:10). 하나님은 우리의 피난처이시다(시 27:5). 하나님이 우리의 아버지이시라면 모든 좋은 것에 부족함이 없을 것이다(시 34:10). 하나님은 때로 자기 자녀들에게 고난을 허락하시지만, 그것은 모두 그들을 유익하게 하기 위한 것이다. 야곱에게는 기근이 유익했다. 왜냐하면 그것이 요셉을 만나는 계기가 되었기 때문이다. 하나님의 자녀들은 세상의 덧없음을 그리스도의 충만하심을 깨닫는 계기로 삼아야 한다. 하나님이 그들에게 세상의 것을 더 많이 주는 것이 좋다고 생각하시면 그들은 더 많은 것을 소유하게 될 것이다. 하나님은 자기 자녀들이 모든 좋은 것에 부족함이 없게 해 주신다.

토머스 왓슨, *The Lord's Prayer*, 19-23쪽

그 때에 의인들은
자기 아버지 나라에서 해와 같이 빛나리라

하나님이 우리의 아버지가 되시면 어떤 축복이 뒤따를까? (1) **성경의 모든 약속이 우리에게 적용된다.** 악인에게는 오직 저주만이 적용될 뿐이다. 약속은 하나님의 자녀들에게 주어진 양식과 같아서 그들의 믿음을 지탱해 준다. 약속은 하나님이 보증하는 증서와 같고, 그리스도인의 강장제와 같다. 약속에서 비롯하는 하늘의 위로는 참으로 놀랍기 그지없다. 하나님의 자녀는 약속의 상속자이기 때문에 과실수가 심긴 동산에서처럼 원하는 약속을 아무것이나 붙잡고, 그것에서 위로의 열매를 거둘 수 있다. (2) **우리는 정복자들이다.** 우리는 때로 역습을 당해 한 차례의 전투에서 패할 수도 있지만 절대로 승리를 잃지는 않는다. 세상은 물질적 이득과 쾌락을 약속하며, 그것에 넘어가는 사람들이 많다. 그러나 하나님의 자녀들은 세상을 이기는 믿음을 지니고 있다(요일 5:4). (3) **하나님은 때때로 우리에게 사랑의 징표를 보여 주신다.** 우리가 불친절한 세상으로부터 거친 대접을 받을 때면 하나님은 사랑의 증거를 보여 우리를 격려하신다. 그런 사랑의 증거들에는 무엇이 있을까? 하나님의 사랑을 보여 주는 증거들에는 기도 응답, 우리의 마음을 넓혀 의무에 충실하게 하는 것, 성령의 첫 열매들이 있다. (4) **하나님은 우리를 너그럽게 용서하신다.** 하나님은 우리를 죄를 따라 그대로 징벌하지 않으신다(시 103:10). 우리는 하나님의 진노를 초래하고, 성령을 근심하시게 하는 행위를 종종 저지른다. 그러나 하나님은 많은 잘못을 묵인하고, 우리를 너그럽게 용서하신다. 하나님은 자신의 독생자는 아끼지 않았지만 입양한 자녀들은 극진히 아끼신다(롬 8:32). (5) **하나님은 마지막 날에 우리를 영예롭게 하신다.** 우리는 이 세상에서 종종 비방과 모략을 당한다. 사탄은 하나님의 자녀들을 더럽힐 수는 없지만 수치스럽게 만들 수는 있다. 하나님은 장차 우리의 무고함을 밝히 드러내고, 온갖 비난을 제거하고, 우리를 명예롭게 하실 것이다. 우리가 행한 모든 기도와 모든 섬김과 모든 사랑의 수고가 사람들과 천사들 앞에 온전히 드러날 것이다(마 25:35-36).

토머스 왓슨, *The Lord's Prayer*, pp. 21-24쪽

섭리는 하나님의 사역이기 때문에 하나님의 가장 지혜롭고, 영원한 뜻에 따라 이루어진다. 하나님은 만물을 보존하시고, 다스리시며, 자신의 영광을 위해 모든 것을 제각각 그 목적에 맞게 이끄신다. 이 진리를 마음속 깊이 간직해야만 선한 일이 일어날 때 하나님을 높이 찬양할 수 있고, 나쁜 일이 일어날 때 인내로 감내할 수 있다. 어떤 사람들은 악인들은 형통하고, 경건한 자들은 가난과 멸시와 비난에 시달리는 것을 보고 하나님의 섭리를 의심한다. 악한 부자는 날마다 호의호식하고, 경건한 나사로는 그 탐식가의 문 앞에 앉아 개들이 자신의 상처를 핥도록 놔둔 채로 굶주림에 시달려야 했다. 그렇다면 하나님은 탐식가의 식탁은 특별히 배려하고, 자기 자녀에게는 부스러기만을 주셨던 것일까? 이 질문은 풀리지 않는 문제처럼 대대로 제기되어 왔지만, 실제로는 섭리의 모순성이 아닌 확실성을 입증하는 명백한 증거가 아닐 수 없다. 세상은 항상 하나님의 자녀들을 미워하지만, 하나님은 원수들의 분노와 증오 가운데서도 자기 자녀들을 굳게 붙들어 주신다. 그들은 끊임없이 억압을 당하는데도 세상에서 결코 사라지지 않는다. 우리는 불꽃 가운데서도 떨기나무가 타지 않게 하시는 하나님의 능력과 보호를 목격한다. 하나님이 자기 자녀들에게 고난을 허락하시는 이유는 그들을 연단하기 위해서다. 악인들이 바랄 수 있는 것이라곤 이 세상에서 그들이 소유한 것들뿐이다. 심판의 날이 이르면 이 세상에서 불공정해 보였던 하나님의 섭리가 그 진면목을 드러낼 것이다. 이 세상의 축복들은 은혜가 아닌 올무일 수도 있다. 부자의 맛있는 음식이 결국 고통을 가져다준다면 그것을 '좋은 것'으로 일컬을 수 없다. 자색옷을 입었던 그가 지금 불길에 싸여 있다면 어찌 좋은 것일 수 있겠는가? 나사로가 지금 아브라함의 품에 안겨 있다면 그의 상처는 결코 나쁜 것이 아니다. 그날이 되면 모든 것이 명명백백하게 드러날 것이다. 영원한 행복을 가져다주는 것이 아니라면 그 무엇도 진정으로 좋은 것이라고 할 수 없다.

에제키엘 홉킨스, *Works*, 3:371-382

247

그의 뜻대로 무엇을 구하면 들으심이라

성부께서 허락하거나 작정하신 것이 아니면 어떤 일도 일어날 수 없다. 하나님은 그런 절대적인 섭리를 통해 자신의 영광을 위해 모든 것을 다스리신다. 하나님의 뜻과 관련 없이 저절로 이루어지는 일은 아무것도 없다. 세상이 맹목적으로 무질서하게 돌아가는 것처럼 보여도 하나님은 세상을 다스려 모든 것에서 완벽한 조화를 만들어 내신다. 여기에서 "하나님의 섭리가 그분의 뜻을 지향하는 불변의 법칙에 따라 일어날 모든 사건을 작정해 놓았다면, 우리는 왜 기도해야 하는 것인가? 우리가 아무리 열정적으로 기도해도 하나님이 작정하신 것을 바꿀 수 없고, 그분이 정하신 때가 오기 전에 그분의 축복을 앞당길 수도 없으며, 우리에게 임하기로 정해진 고난의 때를 예방하거나 늦출 수도 없다."라는 문제가 제기될 수 있다. 하나님의 섭리는 단지 사건의 결과만이 아닌 그것을 일으키는 수단과 원인과 과정까지 정해 놓는다. 하나님은 결과만이 아닌 그것을 이루는 수단까지 작정하신다. 기도는 하나님이 결정하신 일이 일어나게 만드는 수단에 해당한다. 우리는 하나님의 영원한 뜻을 바꿀 의도로 기도하지 않는다. 우리가 기도하는 이유는 하나님이 작정하신 것을 받기 위해서다. 우리는 하나님이 영원 전에 허락하기로 결정하신 것, 곧 기도가 아닌 다른 방법으로는 받을 수 없는 것을 받기 위해 기도한다. 따라서 고난을 겪거나 가난에 시달릴 때는 기도가 꼭 필요하다. 그 이유는 하나님이 섭리를 통해 우리에게 그런 시련들을 허락하셨고, 또 동일한 섭리를 통해 우리의 끈기 있는 기도가 있어야만 그것들을 없애 주기로 결정하셨기 때문이다. 기도는 하나님이 허락하기로 결정하지 않은 것을 허락하시도록 그분을 설득하기 위한 것이 아니라 오직 기도를 통해서만 그분이 우리에게 주기로 작정하신 것을 받을 준비를 갖추기 위한 것이다.

에제키엘 홉킨스, *Works*, 3:370-382

미리 정하신 그들을 또한 부르시고

성부께서는 우리를 결코 버리지 않으신다. 그분은 때로 잠시 자기 자녀들을 떠날 뿐, 그들을 완전히 버리지 않으신다. 하나님의 영원한 작정이 이런 확신을 뒷받침한다. 하나님의 작정은 성도의 견인을 떠받치는 토대다. 죄든, 죽음이든, 지옥이든 그 무엇도 이 토대를 무너뜨릴 수 없다. 하나님이 미리 정하신 것은 무엇이든 영원히 영광스럽다. 하나님은 영원한 작정만이 아니라 천국의 상속자들은 절대로 기업을 빼앗기지 않을 것이라는 약속까지 허락하셨다. 하나님의 약속은 취소할 수 없는 보증된 증서와도 같다. 그것은 성도들의 칙허장이다. 하나님의 신실하심이 성도의 견인에 대한 약속을 보증한다. 하나님의 신실하심은 그분이 쓰신 왕관에 박힌 가장 귀한 진주와 같다. 하나님이 두 팔(하나님의 사랑과 신실하심)로 성도를 굳게 붙잡고 계시는 한, 그들은 절대로 넘어지지 않는다. 예수 그리스도께서는 하나님의 자녀로 입양된 자들은 영광의 기업을 얻을 때까지 은혜의 상태로 보존될 것이라고 약속하셨다. 그분은 성령의 유효한 사역을 통해 선택받은 자들의 영혼에 은혜를 허락하신다. 성령께서는 그리스도께서 성도들을 위해 확보하신 모든 것을 이루신다. 그리스도께서는 또한 중보 사역을 행하신다(히 7:25). 그리스도는 모든 성도가 은혜 안에서 끝까지 버틸 수 있게 해달라고 기도하신다. 그런 기도의 자녀들이 어떻게 멸망할 수 있겠는가? 천국의 상속자들이 기업을 잃고, 영광에 이르지 못한다면 하나님의 작정이 취소되고, 그분의 약속이 깨지고, 그리스도의 기도가 좌절되는 결과가 초래될 것이다. 이것은 생각조차 할 수 없는 신성모독이다. 더욱이 하나님의 자녀들은 그리스도의 몸과 하나로 연합한 상태다. 누룩과 반죽을 섞으면 그 둘을 따로 분리하기가 불가능한 것처럼, 그리스도와 신자가 서로 분리되는 것도 불가능하기는 마찬가지다. 그리스도의 지체가 멸망하는 것이 어떻게 가능하겠는가? 지체 하나를 잃는 것은 곧 영광을 잃는 것이다. 이 모든 점을 고려할 때 하나님의 자녀들이 은혜 안에서 보존되리라는 것은 의심할 여지가 없다.

토머스 왓슨, *The Lord's Prayer*, 25-26쪽

푯대를 향하여…달려가노라

　성도의 궁극적인 견인과 영원한 기업의 확실성을 믿는다면 어떻게 육신적인 삶을 알면서 자신이 안전하다 말하고 거룩하지 못한 삶을 추구할 수 있겠는가? 부패한 본성의 소유자는 이 놀라운 진리를 그런 식으로 악하게 이용할 테지만 마음속에서 은혜의 효력을 느끼는 사람은 이 진리를 결코 남용하지 않을 것이다. 바울은 그 무엇도 자기를 그리스도의 사랑에서 끊을 수 없다는 것을 알았지만 그 누구보다 거룩하고, 신중한 삶을 살았다(고전 9:27). 하나님의 자녀들은 거룩한 두려움을 지니고 있기 때문에 안일한 삶을 원하지 않는다. 그들은 약속을 믿고, 소망 중에 즐거워하지만, 자신의 마음이 부패할까 두려워하며 항상 깨어 기도한다. 하나님을 아버지로 둔 자들은 세상에서 가장 행복한 사람이다. 그들이 그런 상태에 머무는 한, 그 무엇도 그들을 해칠 수 없다. 그들은 아버지께서 내리시는 축복을 누린다. 모든 것이 그들을 유익하게 하는 데 이바지한다. 그들은 나라를 상속받고, 그들의 기업은 결코 사라지지 않는다. 그들은 어떤 상황에서도 큰 위로를 느껴야 마땅하다. 그들이 어떤 상황에 처하더라도 그들의 아버지께서 모든 것을 다스리신다. 시련이 닥쳐도 그들은 그것을 통해 아버지께로 나아간다. 하나님이 우리의 아버지이시라면 기꺼이 순종하자. 하나님이 겸손과 자기 부정을 요구하시면 우리 자신을 부인하고, 우리가 소중히 여기는 죄도 기꺼이 포기하자. 소박한 옷차림을 하고, 말을 조심스럽게 하고, 신중하게 처신하고, 아버지의 명령에 순종하자. 꽃잎이 태양을 향해 벌어지듯 하나님께 모든 것을 열어 놓자. 아버지의 축복을 원한다면 첫 번째 의무든 두 번째 의무든, 하나님이 명령하시는 것은 무엇이든 순종해야 한다. 십계명은 열 개의 줄로 된 악기와 같아서 하나하나 순종하지 않으면 아름다운 곡조를 울릴 수 없다. 아버지께서 우리의 육신과 본성을 거스르는 것을 명령하시더라도 기꺼이 순종하라. 하나님의 말씀에 순종하며, "그들은 죽기까지 자기들의 생명을 아끼지 아니하였도다"(계 12:11)라는 말씀대로 하나님을 사랑하기 위해서라면 우리의 생명까지도 기꺼이 포기하며 그분의 자녀답게 살아가자.

토머스 왓슨, *The Lord's Prayer*, 26-29쪽

까마귀를 생각하라 심지도 아니하고 거두지도 아니하며…창고도 없으되 하나님이 기르시나니

하나님이 우리의 아버지시라면 그런 아버지를 둔 자녀답게 행동하자. 어떤 어려움과 시련 속에서도 하나님을 의지하자. 자녀들이 필요한 것들을 얻기 위해 부모에게 의존하는 것처럼 하나님이 우리의 필요를 채워 주실 것이라고 굳게 믿자. 구원을 얻기 위해 하나님을 믿는다면 생계의 문제와 관련해서도 그분을 신뢰해야 마땅하지 않겠는가? 불신앙에 사로잡히지 않도록 주의해야 한다. 공중의 새들을 먹이시는 하나님이 자기 자녀들을 먹이지 않으시겠는가? 들의 백합화를 생각해 보라. 그들은 길쌈하지 않지만 솔로몬의 모든 영광도 그 꽃 하나만 못했다. 백합화를 입히시는 하나님이 자기 양들을 입히지 않으시겠는가? 하나님의 관대하심은 악인들에게까지 미친다. 하나님의 자녀들은 세상의 것들을 후하게 누리지 못할 수도 있다. 그들의 통에 양식이 부족할 수도 있고, 가난하고 비천하게 살 수도 있다. 그러나 "여호와를 찾는 자는 모든 좋은 것에 부족함이 없으리로다"(시 34:10)라는 말씀대로, 그들은 하나님이 그들에게 유익하다고 생각하시는 것은 무엇이든 충분히 받아 누린다. 하나님은 그들이 원하는 것이 아니라 그들에게 유익한 것을 주신다. 하나님은 그들이 갈망하는 것이 아니라 그들에게 필요한 것을 주신다. 하나님은 그들에게 진수성찬이 아닌 한 끼의 식사를 허락하신다. 아버지의 섭리를 의지하고, 불신의 생각이나 근심 걱정에 사로잡히지 말라. "너희 염려를 다 주께 맡기라 이는 그가 너희를 돌보심이라"(벧전 5:7). 세상의 부모들은 자식을 사랑하기 때문에 무엇이든 기꺼이 주고 싶어 하지만 그럴 능력이 없을 수도 있다. 그러나 하나님은 자기 자녀들을 보살필 능력이 조금도 부족하지 않으시다. 그분은 적당한 공급을 약속하셨다. 하나님이 자기 자녀들에게 천국을 허락하셨는데 그곳에 가는 동안에 필요한 것을 충분히 허락하지 않으시겠는가? 하나님이 그들에게 나라를 허락하셨는데 어찌 매일의 양식을 거절하시겠는가? 하나님을 신뢰하라. 그분은 "내가 결코 너희를 버리지 아니하고 너희를 떠나지 아니하리라"(히 13:5)라고 말씀하셨다.

토머스 왓슨, *The Lord's Prayer*, 27-28쪽

항상 기도하고 낙심하지 말아야 할 것을 비유로 말씀하여

우리가 아버지께 기도할 때 하늘의 문은 결코 닫히지 않는다. 비록 우리가 구하는 것을 아직 받지 못했더라도 우리는 믿음으로 하나님이 허락해 주실 것이라고 확신하고, 기꺼이 그분의 때를 기다린다. 우리는 응답이 없더라도 응답이 주어질 것을 알기에 계속 두드린다. 신자는 은혜가 주어질 때까지 기도의 그물을 쳐 놓고 기다린다. 인내하는 기도란 믿음의 기다림을 의미한다. 하나님은 우리의 기도를 듣고 응답하기를 원하신다(시 65:2). 하나님은 즉각 응답하지는 않더라도 기도를 듣고 계신다. 하나님이 기도할 마음을 주시고, 기도의 열정을 불러일으키셨다면 그 자체로 기도의 응답이다. 더욱이 우리는 홀로 기도하지 않는다. 그리스도께서 우리의 기도를 거듭해서 드리신다. 그분은 우리의 기도에서 불필요한 것을 제거해 순수한 금과 같은 기도를 하나님께 드리신다. 그분은 성도들의 기도에 자신의 향기로운 냄새를 섞으신다. 그분의 인격은 지극히 고귀하고, 그분과 성부의 관계는 친밀하기 그지없다. 바꾸어 말해, 그분은 하나님이요 거룩한 아들이시다. 이런 사실은 믿음의 기도를 독려하는 크나큰 격려가 된다. 기도와 관련된 수많은 은혜로운 약속들을 생각해 보라. 하나님은 그런 약속들로 우리에게 자신을 구속시키셨다. 그리스도께서 대가를 치르고 우리가 구하는 것을 얻으셨다는 사실을 생각해 보라. 우리는 우리가 구하는 것들이 너무 거창해서 얻을 수 없을 것이라고 생각하지만, 그리스도께서 얻을 수 없을 만큼 거창한 것은 아무것도 없다. 이런 사실은 우리의 기도에 활력을 불어넣고, 믿음으로 기도하도록 용기를 북돋운다. 우리는 우리가 구하는 것들을 받을 만한 자격이 없지만, 그리스도께서는 우리를 위해 그것들을 얻으실 자격이 충분하고도 남는다. 하나님은 종종 자기 백성이 기도하는 것을 뛰어넘어 구하는 것보다 더 많은 것을 허락하기도 하신다. 야곱은 양식과 의복을 구했지만, 하나님은 그의 가족들과 일꾼들을 늘려 두 무리를 이루게 하셨다. 기도는 감옥의 문을 열었고, 적들의 음모를 좌절시켰으며, 적들의 세력을 제압했다. 모세의 기도는 여호수아의 칼보다 더 많은 것을 이루었다. 이런 사실을 생각하면 믿음으로 기도할 용기가 솟구치지 않는가?

토머스 왓슨, *The Lord's Prayer*, 32-36쪽

이름이 거룩히 여김을 받으시오며

이 기도에서 우리는 하나님의 이름이 우리의 삶의 전반에 걸쳐 영광을 받으시기를 간구한다. 하나님의 이름을 영화롭게 하는 것이 다른 어떤 것, 심지어는 우리의 생명보다 더 우선시되어야 한다. 이것이 가장 큰 첫 번째 간구다. 다른 간구들이 무익하고, 쓸모없게 되더라도 하나님의 이름이 거룩히 여김을 받기를 바라는 간구는 여전히 유효하다. 천국에서는 "우리에게 일용할 양식을 주시옵고"나 "우리 죄를 사하여 주시옵고"와 같은 간구는 더 이상 필요하지 않다. 천국에는 죄도 없고, 굶주림도 없을 것이기 때문이다. 그러나 하나님을 찬양하는 것은 그곳에서 풍성하게 이루어질 것이다. 하나님의 이름을 칭찬하는 것만으로는 충분하지 않다. 우리는 정복자에게도 그런 칭찬을 바칠 수 있다. 그러나 "이름이 거룩히 여김을 받으시오며"라는 간구는 하나님의 이름을 다른 모든 이름 위에 올려놓는다. 우리는 그분을 칭찬할 뿐 아니라 숭앙한다. 하나님의 이름을 거룩히 여긴다는 것은 그분의 이름을 일상적인 용도로 사용하지 않는다는 뜻이다. 하나님의 이름을 거룩히 여긴다는 것은 지극한 공경심이 없이는 그분의 이름을 절대로 언급하지 않는다는 의미다. 성경은 하나님에 관해 말할 때면 "지극히 높으신 하나님을 찬송할지로다"(창 14:20)라거나 "주의 영화로운 이름을 송축하올 것은 주의 이름이…모든 송축이나 찬양에서 뛰어남이니이다"(느 9:5)라는 식으로 존귀한 칭호를 사용한다. 하나님을 망령되거나 경홀히 일컫는 것은 그분의 이름을 모독하고 남용하는 것이다. 우리는 하나님께 존귀한 칭호를 부여함으로써 그분의 왕관에 귀한 보석들을 달아 드려야 한다. 하나님의 이름을 높이 찬양할 때 그분의 이름을 거룩하게 할 수 있다. "보좌에 앉으신 이와 어린 양에게 찬송과 존귀와 영광과 권능을 세세토록 돌릴지어다"(계 5:13). 하나님을 찬양하는 것이 곧 그분의 이름을 거룩히 여기는 것이다. 고난받는 상황에서 드리는 찬양은 하나님의 이름을 특별히 거룩히 여긴다. 욥은 "주신 이도 여호와시요 거두신 이도 여호와시오니 여호와의 이름이 찬송을 받으실지니이다"(욥 1:21)라고 찬양했다. 많은 사람들은 하나님이 주실 때 그분을 찬양한다. 그러나 하나님이 거두실 때 그분을 찬양하면 그분의 이름이 더욱 거룩히 여김을 받는다.

토머스 왓슨, *The Lord's Prayer*, 38-43쪽

우리가 살아도 주를 위하여 살고
죽어도 주를 위하여 죽나니
그러므로 사나 죽으나 우리가 주의 것이로다

참된 성도는 하나님의 이름을 높이기 위해 적극적으로 노력한다. 그는 매사에 "이것이 하나님의 이름을 영화롭게 하는 것인가?"라고 묻는다. 이것은 바울의 가장 큰 관심사이기도 했다(빌 1:20). 경건한 성도는 하나님의 이름을 영화롭게 하지 못하면 살 가치가 없다고 생각한다. 하나님의 이름이 세상에서 어떻게 더럽혀지고 있는지 생각해 보라. 그것은 마치 태양이 일식으로 어두워지는 것과 같다. 테오도시우스는 사람들이 자신의 조각상에 오물을 집어 던지는 것을 사악한 범죄로 간주했다. 여호와의 영광스러운 이름을 욕되게 하는 것은 그보다 훨씬 더 사악한 범죄에 해당한다. 사는 동안 하나님의 이름을 영화롭게 했다면, 즉 하나님을 마음으로 사랑하고, 입술로 찬양하고, 삶으로 영화롭게 했다면 죽을 때 큰 위로를 얻을 것이다(엡 1:6). 죽는 순간에는 세상의 위로가 모두 사라지고, 우리가 누렸던 부나 쾌락을 생각해도 아무런 위로를 느끼지 못할 것이다. 그러나 하나님의 이름을 거룩하게 했다는 양심의 소리가 들려온다면 은혜로운 평화와 만족을 누릴 수 있을 것이다. 온종일 일하고 나서 저녁에 품삯을 받는 종은 참으로 행복할 것이다. 하나님을 영화롭게 하는 삶을 살아온 자들은 죽음을 기쁘게 맞이할 수 있고, 또한 상급을 받게 될 것이다. 하나님의 이름을 존귀하게 하면 그분이 우리를 존귀하게 하실 것이다. 그렇게 하면 하나님은 우리를 피조 세계의 정화요 꽃으로 여기실 것이다. 하나님의 이름을 영화롭게 한 사람들은 모두 다 명성이 드높다. 아브라함은 믿음으로, 모세는 온유함으로, 다윗은 열정으로, 바울은 그리스도에 대한 사랑으로 유명하다. 그들의 이름은 오늘날까지도 하나님의 교회 안에서 향기로운 향내를 풍긴다. 하나님은 우리가 죽으면 천사들에게 들려 당당하게 천국에 들어가게 하실 것이다. 하나님이 자기 백성에게 그런 불멸의 명예를 안겨주시는데(고전 2:9) 그분의 이름을 거룩하게 하고, 영화롭게 하고, 그분의 명예를 드높이지 않을 사람이 과연 누가 있을지 궁금하다.

토머스 왓슨, *The Lord's Prayer*, 46-53쪽

너희는 나를 불러 주여 주여 하면서도
어찌하여 내가 말하는 것을 행하지 아니하느냐

죄를 자각한 죄인은 회심할 때 담대하게 그리스도께 나아가 그분을 붙잡고, "제가 여기 있습니다. 멸망하더라도 이 자리에서 멸망하고, 죽더라도 이 자리에서 죽겠나이다. 저는 절대로 주님의 문 앞을 떠나지 않겠습니다."라고 말한다. 회심 이전만 해도 죄인은 그리스도를 멸시하고, 친구들과 물질적인 것에만 관심을 기울였다. 그러나 이제는 그리스도께서 그의 매일의 양식이요 삶의 의지처가 되신다. 그는 그리스도께서 영화롭게 되기를 원한다. 전에는 신앙이 한갓 공상에 불과했지만, 이제는 그의 안에 사는 것이 그리스도가 되었다. 참된 회심자는 온전한 그리스도를 받아들인다. 그는 상급만을 바라지 않고, 힘든 수고도 마다하지 않는다. 그는 축복만 구하지 않고, 그리스도의 짐을 기꺼이 짊어진다. 그는 명령에 복종할 뿐 아니라 그리스도의 십자가를 짊어진다. 참되지 않은 회심자는 그리스도를 절반만 받아들인다. 그는 구원만을 바랄 뿐, 성화는 원치 않고, 특권만을 바랄 뿐 그리스도의 인격은 무시한다. 그는 그리스도의 직임과 축복을 분리한다. 이것은 기본부터 잘못된 것이다. 생명을 원한다면 이 점에 주의해야 한다. 이것은 파멸로 이끄는 오류다. 많은 사람이 주 예수님을 진지하게 사랑하지 않는다. 그들은 예수님을 하나님으로 받아들이지 않고, "임금과 구주"(행 5:31)로만 인정한다. 그들은 하나님이 하나로 합치신 것, 곧 왕과 제사장을 다시 떼어 놓는다. 그들은 고난 없는 구원을 바랄 뿐 아니라 죄로부터 구원받기를 원하지 않는다. 그들은 구원도 받고, 정욕도 추구하기를 원하며, 몇 가지 죄를 자제하는 것으로 만족할 뿐, 들릴라의 무릎을 밀쳐내고 일어서려고 하지 않는다. 그들은 오른쪽 눈이든 왼쪽 눈이든 빼낼 생각이 전혀 없다. 이것은 극도로 조심해야 할 일이다. 우리의 영혼의 운명이 여기에 달려 있다. 참된 회심자는 예외나 한계나 조건을 두지 않고 온전한 그리스도를 받아들인다. 그는 그리스도의 구원은 물론 통치까지도 기꺼이 받아들인다. 그는 바울처럼 "주여 제가 어떻게 하기를 원하십니까?"라고 묻고(행 9:6, 킹 제임스 성경 참조), "무엇이든 하겠습니다."라고 고한다.

조지프 얼라인, *A Sure Guide to Heaven*, 44-46쪽

주의 길에서 나를 살아나게 하소서

영적 나태는 크게 세 가지 종류가 있다. (1) **고집스러운 나태 : 어떤 사람들은 작심하고 영적 구원을 등한시한다.** 그들은 안일함의 침상에서 일어나서 살든 죽든 결단할 생각이 조금도 없다. (2) **지체하는 나태 : 어떤 사람들은 자신의 영혼을 돌보기를 원하지만 머뭇거리며 지체한다.** 그들은 시간을 조금씩 미룬다. 나태한 사람은 낮잠을 조금만 더 자게 해 주면 일어나겠다고 말한다. 지체하는 나태는 위험천만하다. 알렉산더는 세상을 어떻게 정복할 것이냐는 질문을 듣고, "나는 지금 해야 할 일을 결단코 나중으로 미루지 않을 것이오."라고 대답했다. (3) **방해하는 나태 : 하나님의 길을 걸어가려고 노력할 때 나태가 벌건 녹처럼 바퀴가 굴러가는 것을 방해한다.** 성도의 영혼은 예후의 병거처럼 빠르고 힘차게 움직여야 한다(왕하 9:20). 하나님의 길을 가려면 영혼의 민첩성이 필요하다. 영혼의 힘을 최대한 끌어올려야 한다. 하나님의 사역을 이루고자 하는 강렬한 욕구가 있어야 한다. 항상 준비된 상태를 유지하면서 의무를 온전히 이행할 때까지 열심히 일해야 한다. 아르키메데스는 마르켈루스가 시라쿠사의 성문 안으로 진입하는 순간에도 기하학 선을 그리고 있었다. 군인들이 그의 서재에 들이닥쳤는데도 그는 그들에게 눈길로 주지 않았다. 그들이 그의 옷소매를 잡아당기자 그는 "내 일을 다 끝마칠 때까지 나를 내버려 두라."라고 소리쳤다. 군인들이 칼을 빼 그를 찔렀는데도 그는 자기 일에 몰두했다. 우리도 바람의 날개를 타고 날아올라 열정적인 정신과 뜨거운 마음으로 주님을 섬겨야 한다. 항상 기도하며, 야곱처럼 힘차고 끈기 있게 하나님과 씨름해야 한다. 야곱은 군주처럼 하나님과 힘을 겨루었다. 하나님은 그런 태도를 기뻐하신다. 하나님은 그런 기도를 참된 기도로 여기신다. 수탉은 그런 태도를 보여 주는 보기 드문 본보기다. 수탉은 꼿꼿이 일어나서 날개를 퍼덕이며 목청껏 소리를 지른다. 하나님의 길을 느리게 달리지 말라. 근면함과 성실함으로 그분을 섬기라.

시몬스 목사, *Puritan Sermons 1659-1689*, 1:435-438

하나님이 고난을 통해 우리를 가르치신다면 큰 복을 누리는 셈이다. 하나님은 가르칠 때 자신의 교훈을 마음에 적용하신다. 그분은 어두운 데에 빛이 비치라고 명령하셨다(고후 4:6). 성령께서는 그런 식으로 확실하고, 분명하게 거룩한 진리를 깨우쳐 영혼이 온전히 만족을 누리게 하신다. 영혼은 은혜롭고, 자유롭게 계시된 진리를 따른다. 하나님이 가르치시면 영혼은 다윗처럼 진리를 깨닫는다(시 119:71). 어떤 사람들은 개념적으로만 알지만 다윗은 경험으로 알았다. 그는 말씀을 더욱 깊이 알고, 말씀을 더욱 즐거워하며, 말씀에 더욱 순종했다. 그는 말씀을 더 많이 알고, 더 많이 사랑했으며, 말씀을 통해 더욱 새롭게 변화했다. 바울은 "내가 믿는 자를 내가 알고"(딤후 1:12)라고 말했다. 이 말은 "나는 하나님의 신실하심과 충족하심을 경험했기 때문에 나의 모든 것을 그분께 의탁할 수 있다. 나는 하나님이 내가 의탁한 것을 그날까지 능히 지키실 것이라고 확신한다."라는 의미를 담고 있다. 고난을 통해 하나님의 가르침을 받은 사람들은 경험에 근거해 말할 수 있다. 그들은 하나님과의 교제에 관해 말할 수 있다(시 23:4). 이스라엘의 은혜로운 시인은 목자이신 하나님이 자기를 지켜 주고, 위로와 가르침을 베푸시는 것을 경험했다. 하나님의 가르침을 받은 사람들은 "우리가 들은 대로 또한 보았다. 나는 이 말씀을 내 마음속에서 직접 경험했다. 나는 하나님이 참되시다고 확신한다."라고 말할 수 있다. 하나님의 가르침은 강력하다. 하나님의 가르침은 깨달음은 물론, 능력을 준다. 깨달은 진리는 행동으로 실천해야 한다. 하나님의 말씀은 달다. 다윗은 말씀을 설탕처럼 혀로 음미했고, 말씀이 삼손의 꿀보다 더 달콤하다는 것을 알았다. 루터는 말씀이 없으면 천국에 살지 않겠고, 말씀만 있다면 지옥에서라도 살 수 있다고 말했다. 말씀이 달콤한 이유는 거듭난 사람의 변화된 성향에 안성맞춤으로 적합하기 때문이다(렘 15:16).

토머스 케이스, *Select Works, A Treatise of Afflictions*, 87-99쪽

여호와여…주의 길을 내게 가르치소서

하나님은 고난의 학교에서 우리가 배워야 할 교훈을 조금씩 가르치신다. 열매는 익을 시간이 필요하므로 당장에 즉시 거둘 수 없다. 하나님이 한꺼번에 모든 것을 다 가르치지 않으신다고 실망할 필요는 없다. 하나님은 빛을 서서히 비추시고, 자기 자녀들에게 조금씩 가르치신다. 어떤 가르침은 이번 주에, 어떤 가르침은 다음 주에 주어지고, 또 어떤 가르침은 이번의 고난을 통해, 어떤 가르침은 다음번의 고난을 통해 주어진다. 하나님이 다른 사람만큼 많이 가르쳐 주시지 않았다고 해서 아무런 가르침도 베풀지 않으셨다고 말해서는 안 된다. 하나님의 가르침은 강력하지만 그렇다고 해서 우리의 영혼을 모든 소란과 방해로부터 온전히 자유로운, 절대적인 정신적 고요함 속으로 단번에 이끌지는 않는다. 그런 심령 상태는 영화롭게 된 상태에서만 누릴 수 있는 특권이다. 다윗은 여러 차례 실패했고, 욥은 간간이 조급함을 드러냈다. 성경은 욥의 인내는 물론, 그의 조급함을 함께 언급한다. 하나님께 가르침을 받은 사람들도 흔들릴 수 있다. 그러나 그들은 완전히 무너지지 않는다. 그들도 넘어질 수 있지만 완전히 쓰러지지는 않는다. 그 넘어짐이 끔찍하리만큼 심할 수 있지만 완전히 결딴이 나지는 않는다. 우리의 지체 안에 부패함이 도사리고 있는 것을 의식하지 못하는가? 우리의 본성 안에 존재하는 적대적 성향에 대해 분노와 불쾌감을 느껴야 하지 않겠는가? 규칙적인 기도로 우리의 유혹을 하나님께 고해야 하지 않겠는가? 우리의 심령 상태를 더 낫게 만들기 위해 기도해야 하지 않겠는가? 루터는 정신이 혼란스러울 때는 하나님이 기도할 수 있는 심령 상태로 만들어 주실 때까지 기도를 멈추지 않았다고 한다. 우리는 하나님의 가르침을 통해 우리의 심령 안에서 발견되는 악에 맞설 수 있다(갈 5:17). 신자의 삶은 전쟁이다(엡 6:12). 하나님이 우리를 가르치시면, 우리의 영혼은 차츰 육신의 적대적 성향을 극복할 수 있다. 기도는 하나님의 개입을 자극하고, 하나님은 패배를 만회할 힘을 주신다. 우리는 하나님의 때가 이르면 모든 것이 이루어질 것을 알기에 안심할 수 있다. 우리는 불완전하지만 결국에는 완전해질 것이다(빌 1:6).

토머스 케이스, *Select Works, A Treatise of Afflictions*, 100-104쪽

나는 천지에 충만하지 아니하냐

하나님은 온 세상을 다스리는 강력한 왕이요, 지극히 높고 고귀한 분이시다. 하나님은 하늘도 수용할 수 없을 만큼 광대하시다. 하나님은 천지를 창조하셨다. 하나님은 천지를 다시 없애실 수도 있다. 하나님은 입김으로 우리를 먼지처럼 흩으시고, 세상을 요동하게 하실 수 있다. 산들이 하나님 앞에서 진동한다. 하나님은 원하는 것은 무엇이나 하실 수 있고, 산들을 저울에 다실 수 있다. 과연 누가 하나님과 견줄 수 있을까? 그분은 가장 높은 보좌 위에서 가장 찬란한 왕관을 쓰고 가장 큰 통치 영역을 다스리신다. 모든 천사가 그분을 섬기고, 세상의 왕들이 그분의 권위에 의존해 통치한다. 우리가 하나님께 속했다면 승자의 편에 선 셈이다. 왜냐하면 하나님이 적들을 쉽게 물리치고, 그들의 교만함을 무너뜨리고, 그들의 악의를 제어하시기 때문이다. 왕이신 하나님을 신뢰하자. 우리의 영혼을 하나님께 의탁하자. 귀한 보화와 같은 영혼을 맡기기에는 하나님의 손보다 더 안전한 곳이 없다. 하나님은 자신의 거룩한 팔을 드러내신다. 여러 가지 수단들이 효과를 거두지 못해도 하나님은 당황하지 않으신다. 하나님께 불가능한 것은 없다. 하나님은 마른 뼈도 살리실 수 있다. 그분은 생살권을 쥐고 계시고, 몸은 물론 영혼까지 지옥에 던져 넣으실 수 있다. 하늘의 왕이신 하나님의 백성들에게는 큰 위로가 뒤따른다. 하나님은 왕적 권위를 그들을 위해 사용하신다. 하나님은 자기 백성의 입장을 변호하고, 그들을 보호하며, 그들의 주위에 보이지 않는 경비병을 세우신다. 하나님은 불의 벽으로 그들을 에워싸 지켜 주신다. 하나님은 자기 백성에게 유익할 것 같으면 기꺼이 구원을 베푸신다. 그분은 어떻게 해서든 구원하신다. 물고기의 뱃속이 요나를 안전하게 육지까지 실어 나른 배가 되었다. 하나님이 자기 백성을 구원하시는 방법은 무궁무진하다. 겉으로는 그분의 방법이 실패하는 것처럼 보여도 실상은 원수들을 이용해 자신의 사역을 이루시는 것이다. 하나님은 자기 백성을 일시적인 위험, 영적 위험, 죄, 지옥으로부터 구원하신다. 가장 어려운 때에도 담대히 하나님을 인정하라. 그분은 만왕의 왕이시다. 그분은 자기 종들에게 상을 베푸신다. 우리는 하나님을 실망시켜 드릴지 몰라도 그분은 결코 우리를 실망시키지 않으신다.

토머스 왓슨, *The Lord's Prayer*, 54-58쪽

나라가 임하시오며

"나라가 임하시오며"라는 기도는 마귀의 왕국이 세상에서 무너지기를 바라는 의미를 담고 있다. 마귀의 왕국은 그리스도의 왕국을 대적한다. 사탄은 정복을 통해 자신의 왕국을 세웠다. 그는 낙원에서 인간을 정복했고, 지금은 사람들의 마음속에 자신의 보좌를 마련한다. 세상의 나라들은 대부분 그에게 공물을 바친다. 세상의 나라들은 불신앙과 속박의 나라다. 사탄의 왕국에서는 오직 죄만 우글거린다. 그의 통치 영역에서는 살인, 이단 사상, 정욕, 배신, 압제, 분열이 항상 활개를 친다. 그는 더러운 영이고, 그의 백성은 그의 잔인한 압제 아래 속박되어 있다. 다른 독재자들은 몸을 다스리지만 사탄의 왕국은 영혼을 다스린다. 그는 우리가 말을 타듯 사람들을 타고 다닌다. 다른 독재자들은 노예들에게 약간의 동정심을 베푼다. 그들은 노예들을 갤리선에 태워 일하게 하지만 음식과 휴식 시간을 제공한다. 그러나 사탄은 무자비한 독재자다. 그는 노예들에게 음식이 아닌 독즙을 주고, 더러운 정욕을 먹고 살게 만든다. 그는 휴식 시간 없이 그들을 마구 부려 자기를 위해 고된 일을 하게 만든다. 사탄은 가룟 유다에게 들어가서 그를 대제사장에게 보냈고, 그곳에서 다시 동산으로 보냈다. 사탄은 가룟 유다가 그리스도를 배신하고, 스스로 목매달아 죽을 때까지 잠시도 가만 놔두지 않았다. 사탄은 사람들이 최선을 다해 자기를 섬기면 불과 유황이 타오르는 지옥으로 그들을 환대한다. 사탄의 왕국이 무너지게 해달라고 기도하자. 사람들이 자발적으로 사탄의 노예가 되는 것을 생각하면 안타깝기 그지없다. 그들은 그를 위해 싸우다 죽는다. 이것이 사탄이 "이 세상의 임금"(요 12:31)이자 "이 세상의 신"(고후 4:4)으로 일컬어지는 이유다. 이것은 그가 사람들의 영혼을 다스린다는 것을 보여 준다. 하나님이 사탄의 규를 부러뜨리시고, 미가엘이 용을 멸함으로써 어둠의 왕국이 무너지게 해달라고 기도하자. 사탄의 왕국이 무너져야만 그리스도의 왕국이 강대하고 강력하게 번성할 수 있다.

토머스 왓슨, *The Lord's Prayer*, 61-63쪽

내가 달려갈 길과…증언하는 일을 마치려 함에는

모든 성도에게는 하나님의 일에 게으른 성향이 있다. "오, 주님. 저는 굼뜬 말과 같습니다. 성령의 박차가 필요합니다." 슬프게도 우리 자신의 경험이 이것이 사실임을 입증한다. 어떻게 해야 이 반갑지 않은 손님, 곧 영적 나태를 극복할 수 있을까? ⑴ **믿음으로 우리의 영혼을 소생하게 하는 약속들을 적용해야 한다.** 약속은 둔한 마음을 자극해 나태의 부패한 성향을 버리게 만드는 강철 박차와 다름없다. 약속은 영혼을 잘되게 만드는 탁월한 영약이다(벧후 1:4). 다윗은 하나님께 약속을 지켜 달라고 호소했다(시 119:25, 107, 154). "오직 여호와를 앙망하는 자는 새 힘을 얻으리니"(사 40:31). 우리의 영혼은 벌처럼 그런 약속의 꽃에서 꿀을 빨아 소생해야 한다. 우리 자신에게 "영혼아, 내가 독수리의 날개 치며 올라감 같이 올라갈 것이라고 하나님이 약속하셨다. 하나님은 기꺼이 그렇게 해주실 능력이 있으시다. 나는 그분이 도와주실 것이라고 확신한다."라고 말하자. 이 꿀은 요나단의 꿀보다 우리를 더욱 확실하게 소생시킬 것이다(삼상 14:29). ⑵ **이미 승리를 거둔 사람들을 본보기로 삼아야 한다**(히 12:1-3). 굼뜬 말이라도 다른 말들이 앞에서 질주하는 것을 보면 속도를 낼 것이 분명하다. 엘리야는 실제로 불 병거를 타고 하늘에 오르기 전에 이미 마음으로 불 병거를 타고 하늘에 올라갔다. 바울은 인내와 근면함으로 목표를 추구했다(빌 3:10-15). 이그나티우스는 짐승들의 먹잇감이 되기 위해 형장으로 향하면서도 마치 결혼식에 가는 것처럼 나아갔다. 메리 여왕 당시에 순교한 사람들을 기억하라. 그들은 화형장으로 향하면서도 마치 축하의 화톳불을 향해 가는 것처럼 나아갔다. 이런 본보기들은 우리를 일깨우는 자극제요 우리의 촛불을 밝히는 불과 같다. ⑶ **느릿느릿 기는 달팽이는 경주를 끝까지 완주할 수 없다는 것을 기억해야 한다.** 상을 받으려면 힘껏 달려야 한다(고전 9:24). 기어가지 말고 달리라. 넋 놓고 있지 말고, 열심히 달리라. 과거에 사탄과 죄의 길을 힘껏 달렸던 것처럼 이제는 하나님을 열정을 다해 부지런히 섬겨야 하지 않겠는가?

시몬스 목사, *Puritan Sermons 1659-1689*, 1:438-449

천지는 없어지려니와 주는 영존하시겠고

약속에 따르면 천지는 녹아내려 더 아름다운 형태로 만들어질 것이다. 세상은 타락으로 인해 죄에 속박되었고, 저주를 받았다. 하나님의 창조 사역을 훼손한 죄가 얼마나 사악한 것인지를 생각해 보라. 연기처럼 소멸되어 사라질 것에 우리의 마음을 두는 것은 참으로 어리석다. 썩어 없어질 것들은 영혼을 지탱해 줄 수 없다. 우리는 하나님께로 달려가서 그분 안에서 안식해야 한다. 완전하신 하나님은 영원부터 영원까지 불변하신다. 그분의 본성이나 뜻이나 목적은 항상 동일하다. 그분은 다른 것은 무엇이든 원하는 대로 바꾸실 수 있다. 그러나 그분 자신은 그 무엇 하나도 변하지 않으신다. 하나님의 지혜와 권능과 지식은 항상 동일하다. 하나님은 아무것도 부족하지 않으시고, 어떤 것도 잃지 않으시며, 스스로 존재하신다. 하나님은 새로운 본성, 새로운 생각, 새로운 뜻, 새로운 목적을 필요로 하지 않으신다. 하나님은 조금의 변화도 없이 항상 무한히 선하고, 지혜롭고, 거룩하시다. 하나님이 변한다면 그분은 더 이상 완전한 존재가 아니실 것이다. 지금 하늘에 있는 천사들은 악을 저지를 가능성을 지녔을 때보다 더 완전하게 되어 거룩하고 행복한 상태를 유지하고 있고, 지금 하늘에 있는 성도들은 행복을 잃을 수도 있었던 과거 낙원 안의 아담보다 더 완전하게 되어 늘 변함없이 하나님과 그분의 선하심을 의지하고 있지 않은가? 불변성은 하나님의 모든 속성에 적용된다. 하나님의 완전한 속성들은 모두 불변한다. 그런 속성들은 불변성의 광채가 없으면 어느 것 하나도 영광스러울 수 없다. 하나님이 변하신다면 그분의 복되심도 불명료해질 것이고, 그분의 지혜가 어두워질 수 있다면 참으로 흐릿할 것이며, 그분의 능력이 약해질 수 있다면 참으로 무기력할 것이고, 그분의 긍휼이 진노로 변한다면 그 광채를 잃고 말 것이다. 이처럼 불변성은 하나님의 모든 속성을 관통하는 핵심 요소로 그분을 영원토록 영광스럽게 한다.

스티븐 차녹, *The Existence & Attributes of God*, 98-106쪽

이스라엘의 하나님 여호와를 영원부터 영원까지 송축할지로다

하나님은 영원하시기 때문에 그분의 말씀에 걸맞은 영원한 능력을 지니고 계신다. 하나님의 약속은 그분의 영원성에 근거하고, 우리의 신뢰를 위한 견고한 토대를 제공한다. 하나님은 우리를 도울 능력이 조금도 부족하지 않으시다. 그분의 말씀은 신뢰의 토대이고, 그분의 영원성은 그분이 그것을 이룰 능력을 지니고 계신다는 확신을 심어 준다. 하나님의 모든 계획은 그분 자신처럼 영원하고, 그분의 영원하신 뜻에서 비롯한다. 사람들은 예지가 없이 약속하기 때문에 그들의 약속은 깨질 수 있지만, 영원히 거하시는 하나님은 자신의 목적을 바꾸지 않으신다. 우리가 보기에는 변하는 것처럼 보일지라도 자신의 말씀에 영원히 충실하신 하나님이 키를 잡고 계시기 때문에 바람과 파도가 그분께 복종한다. 하나님이 약속을 천 년이나 연기하신다고 해도 약속을 더디 이루시는 것이 아니다(벧후 3:8-9). 성경은 인간의 짧은 인생을 시들어 가는 풀에 비유했다. 인생은 곧 시드는 꽃이요, 곧 흩어지는 안개요, 곧 사라지는 연기와 같다. 가장 강한 사람도 한갓 단단하게 뭉친 진흙 덩이에 지나지 않는다. 하나님의 영원성을 생각하면, 이 세상과 일시적인 쾌락을 더 이상 사랑하지 않고, 영원하신 하나님을 사랑하게 될 것이다. 이 세상이 천사들과 복된 영혼들이 머무는 광대무변한 천국과 어찌 비교될 수 있으랴! 세상은 천국에 비하면 가장 거대한 산에 포함된 하나의 원자요, 가장 광대한 바다에 포함된 한 방울의 물에 지나지 않는다. 바다보다 물 한 방울이 더 좋다면 그보다 더 큰 어리석음은 없을 것이다. 하나님의 영원성을 자주 묵상함으로써 세상의 하찮은 속성을 더욱 분명하게 의식해야 한다. 우리를 황홀하게 하는 영원한 아름다움과 우리를 보호하는 영원한 팔이 있는데 사라질 영광에 집착하고, 육신의 팔을 의지처로 삼는다면 멸시를 당해도 싸지 않겠는가? 하나님은 우리의 영원한 분깃이시다. 세상이 제공하는 것들은 하나님의 영원성에 비하면 우스꽝스러울 정도로 초라하기 짝이 없다.

스티븐 차녹, *The Existence & Attributes of God*, 90-96쪽

사람이 내게 보이지 아니하려고 누가 자신을
은밀한 곳에 숨길 수 있겠느냐 여호와가 말하노라
나는 천지에 충만하지 아니하냐

하나님은 마음의 가장 은밀한 곳에서 이루어지는 일도 모두 다 아신다. 하나님이 존재하지 않으시는 곳은 어디에도 없다. 이성과 성경이 분명하게 증언하는데도 이것은 우리의 이해를 넘어선다. 하나님은 시간으로 측정할 수도 없고, 공간의 제약도 받지 않으신다. 하나님은 하늘의 가장 높은 곳에서부터 바다의 가장 낮은 곳까지, 세상의 모든 곳에 존재하신다. 하나님은 능력으로 자신의 피조물을 지탱하시고, 지혜로 그들을 온전히 아신다. 하나님의 온전한 신성이 온전히 존재하지 않는 곳은 어디에도 없다. 하나님의 이 속성을 망각할 때가 얼마나 많은지 모른다. 우리는 이것을 믿는 척하지만, 하나님이 존재하지 않으시는 것처럼 사는 사람들이 한둘이 아니다. 사람들은 다른 사람들 앞에서는 부끄러워서 하지 못할 행위를 하나님 앞에서는 버젓이 저지른다. 하나님이 우리와 함께 계시지 않는 것이 아닌데 도대체 어쩌려고 그러는 것일까? 죄인들은 이 속성을 생각하는 것만으로도 두려울 것이 틀림없다. 무한하신 하나님을 피해 숨을 곳이 있다고 생각하는 것은 진정 어리석기 그지없다. 성경은 "여호와의 눈은 어디서든지 악인과 선인을 감찰하시느니라"(잠 15:3)라고 말씀한다. 하나님은 영혼의 깊은 곳에 있으면서 우리가 어떤 일을 계획하기도 전에 이미 그것을 알고 계신다. "하나님이 보고 계신다."라는 의식만으로도 지옥의 무기들을 무디게 하기에 충분하다. 그 사실을 기억하면 악한 유혹을 떨쳐 버릴 수 있고, 유혹과 제휴하려는 우리의 강퍅한 본성적 속성을 제어할 수 있다. 그리스도를 바라본 모세는 궁궐의 모든 사치와 호사를 거부할 수 있는 힘을 얻었다(히 11:26-27). "하나님이 보고 계신다"라는 의식은 금단의 열매를 먹고 싶은 유혹을 느낄 때 강한 용기를 부여한다. 사령관이 지켜보는 앞에서 어떻게 부적절한 말을 내뱉을 수 있겠는가? 장군의 눈빛은 장병의 정신을 북돋아 준다. 가게나 방이나 모임 장소에 있을 때는 물론, 길을 갈 때도 항상 하나님의 임재를 의식한다면 우리의 태도가 과연 어떻게 달라질지 궁금하다.

스티븐 차녹, *The Existence & Attributes of God*, 144-179쪽

나는…네 하나님 여호와니라

하나님이 우리의 하나님이시라는 사실에는 무엇이 함축되어 있을까? 그 사실 안에는 모든 좋은 것이 포함되어 있다. 하나님은 우리의 강한 산성이요 생수의 원천이며, 우리의 구원이시다. 여기에는 가장 은혜로운 관계가 포함되어 있다. 하나님은 우리를 자상하게 보살피는 우리의 아버지이시다. 그분은 결코 죽지 않으신다. 하나님이 "너는 내 것이다." 라고 말씀하시면 영혼은 "네, 주님. 저는 주님의 것입니다. 제가 가진 것이 모두 다 주님의 것입니다."라고 대답한다. 하나님을 아버지로 두지 못한 사람들의 불행을 생각해 보라. 고통의 때에 그보다 더 슬픈 상황은 없을 것이다. 죄인은 건강하고, 재산이 넉넉할 때는 용케 잘 살아갈 수 있을지 모르지만, 의지할 것들이 모두 사라지면 크게 낙담할 수밖에 없다. 홍수가 일어나 물이 골짜기로 밀어닥치자 사람들은 산 위로 올라갔다. 물이 산 위까지 차오르자 그들은 나무 위로 올라갔다. 그러나 나무들이 물에 잠기자 모든 희망이 사라지고 말았다. 이것이 하나님을 아버지로 두지 못한 자들의 운명이다. 하나님이 우리의 아버지가 되신다는 것은 참으로 놀라운 특권이요, 그 무엇도 우리를 해칠 수 없다는 것은 참으로 크나큰 행복이 아닐 수 없다. 세상에서 우리의 이름이 사라지더라도 생명책에 기록되어 있으니 안심이고, 자유를 잃어도 양심이 자유로우니 행복하며, 재산을 잃어도 값진 진주를 소유했으니 괜찮고, 폭풍우를 만나도 안전한 항구가 있으니 걱정 없다. 하나님이 우리의 하나님이시면 천국이 우리의 천국이다. 하나님이 우리의 하나님이시면 우리의 영혼은 안전하다. 우리의 영혼은 하나님의 약속과 그리스도의 상처와 하나님의 작정 안에 감추어져 있다. 하나님이 우리의 하나님이시면 그분 안에 있는 것이 모두 우리의 것이다. 하나님의 선물만이 아니라 그분 자신을 기업으로 받는 자들은 더할 나위 없이 행복하다. 하나님은 지혜로 우리를 가르치시고, 능력으로 우리를 보호하시며, 은혜로 우리를 구원하신다. 하나님은 무한한 축복의 바다이시다. 우리를 가득 채우고도 남을 만한 것이 그분 안에 있다. 세상은 평화로울 때도 근심을 주지만, 하나님은 근심스러울 때도 평화를 주신다. 하나님은 우리를 사랑하신다. 우리는 하나님이 "마음으로 사랑하시는" 존재들이다(렘 12:7).

토머스 왓슨, *The Ten Commandments*, 17-20쪽

하나님은 사랑이시라

하나님의 본성을 깊이 이해하면 양심의 평화가 증대되고, 성령의 기쁨이 넘친다. 하나님은 율법 아래에서도 자신의 은혜로움을 드러내셨다(출 34:6-7). 또한, 하나님은 "나의 삶을 두고 맹세하노니 나는 악인이 죽는 것을 기뻐하지 아니하고 악인이 그의 길에서 돌이켜 떠나 사는 것을 기뻐하노라"(겔 33:11)라고 말씀하셨다. 하나님의 은혜가 적다고 생각하지 말라. 그분의 은혜는 그분의 능력만큼 크다. 하나님의 선하심을 옳게 이해하면 영혼에 큰 유익이 있다. 그렇게 하면 하나님이 더욱 경이로워 보이고, 더욱 기꺼운 마음으로 그분을 열렬히 사랑할 수 있다. 하나님을 이해하면 사랑이 저절로 생겨난다. 하나님이 우리를 적대시하고, 우리의 불행을 기뻐하신다고 생각하면 그분을 사랑하기가 불가능하다. 많은 사람이 하나님을 더 많이 사랑하지 못하는 가장 큰 이유 가운데 하나는 하나님을 흉측한 괴물처럼 바라보며 두려워 떨기 때문이다. 우리는 우리 자신의 생각으로 하나님의 거룩한 본성을 없애 버린다. 우리는 하나님의 사랑을 깊이 이해해야 할 필요가 있다. 하나님의 은혜와 인애를 떠올리면 그분을 생각하는 것이 은혜롭고, 즐거워질 것이다. 우리에게는 하나님을 다른 무엇보다 더 사랑하고, 즐거워하라는 명령이 주어졌다. 하나님은 상상을 초월할 만큼 무한히 선하시다. 이 점을 생각하면 철이 자석에 끌려가듯 하나님께로 끌려갈 것이다. 하나님을 세상의 그 어떤 친구보다 만 배나 더 은혜롭고 사랑이 많으신 분으로 생각하면 그분을 다른 어떤 것보다 더 사랑하게 될 것이다. 그렇게 되면 의무를 이행하는 데 지치지 않고, 기도와 묵상이 더욱 즐겁게 느껴질 것이다. 하나님이 우리의 눈에 더욱 사랑스럽게 보이면 우리 안의 모든 은혜가 신장되고, 하나님에 대한 신뢰와 친밀감이 더욱 증진될 것이다. 하나님의 자비로운 본성을 분명하게 이해하면 우리의 행복을 확신할 수 있다. 사실, 하나님의 선하신 본성을 아무리 깊이 이해하더라도 그분의 진정한 은혜로움을 온전히 다 이해하기에는 턱없이 부족하다.

리처드 백스터, *A Christian Directory*, 2:887-890

그런즉 누구든지 그리스도 안에 있으면 새로운 피조물이라

잘 아는 대로, 우리의 영혼 안에 일어난 변화를 통해 우리의 마음속에 은혜의 왕국이 세워졌다. 새로운 본성이 있다. 지성에는 빛이, 애정affections에는 질서가, 의지에는 유순함이, 양심에는 부드러움이 있다. 마음이 변하지 않았다면 은혜받았다는 표가 없는 것이다. 맥박이 뛰는 것이 생명의 징후인 것처럼 하나님을 사모하는 것이 그분의 자녀로 되살아났다는 증거다. 성도는 하나님이 베푸시는 상급 때문만이 아니라 그분의 인격과 거룩하심 때문에 그분을 사랑한다. 위선자들은 하나님의 아름다우심 때문이 아니라 그분의 보화 때문에 그분을 사랑하는 척한다. 신자는 하나님 없이는 만족할 수 없다. 세상이 온갖 영예와 부를 안겨 주어도 신자를 만족시킬 수 없다. 그리스도인은 "침노해서 빼앗더라도 어떻게 해서든 그리스도와 은혜와 천국을 소유해야 해."라고 말한다. 우리는 세상이나 천국보다 그리스도를 더 사모한다. "하늘에서는 주 외에 누가 내게 있으리요"(시 73:25). 그리스도가 없으면 천국도 우리를 만족시킬 수 없다. 그분은 반지의 다이아몬드와 같으시다. 만일 하나님이 "너를 천국에 받아들이겠지만 내 얼굴은 감추겠다."라고 말씀하시면 우리는 결코 만족할 수 없다. 하나님을 부분적으로 소유한다면 만족할 수 없다. 경건한 자는 온전한 하나님을 원한다. 우리는 받은 은혜를 감사히 여기지만 더 많은 것, 곧 더 많은 그리스도의 임재와 지식과 성결함을 원한다. 우리는 얼굴을 마주하고 그리스도를 보기를 원하고, 온전하게 되어 영광을 누리기를 갈망한다. 우리는 그리스도의 은혜로움을 만끽하며 그분에게로 완전히 빨려 들어가기를 원하고, 그분의 즐거움이 넘치는 향기로운 물속에 푹 잠기기를 바란다. 처음에는 믿음이 작고, 그 안에 의심과 두려움이 가득하다. 그러나 믿음이 점점 자라기 시작하면 하나님의 약속이 좌절될 것이라고 생각하지 않고, 오히려 그분이 기적을 이루실 것이라고 믿기에 이른다. 때로 부적절한 생각이 마음속에 떠오를지라도 믿음은 그것을 불청객으로 여긴다. 그런 생각이 떠오르는 순간, 곧바로 떨쳐 버린다. 믿음은 그리스도의 규칙에 순종하기를 원한다. 은혜는 죄의 부패함을 애통해하면서 힘껏 싸운다. 은혜는 그것을 즐거움이 아닌 속박의 사슬로 여긴다.

토머스 왓슨, *The Lord's Prayer*, 67-73쪽

심령이 가난한 자는 복이 있나니

엉뚱한 곳에서 행복을 구하려고 애쓰는 사람들이 많다. 세상의 것들 안에서는 행복을 발견할 수 없다. 그러나 사람들은 그것들 안에서 행복을 찾으려고 애쓴다. 행복의 나무는 세상의 낙원에서 자라지 않는다. 하나님은 죄 때문에 땅을 저주하셨다. 그러나 많은 사람이 행복을 찾으려고 땅을 파고, 저주 가운데서 그것을 발견하려고 애쓰는 중이다. 그보다는 차라리 물에서 불을 찾는 것이 더 낫다. 세상의 것들은 일시적이며, 영혼에 적합하지 않다. "풍요를 사랑하는 자는 소득으로 만족하지 못하나니 이것도 헛되도다"(전 5:10). 재물은 만족을 줄 수 없다. 재물은 눈앞에서는 찬란하게 빛나지만, 죽음이 찾아오면 모든 광채를 잃고 만다. 하나님이 별들 가운데 우리의 집을 지어 주시고, 세상의 온갖 즐거움이 우리에게 주어진다고 해도 우리의 마음의 눈은 훨씬 더 높은 곳을 바라본다. 영혼의 갈증은 생명의 강물에 푹 잠기기 전까지는 사라지지 않는다. 폭풍우 속에서 마음을 고요하게 달래 줄 수 없는 것은 행복을 가져다줄 수 없다. 재물은 근심하는 마음이나 상처 입은 심령을 달래 줄 수 없다. 금덩이로 분노하신 하나님을 진정시킬 수 있겠는가? 벨사살 왕은 흥청망청 마시며 떠들었지만, 사람의 손가락이 나타나자 얼굴색이 하얗게 질렸다. 벽에 쓰인 글씨로 인해 포도주는 더 이상 달콤하지 않았고, 잔치는 엉망진창이 되었다. 세상이 마음의 근심을 달래 줄 수 없는 것은 종이 방패가 총알을 막을 수 없는 것과 같다. 세상의 것들은 햇볕이 내리쬐는 곳에 세워진 눈으로 만든 성과 같다. 세상의 즐거움은 결국에는 저주로 끝난다. 재물을 쌓기 위해 자신의 영혼을 망치는 사람들이 얼마나 많은지 모른다. 금괴를 너무 많이 실은 배는 물속에 가라앉기 십상이다. 가룟 유다는 구원을 돈과 맞바꾸었고, 바리새인들은 그것으로 저주를 사들였다. 외적인 것에서 행복을 찾는 것은 죽은 자들 가운데서 산 자를 찾는 것과 같다. 재물은 위로를 주지 못하며, 우리의 기대를 충족시키지 못한다. 외적인 위로는 우리를 행복하게 만들 수 없다. 부자로 살다가 저주받은 채로 죽을 수 있으니 조심하라.

토머스 왓슨, *The Beatitudes*, 24-29쪽

긍휼은 하나님의 본성이다. 하나님은 가장 은혜롭고, 인자하신 하나님이시다. 그분은 용서하기를 좋아하는 성향을 지니고 계신다. 하나님의 긍휼은 그분의 목적과 그분의 의지의 확고한 결심 안에 내포되어 있다. 하나님의 긍휼은 하나님의 큰 즐거움이자 구원의 일차적 원인으로 믿음과 소망이 들어오도록 문을 넓게 열어 준다. 히브리서가 믿음을 탐구한 것처럼, 하나님의 긍휼을 그분과의 변론과 묵상의 주제이자 하나의 예제(例題)로 삼아 탐구하라. 하나님이 긍휼을 나타내신 이유는 우리의 믿음을 떠받치는 토대로 삼게 하시기 위해서다. 하나님의 긍휼과 은혜는 자연스럽게 곧장 쏟아져 나오는 시냇물처럼 그분의 마음에서 직접 흘러나온다. 하나님의 은혜의 선포는 놀랍기 그지없다. 하나님은 모든 종류의 불법과 허물과 죄에 대한 용서를 공언하셨다. 하나님은 인간의 후손이 죄를 지을 것을 미리 아셨다. 하나님의 은혜는 더할 나위 없이 풍성하다. 구약성경에 계시된 진리의 두 기둥이 있다. 하나는 그리스도에 관한 약속이고, 다른 하나는 하나님의 은혜로운 본성을 공포한 것이다. 비록 죄를 지었더라도 애통해하는 마음만 있다면 그런 하나님 앞에 기꺼이 나가고 싶은 생각이 들 것이 틀림없다. 특히 하나님이 영혼에 가까이 다가와 계실 때는 조금도 지체해서는 안 된다. 그때야말로 믿는 영혼이 원하는 모든 것을 구할 수 있는 최적의 시기다. 모세는 하나님의 긍휼에 근거해 그분께 호소했다(민 14:18). 다윗도 하나님의 긍휼과 은혜를 구했다(시 86:15). 모세는 하나님의 긍휼을 근거로 그분의 뜻을 알려고 노력했다(출 34:6). 예레미야를 비롯해 다른 선지자들도 마찬가지였다(렘 32:18). 이것은 구약성경의 가장 핵심적인 신조 가운데 하나이자 하나님이 직접 전하신 가장 은혜로운 설교다. 이것은 가장 고귀한 주제이자 가장 은혜로운 본문일 뿐 아니라 하나님의 본성을 가장 잘 묘사한 표현이다. 주 하나님은 자비로우시고, 은혜로우시며, 노하기를 더디 하시고, 인자가 많으시다.

토머스 굿윈, *Works*, 8:5-25

그런즉 안식할 때가 하나님의 백성에게 남아 있도다

"심령이 가난한 자는 복이 있나니"(마 5:3). 그리스도께서는 명령과 경고로 산상설교를 시작하지 않으셨다. 그분의 입에서는 약속과 축복이 꿀처럼 흘러내렸다. 그분의 거룩한 교훈은 음악 소리처럼 감미로워 돌 같은 마음을 끌어당겼다. 그분은 '복이 있나니'라고 운을 떼셨다. 우리의 온전한 축복은 미래에 주어진다. 믿음의 길에는 많은 어려움이 뒤따른다. 신자의 길은 위험하다. 우리의 마음은 낙심하기 쉽다. 우리의 용기를 북돋우고, 열정을 자극하기 위해 우리 앞에 축복의 면류관을 제시하는 것은 유익한 일이다. 성경에는 감람나무 가지(신자들을 위한 복된 소식)를 입에 문 비둘기와 같은 말씀들이 많다. "주인이 올 때에 그 종이 이렇게 하는 것을 보면 그 종이 복이 있으리로다"(마 24:46). "내 아버지께 복 받을 자들이여 나아와…상속받으라"(마 25:34). 축복은 기독교적 훈련을 강화하고, 영적 야망을 자극한다. 우리의 축복은 천국에서 안식할 때 온전히 이루어진다. 마음속으로 이 사실을 종종 생각하고, 묵상하라. 값없는 은혜가 우리에게 주어졌다는 것은 아무리 감사해도 모자란 은혜가 아닐 수 없다. 설혹 모든 것을 잃더라도 하나님이 복된 안식처를 허락하셨다. 하나님은 그리스도의 보혈의 바다 위에서 우리의 돛에 성령의 바람을 일으켜 우리를 천국으로 인도하고 계신다. 우리의 상태는 인간이 무죄한 상태로 있을 때보다 더 나아졌다. 인간은 넘어져 타락했지만, 하나님은 오히려 우리를 한 단계 더 높이 일으켜 세우셨다. 하나님이 우리 곁으로 지나며 우리를 불쌍히 바라보신 때가 얼마나 많은지 모른다(겔 16:8-9 참조—역자주). 수많은 사람이 하나님의 저주의 쓴 잔을 들이켜야 할 운명이지만 우리는 그분의 잔치에 참여해 하늘의 진수성찬을 영원히 즐기게 될 것이다. 이 놀라운 사랑을 통해 주어진 값없는 은혜와 승리를 찬미하라. 온 정성을 다해 주님을 위해 진력하라. 온 마음을 다해 감사하라. 우리를 곧 약속의 땅으로 인도하실 하나님께는 아무리 감사를 드려도 모자랄 것이다.

토머스 왓슨, *The Beatitudes*, 24, 31, 33쪽

주의 복을 주의 백성에게 내리소서

경건한 자들은 천국에서만이 아니라 그곳의 영광을 향해 가는 동안에도 축복을 받는다. 비난과 비방을 당하면서도 축복을 받는다는 것은 혈육을 지닌 인간으로서는 이해하기 어려운 역설이 아닐 수 없다. 인간의 이성과 지각이 어떻게 판단하든 상관없이 경건한 자들은 분명히 축복을 받는다. 성도들은 비록 슬픈 일을 겪기도 하고 심지어는 순교를 당하기도 하지만 욕설과 핍박을 당하는 와중에서도 축복을 받는다. 그들은 하나님의 본성에 참여하는 자들이다. 이 복된 상태는 그들이 신성에 참여하는 순간부터 시작된다. 은혜와 영광은 본질은 같고, 단지 정도만 다를 뿐이다. 전자는 뿌리요, 후자는 열매다. 은혜는 영광의 시작이다. 경건한 사람의 마음은 가장 좋은 열매가 심긴 낙원이다. 하나님이 친히 이 낙원의 한 가운데를 거니신다. 우리가 복된 이유는 죄 사함을 받았기 때문이다. 그리스도의 보혈을 통해 채무 증서가 말소되었다. 성도들이 복된 이유는 하나님과 언약을 맺었기 때문이다(시 144:15). 여호와께서 우리의 하나님이 되시는 것이야말로 가장 큰 축복이 아닐 수 없다. "나는 너희의 하나님이 되리라"라는 은혜로운 말씀에는 하나님 안에 있는 모든 것이 우리의 것이라는 의미가 내포되어 있다. 하나님의 사랑과 긍휼과 성령이 모두 우리의 것이다. 왕의 자녀들이 행복하다면 참된 왕의 혈통을 이어받은 성도들은 그 얼마나 행복하겠는가? 우리는 인생의 기한이 다한 뒤에는 천국에 갈 수 있는 권리가 있다. 성도들이 지금 축복을 누리는 이유는 천국의 첫 열매를 소유했기 때문이다. 우리에게는 성령의 보증이 주어졌다. 천국은 신자 안에서 이미 시작되었다. "하나님의 나라는…성령 안에 있는 의와 평강과 희락이라"(롬 14:17). 이 나라가 신자 안에 있다(눅 17:21). 이스라엘 백성은 가나안에 들어가기 전에 그 땅의 열매를 맛보았다. 신자들도 성령의 은밀한 축복, 그리스도의 미소, 사랑의 증표와 입맞춤과 같은 것을 경험하기 때문에 때때로 천국에 있는 듯한 느낌을 받는다. 그리스도인은 믿음으로 천국을 보고, 기쁨으로 그곳을 맛본다. 이것이 축복이 아니면 무엇인가? 이것은 우리를 행복한 사람으로 만든다.

토머스 왓슨, *The Beatitudes*, 34-37쪽

하늘에서는 주 외에 누가 내게 있으리요
땅에서는 주 밖에 내가 사모할 이 없나이다

그리스도인은 가장 슬픈 상황 속에서도 자신의 분깃이신 하나님을 즐거워할 수 있다. 세상을 자신의 분깃으로 선택한 사람은 썩어 없어질 분깃을 선택한 셈이다. 오늘 내가 가장 큰 애정을 기울일 만한 가치를 지닌 분깃을 알려 주겠다. 이 분깃을 받아들인다면 세상에서 가장 부유한 황제도 걸인처럼 보일 것이다. 이 분깃에는 하늘과 땅을 합친 것보다 더 큰 부가 포함되어 있다. 어떤 사람이 금덩이가 들어 있는 자루와 엽전이 들어 있는 자루, 또는 진주가 들어 있는 자루와 모래가 들어 있는 자루를 내준다면 어느 것을 선택하겠는가? 굳이 말하지 않아도 잘 알 것이다. 끝까지 하나님을 자신의 분깃으로 선택하지 않을 생각인가? 영원한 영광의 중한 것 대신 작은 영예를 선택하려는가? 그렇다면 그것은 생수의 원천이 아닌 터진 웅덩이, 다이아몬드가 아닌 흙, 바다가 아닌 물방울을 선택하는 것, 곧 모든 것을 도외시하고 아무것도 아닌 것을 선택하는 것과 같다. 당신의 이성은 어디에 있는가? "모든 나라의 보배"(학 2:7)를 사모해야 마땅한데 어찌 세상의 보화를 사모하는 것인가? 복되신 하나님을 알고, 그분이 우리에게 허락하신 것, 곧 가장 감미로운 사랑과 가장 풍성한 긍휼과 가장 확실한 우정과 가장 충만한 행복과 가장 큰 영예를 안다면 오물을 가득 싣고 다니는 이 세상의 상인들을 거부하고, 다른 세상에 관심을 기울이게 될 것이 틀림없다. 다시 말해, 이 공허한 쾌락과 천박한 즐거움을 버리고, 죄수가 차꼬를 벗고 비참한 감옥 생활에서 벗어나 자유와 기쁨을 누리며 궁궐의 더 높은 직위에 복귀하기를 바라는 것보다 더 간절한 마음으로 하나님을 즐거워하기를 원하게 될 것이다. 장담하건대, 우리의 분깃이신 하나님의 충만하심과 광대하심과 적합하심을 알게 된다면, 전에는 세상과 그곳의 모든 즐거움을 귀하게 생각했더라도 이제는 세상을 자신의 나라로 여겨 좋아하는 사람들이나 실컷 즐기라고 놔두고, 저 먼 나라의 보화를 얻기를 바라게 될 것이다.

조지 스윈녹, *Works*, 4:27-28

위의 것을 생각하고 땅의 것을 생각하지 말라

사람들은 왜 하나님 대신 세상을 자신의 분깃으로 선택하는 것일까? 그 이유는 하나님이 얼마나 큰 가치를 지닌 분깃이신지를 모르기 때문이다. 마귀는 죄의 야만적인 즐거움으로 인간의 영혼을 유혹한다. 세상은 썩어 버릴 헛된 영예와 보화와 이익으로 우리의 마음을 호린다. 하나님은 자기 아들의 보혈, 성령의 진기한 사역, 천사들의 고귀한 즐거움, 충만한 기쁨, 영원토록 무한한 만족을 누리는 자신의 존재를 우리에게 제안하신다. 그런데 어찌하여 하나님의 제안은 거절하고, 마귀의 재물을 받아들이고, 세상의 제안을 수용하는 것인가? 사람들은 하나님이 제안하시는 것들의 가치를 알지 못한다. 사람들은 마귀와 세상이 제안하는 재물을 사용하는 데 익숙해진 상태다. 돼지가 진주를 짓밟는 이유는 그 가치를 알지 못하기 때문이다. 사람들이 비천한 것을 좋아하는 이유는 그들이 지금 그것을 소유하고 있기 때문이다. 마귀는 사람들의 눈을 쪼아 복되신 하나님과 그분 안에서 누릴 수 있는 행복을 보지 못하게 만든다. 세상의 유리알은 참된 수정에 비하면 참으로 흐릿하기 짝이 없다. 천국이 눈에 보이면 세상이라는 자석은 더 이상 인간의 애정을 잡아끌 수 없을 것이다. 하늘의 진수성찬을 맛본 사람은 다른 어떤 것에도 맛을 느낄 수 없다. 어두운 지하 감옥에서 태어나 14년이 지난 후에야 촛불을 처음 본 사람은 그 찬란함을 신기해하면서 그것을 보는 것을 즐거워하며 그것이 무엇인지 이리저리 살펴볼 것이다. 그러나 그를 바깥으로 데리고 나와 태양을 보게 하면 그는 그 거대한 발광체에 경탄을 금하지 못할 것이다. 사람들은 피조물의 위로라는 촛불에 매료되어 있다. 그러나 의의 태양, 곧 모든 것이 충족한 영원하신 하나님과 그분의 영광스러운 본성의 탁월함을 본다면 전에 영광스럽게 보였던 것들이 조금도 영광스럽지 않다는 것을 알게 될 것이다.

조지 스윈녹, *Works*, 4:28-29

하나님이여 주의 생각이 내게 어찌 그리 보배로우신지요
그 수가 어찌 그리 많은지요

이 세상의 식물, 조류, 광물, 동물과 같은 것들에서 하나님을 볼 수 있고, 또 그분이 우리의 분깃이라는 것을 알게 된다면 과연 어떤 생각이 들까? 바다와 폭풍우와 크고 작은 수많은 물고기를 보고, 땅과 바다의 창조주요 통치자이신 하나님이 우리의 분깃이라는 것을 의식하면 과연 어떤 생각이 떠오를까? 무엇을 드려야 그것들을 창조하신 하나님, 별들의 숫자를 정하시고, 그것들의 이름을 부르시는 하나님을 기쁘게 해드릴 수 있을까? 지성소를 들여다볼 수 있고, 하늘에 올라가서 이 위대하신 왕의 궁궐을 볼 수 있다면, 만족을 주는 기쁨과 황홀한 즐거움과 완전하게 된 의인들의 영이 누리는 상상을 초월한 희락을 알 수 있다면, 영광스러운 구원자를 통해 드러난 하나님의 참모습을 있는 그대로 보고 그분이 우리를 아시는 것처럼 그분을 알 수 있다면, 그리고 그런 분이 우리의 분깃이시라는 것을 알게 된다면 과연 어떤 생각이 들까? 우리는 너무나도 보잘것없는 이 세상의 비천한 분깃을 얼마나 높이 우러르는지 모른다. 하나님의 자녀들 가운데서 분깃을 얻고, 선택받은 백성 가운데서 유업을 얻으려면 돼지와 같은 세상의 위로와 관능적인 흙탕물을 철벅거리는 어리석은 불순종의 자녀들과 작별을 고해야 한다. 주님, 저희가 주님의 특별한 은혜를 누리게 해주소서. 다른 사람들은 껍데기를 먹는 것으로 만족하더라도 저희에게는 생명의 떡을 주옵소서. 주님께서 저희 잔의 소득이 되어 주소서(시 16:5 참조—역자주). 저희에게 무엇을 거절하시든, 주님이 저를 어떻게 대하시든 오직 주님만을 저희에게 허락하신다면 그것으로 충분합니다. 주님은 모든 즐거움이 머무는 참된 낙원이요, 행복의 원천이요 모든 완전함의 원형이시옵니다.

조지 스윈녹, *Works*, 4:30-32

여호와는 나의 분깃이시니

하나님은 만족스러운 분깃이시다. 이 세상도 우리에게 많은 것을 주지만 우리를 만족시키지는 못한다. 대다수 사람이 너무 많은 것을 가지고 있지만, 충분히 가졌다고 생각하는 사람은 단 한 사람도 없다. 그들은 침몰할 정도로 많은 짐을 실어 나르는 배와 같지만, 여전히 더 많은 것을 실어 나르려고 한다. 세상은 영혼은 고사하고 감각조차 만족시킬 수 없다. 참된 만족은 어디에서 발견할 수 있을까? 세상은 "나는 그것을 줄 수 없어."라고 말한다. 만일 하나님이 계시지 않는다면 천국도 그 자체로는 충분하지 않다. 세상의 것들을 갈망한다면 그것들을 얻었을 때 아무것도 아니라는 것을 알게 될 것이다. 태양과 달은 처음 뜰 때만 크게 보이는 법이다. 만일 밭고랑에서 안식이 자라고, 금광에서 행복이 발견되고, 세상의 보화가 행복을 가져다줄 수 있을 것이라고 믿는다면 "헛되고 헛되니 모든 것이 헛되도다"(전 1:2)라는 전도자의 말을 귀담아들어야 할 필요가 있다. 그는 개인적인 경험에 근거해 세상의 보화는 아무리 좋은 것이라도 만족을 줄 수 없다고 말했다. 가난에 찌든 사람은 많은 부와 즐거움을 누리면 참된 행복을 얻을 줄 생각할 테지만 솔로몬은 그것들이 만족을 줄 수 없다는 깨달음을 얻었다. 세상을 저울에 달아보면 부족함이 발견될 것이다. 다윗은 하나님이 우리의 분깃이시라면 우리는 진정한 만족을 가져다주는 원천을 얻게 된 셈이라고 말했다. 이 분깃은 최상의 분깃이다. 이것은 온전한 만족과 행복을 가져다준다. 이 분깃을 얻은 사람은 "이제 충분히 가졌으니 더 이상 갈망하지 않을 것이다."라고 말할 것이다. 세상의 왕이 되어 자신의 나라에서 얻을 수 있는 모든 보화와 영예와 쾌락을 즐길 수 있고, 천사들과 영화롭게 된 성도들과 교제를 나누고, 세상이 지속되는 동안 이 모든 것을 누릴 수 있다고 하더라도 하나님이 없으면 만족을 얻을 수 없다. 이런 것들은 가지를 적실 뿐, 뿌리는 적실 수 없는 이슬과 같아서 단지 육신만을 즐겁게 할 뿐이다. 그러나 하나님이 우리의 마음을 소유하시면 이전과는 달리 우리의 무한정한 욕구가 창조주의 품 안에서 만족을 얻을 것이다. 하나님은 온전한 만족을 주신다.

조지 스윈녹, *Works*, 4:33-37

9월
16
시 112:1

여호와를 경외하는…자는 복이 있도다

악인들은 많은 위로를 누릴 수 있지만 저주받은 상태이고, 경건한 자들은 많은 고난을 겪을 수 있지만 복된 상태다. 악인은 성공을 거두고 인생길이 순탄하더라도 저주 아래 있다. 성경의 모든 저주가 그의 분깃이며, 그는 죽은 후에 그 모든 대가를 치러야 한다. 그러나 경건한 사람은 온갖 불행을 겪더라도 복이 있다. 그는 십자가를 짊어질 뿐, 저주 아래 있지 않다. 이것이 신자의 특권이다. 축복은 그의 안에서 이미 시작되었다(시 115:15). 의인은 상황이 아무리 암울해도 여전히 복되다. 그는 고난 속에서도 복되고(시 94:12), 가난 속에서도 복되며(약 2:5), 살아도 복되고, 죽어도 복되다. 이 점을 생각하면 하나님의 자녀는 더 이상 불평하거나 실망하지 않을 것이다. 복 있는 상태인데 불평하거나 슬퍼할 이유가 무엇인가? 에서가 슬퍼한 이유는 축복을 원했기 때문이다. 그는 "내 아버지여 내게 축복하소서"라고 말하고 나서 소리 높여 울었다(창 27:38). 하나님의 자녀가 되어 축복을 받았다면 지나치게 낙심할 이유가 무엇인가? 축복을 받았는데 불평하는 것은 큰 잘못이다. 오히려 용기를 내 경건을 추구해야 마땅하다. 어떤 사람이 부자의 상속자로 입양되었다고 가정해 보자. 다른 사람들이 그를 비웃었다. 그러나 그는 자기가 상속자인 한 그들의 말에 아무런 관심도 기울이지 않았다. 그와 마찬가지로 다른 사람들이 우리의 믿음을 비웃을 수 있지만 우리의 믿음 안에 축복이 포함되어 있다면 신경 쓸 것이 전혀 없다. 우리가 경건하게 되는 순간에 곧바로 복을 받는다. 이것이 주님의 산상설교에서 언급된 거룩한 역설이다. 즉 가난이 부를 낳고, 슬픔이 기쁨을 낳고, 박해가 행복을 낳는다. "의를 위하여 박해를 받은 자는 복이 있나니 천국이 그들의 것임이라"(마 5:10).

토머스 왓슨, *The Beatitudes*, 37-39쪽

만일 하나님이 고난을 허락하신다면 낙담할 필요 없다. 하나님은 고난을 통해 우리에게 그리스도라는 더 좋은 분깃을 허락하실 것이기 때문이다. 맨발로 가시밭을 걸어야 한다고 해도 우리의 머리 밑에는 가장 부드러운 베개가 놓여 있을 것이다. 그리스도를 위한 고난을 두려워하지 말라. 하나님은 고난받는 자에게 큰 평안을 허락하신다. 하나님이 우리를 그리스도의 편에 서라고 부르셨다. 지금 바람이 그분의 얼굴을 향해 불고 있다면 바람이 미치지 않는 언덕 뒤쪽에서의 휴식을 기대해서는 안 된다. 우리는 무고한 고난을 많이 당하신 우리의 주님보다 더 나을 수 없다. 지옥의 가장 큰 유혹은 시련 없이 사는 것이다. 흐르지 않는 물웅덩이는 썩기 마련이다. 믿음은 사나운 겨울 폭풍이 정면으로 몰아닥쳐야 성장한다. 역경이 없으면 은혜가 약해진다. 십자가 없이 천국에 몰래 들어갈 수 있는 길은 없다. 고난의 십자가는 그리스도의 형상을 닮게 해 준다. 그것은 우리의 부패한 요소들을 잘라낸다. 주님은 자르고, 파내고, 베어 내신다. 주님은 우리 안에서 자신의 형상을 온전히 이루어 우리를 영광에 적합한 상태로 만들기 위해서라면 무엇이든 행하신다. 하나님의 나라에 들어가려면 키질을 해 가라지를 걸러내야 한다. 줄과 망치와 용광로는 내게 큰 유익을 가져다준다. 내 영혼에 깊은 고랑을 만들 쟁기를 두려워해야 할 이유가 무엇인가? 바람이 어느 방향으로 불든, 그것은 우리를 주님이 계신 곳으로 이끌어 갈 것이다. 그분의 손이 우리를 안전하게 천국으로 인도해 영원한 영광의 중한 것을 얻게 해줄 것이다. 우리의 고통과 고난을 가만히 돌이켜 보면, 그것들이 우리가 장차 하늘의 고향 집에서 누리게 될 첫날밤과 비교가 될 수 없다는 것을 알 수 있다. 위에 있는 우리의 고향인 천국의 냄새를 맡을 수 있다면 우리의 십자가가 조금도 괴롭게 느껴지지 않을 것이다. 믿음으로 우리의 모든 짐을 그리스도께 내려놓고 안심하자. 그분이 모든 것을 짊어져 주실 것이다. 그분은 우리의 짐을 능히 짊어지실 수 있을 뿐 아니라 지금도 그렇게 하고 있으시고, 앞으로도 기꺼이 그렇게 해주실 것이다. 하나님이 회초리나 면류관을 들고 올 때는 항상 그분이 그것들과 함께 오신다는 사실을 기억해야 한다. 예수님을 기쁘게 맞이하라!

새뮤얼 루더포드, *The Loveliness of Christ*, 1-23쪽

그가 내 이름을 위하여 얼마나 고난을 받아야 할 것을 내가 그에게 보이리라

우리는 고난 속에서 그리스도와 교제를 나눔으로써 위로와 평화와 기쁨을 발견하는 법을 배워야 한다. 은혜는 고난의 겨울철에 가장 잘 성장한다. 십자가는 그리스도와 나누는 교제의 일부다. 우리의 상처를 그분께 가져가는 것보다 더 은혜로운 교제는 없다. 그리스도는 짐을 많이 지고 있는 심령을 환영하신다. 주님은 자신의 기쁨과 임재로 나의 슬픔을 온전히 달래 주셨다. 나의 슬픔을 그리스도의 기쁨과 맞바꾸는 것은 은혜롭기 그지없다. 그리스도를 위한 손실은 그분이 운영하는 은행에 투자해 놓은 것과 같다. 시련은 그리스도의 손가락을 통해 온다. 그분은 시련의 와중에서도 감미로움을 맛보게 하신다. 하나님이 우리를 위해 준비하고 계시는 것을 생각하면 과연 하나님의 자녀가 슬픈 마음을 갖는 것이 옳은지 생각하게 된다. 하나님이 허락하시는 고난이 무엇이든 달게 감당하자. 십자가가 한 개인 사람도 있고, 일곱 개인 사람도 있고, 열 개인 사람도 있고, 절반인 사람도 있다. 그러나 모든 성도는 온전한 기쁨을 누린다. 십자가가 일곱 개면 기쁨도 일곱 배가 된다. 십자가의 가장 무거운 쪽은 강하신 구세주께서 짊어지신다. 물이 아무리 불어나도 우리의 방주는 그 위를 떠다닐 것이다. 우리의 고난으로 주님을 영화롭게 하고, 우리 위에 그분의 사랑의 깃발을 높이 쳐들자. 우리가 주 안에서 강한 것을 보면 다른 사람들이 우리를 따라올 것이다. 겁 많고, 연약한 군사가 되어서는 안 된다. 두려워하지 말라. 그리스도와 그분의 십자가는 반갑게 맞이할 가치가 있는 좋은 손님들과 같다. 사람들은 값싼 그리스도를 원한다. 그러나 그분의 가치는 변하지 않는다. 그리스도와 그분의 십자가는 유쾌한 동료요 복된 연인과도 같다. 우리의 손실은 값진 손실이요, 우리의 고통은 수월한 고통이요, 우리의 어려운 나날들은 행복한 절기와 같다. 그것들은 우리의 친구들에게 증언할 수 있는 기회를 제공한다. 기쁨과 슬픔이 우리의 삶 속에 공존하더라도 만족해야 한다. 슬픈 날이 많아도 기쁜 날이 곧 이르러 우리의 모든 슬픔을 넉넉히 보상해 줄 것이다. 사랑하는 형제들이여, 지금은 하나님이 원하시는 대로 행하시더라도 머지않아 그분은 우리의 고난을 영광으로 바꾸어 주고, 위로로 갚아 주실 것이다.

새뮤얼 루더포드, *The Loveliness of Christ*, 3, 8, 12, 25-58쪽

그는 그 앞에 있는 기쁨을 위하여 십자가를 참으사

어떤 특별한 상황을 겪는 동안에는 주님이 무엇을 하고 계시는지 모를 수 있지만, 나중에는 분명하게 알게 될 것이다. 그리스도께 우리의 염려와 근심을 솔직히 털어놓자. 그분이 모든 것을 짊어지시게 하자. 사랑하는 형제여, 주님의 쇠사슬을 불평하지 말자. 고난을 받을 때 주님과 더 가까워질 수 있다. 그리스도와 가까이 지내며, 고난의 바람이 부는 대로 놔두자. 그분의 십자가를 달게 여기자. 우리의 구원은 지체되지 않고, 그분의 약속은 더디지 않을 것이다. 하나님이 정하신 구원의 때를 기다리자. 용광로 속에서 없어지는 것은 찌꺼기뿐이다. 감당하기 어려운 고난은 우리에게 조금도 주어지지 않는다. 마귀는 성도의 믿음과 인내를 더욱 날카롭게 갈아주는 숫돌일 뿐이다. 하나님은 새 예루살렘을 위해 우리를 깎고 다듬으신다. 그분의 손을 붙잡고 물 가운데를 지나가는 것을 만족스럽게 여기자. 그분은 얕은 여울을 다 알고 계신다. 물에 젖을 수는 있어도 빠져 죽을 일은 절대 없다. 앞서간 성도들은 피 흘림과 고난과 많은 고초를 겪었다. 그리스도께서 십자가를 모두 짊어지셨다. 그분의 성도들은 단지 십자가의 작은 조각을 짊어질 뿐이다. 안심하라. 우리는 들판에서 자라는 그분의 밀알들이다. 우리는 주님의 헛간에 있는 그분의 타작기를 거쳐 그분의 체에 걸러지고, 맷돌에 으깨어져 구원의 왕이신 그분처럼 고난을 받을 테지만 (사 53:9), 그리스도께서는 너그럽게도 우리가 상처를 입지 않도록 거친 십자가를 우리의 어깨에 잘 맞게 다듬어 주신다. 우리의 보화가 그리스도의 금궤 안에 있다. 우리의 위로는 우리가 상상하는 것보다 훨씬 더 크다. 죽음의 강물이 불어 올라도 두려워하지 말라. 우리는 그리스도를 따라 그곳을 건널 수 있다. 물살이 아무리 강해도 우리를 잠기게 할 수 없다. 하나님의 아들께서 죽음과 부활을 통해 우리를 지탱해 줄 디딤돌이 되셨다. 우리는 질병과 죽음이라는 두 개의 얕은 개울만 건너면 된다. 그리스도께서 우리에게 와서 한 걸음씩 함께 걸어가실 것이다. 아니, 우리를 양팔로 번쩍 들어 안고 가실 것이다. 그러니 우리 앞에 놓인 기쁨을 위해 인내하며 달려가야 할 길을 열심히 달려가자.

새뮤얼 루더포드, *The Loveliness of Christ*, 59-104쪽

내 영혼이 주를 갈망하며

　우리 하나님의 식료품 저장실에는 자기 자녀들을 만족하게 할 음식이 많고, 그분의 지하 창고에는 그들의 갈증을 식혀 줄 포도주가 많다. 그분이 잔뜩 먹여 주실 때까지 그분을 갈망하라. 하나님은 굶주린 영혼의 끈덕진 요구를 기뻐하신다. 혹시 그분이 지체하시더라도 그냥 돌아가지 말고, 그분의 발 앞에 쓰러지라. 우리는 매일 그리스도 안에서 새로운 것을 볼 수 있다. 그분의 사랑은 한도 끝도 없다. 이 귀한 보화인 그리스도의 사랑을 누릴 수 있는 우리는 참으로 행복하다. 그리스도께서 우리의 모든 것이 되시고, 다른 모든 것은 아무것도 아닌 것이 될 수 있도록 그분의 사랑이 우리를 온전히 정복하고, 지배하게 하자. 주님의 바람과 조수가 우리에게 다가올 때를 잘 준비하자. 주님의 사랑은 무한정 첩첩이 겹쳐 있는 천과 같아서 그것을 다 펼쳐 알 수 있는 신자는 아무도 없다. 그리스도께 더 가까이 나가 더욱 깊은 교제를 나누라고 권하고 싶다. 그리스도 안에는 걷어 올려야 할 휘장들, 곧 우리가 한 번도 보지 못한 휘장들이 존재한다. 그분 안에는 항상 새로운 사랑의 휘장이 있다. 그분을 위해 깊이 파고, 땀 흘려 수고하며, 고통을 감내하라. 그리스도를 위한 시간을 할 수 있는 대로 많이 확보하라. 힘써 노력하면 그분을 얻을 수 있다. 그분의 사랑을 먹고 살아라. 그리스도의 사랑은 왕다운 품위가 있어 내일까지 기다려 주지 않는다. 그분의 사랑은 우리의 영혼의 보좌를 독차지하기를 원한다. 우리의 작고, 한정된 사랑을 나누는 것은 어리석다. 그것을 모두 그리스도께 드리는 것이 최선이다. 세상이 줄 수 없는 것을 기대하지 말고, 우리의 영혼과 무거운 짐을 하나님께 온전히 맡기자. 오직 그분만을 가장 사랑스러운 대상으로 받아들이자. 우리의 영혼이 영원한 영광을 확실하게 누리게 하는 것, 우리의 영혼과 그리스도를 하나로 연합시키는 것이 이 세상에서 우리가 해야 할 과제다. 우리의 사랑이 천사들의 사랑을 다 합친 것보다 더 강해야만 그리스도께 합당한 사랑이 될 수 있다. 그분을 앙망하고, 사랑하라. 그분을 사랑하며 살라. 군중의 틈에서 빠져나와 그리스도와 어울리라. 이 세상을 사랑하는 자들은 그렇게 살도록 놔두라. 그리스도께서는 더 큰 가치를 지닌 고귀한 분것이시다. 그분을 소유한 이들은 복되다.

새뮤얼 루더포드, *The Loveliness of Christ*, 5-56쪽

주와 같이 거룩함으로 영광스러운...자가 누구니이까

이 말씀은 하나님의 위엄을 가장 훌륭하게 묘사하고 있는 성경 구절 가운데 하나다. 하나님의 거룩하심은 그분의 영광이요 왕관이다. 이 속성은 하나님의 본성이 지극히 복되다는 것을 보여 준다. 이 속성 때문에 하나님은 스스로나 피조물 앞에서 항상 영광스러우시다. 하나님의 이름 앞에는 다른 어떤 용어보다 **거룩한**이라는 용어가 별칭처럼 더 많이 나붙는다. 이것은 그분의 가장 위대한 영예의 칭호다. 하나님은 아무것도 섞인 것이 없는 순수한 빛이시다. 그분의 본성과 본질과 행위는 모든 결함으로부터 자유롭다. 하나님은 어떤 악에 의해서도 왜곡되지 않으신다. 하나님의 위대함, 영원함, 전능함, 지혜, 불변성, 자비를 비롯해 그 어떤 완전한 속성을 들어 주권자이신 그분을 높인다고 해도 그분을 거룩함이라는 이 탁월한 속성을 갖추지 못한 존재로 생각하거나 그분이 최소한의 악에 오염되어 있다고 상상한다면 그분을 한갓 무한한 괴물로 전락시키는 결과가 초래될 뿐 아니라 앞서 그분께 적용한 모든 완전한 속성들이 훼손될 수밖에 없다. 하나님이 하나님이면서 자신의 빛에 어둠을 조금이라도 포함하고 계신다면, 그것은 그야말로 엄청난 모순이 아닐 수 없다. 하나님의 순수함을 부인하는 것은 곧 그분을 하나님이 아닌 존재로 만드는 것이다. 하나님이 거룩하지 않으시다고 말하는 것은 그분이 존재하지 않는다고 말하는 것보다 훨씬 더 못하다. 성경에서 천사들이 '영원하신' 혹은 '신실하신' 만군의 여호와라고 외쳤다는 말씀을 읽어본 적이 있는가? 그들은 "거룩하다 거룩하다 거룩하다"라고 외쳤다. 하나님은 자신의 거룩함으로 맹세하신다(시 89:35). 하나님의 거룩하심은 약속의 확실성을 보장하는 증거다. 하나님의 손은 전능하고, 그분의 눈은 전지하며, 그분의 마음은 긍휼이 넘치고, 그분의 존재는 영원하지만 그분의 아름다우심은 거룩함을 통해 드러난다. 거룩함은 하나님을 사랑스러운 존재로 만들고, 그분의 모든 속성에 아름다움을 부여한다. 하나님의 모든 행위는 악에 조금도 오염되지 않는다. 거룩함은 하나님의 모든 속성의 으뜸이고, 모든 법령의 원천이며, 모든 행위의 광휘다. 하나님은 거룩함의 아름다움과 일치하지 않는 법령이나 행위를 정하거나 행하지 않으신다.

스티븐 차녹, *The Existence & Attributes of God*, 446-452쪽

내가 거룩하니 너희도 거룩할지어다

하나님의 거룩하심이란 모든 악으로부터 자유로운 상태를 의미한다. 하나님은 조금의 악도 없으시다. 하나님은 자신의 탁월함을 따라 행동하며 그것을 거스르는 것은 무엇이든 혐오하신다. 그분의 지식에는 무지한 것이 없고, 그분의 의지에는 결함이 없다. 그분의 생각 속에는 모든 진리가 들어 있고, 그분의 의지는 그것으로부터 한 치도 벗어나지 않는다. 하나님은 진리와 선을 사랑하시고, 거짓과 악을 미워하신다. 그분은 의를 사랑하시고, 악을 기뻐하지 않으신다. 그분은 피조물의 순수함을 귀하게 여기시고, 불결한 것은 내적인 것이든 외적인 것이든 모두 혐오하신다. 거룩함은 하나님의 본성에 속한 본질적인 영광이다. 그것은 그분의 존재만큼이나 필연적인 성격을 띤다. 하나님은 옳은 것을 아시고, 의로운 것을 행하신다. 하나님의 본성 안에 옳은 것을 알고도 그릇된 것을 행하는 모순은 존재하지 않는다. 만일 그렇다면 그분은 "만물 위에 계셔서 세세에 찬양받으실 하나님"(롬 9:5)이 되실 수 없다. 하나님은 하나님이셔야 하기 때문에 반드시 거룩하셔야 한다. 그분은 죄가 없으시고, 변하지 않으신다. 하나님은 영원 전부터 하나님이셨기 때문에 또한 영원 전부터 거룩하셨다. 하나님은 영원 전부터, 곧 그분의 본성을 이해할 수 있는 피조물이 창조되기 전부터 이미 은혜롭고, 자비롭고, 정의롭고, 거룩한 본성을 지니셨다. 하나님이 세상을 창조하지 않으셨더라도 그분의 본성 안에는 세상을 창조할 수 있는 능력이 존재했다. 하나님 외에 아무것도 존재하지 않을 때에도 그분은 스스로 전지하셨다. 하나님은 자신의 무한한 능력의 범위 안에 있는 모든 것을 알고 계셨다. 하나님이 자신의 순수함을 나타내 보일 수 있는 이성적인 피조물을 창조하지 않으셨을 때도 그분의 본성 안에는 이미 순수함이 존재했다. 인간에게 말씀하든 안 하든 그것은 전적으로 하나님의 자유에 속한다. 그러나 만일 하나님이 말씀하신다면 그분은 거짓을 말씀하실 수 없다. 그분은 무한히 완전한 진실성을 소유하고 계시기 때문이다. 하나님의 뜻에서 비롯한 행위만이 아니라 그분의 본성 자체가 거룩하다. 거룩하지 않은 것은 거룩할 수밖에 없는 하나님의 본성을 거스르기 때문에 그분은 거룩하지 않으실 수 없다.

스티븐 차녹, *The Existence & Attributes of God*, 452-454쪽

너는 청년의 때에 너의 창조주를 기억하라

하나님은 거룩함과 능력을 주는 분깃이시다. 세상의 것들은 영혼을 조금도 향상시키지 못한다. 그림자가 길다고 해서 키가 더 커지는 것은 아니다. 직위가 높은 사람들도 똑같은 인간이다. 직위가 높다고 해서 직위가 낮을 때보다 더 큰 가치가 더해지는 것은 아니다. 오히려 세상의 분깃 때문에 더 못하게 되는 사람들이 많다. 어떤 사람들은 그렇게 부하지 않았더라면 그렇게 악하지 않았을 것이다. 세상의 오물을 먹다 보면 하늘의 떡을 먹지 않게 된다. 많은 사람들이 가장 큰 번영을 누리는 가운데 멸망한다. 그들은 구원을 받을 여가가 없다. 영혼보다 더 탁월한 가치를 지닌 것이어야 영혼을 향상시킬 수 있다. 은은 납과 섞으면 가치가 떨어지지만 금과 섞으면 가치가 올라간다. 세상과 그 안에 있는 모든 것은 인간의 영혼보다 가치가 무한히 작다. 따라서 세상과 어울리면 우리의 가치가 떨어진다. 하나님은 우리의 영혼보다 무한히 월등하시기 때문에 그분과 어울리면 영혼의 가치가 올라간다. 외적인 것들은 영혼의 가치를 조금도 높여 주지 못한다. 경건한 사람은 영원한 보석이 보관된 금고와 같기 때문에 지극히 큰 가치를 지닌다. 그는 신성에 참여한 사람이 되었다. 하나님은 자기와 결합하는 것은 무엇이든 풍성하게 만드신다. 이 하나님이 우리의 소유라면 우리는 가장 큰 영예와 행복을 누릴 수 있다. 지금 벌레처럼 기어 다니며 더러운 흙에서 살고 있더라도 하나님을 분깃으로 삼으면 독수리처럼 하늘로 높이 올라가서 그분 안에서 말로 다 할 수 없는 기쁨을 누리게 될 것이다. 하나님을 우리의 분깃으로 삼아 살아가는 삶은 날마다 유일하고, 복된 군주를 우러르고 흠모하며 살아가는 궁중의 대신처럼 고귀하고 고결하다. 세상의 것들이 거룩함을 가로막아 영혼의 행복을 방해한다는 것을 알지 못하는가? 세상의 것들은 아무리 좋은 것이라도 신기한 문양이 그려져 있지만 우리의 손가락 사이에서 힘없이 떨어져 나가는 나비의 날개와 같을 뿐이다. 하나님을 우리의 분깃으로 삼으면 날마다 완전함에 더 가까이 다가갈 수 있다. 하나님이 우리의 영혼에 탁월함을 더해 주실 것이다.

조지 스윈녹, *Works*, 4:38-40

내 마음과 육체가 살아 계시는 하나님께 부르짖나이다

세상의 분깃은 그것이 주는 위로는 물론, 그 본질 자체에 한계가 있다. 건강은 질병보다 낫지만 가난을 없애 주지 못하고, 명예는 수치보다 낫지만 고통을 치유하지 못한다. 돈이면 만사가 해결된다고 말하지만, 병을 낫게 하거나 상처받은 마음을 달래줄 수는 없다. 아합은 상아 궁에 살면서도 불행했고, 하만은 왕의 총애와 백성들의 찬사를 받으면서도 모르드개를 굴복시키지 못해 불만을 품었다. 세상 사람들은 좋은 것을 많이 누리더라도 그리스도가 없으면 모든 것이 결여된 삶을 사는 것이다. 모든 좋은 것이 다 하나님 안에 있다. 하나님은 스스로 온전히 충족하시다. 하나님이 우리의 분깃이시라면 그분 안에서 우리의 마음이 원하는 것과 우리를 행복하게 해 주는 모든 것을 발견할 수 있다. 야심이 있는가? 하나님은 영광의 극치이시다. 욕심이 많은가? 하나님 안에는 측량할 수 없는 풍성함과 의가 존재한다. 쾌락을 원하는가? 하나님 안에는 쾌락의 강수와 충만한 기쁨이 넘친다. 굶주렸는가? 하나님은 골수가 가득한 기름 진 것과 오래 저장된 포도주로 잔치를 베푸신다. 지쳤는가? 하나님은 뜨거운 햇볕을 가려주는 그늘과 폭풍우를 막아주는 피난처와 안식을 제공하신다. 연약한가? 하나님은 영원한 능력을 주신다. 의심스러운가? 하나님은 탁월한 조언을 아끼지 않으신다. 어둠 속에 있는가? 하나님은 의의 태양이시다. 병들었는가? 하나님은 건강을 주신다. 슬픈가? 하나님은 모든 위로의 하나님이시다. 어떤 불행을 겪고 있든, 하나님은 그것을 없애 주실 수 있다. 어떤 필요를 느끼든 하나님은 그것을 채워 주실 수 있다. 하나님은 은, 금, 명예, 기쁨, 양식, 옷, 집, 토지, 평화, 지혜, 은혜, 영광을 비롯해 무엇이든 해 주실 수 있다. 그분은 갖가지 위로를 제공하며, 온갖 종류의 열매를 맺는 생명 나무이시다. 하나님을 보라. 그러면 모든 것을 볼 수 있다. 하나님을 즐거워하라. 그러면 모든 것을 누릴 수 있다.

조지 스윈녹, *Works*, 4:40-41

런던의 상인이 바르바리의 말, 이집트의 향신료, 알렉산드리아의 도자기, 페르시아의 비단, 터키의 자수를 수입하는 것처럼, 우리도 하나님이 우리의 분깃이시면 우리의 배를 채워 줄 가장 좋은 빵과 우리를 위로해 줄 가장 좋은 포도주와 우리를 즐겁게 해 줄 기름과 우리를 입혀 줄 옷과 우리를 아름답게 꾸며 줄 은혜의 보석들과 우리를 복되게 해 줄 영광의 면류관을 비롯해 현세와 내세의 모든 보화를 가져올 수 있다. 그리스도께서 자신의 귀한 피로 사신 은혜 언약의 풍성함과 무한하신 하나님이 주실 수 있는 모든 좋은 것이 우리의 소유가 된다. 하나님은 우리의 영혼을 최대한 가득 채워 주실 것이다. 그런 것들을 소유하면 아무것도 더 바랄 것이 없고, 영원히 평화롭게 안식을 누릴 수 있다. 참으로 놀라운 분깃이 아닐 수 없다. 죄의 쾌락은 단지 잠시만 지속될 뿐이다. 그러나 이 분깃은 영원하다. 아무리 많은 재산도 금방 부풀어 올랐다가 이내 줄어드는 홍수와 같지만, 하나님이 일단 우리의 영혼을 향해 "나는 너의 기업이다."라고 말씀하시면 사람이든 귀신이든 그 누구도 그것을 우리에게서 빼앗아갈 수 없다. 세상의 분깃들은 시들어 가는 포도나무요 속이는 시내요 그림자에 지나지 않는다. 하나님은 한 번 우리의 분깃이 되시면 영원히 우리의 분깃이 되신다. 세상의 것들은 우리에게서 빼앗아 갈 수 있을지 몰라도 하나님은 결코 빼앗아 갈 수 없는 "좋은 것"이시다(눅 10:42). 우리가 쇠약해져 죽어갈 때도 하나님은 결코 우리를 버리거나 떠나지 않으신다(히 13:5). 사탄은 우리의 분깃으로부터 우리를 떼어 놓을 수 없다. 하나님은 그를 사슬로 묶어 두셨다. 사탄은 이빨이 없는 개처럼 짖을 수는 있지만 물 수는 없다. 죽음은 사람들에게서 그들의 모든 분깃을 빼앗아 가지만, 우리에게는 오히려 온전한 분깃을 가져다준다. 그때가 되면 우리의 분깃이 지닌 참된 가치를 알게 될 것이다. 불이 온 세상을 태워도 우리의 분깃은 그을릴 수조차 없다. 우리는 폐허가 된 세상에 서서 "나는 잃은 것이 아무것도 없네. 나는 나의 기업과 행복과 하나님을 여전히 소유하고 있다네."라고 노래할 것이다.

조지 스윈녹, *Works*, 4:41-43

그가 세세토록 왕 노릇 하시리로다

친구들이여, 세상의 분깃은 우리의 영원한 분깃이신 하나님과 비교하면 타들어 가다가 연기를 뿜으며 꺼져 버리는 촛불과 같다. 하나님은 영원히 우리의 소유이시다. '영원히'는 참으로 은혜롭기 그지없는 말이다. 수백만 년의 세월도 거대한 바다와 같은 영원에 비하면 한 방울의 물만도 못하다. 피조 세계의 즐거움은 하나님의 열매에 비하면 그야말로 아무것도 아니다. 하나님을 영원히 즐거워하는 것은 참으로 행복한 일이 아닐 수 없다. 친구들이여, 하나님을 자신의 분깃으로 선택한 사람들을 위해 어떤 면류관과 규와 보좌와 나라와 영광과 연회와 즐거움과 교제와 영원함이 예비되어 있는지 상상조차 할 수 없을 것이다. 보라, 열방들이 통의 한 방울 물처럼 전혀 무가치하다. 하나님의 분깃은 영적이며, 우리의 영혼에 적합하다. 다른 분깃들은 혼잡한 분깃이라서 밝은 측면도 있고, 어두운 측면도 있다. 그러나 하나님은 순수하시다. 태양과 같은 그분 안에는 한 점의 어둠도 존재하지 않는다. 그분은 쓴 물은 단 한 방울도 없는 달콤한 바다와 같으시다. 세상의 분깃들은 썩어 없어지고, 죽음이 부르면 다 놓고 가야 한다. 신자의 영혼은 므비보셋이 다윗의 식탁에서 항상 먹었던 것처럼 마음껏 즐긴다. 하나님이 계시는 곳에는 충만한 기쁨이 있고, 그분의 오른편에는 영원한 즐거움이 있다. 세상을 따뜻하게 포옹하고, 그것을 조금이라도 더 소유하려고 애를 썼다니 얼마나 어리석은가! 하나님의 사랑은 목숨보다 무한히 더 낫다. 마음속으로 하나님을 가장 귀하게 여겨 높이면 그분이 자기를 선물로 내주실 것이다. 여기에는 하나님이 계시고, 저기에는 세상이 있다. 여기에는 양식이 있고, 저기에는 껍데기가 있다. 여기에는 실재가 있고, 저기에는 그림자가 있다. 여기에는 낙원이 있고, 저기에는 금단의 열매가 있다. 여기에는 충만함이 있고, 저기에는 공허함이 있다, 여기에는 샘이 있고, 저기에는 터진 웅덩이가 있다. 여기에는 모든 것이 있고, 저기에는 아무것도 없다. 여기에는 천국이 있고, 저기에는 지옥이 있다. 여기에는 영원한 즐거움이 있고, 저기에는 영원한 슬픔과 고통이 있다. 이것이 하나님을 우리의 분깃으로 선택해야 할 절대적인 이유가 아니겠는가?

조지 스윈녹, *Works*, 4:44-46

더 낮고 영구한 소유가 있는 줄 앎이라

하나님을 우리의 분깃으로 소유하는 것은 참으로 크나큰 위로가 아닐 수 없다. 이 분깃은 장난감이나 하찮은 것이 아닌 복되고 영원하신 하나님 안에 있다. 이 분깃은 너무나도 보배롭기 때문에 가장 위대한 수학자도 그 가치를 계산할 수 없고, 영구하기 때문에 그 어떤 피조물도 그것을 우리에게서 빼앗을 수 없다(롬 8:38-39). 겨울의 추위는 연못은 얼릴 수 있지만 바다는 얼릴 수 없다. 우리는 가장 힘든 상황에서도 이 분깃을 통해 위로를 얻을 수 있다. 만일 사람들이 우리의 재산을 약탈하더라도 즐거운 마음으로 그 고통을 감수할 수 있다. 왜냐하면 우리가 더 낮고 영구한 것을 소유하고 있고, 하나님께 대해 부요하다는 것을 알고 있기 때문이다(히 10:34, 눅 12:21). 감옥에 갇힌다면 어떻게 될까? 우리의 몸이 차꼬에 묶여 있어도, 우리의 영혼은 자유를 누릴 수 있다. 우리를 땅에 묶어 둘 수 있는 사슬은 없다. 우리는 기도와 묵상의 날개를 타고 하늘로 높이 날아오를 수 있다. 양식을 빼앗긴다면 어떻게 될까? 우리에게는 다른 사람들이 모르는 먹을 음식이 있다. 몸이 병들었다면 어떻게 될까? 우리의 영혼만 건강하다면 모든 것이 다 괜찮다. 원수들이 우리를 죽인다고 해도 우리를 해칠 수 없다. 오히려 그것은 부패한 본성에서 벗어나 하늘의 고향 집으로 가도록 도와주는 것이니 우리에게 가장 큰 친절을 베푸는 것이나 다름없다. 영원한 팔이 우리를 붙들고 있는데 무엇이 우리를 눌러 가라앉힐 수 있겠는가? 무한한 은혜와 긍휼이 우리에게 주어졌는데 무엇이 우리를 슬프게 만들 수 있겠는가? 하나님을 자신의 행복으로 선택한 사람을 불행하게 만들 수 있는 것은 아무것도 없다. 그리스도인들이여, 우리의 삶을 통해 이 세상 사람들에게 우리가 그들이 두려워하는 것들을 전혀 두려워하지 않고, 또한 세상의 좋은 것들이 우리가 소망하는 것보다 훨씬 못하다는 것을 분명하게 보여 주도록 하자. 하나님이 우리의 분깃이시면 동료 신자들이나 우리 자신이 죽더라도 무한한 위로를 느낄 수 있다. 주님 안에서 죽는 자들은 복되다. 하나님이 우리의 분깃이시다. 이 사실을 생각하며 위로를 얻으라.

조지 스윈녹, *Works*, 4:46-48

내 아버지는 농부라…열매를 맺지 아니하는 가지는…
제거해 버리시고…더 열매를 맺게 하려 하여
그것을 깨끗하게 하시느니라

가장 위대한 정원사인 하나님은 놀라운 섭리를 베풀어 은혜로 나를 자신의 포도원에 심으셨다. 나는 위대한 포도원 주인께서 나를 옮겨심기에 적당한 때가 되었다고 생각하시기 전까지 그곳에 거하며 성장한다. 하나님이 어떤 섭리로 우리를 대하든 자유롭게 행하시도록 허용하자. 하나님의 백성은 그분이 자신을 어떤 모양으로 깎아 만드시든지 만족해야 한다. 그리스도와 그분의 제자들은 고난을 겪고 비로소 산의 정상에 올랐지만, 우리의 유약한 본성은 편안하게 천국에 가기를 바란다. 앞서간 모든 성도가 얼굴을 숨겨야 할 정도로 사나운 폭풍우를 만났고, 도중에 많은 적들과 마주해야 했다. 하나님의 길은 우리가 예측할 수 없고, 볼 수 없는 굴곡이 많다. 한 치의 오차도 없는 하나님의 지혜로운 섭리를 통해 모든 장애물이 그분의 책에 낱낱이 기록되어 있다. 우리는 단지 겉으로 드러난 상황만 볼 수 있다. 네발로 기어서라도 샘의 근원에 다가가서 하나님을 즐거워할 수만 있다면 유익한 여행을 끝마친 셈이다. 지쳐 포기하지 말라. 처음 믿을 때보다 그날은 더 가까워졌다. 부차적으로 딸린 혼란스러운 수레바퀴(이차적 원인)들만 바라보고, "만약 이것이 그랬었다면 이렇게 되지 않았을 텐데."라고 말하지 말라. 주가 되는 첫 번째 수레바퀴의 움직임에만 집중하라. 건물을 지으려면 처음에는 망치와 도끼로 돌을 깎고, 목재를 다듬는 과정이 필요하다. 그 과정에서는 아름답게 지어진 건물을 볼 수 없다. 그러나 건축가의 생각 속에는 완성된 집이 들어 있다. 우리의 눈에는 깨지지 않은 흙덩이, 밭고랑, 돌들밖에 보이지 않는다. 여름철의 백합과 장미와 정원의 아름다움은 우리 눈에 아직 보이지 않는다. 그와 마찬가지로 하나님이 복된 목적을 가지고 작정하신 일의 결과도 지금은 보이지 않는다. 하나님의 목적이 감추어져 있는데 믿음을 갖기는 쉽지 않다. 하나님의 섭리는 모든 희망이 사라진 것 같이 보일 때조차도 자신의 목적을 이룰 수 있는 수천 가지 방법을 알고 있다. 충실한 태도로 우리가 해야 할 일을 하자. 하나님을 위해 일하고, 기꺼이 고난을 감내하고, 그리스도께서 하셔야 할 일은 그분께 맡기자. 의무는 우리의 몫이고, 사건들을 섭리하는 것은 주님의 몫이다.

새뮤얼 루더포드, *The Loveliness of Christ*, 1, 11, 18, 48, 57쪽

세상을 이기는 승리는 이것이니 우리의 믿음이니라

　우리 주님의 구원을 기뻐하고, 즐거워하자. 신자는 눈물로 뺨을 적시며 침울한 표정을 지어야 할 이유가 없다. 그리스도만 바라보면 믿음으로 요구하는 것을 다 들어 주시고, 모든 것을 명하여 이루어 주시는데 무엇이 신자를 괴롭힐 수 있겠는가? 우리의 맑은 아침이 동틀 때가 가까웠다. 샛별이 뜨기 직전이다. 고향 집이 멀지 않다. 그런데 거무칙칙한 여인숙과 같은 이 비참한 삶 속에서 부당한 대우를 받는다고 해서 대수로울 것이 무엇인가? 곧 몇 년이 지나고, 이 세상의 셋집살이가 끝날 것이다. 우리의 영혼이 영원토록 행복을 누릴 것이다. 그 누가 이 세상의 헛된 삶과 영광의 중한 것을 지닌 영원한 내세의 삶을 옳게 비교할 수 있을 것인가? 하나님의 처사가 유쾌하지 않다고 해서 그분을 부성애가 없는 거칠고 사나운 분으로 생각해서는 곤란하다. 하나님이 복된 목적을 염두에 두고 우리의 욕망을 물리치신다면 겸손한 태도로 기꺼이 복종하고, 우리 자신을 부인함으로써 우리의 뜻을 더 이상 주장하지 않는 것이 최선이다. 하나님께 우리 자신을 선물로 바쳐 원하시는 뜻대로 사용하시게 하자. 매일 그리스도를 더 많이 알아가고, 하나님의 은혜 안에서 잘 자라고 있는지 살펴보자. 나는 걸인을 빈손으로 돌려보내지 않는 부유하신 그리스도를 통해 축복을 받는다. 우리의 말라 오그라진 손을 그리스도께 내밀고, 구하고, 찾고, 두드리기만 하면 풍성한 축복을 받을 수 있다. 우리의 대장이신 주님은 우리의 필요를 모두 채워 줄 능력이 있으시다. 우리는 믿음으로 오직 그분만 의지하며 살아가면 된다. 세상이 수백만 개나 되고, 수많은 천국에 사람들과 천사들이 가득 들어차 있다고 해도 그리스도께서는 모든 필요를 채워 주는 데 조금도 부족함이 없으시다. 그리스도께서는 생명의 우물이시다. 그 밑바닥이 얼마나 깊은지 아는 사람이 누가 있겠는가? 나는 그리스도를 조금 소유하고 있다. 나는 그분을 더 많이 소유하기를 갈망한다. 하나님은 아름다운 꽃들을 많이 만드셨지만 가장 아름다운 곳은 천국이고, 모든 꽃 중의 꽃은 그리스도이시다. 천국에서 일 년만 지내면 아무리 큰 슬픔이라도 모두 씻은 듯 사라지고 말 것이다. 그리스도 예수께서는 우리가 가고 있는 여정의 종착지이시다. 우리는 아무런 두려움 없이 기쁨으로 죽음을 맞이할 수 있다.

새뮤얼 루더포드, *The Loveliness of Christ*, 19, 26-29, 40쪽

심령이 가난한 자는 복이 있나니

포도주를 부으려면 먼저 잔을 비워야 한다. 하나님은 우리에게 귀한 은혜의 포도주를 부어 주기 전에 먼저 우리를 비우게 하신다. 우리 자신의 가난함을 깨닫기 전에는 결코 그리스도의 가치를 알 수 없다. 심령이 가난해지면 영혼은 그리스도를 은혜롭게 여기게 된다. 자신이 다쳐서 죽어 가는 것을 알면 향유와도 같은 그리스도의 피가 참으로 보배롭게 느껴질 것이 틀림없다. 자신이 하나님께 갚아야 할 빚이 많다는 것을 알면 빚을 갚아 주겠다는 약속이 참으로 기쁘게 들릴 것이 분명하다. 어떤 사람들은 주머니에 금덩이가 가득 들어 있으면 부자라고 생각할 테지만, 심령이 가난한 사람이야말로 진정한 부자다. 인간의 생각으로는 터무니없게 들릴지 몰라도 심령이 가난한 사람은 복이 있고, 심령이 교만한 사람은 화가 있다. 어떤 사람들은 자기 자신을 우상으로 섬긴다. 자아에 필적할 만한 우상은 없다. 그들은 자신의 도덕성과 자기 의를 찬양하고, 그것을 구원의 희망으로 삼는다. 그들은 자신들이 만든 물자를 사용하고, 그리스도께 신세지는 것을 경멸한다. 마귀는 그들에게 교만의 바람을 잔뜩 불어넣어 풍선처럼 부풀린다. 그들은 자만심에 빠져 살아간다(눅 18:11). 바울도 회심 전에는 자신이 훌륭한 줄로 생각하고, 자기 의의 탑을 높이 쌓아 올렸다. 하나님은 바울에게 그 토대의 균열을 보여 주셨고, 그를 '만세 반석'에게로 인도하셨다. 자기 의보다 더 위험천만한 낭떠러지는 없다. 라오디게아 교회가 그런 태도를 지녔다. 그들은 "나는 부자라 부요하여 부족한 것이 없다"(계 3:17)라고 자만했다. 이런 그릇된 태도를 지닌 사람들이 얼마나 많은지 모른다. 어떤 배들은 암초는 피했지만 모래톱 위에서 좌초된다. 그와 비슷하게 중대한 죄라는 암초는 피했지만 자기 의라는 모래톱 때문에 난파당하는 사람들이 많다. 그런 사람들에게 위험을 일깨워 주기는 너무나도 어렵다. 그들은 자기들이 그런 누더기를 걸치고 구원받을 수 있을 줄로 믿는다. 스스로 자신의 구원자가 되어 멸망하는 사람들이 얼마나 많은지 모른다. 교만한 죄인들이 이런 사실을 깨닫고 스스로에게서 벗어났으면 좋겠다.

토머스 왓슨, *The Beatitudes*, 42-45쪽

예수께서…다시 혼자 산으로 떠나 가시니라

개인 기도는 천국에 들어가는 문이다. 개인 기도는 하나님과 더불어 참으로 놀라운 역사를 일으킨다. 개인 기도는 얼마나 큰 은혜를 얻는 수단인지 모른다. 개인 기도를 통해 큰 위험을 모면하게 된 경우가 얼마나 많은지 모른다. 개인 기도는 천국을 뒤흔든다. 개인 기도에는 은혜롭고, 영광스러운 응답과 축복이 주어진다. 히스기야는 개인 기도를 통해 울면서 호소했고, 그의 기도는 응답받았다. 하나님은 그의 수명을 15년 더 늘려 주셨다. 야곱은 얍복강에서 홀로 하나님과 씨름해 승리를 거두었고, 그분과 겨루어 이긴 자가 되었다(창 32:24-28). 야곱은 홀로 있었지만 결코 혼자가 아니었다. 그는 자신의 형제 에서에게 보복을 당하지 않기 위해 하나님께로 도망쳤다. 폭풍우와 같은 시련이 닥쳤을 때 하나님의 날개처럼 안전한 피난처는 어디에도 없다. 하나님의 보호 아래 자기를 숨기는 자는 가장 안전하고, 가장 행복하고, 가장 지혜롭다. 야곱은 하나님을 굳게 붙잡고 자신에게 축복하지 않으면 결코 놓아 주지 않겠다고 그분의 면전에서 담대하게 말했다. 개인 기도의 능력은 참으로 놀랍기 그지없다. 개인 기도는 일종의 전능한 힘을 가진다. 개인 기도는 하나님을 사로잡는다. 개인 기도는 하나님을 죄수처럼 감금하고, 전능하신 분의 손을 동여맨다. 그렇다. 개인 기도는 하나님의 손에서 긍휼과 축복을 쥐어 짜낸다. 인간이 가장 위대하고, 가장 큰 능력을 지니신 존재와 맞서 승리를 거두게 만드는 기도의 능력은 참으로 놀랍기 그지없다. 야곱은 발로 밟아 쉽게 으깨어 죽일 수 있는 벌레였지만, 개인 기도를 통해 전능하신 하나님을 이겼다. 그는 하나님의 사자에게서 받은 능력으로 하나님의 사자를 압도했다. 하나님의 사자는 자원해서 야곱에게 정복당했다. 야곱은 기꺼이 정복자가 되었다. 아버지는 자식과 씨름하면서 자식을 위로하고 격려하기 위해 가끔 일부러 넘어져 준다. 우리는 이 복된 이야기를 통해 수정 유리알처럼 분명하게 개인 기도의 위대한 능력을 확인할 수 있다. 개인 기도는 정복자를 정복하고, 전능하신 하나님조차도 이긴다.

토머스 브룩스, *Works*, 2:177-180

귀신들이 너희에게 항복하는 것으로 기뻐하지 말고
너희 이름이 하늘에 기록된 것으로 기뻐하라

주님은 제자들에게 합법적인 것을 기뻐하는 것조차 자제하고, 무한히 더 나은 것, 곧 그들의 이름이 하늘에 기록된 것으로 기뻐하라고 말씀하셨다. 지옥의 권세를 물리친 것은 기뻐할 이유가 되기에 충분하다. 그리스도께서도 그것을 절대적으로 금하지 않으셨고, 다만 주의할 것을 당부하셨다. 의무를 성공적으로 이행하면 마음이 우쭐해져 영적 교만에 빠질 위험이 크다. 기뻐해야 할 더 고귀한 대상이 있는데 그보다 못한 것에 감정을 다 쏟아부어서는 안 된다. 귀신들에 대한 승리가 자칫 올무가 될 수 있다. 한편으로는 귀신들이 제자들에게 항복했지만 다른 한편으로는 영적 교만으로 인해 제자들이 귀신들에게 항복하는 상황이 벌어질 수 있다. 그러면 최종의 승리가 그들에게 돌아간다. 이것은 우리가 즐거움의 대상으로 삼는 세상의 모든 것들에도 똑같이 적용될 수 있다. 세상에서 위로와 번영을 누리더라도 그것만으로 즐거워해서는 안 된다. 그러다가는 나중에 아무런 위로 없이 죽음을 맞이할 수도 있다. 세상에서 모든 위로를 누리더라도 그것만으로 기뻐하지 말고, 우리의 이름이 하늘에 기록된 것으로 기뻐해야 한다. 축복을 기뻐하는 것이 절대적으로 금지되지는 않았지만, 더 큰 즐거움을 추구하는 것이 바람직하다. 우리에게 영적 축복이 주어지는 이유는 우리의 이름이 하늘에 기록되어 있기 때문이다. 우리는 하나님의 사랑을 통해 선택을 받아 그리스도의 구원하는 사랑에 참여하는 자가 되었다. 은혜의 성령께서 우리를 변화시켜 거룩하게 하셨고, 우리에게 영생을 누릴 권리를 부여하셨다. "내가 땅의 모든 족속 가운데 너희만을 알았나니"(암 3:2)라는 말씀대로, 하나님은 우리를 확실하고도 분명하게 알고 계신다. 우리는 창세 전에 하나님의 영원한 사랑을 통해 구원받기로 작정되었다. 우리는 복음의 설교를 통해 부르심을 받아 구원을 얻고, 성령을 통해 새로워져 거룩하게 된다. 우리의 이름이 하늘에 기록된 것이야말로 기뻐해야 할 가장 큰 이유다.

매튜 미드, *A Name in Heaven*, 1-18쪽

보라 아버지께서 어떠한 사랑을 우리에게 베푸사
하나님의 자녀라 일컬음을 받게 하셨는가

우리의 현세적인 즐거움은 하나님의 선하심을 들여다보는 영혼의 창과 같다. 믿음은 하나님의 선하심과 관대하심이 갖가지 축복 속에서 밝히 드러나는 것을 목격한다. 그러나 현세적인 즐거움에 안주하면 그것이 우상이 될 위험이 있다. 어떤 것을 사랑할 때는 그것을 두렵게 여기는 마음도 아울러 지녀야 한다. 두려움은 그것이 하나님을 향한 마음을 빼앗아가지 않도록 제어한다. 우리가 사랑하는 것을 또한 두렵게 여기지 않으면 상실과 슬픔의 원인이 될 수 있다. 삼손이 들릴라를 사랑했던 것만큼 그녀를 두렵게 여겼다면 머리털은 물론, 목숨까지 안전하게 보존할 수 있었을 것이다. 어떤 것을 지나치게 사랑하면 그것이 고난이나 저주로 바뀌고 말 것이다. 감각의 즐거움에 얽매이지 말라. 우리에게는 더 고귀한 즐거움이 있다. 우리에게는 우리를 위로하시는 그리스도와 즐거워해야 할 하나님이 계신다. 짐승의 즐거움으로 우리의 영혼을 만족시키는 것은 참으로 어리석은 일이 아닐 수 없다. 그런 삶을 살면, 하나님과 화평을 누리거나 성령 안에서 기뻐하거나 양심의 평화를 누리거나 영광의 소망을 가질 수 없다. 기뻐해야 할 가장 큰 이유는 하늘에 이름이 기록된 것이 아니겠는가? 기뻐해야 할 이유로는 이것이 세상이 줄 수 있는 그 어떤 이유보다 더 참되다. 재물과 명예는 하나님의 사랑을 입증하는 증거가 아니다. 살아 있지만 죄 가운데 죽은 상태일 수도 있고, 부유하지만 불행할 수도 있으며, 자녀들을 많이 두었지만 하나님의 진노 아래 있을 수도 있다. 세상에서 가장 위대한 사람들 가운데 이름이 땅이 기록된 사람들이 많다. 그들은 생수의 근원이신 하나님을 버렸다. 하늘에 기록된 이름은 소수의 사람들에게 주어진 분깃이다. 이것은 기뻐해야 할 특별한 이유이자 특권이다. 우리는 하나님의 자녀들로 입양되었다. 기뻐해야 할 이유로 이보다 더 큰 이유가 어디에 있겠는가? 하나님이 우리의 분깃이시기 때문에 그분 자신과 그분이 소유하신 모든 것이 우리의 기업이다. 우리는 성부의 부와 명예를 모두 누릴 권리가 있다. 하나님은 영원히 우리의 아버지이시다. 우리는 이것을 크게 기뻐해야 마땅하다. 우리가 영원한 아버지이신 하나님의 아들이요 딸이라는 것은 이 세상에서 가장 고귀한 직함이 아닐 수 없다.

매튜 미드, *A Name in Heaven*, 19-38쪽

하나님이 세상을 이처럼 사랑하사

사랑은 가장 큰 위로를 주는 하나님의 속성이자 그분의 가장 뛰어난 이름이다. 우리는 그 이름으로 하나님을 안다(요일 4:16). 사랑은 하나님의 다른 모든 속성보다 먼저 작용한다. 지혜는 인간의 행복을 계획하고, 능력과 섭리는 그 계획을 이루지만, 사랑이 그 모든 사역에 가장 먼저 개입했다. '엘로힘'의 세 위격께서 인간이나 천사가 존재하기 이전에 서로 논의를 시작하신 것도 사랑에서 비롯했다. 성자께서 인간의 구원이라는 전체적인 틀을 떠받치는 토대가 되신 것도 사랑 때문이고, 세상에 와서 자신을 속죄 제물로 드려 죽으신 것도 사랑 때문이다. 하나님의 모든 속성이 사랑의 힘으로 움직이고, 그분의 모든 섭리가 사랑의 작용에서 비롯한다. 선택의 사랑은 다른 모든 은혜의 원천이다(엡 1장). 하나님은 창세 전에 우리를 선택하셨고, 값없이 우리에게 은혜를 베푸셨으며, 그리스도의 피를 통해 우리에게 구원을 허락하셨다. 바울은 이 모든 축복이 선택의 사랑에서 비롯했다고 말한다(엡 1:11). 사랑은 하나님이 조금도 남김없이 최대한 발현하시는 속성이다. 하나님의 능력이 최대한 발현되는 경우는 없지만 사랑은 최대한 발현된다. 하나님은 육신이 되어 우리 가운데 거하셨다(딤전 3:16). 그분은 자신의 영혼을 속죄 제물로 드렸고, 우리의 모든 불법을 짊어지셨다(사 53:10-11). 우리는 그리스도 안에서 하나님의 의가 되었고(고후 5:21), 그분과 함께 하늘에 앉게 되었으며(엡 2:6), 우리의 이름이 하늘에 기록되었다. 이보다 더 큰 사랑의 노력이 또 어디에 있겠는가? 이것은 무한한 사랑이다. 이 사랑은 우리의 영혼 안에서 무한히 선한 것에 대한 관심을 일깨운다. 이 사랑은 무한한 축복을 누릴 권리를 제공하고, 우리의 영혼에 무한한 만족을 준다. 이 선택의 사랑이 우리가 기뻐할 가장 큰 이유가 아니고 무엇인가? 사랑은 우리의 이름이 하늘에 기록되는 축복을 가져다주었다. 이것이야말로 영원히 기뻐할 이유다.

매튜 미드, *A Name in Heaven*, 23-26쪽

심령이 가난한 자는 복이 있나니

심령이 가난하다는 것은 무슨 의미일까? 하나님이 기뻐하신다면 즉각 마음을 낮춰 겸손한 태도를 취하고, 그분이 허락한 많은 위로를 언제 다시 거두어 가시든 선뜻 포기할 줄 안다면 심령이 가난한 사람이라고 말할 수 있다. 그런 사람은 "이 좋은 축복들을 하나님이 허락하셨어. 그러나 하나님이 자신의 진리를 전하기 위해 이것들을 요구하시면 언제라도 나는 기꺼이 포기할 준비가 되어 있어. 평생 빵과 물만 먹어도 좋고, 가난한 사람들이 늘 그래온 것처럼 가난하게 살아도 괜찮아. 주님이 나를 통해 영광을 받으실 수 있다면 내가 이 세상에서 가진 모든 재물과 화려함과 영광을 다 포기할 수 있어. 기꺼이 그렇게 할 거야."라고 말한다. '가난의 서약'이 특별한 은혜를 보장하는 것은 아니지만 그리스도께서 우리의 재산이나 위로를 요구하시면 그것들을 기꺼이 그분의 발 앞에 내놓아야 한다. 재물이 주어졌다면 누려도 좋지만, 선택해야 할 상황이 닥친다면 하나님의 진리를 부인하기보다 재물을 기쁘게 포기할 마음이 있어야 한다. 양심을 거스르는 죄를 짓기보다 재물을 기꺼이 포기하겠는가? 이 세상의 즐거움을 누리며 사는 것보다 진리가 승리하는 것이 더 중요하다고 생각하는가? 진정으로 그럴 마음이 있는가? 그렇다면 풍성한 가운데서도 심령이 가난한 상태를 유지할 수 있다. 재물을 소유하고 있는 동안 그것을 잘 관리하다가 하나님이 요구하시면 기꺼이 포기할 줄 안다면 그것이 곧 은혜로운 삶이다. 심령이 가난한 사람은 또한 하나님이 어떤 상황에 처하게 하시든 그분을 향해 투덜대거나 불평하지도 않고, 더 나은 상황에 처한 사람들을 시기하지도 않는다. 나는 재산이 없고, 가난한 상태에서도 하나님이 내게 요구하시는 의무를 이행하는 것으로 만족한다. 이런 식으로 하나님께 우리의 마음을 드린다면 심령이 가난한 것이니 복이 있다.

제레마이어 버러스, *The Saints' Happiness*, 12-14쪽

나는 가난하고 궁핍하오나 주께서는 나를 생각하시오니

심령이 가난한 사람은 자신에게 참된 영적 선이 전혀 없다고 생각한다. 그는 "제 안에 있는 주님의 형상이 훼손되었습니다. 제게는 영원한 생명을 가져다줄 영적 생명이 조금도 없습니다."라고 말한다. 심령이 가난한 사람은 자신에게 영향을 미치는 모든 영적인 악과 영혼 안에 있는 부패한 본성을 뚜렷하게 의식한다. 그는 "오, 내 주위를 항상 기어 다니는 더러운 해충이여! 내가 나를 위해 열심히 일하면 극심한 가난은 면하겠지만 나의 영혼을 부유하게 하기 위해 내가 할 수 있는 일은 아무것도 없구나. 나를 도와줄 친구가 있으면 좋으련만 하늘의 천사들이나 세상 사람들 가운데 이 비참한 상태에 처한 나를 도와줄 사람은 어디에도 없구나. 내 안에 탁월한 것이 조금이라도 있다면 누군가가 나의 가치를 인정해 줄 것이라는 희망을 품을 수 있겠지만 내게는 탁월한 것이 아무것도 없구나. 나는 근본적으로 무가치해. 어쩌면 지금은 아무것도 할 수 없지만 나중에는 무엇인가를 할 수 있을지도 몰라. 이것이 내게 약간의 희망을 주지만 나는 빚진 것이 너무 많아. 한 푼이라도 벌면 채권자들이 모조리 가져가 버려. 나는 하나님 앞에서 너무나도 가난해. 지금 당장 처리해야 할 청구서는 겨우겨우 감당할 수 있을지 모르지만, 과거에 진 빚은 절대로 갚을 능력이 없어. 누군가로부터 도움을 받아 당장에 필요한 것을 해결한다고 해도 나중에는 더 많은 것이 필요할 거야. 나는 항상 도움의 손길에 의존해 살아갈 수밖에 없어."라고 말한다. 이것이 심령이 가난한 것이다. 심령이 가난한 사람은 항상 의존하며 살아간다. 그가 가진 것은 모두 외부로부터 주어진 것일 뿐, 스스로 소유한 것은 아무것도 없다. 그는 외부의 도움이 없이는 어떻게 해야 할지 전혀 모른다. 그는 매 순간 새롭게 공급되는 은혜에 의존한다. 그에게는 영적 선이 아무것도 존재하지 않는다. 그는 비참한 영적 불행을 짊어지고 산다. 그는 문제를 스스로 해결할 능력도 없고, 누구에게 추천할 만한 가치도 없을 뿐 아니라 그렇게 해 줄 친구도 없다. 그런 상황에 처한 사람은 참으로 가련하기 그지없다. 이런 사실을 알고, 의식하게 된 사람, 그 사람이 곧 심령이 가난한 사람이다.

제레마이어 버러스, *The Saints' Happiness*, 14-15쪽

우리의 시민권은 하늘에 있는지라

믿음은 휘장 안으로 들어가서 영혼을 이 땅의 감각의 골짜기에서 끌어내 하늘의 영광으로 인도한다. 대다수 사람이 소중히 여기는 보물은 썩어 없어질 속된 것, 곧 해충과 좀이 파먹는 보물에 불과하다. 그리스도인들이여, 우리의 보물은 어디에 있는가? 이 세상인가, 다음 세상인가? 허무한 현재인가, 영광스러운 미래인가? 현재의 만족인가, 영원한 기업인가? 곡식과 포도주인가, 하나님의 얼굴빛인가? 이익과 쾌락과 명예인가, 은혜와 영광인가? 천국을 위해 건축하고, 심고, 씨를 뿌리는가? 많은 사람이 말로는 천국을 원하지만, 실제 생활에서는 오직 세상의 것들만 추구한다. 입으로만 하늘의 것을 말하고 실제로는 속된 삶을 추구하는 사람의 믿음은 무가치하다. 마음이 세상을 향하고 있다면 하늘에 이름이 기록되었다고 말하지 말라. 마음이 세속적이면 이름도 땅에 기록되어 있다. 감각으로 사는가, 믿음으로 사는가? 세상의 것에 의존해 사는가, 약속에 의존해 사는가? 이름이 하늘에 기록된 것을 기뻐해야 할 가장 큰 이유로 생각하는가? 이 축복을 기쁨으로 삼고, 거기에 마음을 기울이는가? 많은 재산, 높은 명예, 사랑스러운 자녀들, 풍성한 쾌락 등 외적인 축복을 많이 누리더라도 마음속에서 양심의 가책이 느껴진다면 하나님이 알지 못하시는 자요, 그분의 원수일 뿐이다. 그런 사람은 그리스도나 그분의 죽음과 아무 상관이 없고, 이름도 생명책에 기록되어 있지 않다. 아무리 많은 축복을 누리더라도 이 사실을 알면 마음이 덜컥 내려앉아야 마땅할 것이다. 세상의 기쁨은 왔다가 사라지고, 폈다가 시들지만 하늘의 기쁨은 영원하다. 이 기쁨을 빼앗아갈 수 있는 사람은 아무도 없다. 정신을 산만하게 만드는 세상의 소음을 멀리하고, 내세의 기쁨 속에서 영혼의 안식을 누리고 싶어 하지 않을 사람이 과연 누가 있을지 궁금하다. 부, 명예, 쾌락, 자녀, 건강, 아름다움 등, 세상에서 무엇을 누리고 살든, 오직 하나님에게만 기쁨을 두라.

매튜 미드, *A Name in Heaven*, 44-74쪽

세상이 나를 대하여 십자가에 못 박히고 내가 또한 세상을 대하여 그러하니라

하나님의 은혜를 받은 영혼은 젖뗀 아이와 같은 태도로 세상의 것들을 대한다. 이것은 세상의 위로나 만족이 없이 지내야 한다는 말이 아니다. 세상의 것을 많이 누리면서도 그 것들에 집착하지 않을 수 있고, 세상의 것을 적게 누리면서도 그것들에 집착할 수 있다. 세상의 것들과 거리를 둔다는 것은 우리의 즐거움을 경시한다는 의미가 아니다. 그것들은 우리에게 주어진 실제적인 축복이다. 그것들은 위에서 온 선물이요 하나님의 너그러 운 섭리의 결과물이다. 세상의 것들을 멀리한다는 것은 어떤 섭리나 상황 속에서도 만족 을 누린다는 뜻이다. 하나님이 우리의 마음속에서 은혜가 역사하기를 바라고 영혼을 구원 하셨다면 가장 먼저 세상을 멀리하도록 이끄신다. 이것이 하나님이 탕자를 대하셨던 방 식이다. 세상의 것들이 가장 쓸쓸하게 느껴지는 순간보다 하나님이 더 소중하게 느껴지는 때는 없다. 하나님을 버리고 세상의 것들에 의존하는 것은 더할 나위 없이 큰 손실이 아 닐 수 없다. 그것은 생수의 원천을 버리고 터진 웅덩이를 선택하는 것과 같다. 그렇게 되 면 하나님의 축복을 누릴 수 없다. 피조물이 주는 즐거움을 과도하게 탐하면 이성이 마비 되고, 욕망으로 인해 판단력이 상실된다. 하나님은 세상으로부터 영혼을 떼어놓으려고 하 실 때면 고난이나 실망감을 주어 세상의 것들을 쓸쓸하게 만드신다. 그분은 그런 식으로 그리스도 안에서 좀 더 순수하고, 지속적인 만족을 누리도록 영혼을 인도하신다. 형통한 날에는 우리 안에 세상이 가득 들어차 하나님이 우리의 마음속에 거하실 곳을 찾으시기가 어렵다. 현세적인 위로가 마음을 전부 장악하고, 그분을 내쫓는다. 그리스도께서 태어나셨 을 때 여관에 그분이 계실 방이 없었다. 주 예수 그리스도께서는 아직도 세상에서 그런 대 접을 받고 계신다. 우리 가운데 대다수가 그분을 구유에 눕힌다. 복되신 예수님을 어떻게 대접하는가? 그분을 진심을 담아 마음속 깊이 받아들이는가? 자신의 영혼과 하나님께 솔 직하게 대답해 보라. 주 예수님을 어떻게 대접하는가? 간곡히 당부하건대, 그분을 정성껏 마음속에 모시어라.

매튜 미드, *A Name in Heaven*, 77-103쪽

내게는 너희가 알지 못하는 먹을 양식이 있느니라

신자들은 세상이 알지 못하는 위로를 누린다. 우리에게는 하나님의 약속의 위로가 주어졌다. 세상의 즐거움을 의지하는 것과 하나님의 약속을 의지하는 것 중에서 어느 것이 최선이라고 생각하는가? 세상의 것은 좋을 수도 있고 나쁠 수도 있지만 약속은 항상 좋다. 세상의 것은 속이지만 약속은 확실하고, 신실하다. 세상의 것은 감각만을 만족시키지만 약속은 영혼을 충만하게 한다. 약속을 의지하는 사람은 믿음으로 산다. 믿음의 삶만이 안전하고, 참된 유일한 삶이다. 연약한 담쟁이덩굴이 거대한 상수리나무를 휘감고 올라가 자신을 안전하게 지탱하는 것처럼 우리도 위대하신 하나님을 굳게 붙잡음으로써 안전하게 거한다. 감각의 삶은 속이는 시내처럼 실망을 안겨준다. 하나님의 약속을 믿고 사는 것만이 평온한 삶을 살 수 있는 유일한 길이다. 감각의 삶은 온갖 염려와 고민을 부추기지만 믿음으로 사는 영혼은 평안을 누린다. 과학자들은 대기의 상층부에는 폭풍우가 불지 않는다고 말한다. 폭풍우 같은 기상 현상은 대기의 낮은 곳에서만 일어난다. 감각은 온갖 풍랑과 괴로움이 가득한 낮은 곳에서 살아간다. 우리는 믿음으로 상층부에 거하면서 주 예수 그리스도 안에서 안식을 누릴 수 있다. 우리는 그곳에서 영원한 평안을 누릴 수 있다(요 16:33). 이 삶만이 유쾌하고, 편안한 유일한 삶이다. 감각은 눈을 맵게 해 눈물이 흐르게 만드는 연기 나는 굴뚝과 같다. 그러나 믿음으로 사는 삶은 불이 연기를 내뿜지 않고 활활 타오르는 것과 같다. 이것은 샘의 근원에서 물을 끌어오는 쾌적한 삶이다. 감각은 흙탕물이 흐르는 수로에서 마시지만 믿음은 수원지에서 마신다. 믿음은 오직 하나님만을 영혼의 의지처로 삼게 하기 때문에 안전하다. 우리는 죄와 고통의 짐으로부터 자유롭다. 믿음은 그리스도의 의와 하나님의 섭리를 의지함으로써 무거운 염려의 짐을 내려놓는다. 사랑하는 자들이여, 믿음의 삶과 견줄 만한 위로의 삶은 없다. 믿음의 삶은 하나님과 변하지 않는 그분의 약속에 근거한다. 세상의 위로는 변할 수 있지만, 그리스도께서는 결코 변하지 않으신다.

매튜 미드, *A Name in Heaven*, 104-110쪽

주의 궁정에서의 한 날이
다른 곳에서의 천 날보다 나은즉

믿음의 삶은 영원한 원리에 근거하고, 감각의 삶은 사라져 없어지는 것들에 근거한다. 모든 것이 되시고, 결코 변하지 않으시는 하나님을 믿고 사는 사람이 무엇이 부족할 수 있겠는가? 선원이 배를 타고 바다로 나가면 육지가 신속하게 시야에서 사라진다. 그러나 그가 아무리 멀리 항해를 해도 하늘은 그의 시야에서 사라지지 않는다. 믿음의 영혼은 세상의 위로를 다 합친 것보다 하나님 안에서 더 큰 아름다움을 발견하고, 그리스도와의 교제를 통해 세상의 우정을 다 합친 것보다 더 큰 즐거움을 맛본다. 은혜를 받은 신자는 세상의 것들을 멀리하고, 사라져 없어지는 위로와 항구적인 위로를 구분할 줄 안다. 그렇다면 무엇을 보고 우리가 세상의 것을 멀리하는지 아닌지를 알 수 있을까? (1) 첫 번째 증거는 세상의 것들을 소유하고 있으면서도 신령한 심령 상태를 유지하는 것이다. (2) 두 번째 증거는 세상의 것들이 아닌 거룩한 열매를 행복의 기준으로 삼는 것이다. (3) 세 번째 증거는 세상에서 갖가지 불행과 시련과 손실을 경험하면서도 거룩하고, 고요하고, 만족스러운 심령 상태를 유지하는 것이다(히 10:34). (4) 네 번째 증거는 죄와 쾌락과 명예보다는 거룩함과 고난과 손해를 선택하는 것이다(히 11:24-26). (5) 다섯 번째 증거는 믿음으로 세상의 유혹과 괴로움을 이겨내는 것이다. 세상이 자신의 화려함과 영예와 부와 쾌락과 즐거움과 영광으로 우리를 유혹할 때 그 모든 것이 그리스도와 비교하면 그저 하찮을 뿐이라고 생각하는가? 또한, 세상이 고난과 손실과 고통과 비난으로 우리를 괴롭힐 때 육적인 두려움을 물리치고 인내로 그것들을 감내하며 그리스도를 위한 고난과 시련을 우리의 영예와 행복으로 여기는가? 세상에서 살지만 세상을 멀리하는 것, 세상에 있지만 세상에 속하지 않는 것, 온갖 즐거움 속에서 모든 것을 초월해서 사는 것, 그것이 축복이다. 오직 하나님 안에서만 위대함을 보고, 거룩함 안에서만 아름다움을 보는 것이야말로 가장 큰 축복이 아닐 수 없다. 세상의 위로에 집착하지 말고, 세상을 멀리하라.

매튜 미드, *A Name in Heaven*, 111-132쪽

가난한 자와 궁핍한 자가 주의 이름을 찬송하게 하소서

　무엇이 심령이 가난한 자의 표징일까? (1) 심령이 가난한 자는 자신의 은혜를 겸손하게 받아들인다. 육적인 마음은 우쭐대며 잘난 척하지만, 은혜로운 마음은 자신이 받은 은사를 만족하게 생각하고 겸손하게 처신한다. (2) 심령이 가난한 자는 다른 사람들이 더 많은 존경을 받고, 더 큰 명예를 누리더라도 크게 개의치 않는다. 그는 아무것도 시기하거나 불평하지 않는다. 오히려 그는 자기가 누리는 축복을 기이하게 여기며, 하나님의 섭리를 신뢰한다. (3) 심령이 가난한 자는 자기가 받은 작은 축복을 많다고 생각하며 소중히 여긴다. 그는 고난이 닥치면 왜 더 많은 고난이 주어지지 않나 궁금해하며 모든 은혜에 감사한다. 세상 사람들은 자신들의 고난이 너무 많고, 축복은 너무 적다고 불평한다. 그러나 심령이 가난한 자는 투덜대거나 불평하지 않을 뿐 아니라 하나님이 자신을 너무 부드럽게 대해 주신다며 놀라워한다. (4) 심령이 가난한 자는 기도하는 사람이다. 그는 기도 없이는 살 수 없다. 그는 하루도 거르지 않고 하나님께 기도한다. (5) 심령이 가난한 자는 값없는 은혜를 높이 우러르고, 크게 찬미한다. 그들은 무엇을 소유했든 과분하다고 생각한다. (6) 심령이 가난한 자는 자아를 비운다. 그들은 무엇을 가지고 있든, 또 무엇을 하든 그것을 자신의 영원한 선으로 여기지 않고, 항상 스스로의 궁핍함을 의식한다. (7) 심령이 가난한 자는 하나님이 자신에게 어떤 조건을 부여하시든 달게 받아들인다. 그는 자신의 위로와 능력과 가치와 보상을 하나님의 결정에 온전히 맡긴다. 그는 "제가 여기 있습니다. 주님이 원하시는 대로 제게 행하소서. 처분에 따르겠습니다."라고 말한다. (8) 심령이 가난한 자는 부와 명예를 지닌 사람이 아닌 가장 많은 은혜를 누리는 사람을 가장 탁월한 사람으로 간주한다. 그는 "내가 하나님과 그렇게 동행하면서 나의 부패한 본성을 극복할 수만 있다면 얼마나 행복할까!"라고 말한다. (9) 심령이 가난한 자는 기꺼이 기다린다. 그는 자기가 원하는 대로 하나님이 응답하지 않으셔도 그분을 섬기는 것으로 만족한다. (10) 심령이 가난한 자는 하나님의 위대하심과 그분의 말씀이 권위를 높이 존중하고, 거기에 복종한다.

제레마이어 버러스, *The Saints' Happiness*, 18-21쪽

내 죄가 항상 내 앞에 있나이다

　사탄의 책략 가운데 하나는 영혼을 꼬드겨 회개가 쉬운 일이라고 믿게 만드는 것이다. 사탄은 "네가 죄를 짓더라도 뉘우치는 마음으로 '주님, 저를 불쌍히 여기소서'라고 용서를 구하는 것은 그리 어려운 일이 아니야. 하나님이 네 죄를 용서하고, 네 영혼을 구원해 주실 거야."라고 말한다. 그러나 회개는 우리의 능력을 넘어서는 매우 힘든 일이 아닐 수 없다. 우리의 마음을 녹이는 것보다는 단단한 돌을 녹이는 것이 더 쉽다. 회개는 자연의 동산에서 자라지 않는 꽃과 같다. 인간은 손쉽게 회개할 능력이 없다. 회개는 어둠에서 빛으로 전환하는 것이다. 그것은 죄인의 마음과 삶 전체에 영향을 미친다. 회개는 마음을 변화시켜 죄의 권세에서 벗어나 하나님께로 나아가게 한다. 죄는 무엇이든 하나님의 명예, 그분의 존재 영광, 그리스도의 마음, 성령의 기쁨, 양심의 평화를 공격한다. 따라서 진정으로 회개한 영혼은 모든 죄를 공격하고, 미워하며, 십자가에 못 박으려고 노력한다. 사울은 아각 한 사람을 살려둔 탓에 자신의 영혼과 나라를 잃는 대가를 치렀다(삼상 15:9). 회개는 선으로 되돌아가는 것을 의미한다. 다윗은 하나님의 모든 뜻을 이루었다. 회개는 죄의 사악함을 깨닫는다. 죄는 복되신 하나님과 정반대다. 하나님은 빛이시고 죄는 어둠이며, 하나님은 생명이시고 죄는 죽음이다. 또한, 하나님은 천국이시고 죄는 지옥이며, 하나님은 아름다우시고 죄는 추하다. 참된 회개는 죄의 해악을 정확히 이해한다. 죄는 천사들을 하늘에서 쫓아냈고, 아담을 낙원에서 쫓아냈다. 죄는 지옥의 첫 번째 모퉁잇돌을 놓았고, 온갖 저주와 고난과 불행을 세상에 몰고 왔다. 죄는 사람들을 그리스도도 없고, 희망도 없고, 천국도 없는 불경스러운 죄인들로 전락시킨다. 회개는 죄로 인해 사랑이 많으신 하나님 아버지를 노엽게 하고, 복되신 구주를 또다시 십자가에 못 박고, 은혜로운 보혜사 성령을 근심하시게 만든 사실을 깨우쳐 탄식과 눈물로 부르짖게 만든다. 너무 늦지 않게 회개해 죄를 청산할 수 있는 현명한 사람이 되기를 기도한다.

토머스 브룩스, *Works*, 1:31-38

네 길을 그에게서 멀리하라
그의 집 문에도 가까이 가지 말라

사탄은 죄를 무서워하지 않고 가까이하도록 유도해 죄를 짓게 하려고 애쓴다. 창기의 집에 들어가지 않더라도 그 앞을 지나갈 수 있고, 술에 취하지 않고서도 술주정뱅이와 함께 어울릴 수 있으며, 음행을 저지르지 않고서도 이세벨의 미모를 훔쳐보거나 들릴라와 시시덕거릴 수 있고, 황금을 훔치지 않고서도 아간과 더불어 그것을 만지작거릴 수 있다. 성경은 길에서 뱀과 마주쳤을 때처럼 죄를 짓기 쉬운 상황을 피하라고 명령한다. 불을 무서워해야 불에 데지 않을 수 있다. 대담하게 죄에 가까이 다가가면서 "시험에 들게 하지 마옵소서"라고 기도하는 것은 손가락을 불 속에 집어넣으면서 데지 않게 해달라고 기도하는 것과 다름없다. 죄를 피하지 않고서는 죄를 이길 수 없다. 죄와 어울리면 그것에 정복되기 쉽다. 우리가 죄를 피해 돌아서지 않으면 하나님도 유혹을 막아주지 않으신다. 죄를 가까이하면 유혹을 느낄 수밖에 없다. 죄를 가까이하는 것은 사탄에게 우리를 유혹할 기회를 허용하는 것이다. 죄를 멀리하지 않으면 하나님도 영혼이 죄를 짓지 않도록 도와주지 않으신다. 죄와 어울리다가 그것에 정복된 적이 얼마나 많은지 생각해 보라. 지금 천국에서 승리를 누리고 있는 귀한 성도들은 지옥을 피하듯 죄를 피했던 사람들이다. 요셉은 스스로를 유혹에서 건져낸 것으로 유명하다. 마귀는 절반쯤 정복했을 때가 죄를 짓게 만들 수 있는 가장 적합한 기회라는 것을 잘 알고 있다. 그는 죄를 짓기 쉬운 상황에 접근했을 때 우리의 육신이 죄가 싹틀 수 있는 좋은 토양으로 변한다는 것을 누구보다 잘 알고 있다. 높이 나는 새는 안전하지만, 올무에 접근하는 새는 위험하다. 죄를 피하는 사람은 인간 중에 가장 뛰어난 사람들을 닮게 된다. 다윗, 요셉, 욥과 같은 훌륭한 성도들을 본받아 죄를 짓기 쉬운 상황을 잘 피할 수 있기를 바란다.

토머스 브룩스, *Works*, 1:38-41

오직 하나님은 우리의 유익을 위하여
그의 거룩하심에 참여하게 하시느니라

거룩하게 살아가는 사람들은 늘 이런저런 고난을 겪기 쉽다. 사탄은 그런 고난을 이용해 죄를 짓도록 유도한다. 그러나 하나님의 백성이 겪는 고난은 무엇이든 그들을 유익하게 하고, 영광스러운 결과를 가져다준다. 고난은 죄의 흉한 몰골을 보여주는 거울과 같다. 고난은 하나님의 백성을 정화하고, 보존하는 용광로다. 성도는 고난에 가장 크게 시달릴 때 그들의 내면에서 가장 큰 번영을 누린다. 므낫세의 쇠사슬은 그의 왕관보다 그에게 더 유익했다. 루터는 성경의 일부 내용을 고난을 겪고 나서야 비로소 이해할 수 있었다. 하나님의 교화원은 일종의 훈련소다. 고난은 우리의 영혼에 하나님을 더욱 온전히 즐거워할 수 있는 기회를 제공한다. 우리는 고난을 통해 하나님의 복되신 본성을 더욱 깊이 이해하고, 즐거워할 수 있다. 고난은 심령을 부드럽고, 겸손한 상태로 유지해 준다. 성도들은 경험을 통해 세상 사람들이 세상의 영광을 받아들이듯 십자가를 받아들이는 법을 배운다. 고난은 냉랭했던 사랑을 뜨겁게 타오르게 하고, 죽어가는 믿음에 생명을 주며, 꺼져가는 희망을 새롭게 되살린다. 성도들은 고난의 망치에 더 많이 두들겨 맞을수록 하나님을 더 크게 찬양하는 나팔이 된다. 시련은 우리를 유혹하는 세상의 아름다움을 퇴색시키고, 우리를 자극하는 정욕의 기세를 꺾어 놓는다. 시련은 고통을 줄 뿐, 우리를 해칠 수 없다. 시련은 일시적이다. 저녁에는 슬픔이 깃들지라도 아침에는 기쁨이 온다. 이 짧은 폭풍우가 결국에는 영원히 고요해질 것이다. 고난은 그것이 주는 고통이 아닌 결과로 평가해야 한다. 악행에 뒤따르는 불행이 훨씬 더 큰 법이다. 악을 저지른 사람은 극심한 양심의 가책에 시달리기 마련이다. 악인들에게는 평화가 없다. 그들의 행복에는 항상 올무가 숨어 있고, 그들의 위로에는 항상 저주가 뒤따른다. 전염병에 걸린 사람이 좋은 옷을 입은들 무슨 소용이고, 부러진 발에 비단 양말을 신긴들 무슨 소용일 것인가? 독즙이 담긴 금잔은 조금도 반갑지 않다. 악인들의 영혼은 공포와 두려움과 떨림에서 자유로울 수 없다.

토머스 브룩스, *Works*, 1:47-54

너희는 열매 없는 어둠의 일에 참여하지 말고

사탄은 사악한 사람들과 함께 어울리게 함으로써 무서운 죄를 짓도록 유도한다. "사악한 자의 길에 들어가지 말며 악인의 길로 다니지 말지어다"(잠 4:14). 사악한 사람들과 어울리는 것을 증오하는 마음이 생겨날 때까지 이 말씀을 깊이 묵상하라. 이런 말씀들에 주의를 기울여야 한다. 그렇지 않으면 그 말씀들이 그리스도의 날에 우리를 쳐서 증언할 것이고, 연자맷돌이 되어 우리의 목에 달리게 될 것이다. 악한 친구들은 악을 옮기기 때문에 매우 위험하다. 그런 사람들과 어울리다가 명예, 재산, 능력, 하나님, 천국, 영혼을 잃어버린 사람들이 얼마나 많은지 모른다. 선원들이 모래톱과 암초를 피하듯 그런 사람들을 멀리하라. 전염병을 경계하듯 그런 사람들을 경계하라. 악한 친구들과 영혼의 관계는 잡초와 알곡, 감염증과 피의 관계와 같다. 성경이 악인들을 묘사한 말들을 늘 염두에 두고 그들을 대해야 한다. 성경은 그들을 사나운 사자, 잔인한 곰, 무서운 용, 더러운 개, 교활한 늑대로 일컫는다. 그들은 전갈, 독사, 가시나무, 가시덤불, 엉겅퀴, 들장미, 나무둥치, 흙, 겨, 먼지, 찌끼, 연기, 오물로 불린다. 그들이 스스로를 일컫는 말이나 그들에게 아첨하는 사람들의 말을 듣고 그들에 대해 생각하는 것은 안전하지 않다. 그런 말들은 우리를 속인다. 성경이 그들을 묘사한 말들을 염두에 두고 그들을 대하면 그들과 자주 어울리거나 그들의 모임을 즐거워하지 않고 영혼을 안전하게 지킬 수 있다. 세상에서 영광스럽게 살다가 지금 천국에서 승리를 누리는 귀한 영혼들이 악인들의 무리를 보고 얼마나 큰 고통과 슬픔을 느꼈는지를 생각하라. 롯의 의로운 영혼은 악인들의 더러운 행실을 보고 크게 근심했다(벧후 2:7). 그들은 그의 삶을 괴롭게 만들었고, 죽을 것 같은 고통을 안겨주었다. 선하고, 은혜로운 영혼들은 악인들을 보면 큰 슬픔과 고통을 느끼기 마련이다.

토머스 브룩스, *Works*, 1:61-62

10월 16

**사람이 만일 온 천하를 얻고도
자기를 잃든지 빼앗기든지 하면 무엇이 유익하리요**

눅 9:25

구원이라는 큰 과제와 관련해 속지 않도록 주의하는 것이 현명한 태도다. 주의하면 해를 피할 수 있다. 왜냐하면 불행과 절망의 원인이 주제넘거나 경솔하거나 소홀한 태도에 있기 때문이다. 마귀는 이성을 마비시켜 많은 영혼을 제압한다. 세속적인 일들이 만들어내는 소음이 이성의 목소리를 잠식한다. 단 한 시간만이라도 진지하게 자신의 인생이 어떻게 끝날 것인지를 생각해 보라. 혼자 걸을 때나 한밤중에 잠이 깨었을 때 맑은 정신으로 하나님의 임재를 의식하며 시간이 얼마나 빠르게 흘러가고 있는지를 생각해 보라. 살아온 인생을 결산해야 할 심판의 날이 임박했다는 사실을 기억하라. 마귀가 세속적인 일이나 쾌락으로 그런 진지한 생각을 중단시킬 수 있는 틈을 주지 말라. 마귀가 우리의 관심을 사로잡아 하루하루 이런저런 쾌락이나 세속적인 일에 몰두하게 함으로써 인생이 다 흘러갈 때까지 우리가 세상에 태어난 목적을 이루지 못하게 방해한다면, 우리는 의식하지 못하는 사이에 파멸의 길에 접어들 것이고, 마귀는 자신의 뜻을 이루고, 원했던 목표를 달성하게 될 것이다. 다시 말해, 그는 승리를 거두고, 우리는 영원히 멸망할 것이다. 우리의 어리석음을 어느 정도 제어하면서 이번 한 번만 잠시 이 일을 해보자고 결심하더라도 마귀는 또다시 새로운 것을 제시할 것이고, 그러다 보면 결국에는 시간이 모두 사라지고 말 것이다. 따라서 어떤 친구나 쾌락이나 일이 우리의 관심을 빼앗으려 하거든 구원의 문제를 도외시하는 어리석음을 저지르지 않겠다고 굳게 결심해야 한다. 친구가 우리의 관심을 빼앗으려 들면 하나님의 성령보다 그 친구와 어울리는 것이 더 나은지 생각해 보고, 쾌락이 우리를 사로잡으려 들면 과연 천국에서 누릴 즐거움보다 더 순수하고, 영구적인 즐거움이 있는지 생각해 보고, 어떤 일이 반드시 해야 할 일처럼 보이거든 심판을 위해 영혼을 준비하는 일보다 더 중요한 일이 무엇인지 생각해 봐야 한다. 다른 모든 일을 멈추고, 가장 중요한 일을 하는 사람이 지혜롭다.

리처드 백스터, *A Christian Directory*, 1:9-16

너희가 하나님과 재물을 겸하여 섬기지 못하느니라

하나님의 자녀들이여, 마음속에 세상과 육신이 들어설 자리를 은밀히 만들어두지 않도록 주의하라. 마음을 둘로 쪼개 하나님과 세상의 것에 나눠주려고 해서는 안 된다. 위선자는 육신이 사용하고 남는 찌꺼기를 하나님께 바친다. 마귀는 변화를 추구하지 못하게 방해할 수 없으면 피상적인 변화, 곧 절반의 갱신으로 우리를 속이려고 애쓴다. 그는 부분적인 변화를 통해 우리가 온전히 새로워져 더 이상의 성장이 필요하지 않을 만큼 거룩해졌다고 믿게 만든다. 하나님과 세상을 절반씩 나눠 쾌락과 번영을 좇는 육신의 욕망과 구원을 둘 다 이룰 수 있다고 생각한다면 하나님과 재물을 겸하여 섬기는 셈이 된다. 이것이 스스로 속아 넘어간 위선자의 특징이다. 위선자는 그리스도를 위해 현재의 것을 포기하거나 세속적인 관심을 버리지 않는다. 그는 할 수만 있으면 그것들을 지키려고 애쓴다. 그는 개인적인 행복을 유지하는 것으로 만족할 뿐, 더 경건해지려고 노력하지 않는다. 그는 육적이고, 세속적인 마음을 지닌 사람이다. 그러나 그는 죽음이 불가피한 현실이라는 것을 알기 때문에 자신의 일시적인 행복과 조화를 이루는 만큼만 신앙생활을 한다. 그는 자신의 세속적이고, 육적인 삶과 일치를 이루는 만큼만 경건해지기로 결심한다. 그는 자신이 필요하다고 생각하는 죄는 무엇이든 가장 먼저 나서서 옹호한다. 그는 자신을 위선자라고 생각하지 않는다. 다른 사람들도 그렇게 생각해서는 안 된다. 만일 그렇게 생각한다면 사랑이 없는 사람들로 낙인이 찍힌다. 위선자는 자신이 사실이라고 믿기를 원하는 것에 동의하는 사람들의 견해만을 인정한다. 우리는 이 죄와 그 위험성을 경고해야 한다. 예수님은 자신의 제자가 되려면 자기를 부인하라고 말씀하셨다. 예수님의 제자가 되려면 그분의 십자가를 지고, 그분의 고난에 동참해야 한다. 우리의 마음속에 세상의 이익과 번영을 추구하려는 은밀한 성향이 없는지 주의 깊게 살펴야 한다. 하나님만으로 충분하다고 생각하고, 그분을 우리의 전부로 여기자. 그렇지 않으면 그분을 우리의 하나님으로 섬기는 것이 아니다.

리처드 백스터, *A Christian Directory*, 1:11, 24-26

내게 능력 주시는 자 안에서
내가 모든 것을 할 수 있느니라

성령님의 도우심이 없이 우리의 힘만으로는 시련과 핍박을 이겨낼 수 없다. 성령님이 베푸시는 은혜의 능력은 충족하다. 성령님의 능력은 우리가 연약할 때 가장 크게 나타난다(고후 12:9). 천국에 있는 성도들은 모두 그런 삶을 살았다. 그들은 핍박과 시련을 극복했고, 유혹과 멸시와 박해와 고통을 받았지만, 지금은 승리자로서 영광을 누린다(계 7:14). 천국에 간 사람들은 모두 그런 과정을 거쳤을 것이다. 그들의 길을 걷지 않고서 그들이 얻은 결과만을 바랄 생각인가? 사실, 경건하지 않은 자들은 그보다 훨씬 더 큰 어려움을 겪고서 지옥에 갔다. 그들은 우리보다 더 강한 적들과 싸워야 한다. 하나님이 그들의 적이다. 그러나 그들은 꿋꿋하게 자기 길을 간다. 사람들은 육체의 죽음으로 위협할 뿐이지만, 하나님은 경건하지 않은 자들의 길을 단념하게 하기 위해 영원한 죽음을 경고하신다. 그래도 그들은 단념하지 않고, 자기 길을 고집한다. 당신은 죄인들이 하나님을 두려워하는 것보다 인간을 더 두려워하는가? 죄인들이 지옥을 무서워하는 것보다 죽음과 멸시를 더 무서워하는가? 우리의 삶을 위로해 주고, 우리의 짐을 가볍게 해 주는 은혜가 얼마나 풍성한지 생각해 보라. 우리는 현세의 온갖 축복을 누릴 뿐 아니라 영원한 기쁨을 보장하는 약속까지 받았다. 우리의 육체와 영혼은 물론, 재산과 친구와 명망에까지 풍성한 은혜가 임한다. 우리를 위로하는 축복의 경험과 약속이 얼마나 많은지 모른다. 우리는 하나님 앞에 자유롭게 나갈 수 있고, 그리스도 안에서 즐거워하며, 천국의 기쁨을 누릴 수 있다. 우리를 위로하는 은혜가 이렇게 풍성한데 잠시 자갈길이나 진창길을 걷는다고 해서 낙심할 이유가 무엇인가? 우리의 기술과 힘이 증대되면 우리의 일도 더 쉽고, 즐거워지기 마련이다. 우리의 원수들은 메뚜기 같을 뿐이다. 전능하신 하나님이 사랑과 약속에 따라 우리를 돕기 위해 개입하신다. 하나님을 겉으로만 신뢰하는 척하면서 사람들을 두려워할 생각인가(사 50:6-7 참조)? "그들의 비방을 두려워하지 말라."(사 51:7-8). 우리는 말로 다 할 수 없는 영광을 추구한다. 따라서 아무리 힘든 일이나 아무리 큰 고난이 닥치더라도 결코 좌절해서는 안 된다.

리처드 백스터, *A Christian Directory*, 1:43, 44

우리를 시험에 들게 하지 마시옵고

우리는 연약하기 그지없고, 우리의 원수는 교활하기 짝이 없기 때문에 하나님은 자기 자녀들을 돕기 위해 이 간구를 허락하셨다. 이것은 우리를 인도해 시험에 들지 않게 하고, 모든 악으로부터 구원해 달라는 기도다. 우리는 우리가 연약하고, 무력할 뿐 아니라 우리 자신의 육신과 세상과 관련해 매우 위험한 상태에 처해 있다는 사실을 기억해야 할 필요가 있다. 사탄은 우리를 밀 까부르듯 까부르려고 하고, 우는 사자처럼 우리를 삼키려고 애쓴다. 이 간구는 우리를 향한 하나님의 선하심을 일깨워 악과 유혹을 물리치고 승리하기를 원하는 마음을 갖도록 가르친다. 우리가 슬퍼하는 이유는 우리의 부패한 본성 때문이고, 우리가 기뻐하는 이유는 하나님의 선하심 때문이다. 하나님이 우리를 위해 천국에 예비해 두신 기쁨을 생각하라. 그 기쁨을 생각하고, 죽음의 조수가 밀려오거든 이 세상과 육신이라는 항구를 기쁘게 떠나자. 우리는 우리의 싸움에 필요한 모든 것을 언제라도 얻을 수 있다는 온전히 확신을 가질 수 있다. 하나님이 우리의 기도를 듣고 계신다는 사실을 조금도 의심해서는 안 된다. 그분은 우리의 기도를 듣는 것을 기뻐하실 뿐 아니라 우리에게 기도하라고 명령하셨으며, 우리의 기도를 듣고 영원히 우리를 구원할 것이라고 약속하셨다. 하나님은 참으로 은혜롭게도 자신의 선한 뜻을 따라 드리는 기도를 들어주신다. 그분은 자신의 은혜와 진리를 위해 자기의 사랑하는 아들, 곧 우리의 구주이신 예수 그리스도를 통해 드리는 기도에 응답하신다. "오, 선하신 주님, 제게 성령을 주어 저의 눈먼 것을 보게 하시고, 주님의 권능과 영광과 영원하심을 나타내소서. 오, 복되신 성부와 성자와 성령, 곧 삼위로 계시면서 한 분이신 하나님께 모든 존귀와 영광이 영원무궁토록 있기를 바라옵니다." 하나님의 자녀가 된 것은 참으로 크나큰 영예가 아닐 수 없다. 하늘에 계시는 아버지의 권능이 우리와 함께하는데 우리가 누구를 두려워하리오? 마귀는 하나님의 권능과 나라에 복종한다. 그는 하나님의 섭리와 허락이 없이는 돼지에게조차 아무런 능력도 발휘하지 못한다. 따라서 우리는 "우리를 시험에 들게 하지 마시옵고"라고 기도해야 한다.

존 브래드퍼드, *The Writings of John Bradford*, 1:134-139

이 세상이나 세상에 있는 것들을 사랑하지 말라

　재물을 사랑하거나 세상의 염려에 사로잡히지 않도록 주의해야 할 필요가 있다. 물론, 세상의 것에 대한 사랑이 모두 다 죄인 것은 아니다. 그것이 주는 즐거움도 하나님의 사랑에서 비롯한 것이다. 세상의 좋은 것은 모두 하나님의 선하심을 통해 주어진 것이다. 세상의 좋은 것은 우리의 가장 사랑스러운 친구이신 하나님이 허락하신 사랑의 증표이기 때문에 우리는 그것을 통해 그분을 더욱 뜨겁게 사랑할 수 있다. 그런 것을 사랑하는 것은 죄가 아닌 의무다. 세상의 축복은 우리의 육체를 지탱하는 수단이다. 그것은 우리의 생명과 건강을 유지시켜 우리가 천국을 향해 가는 동안 이 세상에서 하나님을 잘 섬기도록 도와준다. 우리는 세상의 축복을 멀리서 우리의 구원을 도와주는 조력자로 여겨야 한다. 재물은 가난한 형제들을 도울 수 있는 수단이다. 우리는 그런 점에서 재물을 원하고, 감사하게 여긴다. 그러나 하나님을 사랑하는 것보다 재물을 더 많이 사랑하고, 육신을 만족하게 할 목적으로나 사람들 앞에서 자랑을 일삼거나 지나치게 호사스럽게 살 생각으로 그것을 원하고, 바란다면 죄를 짓는 것이다. 오직 하나님께만 드려야 할 사랑으로 다른 것을 사랑하면 우상숭배의 죄를 저지르는 것과 같다. 그것은 천국을 멸시하고, 천국의 영광보다 세상을 더 좋아하는 것이다. 그런 태도는 삶을 그릇된 방향으로 왜곡시킨다. 세상을 사랑하는 마음을 바로잡는 방법은 단 하나, 곧 그것보다 훨씬 더 중요한 것을 일깨워주는 것뿐이다. 만일 어떤 사람이 천국과 지옥을 볼 수만 있다면 이전보다 세상을 덜 생각하게 될 것이다. 또한, 그가 천국의 성도들이 부르는 즐거운 찬송 소리나 저주받은 자들이 슬피 탄식하는 소리를 단 한 시간만이라도 들을 수 있다면 재물을 긁어모으는 것보다 더 중요한 목표를 향해 달려갈 것이다. 천국을 바라보라. 그곳이 우리의 고향이고 희망이다. 벌레처럼 땅에 거주하는 것을 좋아하는 눈먼 인간들이여! 우리 안에는 하나님의 형상을 따라 창조된 불멸의 영혼이 있다. 하나님을 사모하고, 사랑하고, 섬기고, 즐거워하는 것이 영혼이 창조된 목적이다. 하나님께 천국을 자주 바라볼 수 있는 신령한 빛과 생각을 허락해 달라고 기도하라. 그러면 세상을 사랑하는 마음이 부끄러움을 느끼며 종적을 감출 것이다.

리처드 백스터, *A Christian Directory*, 1:214-218

사람의 생명이 그 소유의 넉넉한 데 있지 아니하니라

탐심을 물리치려면 이렇게 하라. ⑴ **우리가 축적한 부를 누릴 수 있는 시간이 얼마나 짧은지를 기억하라.** 모든 것이 우리에게서 신속하게 사라질 것이다. 세상은 한갓 여인숙이나 여행길에 지나지 않는다. 인생은 짧다. 우리는 거의 죽어 이미 없어진 존재나 다름없다. 오늘은 부유해도 내일 저세상에 가야 한다면 가난해도 크게 다를 것이 없지 않겠는가? 어리석은 영혼이여! 인생이 그토록 짧은데 어찌 재물을 그렇게 중요하게 여기는 것인가? 보이지 않는 영원한 것을 바라보라. 그러면 한가롭게 일시적인 것을 생각할 여유가 없을 것이다. 처형장으로 끌려가는 사람은 거리에 늘어선 상점들을 바라보지 않는다. 그것들은 그의 관심을 끌지 못한다. 곧 저세상에 가게 될 영혼도 세상의 부와 명예에 아무런 관심이 없기는 마찬가지 아니겠는가? ⑵ **재물이 채워 줄 수 없는 큰 필요를 생각하라.** 돈으로는 죄 사함이나 깨끗한 양심을 살 수 없다. 가룟 유다는 돈을 다시 되돌려주고 스스로 목을 매달았다. 돈은 어두운 생각을 밝혀줄 수 없고, 강퍅한 마음을 부드럽게 해줄 수 없으며, 교만한 마음을 겸손하게 만들 수 없고, 죄를 지은 영혼을 의롭게 할 수 없다. 재물은 열병을 고치거나 통풍을 완화시키지 못한다. 재물이 아무리 많아도 죽음을 막을 수는 없다. 하나님을 바라보고, 우리의 운명이 전적으로 그분의 손안에 있다는 것을 기억하라. 재물은 심판의 날에 아무런 도움도 되지 못한다. ⑶ **병들어 죽어 가는 자들과 함께 시간을 보내면서 그들의 재물이 그들을 위해 무엇을 할 수 있는지를 지켜보라.** 재물은 가장 괴롭고, 절박한 순간에 그들을 저버린다. 세상의 제국보다 한 방울의 은혜가 더 가치가 있다. 이것이 사실이라는 것을 알지 못하는가? 죽음을 앞둔 상황에서는 그런 생각이 들 것이 분명하지 않은가? 번영의 기쁨은 모두 사라질 것이다. 가장 가난한 사람이나 부자나 똑같을 것이다. 종말을 염두에 두고, 죽음을 앞둔 사람처럼 살아가라. 궁극적으로 중요한 것을 추구하며 살면 더욱 지혜로워지는 경험을 쌓을 수 있을 것이다.

리처드 백스터, *A Christian Directory*, 1:218-219

우리에게 구름 같이 둘러싼 허다한 증인들이 있으니

탐심을 물리치려면 이렇게 하라. **(4) 그리스도의 생애를 돌아보면서 그분이 어떻게 본을 보여 세속적인 태도를 정죄하셨는지 생각해 보라.** 그리스도께서는 왕이 되기를 원하거나 큰 재산이나 토지나 재물이나 많은 양식을 소유하기를 바라지 않으셨다. 그분은 "인자는 머리 둘 곳이 없도다"(눅 9:58)라고 말씀하셨다. 그분의 생애는 이 세상의 부유함을 중요하게 여기지 않는 삶의 태도를 격려하는 완벽한 본보기였다(고후 8:9). **(5) 초대 교회의 신자들을 생각하라.** 그들도 세속적인 태도를 정죄했다. 그들은 재산을 처분해 사도들의 발 앞에 두었다. **(6) 세상의 것들의 용도를 생각하라.** 그것들은 정욕을 충족시키는 수단이 아니다. 우리는 그것들을 우리 자신과 함께 하나님께 바쳐야 한다. 세상의 축복은 믿음으로 받아들이면 천국의 축복을 맛볼 수 있게 해 준다. 그것들은 영원한 기쁨의 강물에서 떨어지는 물방울과 같다. 그것들은 하나님의 사랑과 보호를 증언하는 증인들이다. 그것들은 우리에게 감사와 사랑과 의무를 일깨워주고, 우리의 영혼에 하나님의 선하심을 깊이 각인시킨다. 그것들은 주님의 일을 할 뿐 아니라 신자들끼리 서로 사랑을 베풂으로써 그분에 대한 사랑을 표현하는 수단이다. **(7) 먼저 하나님의 나라와 의를 구하면 다른 모든 것을 더하시겠다는 약속을 기억하라.** 하나님이 진실하신 하나님이시라는 사실과 그분의 섭리가 우리의 머리털 숫자를 세는 데까지 미친다는 것을 진정으로 믿으면 우리 자신의 노력보다 하나님을 더 신뢰할 수 있을 것이다. 하나님이 공급해 주시는 것이 우리 스스로 공급하는 것보다 훨씬 더 낫다. 우리가 아무리 염려한다고 해서 우리의 수고가 열매를 맺거나 생명이 연장될 수 있는 것이 아니다. **(8) 우리에게 위탁된 것들을 어떻게 사용하고 있는지 매일 점검하라.** 소유를 더 많이 늘리는 것보다 우리가 가지고 있는 것을 어떻게 사용하고 있는지를 더 주의 깊게 살펴라. 그러면 풍요와 번영을 추구하려는 욕망이 가라앉을 것이다. 장차 우리의 청지기 직분에 대한 결산이 엄격하게 이루어질 것이다.

리처드 백스터, *A Christian Directory*, 1:219-221

부자는 천국에 들어가기가 어려우니라

탐심을 물리치려면 이렇게 하라. (9) 재물을 사랑하는 것이 얼마나 두려운 결과를 가져오는지 생각하라. 이것은 마음이 죽음과 불행의 상태에 놓여 있다는 것을 보여 주는 가장 확실한 표징이다. 다시 말해, 이것은 마음이 하나님을 떠나 세상의 것으로 기울었다는 증거다. 세속적인 태도는 죄를 회개하고, 하나님께로 돌이키지 못하게끔 방해한다. 세상의 것들보다 죄인의 회심을 더 크게 방해하는 것이 과연 어디에 있을까? 재물에 대한 사랑은 마음을 세상의 것들로 향하게 함으로써 거룩한 묵상을 소멸시킨다. 이것은 마음을 빼앗아 죽음과 심판을 적절하게 준비하지 못하게 유도할 뿐 아니라 가장 가까운 사람들끼리 서로 다투고, 나라들끼리 전쟁을 벌이고, 교회가 분열되는 원인을 제공한다. 재물에 대한 사랑이야말로 세상에서 기승을 부리는 모든 불의와 압제와 잔인함의 가장 큰 원인이 아닐 수 없다. 이것은 친구들을 배신하고, 약속을 저버리며, 사랑과 선한 일을 훼손하는 원인이기도 하다. (10) 탐심이 크게 솟구쳐 위험하다고 느낄 때는 즉시 굳센 의지로 충동을 억제하라. (11) 하나님과 재물을 서로 조화시키려고 애쓰지 않도록 주의를 기울여라. 천국은 맨 나중으로 미뤄놓고, 세상만 사랑하며 살면 된다고 생각하며 천국와 세상을 한데 뒤섞는 것을 행복으로 알지 않도록 조심하라. 세상을 더 사랑하고, 더 기뻐하고, 더 굳게 붙들고, 더 기뻐하는가? 세상이 우리의 마음의 즐거움과 노력을 더 많이 차지하고 있는가? 천국을 위해 모든 것을 버릴 수 없다면 그리스도의 참된 제자가 될 수 없다(눅 14:26-33). (12). 세상을 사랑하는 마음을 극복하려면 육신을 죽여야 한다. 세상을 사랑하게 되는 이유는 대부분 육신의 쾌락 때문이다. 육신을 죽인 사람은 세상적인 욕구를 탐할 필요를 느끼지 않는다. 다른 사람의 재물을 보고도 그것에 대한 욕구를 느끼지 않는다면 하나님께 감사하게 될 것이다. 하나님과 우리 자신을 즐거워하면서 단순하고, 조용한 삶을 영위하는 것이 훨씬 더 낫다.

리처드 백스터, *A Christian Directory*, 1:221-222

세월을 아끼라 때가 악하니라

시간은 인간에게 삶의 목적을 이룰 수 있는 기회를 제공한다. 시간을 선용하는 사람은 무언가를 새로 획득하는 것보다는 버려야 할 것에 관심을 기울인다. 우리에게 노동을 명하신 분은 하나님이시다. 하나님이 우리에게 의무를 요구하시는데 방관하거나 다른 일을 할 생각인가? 모세는 하나님의 명령을 듣고 바로에게 가야 했고, 요나는 니느웨에 가야 했으며, 아브라함은 자기 아들을 희생제물로 바쳐야 했다. 하나님이 섬기라고 명령하시는데 육신의 즐거움을 좇을 셈인가? 천국에 가느냐 지옥에 가느냐는 우리의 싸움의 결과에 달려 있다. 그런 싸움을 하는 와중에 시간을 헛되이 낭비해서야 되겠는가? 시간을 낭비하는 것은 적의 승리를 돕는 중요한 원인 가운데 하나다. 중대한 일이 눈앞에 있는데 한가롭게 빈둥거릴 수 있겠는가? 우리는 곰이 우리를 쫓아오거나 집에 불이 나기라고 한 것처럼 서둘러 일어나 우리의 영혼을 분발시켜야 한다. 지나간 시절에 시간을 아낀 것이 얼마나 유익했는지를 다시금 곰곰이 생각해 보라. 천국을 향해 가는 동안 하나님과 교제를 나누면서 거룩한 능력과 위로가 넘치는 삶을 살다가 기쁨과 희망이 가득한 죽음을 맞이한다면 시간을 아낀 것이 참으로 기쁠 것이 틀림없다. 지나간 시간들을 돌아보고, 어떤 때가 가장 유익했는지 말해 보라. 죽음을 눈앞에 둔 상황에서 시간을 선용했던 때를 생각하면 말로 다할 수 없는 위로가 느껴질 것이다. 세상을 떠나면서 예수님처럼 "아버지께서 내게 하라고 주신 일을 내가 이루어 아버지를…영화롭게 하였사오니"(요 17:4)라고 말하거나 바울처럼 "나의 달려갈 길을 마치고 믿음을 지켰으니"라고 말할 수 있다면(딤후 4:6-8) 참으로 기쁘기 그지없을 것이다. 시간을 잘 사용했다면 마지막 결산을 앞둔 영혼이 큰 담력을 얻을 수 있을 것이다. 죽어가는 사람에게 시간보다 더 귀한 것은 없다. 아무런 준비도 하지 못한 불경건한 죄인은 시간을 무가치하게 낭비한 것이 크게 후회스러울 것이다. 그는 매 순간을 중요하게 여겼더라면 참으로 좋았을 것이라고 탄식할 것이다. 죽는 순간에 후회해 봤자 영원히 되돌릴 수 없다.

리처드 백스터, *A Christian Directory*, 1:230-234

마음에서 나오는 것은 악한 생각과

사람의 생각 속에 얼마나 많은 죄가 들어 있고, 그것이 영혼에 얼마나 위험한지를 생각해 보라. 사람들은 생각으로 얼마나 악한 죄를 짓는지 모른다. 악한 생각을 일으키는 대상을 피하는 것이 승리에 이르는 첫 단계다. 악한 생각을 부추기는 유혹적인 대상들과 충분한 거리를 유지해야 한다. 술주정뱅이가 술집에 있으면서 어떻게 생각을 다스릴 수 있고, 탐식가가 맛있는 음식을 눈앞에 두고서 어떻게 생각을 통제할 수 있으며, 호색한이 매혹적인 이성을 바라보면서 어떻게 정결한 생각을 유지할 수 있겠는가? 안전을 도모하려면 유혹의 대상을 피하고, 악한 생각을 부추기는 요인을 멀리하라. 생각을 복종시키기를 원한다면 자신의 감각과 언약을 맺으라. 생각이 실제 행동과 얼마나 밀접한 관계가 있는지를 생각하라. 악한 생각과 악한 행위는 동일한 악한 원천에서 비롯하고, 음란한 생각과 음란한 행위도 똑같이 더러운 웅덩이에서 나온다. 생각은 행동으로 이어지는 통로다. 항상 하나님의 통치에 복종하며, 생각에까지 그분의 율법을 적용하려고 노력하라. 하나님이 우리의 모든 생각을 지켜보신다. 그분은 더럽고, 탐욕스럽고, 교만하고, 냉혹하고, 악의적이고, 야욕에 찬 모든 생각을 꿰뚫어 보신다. 우리의 생각이 우리의 이마에 기록되어 나타난다면 얼마나 조심할 것인지 생각해 보라. 사람들이 우리의 생각을 알 수 있다면 너무나도 부끄러울 것이 틀림없다. 사람들의 눈보다 하나님의 눈을 수십만 배나 더 두려워해야 마땅하지 않겠는가? 아무리 작은 죄도 간과하지 않도록 양심을 부드럽게 유지하라. 부드러운 양심은 악한 생각을 두려워하지만, 화인 맞은 양심은 아무것도 느끼지 못한다. 악한 생각이 들면 마음속에 깊숙이 자리를 잡기 전에 즉시 떨쳐 버리라. 악한 생각은 처음에 즉시 물리쳐야만 물리치기 쉽다. 악한 생각을 그대로 놔두면 마음속에 뿌리를 내려 자라기 시작할 것이다. 우리의 숨겨진 생각들이 언젠가는 밝히 드러나게 될 것이다. 이 점을 명심하기 바란다.

리처드 백스터, *A Christian Directory*, 1:247-249

영혼을 거슬러 싸우는 육체의 정욕을 제어하라

육신에 맞서 싸울 때는 금지된 대상을 원하는 욕구 자체가 문제가 되는 것이 아님을 기억해야 할 필요가 있다. 욕구를 느끼는 것이 아닌 그것을 행위로 옮겨 죄를 짓는 것이 금지되었다. 열병에 걸린 사람은 허용된 양의 물보다 더 많은 물을 마시고 싶어 한다. 그런 욕구는 죄가 아니지만 고집스럽게 물을 더 마시는 행위는 죄에 해당한다. 갈증이 아닌 물을 마시는 행위가 죄다. 우리에게는 욕구를 제어할 능력이 없다. 아담이 금단의 열매를 따먹고 싶은 욕구를 느낀 것은 죄가 아니지만, 결국 그는 자신의 욕구에 굴복하고 말았다. 욕구는 하나님이 우리에게 허락하신 것이다. 그러나 타락 이후부터 욕구가 부패되어 무절제해졌다. 욕구는 무죄한 상태에서보다 훨씬 더 맹렬하고, 격렬하고, 사납게 변했다. 과도한 욕구는 그 자체로는 죄가 아니지만, 행동으로 옮겨지면 죄가 된다. 실제로 죄를 지어 습관으로 굳어지면 과도한 욕구가 더욱 깊어져 위험이 커진다. 말이 고집스러운데 마부가 각별히 주의를 기울이지 않으면 마차가 곧 뒤집힐 가능성이 크다. 이성적으로나 의지적으로 죄를 지으려는 성향이 없더라도 고귀한 것을 추구하지 않으면 관능적인 욕구를 제어하기가 어려워진다. 이 관능적인 욕구는 '육신'으로 일컬어진다. 이를 제어하는 능력이 인간의 내면에서 주도권을 행사하는 것이 거룩하게 된 자들의 행복이자 목표다. 욕구를 채우는 것 자체는 선도 아니고 악도 아니다. 하나님의 율법은 그런 행위를 금지하기도 하고, 명령하기도 한다. 금지된 것들로 육신을 즐겁게 하는 것은 당연히 죄에 해당한다. 육신을 즐겁게 하는 것을 지나치게 중요하게 생각하거나 육신의 욕구가 지나치게 무절제한 것도 죄에 해당하기는 마찬가지다. 육신을 즐겁게 하는 것이 의무 이행에 방해가 된다면 그것도 죄다. 육신을 즐겁게 하는 것이 죄로 치닫는 것을 피하려면 위에 있는 기쁨을 추구해야 한다. 하나님은 우리에게 더 큰 즐거움을 주기를 원하신다. 일시적인 즐거움을 하늘의 즐거움보다 못하다. 조심하라. 육신은 영혼의 큰 적이다.

리처드 백스터, *A Christian Directory*, 1:223-230

사탄이 하늘로부터 번개 같이 떨어지는 것을 내가 보았노라

사탄의 왕국은 한시적이다. 이 가짜 왕은 군주인 양 행동하지만, 세상의 종말이 이르러 그리스도께서 오시면 그 지위가 격하될 것이다. 그의 왕관은 벗겨지고, 그의 칼은 그의 머리 위에서 두 동강이 날 것이며, 그 자신은 멸시와 비웃음을 받으며 지옥에 갇히는 수모를 겪을 것이다. 그는 더 이상 성도들을 괴롭히지 못하고, 악인들과 함께 하나님의 진노의 심판을 받게 될 것이다. 사실, 그는 이미 쫓겨났고, 그의 운명도 벌써 결정된 상태다. 그는 이런 사실을 잘 알고 있다. 그는 두려워 떨면서 그리스도께 왜 자신의 때가 되기도 전에 와서 자기를 괴롭히느냐고 여쭈었다. 이것은 악인들에게는 매우 불길한 소식이 아닐 수 없다. 그들의 왕이 그의 보좌에 더 이상 앉아 있을 수 없게 되었다. 그리스도의 제자들이 울며 신음하는 동안, 죄인들은 즐거운 한때를 보내며 기뻐할는지도 모른다. 성도들은 누더기를 걸치고 있는데 그들은 비단옷을 걸치고 활보한다. 사탄이 그런 금 갈고리로 죄인들을 옭아매 끌고 다니는 모습은 그저 기이하기만 하다. 사탄은 그들에게 명예나 번영이나 쾌락의 미끼를 던지고, 그들의 마음은 마치 빵 부스러기를 쫓아 달려가는 개처럼 그것을 향해 달려간다. 마귀가 약속하는 불의의 삯을 좋아하며, 하나님의 진노를 두려워하지 않는 인간의 마음은 참으로 사악하기 그지없다. 그런 인간은, 뼈다귀를 보고 강물에 뛰어들었다가 물만 한입 가득 머금을 뿐인 개와 조금도 다르지 않다. 죄인들은 말씀의 경고를 무시한 채 쾌락을 누리는 데 급급하다. 그들은 어떻게 해서든 쾌락을 누리겠다고 결심하고, 마귀의 올무 속으로 뛰어들어 자기들을 멸망과 파멸로 이끄는 어리석고 해로운 정욕에 휘말린다(딤전 6:9). 사탄은 우리에게 자기가 무엇을 해줄 것인지 잔뜩 떠벌리지만, 한갓 허장성세일 뿐이다. 그런데도 죄인은 "죄와 사탄이 제시하는 쾌락과 명예는 지금 당장 얻을 수 있고, 그리스도의 약속은 기다려야만 해."라고 생각한다. 이 속임수에 넘어간 사람들이 한둘이 아니다. 당장 받는 보상 때문에 미래의 상급을 포기하고 마귀와 합하는 사람은 참으로 하찮고 비참한 사람이 아닐 수 없다. 한순간의 즐거움을 위해 하나님의 진노를 자초하는 것은 그야말로 무모한 광기에 지나지 않는다.

윌리엄 거널, *The Christian in Complete Armour*, 1:148-149

우리가 잠시 받는 환난의 경한 것이 지극히 크고
영원한 영광의 중한 것을 우리에게 이루게 함이니

그리스도인들이여, 사탄과 싸울 때면 전초전이 치열하게 전개되더라도 그리 오래가지는 않을 것이라는 점을 기억하고 용기를 내기 바란다. 사탄이 유혹하고, 그의 악한 도구들이 우리를 맹렬하게 공격하더라도 잠시 후면 그를 물리칠 수 있을 것이다. 구름이 비를 뿌리고 나면 날씨가 쾌청해지는 법이다. 고작 한두 시간도 그리스도를 위해 깨어 있을 수 없는가? 단 며칠도 전선을 지킬 수 없는가? 싸움이 끝날 때까지만 버티라. 그러면 우리의 적이 더 이상 준동하지 못할 것이다. 믿음으로 약속의 열쇠 구멍을 들여다보고, 우리를 위해 무엇이 예비되어 있는지 살펴보라. 전리품을 나누는 사람들처럼 성도들이 기뻐 외치는 함성이 들리지 않는가? 그들은 그동안의 사역과 고난에 대한 상급을 받아 누리는 중이다. 우리는 강 이쪽 편에 서 있다. 영광을 향해 가는 동안에 몇 가지 고난으로 인해 우리의 발이 축축해지는 것이 두려운가? 욥은 고난을 통해 행복한 사람이 되었다. 마귀가 그의 살가죽까지 다 벗겨 냈지만, 그는 죽음에 직면해서도 그리스도를 자신의 구원자로 굳게 신뢰했다. 마귀는 세상만 지배할 뿐, 천국은 지배하지 못한다. 천국은 마귀를 두려워하지 않는다. 마귀는 성도들이 행복을 누리는 곳에 아무런 영향력도 행사할 수 없다. 우리의 마음이 그곳에 있는 이유는 그리스도께서 그곳에 계시기 때문이다. 그리스도 안에서 우리의 친구요 가족이 된 사람들이 그곳에 있다. 그곳에 가는 도중에 사탄의 올무와 계략에 잠시 시달릴 테지만, 결국에는 성부 하나님의 집에서 행복한 만남이 이루어질 것이다. 마귀는 욥의 재산을 빼앗고, 그를 시련 속에 빠뜨렸지만, 그에게는 그를 다시 회복시켜 주실 하나님이 계셨다. 사탄은 잠시 우리를 괴롭힐 수 있을지 모르지만, 우리의 이름을 생명책에서 지울 수는 없다. 그는 우리의 믿음을 파괴할 수 없다. 사탄은 개인적인 싸움에서는 일시적으로 승리할지 모르지만, 죄와의 싸움이 행복한 결말로 끝나는 것을 방해할 수는 없다. 하나님이 능력으로 우리를 지켜 주실 것이다. 사탄은 우리의 적으로서 외적인 십자가나 내적인 실패를 통해 우리의 평화를 교란할 수 있을지 모르지만, 우리의 왕으로서 우리를 통치할 수는 없다.

윌리엄 거널, *The Christian in Complete Armour*, 1:150-151

경건에 이르도록 네 자신을 연단하라

본문에서 사용된 '연단'이라는 단어는 씨름꾼들이 상을 두고 다투는 것에서 유래한 표현으로 힘과 능력을 최대한 발휘하겠다는 굳은 결의를 의미한다. 바울은 디모데에게 최선을 다해 경건을 이루라고 명령했다. 우리는 우리의 대장이신 주님을 성심을 다해 좇아야 한다. 일꾼들은 빈둥거려서는 안 된다. 방해가 되는 것은 무엇이든 단호히 물리쳐야 한다. 그 이유는 경건을 이루는 것이 부업이 아닌 주업이기 때문이다. 하나님은 우리의 최고선이자 분깃이시다. 경건이란 마음으로 예배를 드리며, 하나님의 계시된 뜻에 따라 살아가는 것을 의미한다. 우리는 우리의 사랑과 가장 큰 기쁨과 가장 깊은 슬픔을 비롯해 가장 강한 믿음과 가장 큰 두려움까지 모든 것을 하나님께 드려야 한다. 하나님께 대한 경외심이 마음의 문을 지키며 안으로 들어오는 것들을 점검해야만 반역자인 죄가 몰래 침입하는 것을 막을 수 있다. 경건은 마음의 내적 활동과 삶의 외적 행위를 통해 하나님을 예배하는 것이다. 경건한 마음은 하나님을 가장 기쁘시게 하고, 경건한 삶은 그분을 가장 영화롭게 한다. 경건한 사람의 마음속에도 여전히 어느 정도의 죄는 남아 있지만, 그는 결코 죄를 좋아하지 않는다. 죄가 남아 있지만 그의 삶은 죄의 지배를 받지 않는다. 그의 마음은 하나님의 본성과 잘 어울리고, 그의 행위는 그분의 율법을 따른다. 경건의 삶은 주로 마음속에서 이루어진다. 연단의 목적은 무슨 행위를 하든 경건을 가장 우선시하는 것이다. 다른 일은 하지 못하더라도 이 일은 반드시 해야 한다. 매일 영적 의무를 최선을 다해 이행할 수 있는 시간을 마련해 두어야 한다. 경건한 사람은 다른 누군가가 달가워하지 않거나 다른 일을 소홀히 하게 되더라도 하나님을 예배하는 일에 가장 큰 관심을 기울인다. 경건을 이루는 것은 인간이 세상에 태어난 목적이다. 우리는 우리 자신보다 주님을 먼저 섬겨야 한다. 경건은 하루 중 가장 먼저 해야 할 일이다. 우리는 잠에서 깨어나자마자 하나님부터 찾아야 한다. 경건한 사람은 종달새처럼 일찍 일어나 아름다운 노래로 창조주 하나님을 찬양하고, 종종 나이팅게일처럼 늦게까지 깨어 유쾌한 가락으로 찬양을 드린다. 세속적인 직업 활동보다 하늘의 소명에 먼저 관심을 기울여야 한다. 하나님께 가장 순수한 애정을 바쳐야 한다. 경건한 사람은 하나님을 무한정 사랑한다.

조지 스윈녹, *Works*, 1:27-45

능히 너희를 보호하사 거침이 없게 하시고
너희로 그 영광 앞에 흠이 없이 기쁨으로 서게 하실 이

천국에서 지상에서의 일들을 돌아보며 곰곰이 생각하면, 영혼은 황홀감에 젖어 이렇게 외칠 것이 틀림없다. "이곳이 하나님의 피라는 그토록 큰 대가가 필요했던 장소란 말인가? 당연히 그럴 수밖에 없었겠구나. 오, 참으로 복된 희생이요 지극히 복된 사랑이 아닐 수 없구나. 이것이 믿음의 성과요, 성령께서 행하신 사역의 결과란 말인가? 은혜의 바람이 나를 이런 항구로 몰고 왔단 말인가? 그리스도께서 내 영혼을 이끄신 곳이 여기란 말인가? 오, 참으로 복된 과정이요, 결말이로구나. 이제야 진실로 복음이 복된 소식이라는 것을 알겠구나. 나의 고뇌와 금식과 탄식과 신음과 불평이 이런 결말에 도달한 것인가? 나의 기도와 깨어 있음이 이런 결과를 낳은 것인가? 내가 겪었던 고난과 죽음에 대한 두려움의 결과가 이것인가? 사탄의 유혹과 세상의 비웃음이 이런 결과를 가져온 것인가? 이런 놀라운 축복을 거부했다니 나의 본성은 참으로 악하기 그지없구나. 의무가 지겹고, 세상이 너무 좋아 놓을 수가 없었단 말인가? 이곳을 위해서라면 모든 것을 버리고, 모든 것을 부인하고, 어떤 고난이라도 달게 받았어야 했거늘 왜 그렇게 하지 못했던 것일까? 왜 죽어 이곳에 오기를 그토록 싫어했던 것일까? 이 영광을 놓치게 만들어 나를 영원한 불길 속에 처넣으려고 했던 나의 마음은 너무나도 거짓되었었구나. 육신이 자기를 즐겁게 하기를 그토록 바랐다니 참으로 비속하기 그지없구나. 오, 내 영혼이여, 너를 이곳에 데려온 사랑을 의심한 것이 부끄럽지 않으냐? 하나님과 그분의 섭리를 나쁘게 생각하며 이런 결말을 가져다준 것들을 불평했던 것이 부끄럽지 않으냐? 네가 험하다고 생각했던 길과 쓰다고 여긴 잔이 꼭 필요했던 것이라는 사실이 분명하게 느껴지지 않으냐? 주님은 네가 생각하는 것보다 더 복된 목적과 의도를 지니고 계셨다. 구세주께서는 네 소원을 들어줄 때나 들어주지 않을 때는 물론이고, 네 마음을 싸매줄 때나 상하게 할 때도 항상 너를 구원하고 계셨다. 이 면류관을 받게 된 것은 아무 자격이 없는 너 때문이 아니니 네 자신에게 감사할 것은 없다. 오직 여호와와 어린 양이 영원토록 영광을 받으시기를 바란다."

리처드 백스터, *The Saints' Everlasting Rest*, 44-46쪽

나는 그의 하나님이 되고 그는 내 아들이 되리라

오, 천국의 기쁨과 사랑의 즐거움은 참으로 감미롭기 그지없다. 하나님이 우리가 자기를 사랑할 수 있게 허락하시고, 전에 정욕과 죄를 껴안았던 팔로 자기를 껴안도록 허용하신 것은 진정 놀라운 은혜가 아닐 수 없다. 그러나 이것이 전부가 아니다. 하나님은 우리의 사랑을 수천 배나 더 되는 사랑으로 갚아 주신다. 장차 영원하신 사랑의 팔이 우리를 영원히 감싸 안을 것이다. 그리스도인들이여, 이 사실을 믿고, 또 생각해 보라. 성자를 천국에서 세상으로, 세상에서 십자가로, 십자가에서 무덤으로 내려가게 했다가 다시 무덤에서 영광으로 올라가게 만든 사랑, 피로와 굶주림에 시달리고, 유혹과 멸시와 채찍질과 매질과 침 뱉음을 당하고, 십자가에 못 박힌 그 사랑이 우리를 영원히 감싸 안을 것이다. 우리가 이런 사랑에 대해 무슨 말을 할 수 있을까? 천사들도 그 비밀을 알고 싶어 궁금해하는 것이 조금도 이상하지 않다. 그리스도의 은혜로운 행위는 모두 성도의 기쁨으로 귀결된다. 그분이 슬퍼하고, 눈물을 흘리고, 고난받으신 이유는 우리가 기쁨을 누리게 하기 위해서였다. 그분은 성령을 우리의 보혜사로 보내셨고, 우리의 기쁨이 충만하게 하기 위해 많은 약속을 허락하셨다. 그것은 단지 우리의 기쁨만이 아닌 서로의 기쁨과 사랑을 위해서였다. 우리가 구원받을 때 천국이 기뻐 떠들썩했다면, 우리가 영화롭게 될 때도 기쁨으로 떠들썩하지 않겠는가? 천사들이 우리를 반갑게 맞이하고, 우리가 안전하게 도착한 것을 축하해 주지 않겠는가? 그리스도 예수께서는 자신의 고난이 이룬 결과를 기뻐하시고, 모든 신자의 찬양을 받으신다. 우리는 그분의 영혼이 겪은 고통의 열매들이다. 우리가 안식에 들어가 기쁨을 누릴 때 성부께서도 기뻐하신다. 아버지는 돌아오는 탕자를 멀리서 보고 한걸음에 달려 나갔다. 아버지는 탕자에게 큰 동정심을 느끼며 목을 안고 입을 맞추었다. 그리고 그에게 가장 좋은 옷을 입히고, 손가락에 가락지를 끼우고, 발에 신을 신겼을 뿐 아니라 함께 먹고 즐거워하기 위해 살진 송아지를 잡았다. 그러나 이것도 하늘에서 이루어질 만남의 기쁨과 포옹에는 비할 바가 못 된다. 주님은 자기 백성 안에서 즐거워하고, 기뻐하신다. 그분은 우리를 위해 처소를 예비하고 계신다. 그분은 다시 와서 우리를 데려다가 자기가 있는 곳에 우리도 있게 하실 것이다.

리처드 백스터, *The Saints' Everlasting Rest*, 46-55쪽

내가 속한 바 내가 섬기는 하나님

경건은 모든 사람의 주업이 되어야 한다. 이것이 하나님이 예수님을 세상에 보내신 가장 큰 목적이다. 자유인은 자기 마음에 좋은 대로 행동할 자유를 누리지만, 노예는 주인을 섬기는 살아 있는 도구일 뿐이다. 주인의 권한은 절대적이고 노예의 복종은 무조건적이다. 하나님은 피조물에 대해 완전한 주권을 행사하시며, 그들의 섬김을 받을 온전한 권한을 지니고 계신다. 하나님의 뜻과 명령에 반드시 순종해야 한다. 하나님이 인간을 창조하신 가장 큰 목적 가운데 하나는 경건을 이루게 하는 것이다. 하나님은 인간을 위해 세상을 창조하셨고, 자신을 위해 인간을 창조하셨다. 그분은 새, 짐승, 벌, 태양, 달, 별, 꽃, 나무, 열매 등 자신의 모든 피조물을 위해 특정한 목적을 정하셨다. 모든 피조물은 각자의 본성에 따라 행동하도록 설계되었다. 꽃은 우리를 유쾌하게 하고, 나무는 그늘과 열매를 제공하며, 강은 자신의 길을 따라 바다로 흘러 들어가고, 거대한 바다는 간조와 만조를 반복한다. 인간은 그 존재의 탁월함에 걸맞은 더 고귀한 목적을 위해 창조되었다. 그것은 영광스럽고 복되신 하나님을 예배하고, 경건을 이루는 것이다. 하나님은 자기를 위해 만물을 지으셨다. 인간은 마음을 다해 능동적으로 하나님을 예배하도록 창조되었다. 이 목적을 이루는 것이 인간의 운명으로 정해졌다(사 43:1, 7). 하나님이 단지 우리를 세상에 보내 먹고, 마시고, 잠자고, 사고, 팔고, 씨를 뿌리고, 거두는 일을 하게 하려고 우리를 그토록 신중하게 만들어(시 139:13) 자신의 불과 빛으로 생명을 주셨다고 생각하는 것은 참으로 어리석기 그지없다. 하나님이 그토록 신중하게 공들여 인간을 지으셨다면 그보다 더 큰 목적이 있기 때문이 아니겠는가? 유대인의 탈무드는 "하나님이 인간을 안식일 전날 저녁에 창조하신 이유는 무엇일까?"라고 묻고, "그것은 안식일을 거룩하게 하고, 하나님을 예배하는 것으로 삶을 시작하게 하시기 위해서다. 그것이 인간에게 생명이 주어진 가장 큰 이유이자 목적이다."라고 대답했다.

조지 스윈녹, *Works*, 1:46-50

경건은 범사에 유익하니 금생과 내생에 약속이 있느니라

경건은 우리의 가장 큰 노력을 요구하는 가장 중요한 과제다. 인간의 가장 큰 어리석음은 아무것도 아닌 일에 분주한 것이다. 그런 사람은 알렉산더 대왕을 찾아왔던 한 어리석은 사람을 닮았다. 많은 세월을 보내며 많은 노력을 쏟아부었던 그는 작은 구멍 속으로 콩을 던져 넣을 수 있다고 자랑했다. 그는 큰 상을 기대했지만, 왕은 그에 대한 보상으로 콩한 통을 하사했을 뿐이다. 그것은 부지런하면서도 태만하고, 분주하면서도 나태했던 그에게 꼭 알맞은 보상이었다. 헛되고 무의미한 일은 우리의 관심과 노력을 기울일 가치가 없다. 그와는 달리 지혜는 가장 중요한 일에 시간과 노력을 우선적으로 쏟아부음으로써 그 탁월함을 여실히 드러낸다. 경건은 인간이 해야 할 일 가운데서 가장 중요하다. 그것은 꼭 필요한 한 가지 일에 해당한다. 세속적인 일이나 명예나 쾌락과 같은 것들은 이것에 비하면 너무나도 시시하고, 하찮을 뿐이다. 경건이 하찮은 일이라면 게으르게 빈둥거려도 괜찮겠지만, 경건에 마음을 기울이는 것이 우리에게 주어진 의무다. 이 일은, 비교할 만한 것이 없었던 골리앗의 칼과 같다. 이것은 영혼의 사역이자 하나님의 일이요, 영원한 사역이다. 우리의 영혼은 무한한 가치를 지닌다. 육체는 흙에서 비롯했지만, 영혼은 하나님의 숨결로 이루어졌다. 영혼의 사역은 중요한 사역이기 때문에 하찮게 여겨서는 안 된다. 이것은 모든 사람의 과제다. 경건을 없애면 영혼은 말로 다 할 수 없는 슬픔을 느끼며 무덤으로 내려갈 것이다. 다른 일들을 못 하는 한이 있어도 이 한 가지 일은 결코 소홀히 해서는 안 된다. 이 일은 다 끝날 때까지 손을 떼서는 안 된다. 우리는 이 일을 그 어떤 일보다 중요하게 여겨 갑절의 관심과 노력을 기울여야 한다. 하나님은 우리의 모든 수고와 노력을 받기에 합당하시다. 우리는 영원을 위해 살다가 죽는다. 마음속 깊이 경건해지기를 바라고, 어떤 행동을 하든 경건의 원리를 따르자. 일시적인 일은 영원한 일에 비하면 지극히 하찮을 뿐이다.

조지 스윈녹, *Works*, 1:50-58

운동장에서 달음질하는 자들이 다 달릴지라도 오직 상을 받는 사람은 한 사람인 주를 너희가 알지 못하느냐

경건을 우리의 가장 중요한 과업으로 삼아야 한다. 그렇지 않으면 우리의 상급을 잃게 될 것이다. 귀한 것들은 큰 어려움을 겪지 않고서는 얻을 수 없는 법이다. 큰 상급을 바라는 자들은 많은 어려움을 헤치고 나가야 한다. 자연도 많은 수고를 기울이지 않으면 자신의 귀한 보물들을 내주지 않는다. 흙은 길거리에서 흔히 볼 수 있지만, 금은 땅속 깊은 곳에 묻혀 있다. 돌은 어디에서나 볼 수 있지만, 진주는 바다 밑바닥에 감추어져 있다. 탁월함은 노력이 없이는 얻어지지 않는다. 하나님이 눈으로 본 적이 없고, 귀로 들은 적이 없고, 사람의 마음으로 생각해 본 적이 없는 것을 침상에 누워 게으름을 피우는 나태한 사람에게 보여주실 것이라고 생각하는가? 면류관을 얻기를 바라는 자들은 자신의 몸을 쳐서 복종시키고, 최선의 노력을 기울여 스스로 준비해야 한다. 게으름을 피우는 자는 패배할 것이다. 경건을 방해하는 것이 사탄의 일상적인 업무다. 그는 자기가 내침을 당하면 크게 분통을 터뜨린다. 그는 이스라엘 백성을 다시 이전의 속박상태로 되돌리기 위해 분노를 드러내며 엄청난 힘으로 그들을 추격했다. 십자가를 짊어지는 것이 그리스도인의 소명이다. 성도들에게 바람이 거칠고, 세차게 불어닥친다. 거룩한 삶에는 많은 증오와 시련이 뒤따르는 것이 보통이다. 사탄은 특히 영혼을 해칠 기회를 호시탐탐 노린다. 그가 바알세불, 곧 '파리들의 왕'으로 불리기에 적합한 이유는 파리처럼 자기가 쫓겨난 먹이에 신속하게 되돌아오기 때문이다. 이런 사실들이 경건을 우리의 과업으로 삼아야 할 필요성을 분명하게 보여주고 있지 않은가? 많은 노력을 기울이지 않으면 이길 수 없다. 잠에서 깨어나 온 힘을 다해야 한다. 우리의 영적 싸움에는 휴식 시간이나 휴전이 없다. 시간은 짧고, 해야 할 일은 중차대하다. 나태함을 떨쳐내고 마음의 허리띠를 졸라맨 채 모든 방해 요인을 극복하면서 항상 참고 인내하며 부지런히 경건을 추구해야 한다. 경건을 우리의 가장 중요한 과업으로 삼아야 한다.

조지 스윈녹, *Works*, 1:59-66

모든 것 위에 믿음의 방패를 가지고

우리는 믿음의 방패로 사탄의 유혹이라는 불화살을 막아내야 한다. 하나님의 도우심을 받을 수 있는 믿음의 행위를 세 가지만 소개하면 다음과 같다. (1) **믿음의 기도로 하나님께 우리의 사정을 아뢰고, 하늘의 도움을 구할 수 있다.** 우리의 승리는 하늘로부터 주어진다. 그러나 기도로 구하기 전에는 승리를 얻을 수 없다. 하나님의 약속으로 기도를 강화하라. 하나님의 약속들을 제시하며 주장을 펼치는 것이 곧 기도다. 하나님과의 관계에 근거해 호소하라. 하나님이 우리를 자신의 가족으로 받아들이셨지 않은가? 우리가 그분을 우리의 하나님으로 선택했지 않은가? "오, 주님, 저는 주님의 것입니다. 저를 구원하소서."라는 것은 참으로 강력한 주장이 아닐 수 없다. 아버지가 아니면 그 누가 자식을 보살피겠는가? (2) **기대하는 믿음을 가지면 하나님의 도우심을 받을 수 있다.** 하나님께 기도할 때는 그분에게 좋은 것을 기대해야 한다. 기대가 없는 탓에 불발에 그치는 기도가 많다. 믿지 않는데 왜 기도하는 것인가? 믿는데 왜 기대하지 않는 것인가? 기도는 하나님을 의지하는 행위이지만, 기대하지 않으면 기도가 흐지부지 끝나고 만다. 그리스도인들이여, 약속에 근거해 거룩한 기대감을 가지고 기도하라. 하나님은 거칠게 날뛰는 정욕을 피해 도망치려는 가엾은 죄인들에게 약속의 문을 열어 주신다. (3) **행동하는 믿음을 가지면 영혼이 활발하게 활동하기 시작한다.** 여호사밧은 하나님의 약속을 믿는 믿음으로 기도하고 나서 승리의 깃발을 휘날리며 진군했다. 하나님은 우리에게 승리를 약속하셨지만 우리가 무장을 갖추고, 계획을 세워 우리의 손으로 싸우기를 원하신다. 하나님은 여호수아에게 "일어나라 어찌하여 이렇게 엎드렸느냐"(수 7:10)라고 말씀하셨다. 하나님은 여호수아의 기도를 기뻐하셨지만, 아모리 족속을 물리치려면 그 전에 그가 해야 할 다른 일이 있었다. 그리스도인들이여, 기도와 기대 외에 믿음으로 해야 할 일이 있다. 그것은 우리를 파멸로 이끌 아간과 같은 문제가 없는지 우리 마음을 조심스럽게 살피는 일이다.

윌리엄 거널, *The Christian in Complete Armour*, 2:87-91

너는 마음을 다하여 여호와를 신뢰하고

사탄은 유혹의 불화살이 효력이 없으면 두려움의 영을 불어넣어 그리스도인을 낙심과 절망에 빠뜨리려고 시도한다. 오직 믿음만이 이 불화살을 막을 수 있다. 이 화살들은 적들의 예비용 무기다. 유혹이 실패하면 사탄은 영혼을 불사르기 위해 이 화살통을 열어 화살 세례를 퍼붓는다. 사탄은 영혼을 웃으면서 지옥에 가게 만들지 못하면 울면서 천국에 가게 만들려고 노력한다. 사탄이 이 화살을 사용하기 위해 애쓰는 모습을 보면 크게 낙심하기 쉽다. 욥에게 퍼부어진 화살이 이런 종류였다. 하나님이 사탄에게 그의 능력을 발휘하도록 허락하시자 그는 이익이나 쾌락이라는 금 사과를 내밀지 않고, 거룩하지 못한 생각을 부추겨 하나님을 욕되게 하려고 애썼다. 욥의 아내는 욥에게 "하나님을 욕하고 죽으라"(욥 2:9)고 말했다. 이 화살은 성도의 생각을 크게 어지럽힌다. 믿음을 가지면 하나님께 대한 합당하지 않은 생각을 마음속에 품지 않을 수 있다. 하나님께 대한 생각을 성경 말씀으로 명료하게 하면 거룩하고 충성스러운 생각 외에 다른 어떤 생각도 들지 않을 것이다. 하나님의 섭리가 이해하기 힘들 때, 사탄은 하나님께 대한 그릇된 생각을 부추기려고 애쓴다. 하나님이 신속하게 심판을 베풀지 않으신다는 이유로 그분의 정의를 의심하는 사람들도 있고, 하나님이 자신의 종들을 더 잘 보살피지 않거나 고난을 겪게 하신다는 이유로 그분의 충실하심과 보살핌을 의심하는 사람들도 있다. 사탄은 우리가 그런 왜곡된 생각으로 하나님을 바라보게 하려고 애쓴다. 욥은 "그대의 말이 한 어리석은 여자의 말 같도다"라는 말로 이 화살을 물리쳤다. 하나님이 우리에게서 취하신 것은 그분이 우리에게 베푸신 것보다 더 적고, 하나님이 우리에게 남겨 주신 것은 우리가 받을 자격이 있는 것보다 더 많다. 하나님께 대한 합당하지 않은 생각이나 말은 성급하고 경솔한 마음에서 비롯한다. 그리스도인은 자신이 처한 가장 슬픈 상황에서도 하나님을 찬양해야 마땅하다. 믿음은 가장 혹독한 고난과 가장 슬픈 섭리 속에서도 은혜를 발견한다. 하나님이 과거에 베풀어 주신 은혜를 생각하며 찬양을 드리라. 그러면 잠시 후에 지금의 은혜를 찬양하는 새 노래가 입에서 흘러나오게 될 것이다.

윌리엄 거널, *The Christian in Complete Armour*, 2:91-97쪽

이 썩을 것이 반드시 썩지 아니할 것을 입겠고
이 죽을 것이 죽지 아니함을 입으리로다

우리가 죽어 세상을 떠나 하나님의 백성에게 약속된 영원한 안식을 누리는 것을 그토록 싫어하는 이유가 대체 무엇일까? 다른 사람들을 섣불리 판단할 수는 없지만, 내가 생각할 때 우리는 이 점과 관련해 큰 죄를 짓고 있는 듯하다. 우리는 하나님이 우리에게 자비를 베풀어 우리의 의지와 상관없이 우리를 데려가실 때까지 소돔의 롯처럼 주저하는 경향이 있다. 스스로가 진정으로 원해서 죽기를 바라는 그리스도인을 찾아보기는 매우 어렵다. 만일 하나님이 우리가 진정으로 죽기를 원할 때까지 삶을 지속할 수 있는 율법을 제정하신다면 천국은 텅 빌 것이고, 우리의 세상살이는 무한정 길어질 것이 틀림없다. 우리는 마치 하나님을 더 잘 섬기고 싶어 하는 것처럼 한 해, 두 해 계속 더 살게 해달라고 빌지만, 우리의 섬김은 이전과 마찬가지로 냉랭하기만 하다. 물론, 죽음 자체가 바람직하지 않은 것은 사실이다. 그러나 영혼이 하나님과 함께 안식을 누리려면 반드시 죽음의 과정을 거쳐야 한다. 이 죄 안에 어떤 불충실함이 숨어 있는지 생각해 보라. 성경에 주어진 약속들을 믿지 않는 것일 수도 있고, 그 약속들을 통해 우리에게 주어지는 유익을 의심하고 있는 것일 수도 있다. 우리가 영광의 약속을 믿는다면 세상에서 사는 것을 견디지 못할 것이 틀림없다. 죽음이 우리를 불행에서 영광으로 옮겨주는 통로라고 확신하는데 어찌 죽는 것을 싫어할 수 있겠는가? 극심한 가난에 시달리는 사람이 아침이 되면 왕이 되어 깨어날 것이라고 확신하는데 잠자리에 드는 것이 두렵겠는가? 믿음은 우리의 입에만 있고, 마음속에는 불신앙과 세속주의가 가득 들어차 있는 것이 현실이다. 우리는 세상의 것들을 기뻐한다. 우리는 정원, 산책, 책들을 즐거워하고, 음식과 옷과 여가 활동을 좋아한다. 이것들보다 하나님을 더 사랑하는데 그분과 함께 있기를 바라는 마음이 없을 수 있겠는가? 우리가 하나님을 전혀 사랑하지 않는다는 말은 아니다. 그러나 우리가 하나님을 더 많이 사랑한다면 더욱 기꺼운 마음으로 죽기를 바랄 것이다. 우리의 지식은 어둡고, 우리의 믿음은 연약하기 짝이 없으며, 우리의 사랑은 너무나도 적다. 그리스도께서는 우리가 천국에 갈 수 있게 하려고 그곳에서 내려오셨다.

리처드 백스터, *The Saints' Everlasting Rest*, 209-222쪽

디두모라고도 하는 도마가 다른 제자들에게 말하되
우리도 주와 함께 죽으러 가자 하니라

죽음을 두려워하면 우리의 삶이 항상 고통스럽지 않겠는가? 에라스무스는 "죽음에 대한 두려움이 죽음 자체보다 더 많은 슬픔을 야기한다."고 말했다. 날마다 하늘의 기쁨을 생각하고 묵상하면 우리의 삶에 기쁨이 가득할 텐데 불행히도 우리는 우리의 생각을 공포와 두려움으로 가득 채우며 살아간다. 우리 스스로 우리의 위로를 없애 버리는 셈이다. 죽음을 두려워하면 항상 겁에 질려 살 수밖에 없다. 왜냐하면 죽음을 늘 걱정해야 하기 때문이다. 위로를 잃게 될까봐 항상 두려워하는데 어떻게 평안한 삶을 영위할 수 있겠는가? 이것은 우리가 자초한 고난이다. 우리 스스로 우리 자신에게 불행을 안겨 주는 격이다. 마치 하나님이 우리에게 허락하시는 고통만으로는 충분하지 않은 듯, 우리는 우리 자신에게 더 많은 고통을 가한다. 죽음은 육신에 큰 고통을 안겨 준다. 그런데 우리 스스로 그 고통을 더 증대시켜야 옳을까? 고통이 심하다고 불평하면서 매일 그 강도를 더 심하게 만들어야 할까? 죽을 운명을 짊어진 인간의 상태는 굳이 더 악화시키지 않더라도 이미 충분히 비참하다. 이것은 무익하고, 쓸데없는 두려움일 뿐이다. 두려워한다고 해서 고통을 느끼지 않는 것도 아니고, 목숨이 한 시간 더 연장되는 것도 아니다. 원하든 원하지 않든, 죽음을 피할 수는 없다. 두려움은 우리의 영혼을 온갖 유혹에 휘말리게 만든다. 그리스도를 위해 죽으라는 부르심을 받았는데 죽음을 두려워한다면 주님을 저버리고 싶은 충동을 느끼지 않겠는가? 교수대를 보거나 사형을 선고하는 말을 듣고 두려워한다면 "나는 그분을 모릅니다"라고 말하지 않겠는가? 죽는 것을 두려워하는 사람은 용감하게 싸울 수 없다. 우리 모두 우리에게 할당된 분깃에 만족하자. 부나 명예의 크고 작음이나 우리에게 허락된 시간의 양에 대해 불평해서는 안 된다. 오, 나의 영혼아, 평화롭게 떠나거라. 그동안 충분한 몫을 누리지 않았느냐? 시간이 많으면 의무도 많은 법이다. 시간을 선용할 수 있는 은혜를 구하고, 주어진 시간에 만족하라. 길이가 부족한 삶은 넓이와 무게와 은혜로움으로 메울 수 있다. 그리스도께서도 이 길을 가셨고, 무덤을 거룩하게 하셨다. 우리는 아무도 가보지 않은 길을 가는 것이 아니다.

리처드 백스터, *The Saints' Everlasting Rest*, 224-234쪽

우리가 지금은 거울로 보는 것 같이 희미하나 그때에는 얼굴과 얼굴을 대하여 볼 것이요

천국에 대한 우리의 확신은 완전하지 않다. 신자들은 다른 일들도 그렇지만 이 일과 관련해서도 여전히 부족하기만 하다. 우리는 부분적으로만 알 뿐이다. 만일 우리가 어느 정도 확신을 얻었다면 그것이 완전해지는 것은 오직 천국에서만 가능하다. 우리의 확신과 위로는 성령의 선물이다. 그분은 특히 자기 백성이 가장 큰 필요를 느낄 때 확신과 위로를 아낌없이 베풀어 주신다. 때에 알맞은 은혜는 가장 만족스러운 은혜가 아닐 수 없다. 병에 걸린 상황에서나 인생을 살아오는 동안 줄곧 위로와 확신을 간절히 원했던 사람들이 죽음의 문턱에 이르러 풍성한 은혜를 받게 된 사례들이 많다. 우리는 우리에게 주어진 시간을 소중히 여겨야 하고, 그것을 우리가 책임 있게 관리해야 할 하나님의 선물로 알고 선용해야 한다. 경건한 사람은 바울처럼 교회를 섬길 목적으로 좀 더 오래 살기를 바랄 수 있다. 그러나 한편으로 그것은 일종의 손실을 경험하는 것과 같다. 왜냐하면 세상에 머무는 한 천국에는 갈 수 없기 때문이다. 오래 살면 우리 자신과 교회의 미래를 유익하게 하는 결과가 나타날 수 있지만, 항상 천국을 세상보다 더 귀하게 여겨 사랑해야 한다는 점을 잊어서는 안 된다. 세상에 좀 더 오래 머물기를 바라는 기도를 드릴 때는 왕과 결혼하기로 한 신부가 결혼을 꼼꼼히 준비하기 위해 시간을 약간 늦추기를 원하는 것과 같은 태도를 지녀야 한다. 우리는 하나님의 처분을 기쁘게 받아들여야 한다. 바울과 같은 태도를 지니는 것이 바람직하다. 그는 세상을 떠나서 그리스도와 함께 있고 싶은 마음과 하나님이 허락하시면 세상에 더 머무르면서 교회를 섬기고 싶은 마음을 동시에 느꼈다. 죽음을 달게 받아들여야 하는 이유는 그것이 지극히 큰 행복을 누릴 수 있는 때와 기회를 가져다주기 때문이다. 그리스도께서는 죽음이라는 필연적 운명에 직면한 우리를 위로하신다. 나는 죽음에 대한 공포심을 부추겨 경건하지 않은 자들을 설득할 생각이 없다. 이상하게도 그들은 죽음을 지금보다 더 두려워해야 하는데 그렇게 하지 않는다. 사실, 그들은 음식을 먹을 때도 자신들의 위험을 생각하며 두려워 떨어야 마땅하다. 그들은 그 위험에서 신속하게 벗어나기 위해 하나님 앞에 엎드려야 한다.

리처드 백스터, *The Saints' Everlasting Rest*, 234-240쪽

네 짐을 여호와께 맡기라 그가 너를 붙드시고
의인의 요동함을 영원히 허락하지 아니하시리로다

하나님은 한 번 우리의 하나님이 되시면 영원히 우리의 하나님이 되신다(시 48:14). 우리가 선택받은 순간부터 영원한 영광에 이를 때까지 하나님은 우리의 하나님이시다. 따라서 우리는 영원히 하나님과 함께 거할 것이다. 하나님께 더 큰 관심을 기울이고, 그분께 우리의 두려움과 필요와 죄 등 모든 짐을 맡기자. 그리스도인들이여, 어떤 어려움을 당하고 있는가? 우리에게는 우리의 죄를 용서할 뿐 아니라 우리의 모든 필요를 채워 주시는 하나님이 계신다. 따라서 우리는 우리의 짐을 모두 그분께 맡길 수 있다(벧전 5:7). 하나님이 우리의 하나님이시라면 우리는 "아무것도 없는 자 같으나 모든 것을 가진 자"(고후 6:10)나 마찬가지다. 하나님과 언약의 관계를 맺은 사람은 큰 만족을 누릴 수 있다. 그 이유는 하나님이 영혼에 풍성한 축복을 내려 주시기 때문이다. 하나님은 넘치는 행복을 허락하신다. 하나님을 소유한 자는 충분한 만족을 누린다. 하나님은 가득 넘치는 그릇과 같고, 샘의 근원과 같으시다. 그분은 무한히 충만하시다. 선원의 입김이 돛을 부풀릴 수 없는 것처럼, 하나님 외에 다른 것들은 영혼을 만족하게 할 수 없다. 하나님은 우리가 누리는 모든 축복을 거룩하게 하신다. 우리의 건강이 복을 받고, 우리의 재산이 복을 받고, 우리의 십자가가 복을 받는다. 하나님이 우리에게 자기 자신을 내주시는 것이 가장 큰 축복이다. 하나님의 성품 안에는 영혼을 매료시키고, 황홀하게 만드는 아름다움이 깃들어 있다. "주의 오른쪽에는 영원한 즐거움이 있다"(시 16:11). 하나님이 우리의 하나님이 되시면 우리는 모든 상황에서 기쁨과 활력을 누릴 수 있다. 우리는 하나님으로 만족하고, 또한 기뻐해야 한다. 하나님과 연합하는 것보다 우리에게 더 큰 활력을 주는 것이 어디에 있겠는가? 온전히 충족하신, 무한하고, 영원한 하나님을 소유한 이들, 곧 천국의 풍성한 축복을 누리는 이들이 기뻐하지 않으면 누가 기뻐할 수 있겠는가? 우리 모두 힘껏 찬양하자. 하나님이 먼지와 재 같은 우리와 사랑으로 연합해 우리의 하나님이 되심으로써 그분이 우리 안에 거하시는 것을 다른 사람들이 볼 수 있게 하셨으니 이는 참으로 놀랍고, 한량없는 은혜가 아닐 수 없다.

토머스 왓슨, *The Ten Commandments*, 20-24쪽

환난 날에 나를 부르라 내가 너를 건지리니
네가 나를 영화롭게 하리로다

하나님은 참으로 은혜로우셔서, 자기를 낮춰 먼지와 재 같은 비천한 죄인들과 대화를 나누신다. 기도는 하나님이 자기와 교제를 나누도록 정해 주신 가장 즐거운 수단 가운데 하나다. 하나님의 자녀들은 그분의 친밀한 친구로서 그분에게 귓속말을 속삭이며, 마음과 생각을 솔직하게 털어놓는다. 기도는 우리의 주된 의무로서 천국을 우리에게로 끌어내린다. 기도보다 더 많은 약속이 딸린 의무는 없다. 기도는 그 어떤 의무보다 하나님을 더욱 영화롭게 한다. 하나님은 기도를 그 무엇보다 더 귀하게 여기신다. 기도는 마음의 성채를 지키는 호위병이요, 입술의 문을 지키는 문지기요, 손을 보호하는 방패다. 기도는 모든 관계를 향기롭게 하고, 모든 상황을 유익하게 한다. 그 누구도 우리에게서 이 특권을 빼앗아갈 수 없다. 우리는 기도를 통해 베드로와 함께 옥상에 있을 수도 있고, 요나와 함께 바다 밑바닥까지 내려갈 수도 있으며, 이삭과 함께 들판을 거닐 수도 있고, 구세주와 함께 산 위에 올라갈 수도 있으며, 바울과 함께 감옥에 들어갈 수도 있다. 모든 성도가 하나님의 성전이다. 성도는 어디에서나 기도할 수 있다. 모든 집이 기도의 집이다. 우리는 기도를 통해 '아빠 아버지'라고 부르짖으며 그리스도의 이름으로 우리의 영혼을 하나님께 쏟아놓는다. 기도는 순식간에 가장 높은 하늘에 닿을 수 있다. 기도는 하나님께는 향기로운 향기요, 마귀에게는 큰 두려움이요, 그리스도인에게는 안전한 은신처다. 베르나르는 기도를 막강한 적을 제압하는 정복자로 일컬었고, 루터는 기도가 전능한 힘을 지녔다고 말했다. 기도로 불이 꺼지고, 물이 갈라지고, 사자들의 입이 닫히고, 철문이 열리고, 하늘의 창들이 열리고, 자연의 법칙이 바뀌고, 질병이 사라지고, 건강이 회복되고, 죄가 정복되고, 은혜가 임하고, 나라들이 위기를 면하고, 적들이 흩어지고, 소경이 눈을 뜨고, 귀신들이 쫓겨 나갔다. 기도는 약속의 태 속에 잉태된 은혜를 받아내 신자들에게 안겨 주는 산파와 같다. 하나님은 시련의 때에 어쩔 줄 몰라 당황해하는 신자들에게 자기에게 부르짖으면 들어줄 것이라고 말씀하셨다.

조지 스윈녹, *Works*, 1:105-109

331

그들이 부르기 전에 내가 응답하겠고

기도하기 위해 마음을 준비하려면 묵상이 필요하다. 자기가 지은 죄를 생각해 보라. 죄가 숨어 있는 구멍을 샅샅이 찾으라. 그렇게 하면 죄를 고백하는 데 도움이 된다. 자신의 필요를 생각해 보라. 하나님은 모든 필요를 온전히 채워 주실 수 있다. 용서, 긍휼, 승리를 위한 능력, 죄를 물리칠 힘 등 무엇이 필요한지 생각하고, 하나님께 간구하라. 태어날 때부터 우리에게 주어진 하나님의 축복을 묵상하라. 어떤 위험에서 구원을 받았는지, 어떤 상황에서 보호를 받았는지, 어떤 시기적절한 도움을 받았는지, 환난 중에 어떤 적합한 도움을 받았는지, 의심에 시달릴 때 어떤 조언을 받았는지, 슬프고 암울할 때 어떤 위로를 받았는지 생각해 보라. 묵상을 통해 그런 일들을 떠올려 보라. 호흡 하나하나가 은혜의 선물이다. 이전에 당신과 당신 가족들에게 주어졌던 축복을 잊지 말라. 향수가 없어도 빈 향수병에서는 여전히 향기가 나는 법이다. 지금 누리고 있는 은혜를 묵상하라. 우리가 얼마나 많은 축복을 누리고 있는지 모른다. 집과 가족, 육체와 영혼에 온갖 축복이 주어졌다. 그것들을 하나씩 구체적으로 생각해 보라. 그런 축복들이 얼마나 많고, 충만하게 아낌없이 쏟아졌는지 묵상하라. 하나님의 형상, 그리스도의 보혈, 영원한 생명, 은혜의 시기 등 영혼이 누리는 축복은 참으로 많다. 삶 전체가 축복의 꾸러미다. 이것들을 생각하면 감격스러운 마음으로 하나님을 찬송하지 않을 수 없다. 이밖에도 기도의 대상이신 하나님을 묵상하라. 거대한 바다 앞에 서면 우리가 가진 물방울 몇 개가 부끄럽게 생각될 수밖에 없다. 하나님의 은혜와 선하심을 묵상하라. 그러면 모세가 지팡이를 두들겼을 때처럼 반석에서 물이 나올 것이다. 하나님은 우리가 자기를 찾고, 구하는 것을 기뻐하신다. 그분은 사람들이 기도의 집에서 즐거워하는 모습을 보고 싶어 하신다. 그분은 우리를 슬픈 얼굴로 돌려보내지 않으신다. 묵상을 통해 제단 위에 나무를 쌓아 올리면 기도를 통해 불을 붙여 향기로운 희생제사를 드릴 수 있다.

조지 스윈녹, *Works*, 1:111-117

내가 나의 마음에 죄악을 품었더라면
주께서 듣지 아니하시리라

죄는 기도를 방해한다. 시계의 톱니바퀴에 먼지가 끼면 시간이 정확하게 맞지 않는다. 기도하는 자의 죄가 하나님의 눈앞에 드러나 보이면 그의 간구가 그분의 귀에 전달되지 않는다. 죄가 우리의 기도보다 더 크게 소리친다. "여호와의 손이 짧아 구원하지 못하심도 아니요 귀가 둔하여 듣지 못하심도 아니라 오직 너희 죄악이 너희와 너희 하나님 사이를 갈라 놓았고"(사 59:1-2). 은혜의 보좌 앞에 나갈 때는 죄를 멀리 내버려야 한다. 기도는 상처 입은 사람을 치료하는 붕대와 같다. 화살이나 총알에 부상을 당했다면, 먼저 그것들을 몸에서 빼내고 나서 붕대를 감아야 한다. 영혼에서 죄를 먼저 제거하지 않으면 기도가 승리를 거둘 수 없다. 분노와 세속적인 생각도 기도를 방해하기는 마찬가지다. 분노와 노기는 누룩처럼 희생제물을 변질시킨다. 하나님께 평화를 구하는 사람은 자신의 마음속에서 벌어지고 있는 싸움을 멈추어야 한다. 당신은 형제를 조금도 용서하지 않으면서 하나님이 당신에게 한없이 용서를 베풀어 주실 것이라고 기대하는가? 이방인은 친구를 사랑하지만 그리스도인은 원수를 사랑해야 한다. 우리는 우리에게 죄지은 자들을 용서해야 한다. 영광스러우신 하나님을 우리가 날마다 얼마나 많이 욕되게 하고 있는지를 생각한다면 다른 사람들을 기꺼이 용서할 수 있을 것이다. 악의, 복수심, 분노, 앙심을 품고 하나님께 기도의 제사를 드릴 셈인가? 기도하려면 세속적인 생각도 말끔히 없애 버려야 한다. 하나님께 드리는 기도가 세속적인 생각으로 오염되면 기도의 향기로움이 사라지고 만다. 그리스도인들은 세속적인 생각을 버리지 못하고 기도하는 탓에 온전한 기도를 드리지 못할 때가 많다. 그런 생각이 기도를 방해하지 못하도록 기도하기 전에 마음을 주의 깊게 살피겠다고 결심하라.

조지 스윈녹, *Works*, 1:117-120

여호와의 눈은 의인을 향하시고
그의 귀는 그들의 부르짖음에 기울이시는도다

우리는 하나님의 뜻과 말씀을 기도의 규칙으로 삼아야 한다. 기도는 하나님의 계명과 약속과 예언의 말씀에 근거해야 한다. 그리스도인이 자기의 뜻이 아닌 하나님의 영광을 진정으로 추구한다면 그분께 무엇이든 구할 수 있다. "그의 뜻대로 무엇을 구하면 들으심 이라"(요일 5:14)라는 기도의 지침 외에 다른 원칙을 따를 이유는 없다. 오직 거듭난 사람만 이 기도의 능력을 활용할 수 있다. 우리는 자녀들이 큰 어려움을 당해 부르짖으면 신속하 게 달려가서 도와준다. 우리는 하나님의 자녀이기 때문에 그분이 우리의 기도를 들어주실 것이라고 확신할 수 있다. 우리는 겸손한 자세로 하나님께 나아가야 한다. 백성들은 왕에 게 무릎을 꿇고 청원을 한다. 기도의 특별한 목적 가운데 하나는 하나님을 높이는 것이다. 교만한 태도로 기도하는 사람은 하나님이 정하신 기도의 목적을 방해한다. 다른 사람들의 도움을 바라고 사는 걸인들은 교만한 자세를 취할 이유가 전혀 없다. 교만한 걸인은 하나 님의 대문 앞에서 아무것도 얻을 수 없다. 하나님은 겸손한 자에게 가까이 다가가시고, 그 들의 기도에 마음과 귀를 여신다. 우리는 또한 마음으로 기도해야 한다. 하나님은 마음의 기도를 그 무엇보다 귀하게 여기신다. 가식적인 태도로 하나님께 나아가서는 안 된다. 마 음이 수반되지 않은 기도는 제사가 아닌 신성모독이다. 마음이 성가대의 인도자가 될 때 하나님의 귀에 아름답게 울려 퍼지는 목소리가 될 수 있다. 주님은 진실함으로 자기를 부 르는 모든 자에게 가까이 다가가신다. 마음으로 기도하면 하나님이 자신의 은혜와 선하 심에 따라 용서를 베푸시고, 불완전하게 의무를 이행한 많은 잘못을 눈감아 주신다. 또한, 열정을 다해 하나님을 구해야 한다. 기도의 능력은 팔의 길이가 아닌 열정에서 비롯한다. 열정은 기도를 하늘로 실어 나르는 새의 날개와 같다(약 5:16). 모세의 열정적인 기도는 하 나님을 꼼짝 못하게 만들었다. 끈기 있는 기도는 하나님과 겨루어 이길 수 있다.

조지 스윈녹, *Works*, 1:120-127

항상 성령 안에서 기도하고

기도는 항상 해야 한다. 기도에 헌신하는 것이 우리의 의무다. 기도는 밤낮으로 항상 타오르는 제단 위의 불과 같다. 기도는 성도의 호흡이다. 그리스도인의 기도는 잠깐의 휴지기는 있을지언정 중단되는 법은 결코 없다. 그리스도인에게 주어진 의무 가운데 기도만큼 지속적인 관심을 기울여야 하는 의무는 없다. 항상 기도하고, 계속해서 기도하고, 쉬지 말고 기도하고, 끈기 있게 기도하고, 영원히 기도해야 한다. 쉬지 말고 기도한다는 것은 다음과 같은 의미를 지닌다. (1) **항상 기도하는 심령 상태를 유지해야 한다는 뜻이다.** 군인은 전투를 하지 않을 때도 항상 무기를 준비하고 있어야 한다. 우리의 마음을 항상 준비된 상태로 유지해야만 언제라도 신령한 음악을 울릴 수 있다. 신자의 마음은 불꽃이 보이지 않아도 기회가 되면 즉각 활활 타오를 수 있는 화로의 불씨와 같다. (2) **중요한 일은 기도 없이 절대 해서는 안 된다는 뜻이다.** 우리는 하나님의 종이기 때문에 어떤 일을 하든 허락을 구해야 한다. 잠자리에서 일어날 때나 누울 때나 밖에 나갈 때나 들어올 때나 항상 기도해야 한다. 이 해독제를 지니고 있어야만 세상의 독액을 물리칠 수 있다. (3) **정기적으로 시간을 정해 놓고 날마다 기도하라는 뜻이다.** 그리스도인은 날마다 육체는 물론 영혼을 먹여야 한다. 천수국처럼 아침에 우리 자신을 활짝 펼쳐 하늘의 감미로운 은혜와 축복의 이슬을 받아야 한다. 또한, 낮에는 일하느라 틈이 없었지만, 밤에는 연인처럼 대화를 나눌 수 있는 시간을 마련해야 한다. 기도는 아침에는 은혜의 문을 여는 열쇠이고, 밤에는 우리를 안전하게 보호하는 문빗장이다. 항상 기도하는 자는 낮에도 하나님께 기도할 것이 틀림없다. 우리는 하루를 살면서 언제라도 기도의 외마디 외침을 화살처럼 하늘을 향해 날릴 수 있다. 이따금 갑자기 기도하고 싶은 충동이 일 때도 결코 소홀히 해서는 안 된다. 마음속에서 성령의 감동이 느껴질 때는 신속히 하나님 앞에 나가 기도해야 한다.

조지 스윈녹, *Works*, 1:129-132

우리는 우리 자신이 사형 선고를 받은 줄 알았으니
이는 우리로 자기를 의지하지 말고 오직 죽은 자를
다시 살리시는 하나님만 의지하게 하심이라

하나님의 섭리는 참새나 우리의 머리털과 같이 가장 작은 것에까지 미친다. 하나님은 삶의 모든 과정을 다스리신다. 이런 사실은 모든 인생사 속에서 항상 하늘을 올려다보고 허락과 능력과 인내를 구해야 한다는 점을 상기시켜 준다. 하나님의 인도를 구하지 않고서는 어떤 일도 해서는 안 된다. 우리는 하나님이 우리가 하는 모든 일에 축복해 주시기를 바라는 마음으로 그분을 의지할 수 있다. 하나님은 이런저런 방식으로 자기 자녀들에게 필요한 것을 공급하신다. 믿음으로 살면 아무것도 걱정할 필요가 없다. 왜냐하면 하나님이 우리의 필요를 채워주겠다고 약속하셨기 때문이다. 우리가 믿기만 하면 하나님은 자신의 말씀을 반드시 지키실 것이다. 때로 하나님은 자기 자녀들이 몇 가지 외적인 것들이 부족한 상태로 살도록 허용하기도 하시지만, 그마저도 우리를 유익하게 하기 위한 것이다. 하나님은 고난을 받으며 구원의 때를 기다릴 수 있는 인내를 우리에게 허락하신다. 히스기야, 요나, 다윗, 다니엘과 그의 세 친구를 통해 알 수 있는 대로, 그분은 종종 자기 자녀들이 다급한 상황이나 절박한 상태에 빠지게 놔두거나 심지어는 죽음이 목전에 이른 상황에 직면하도록 허용하기도 하신다. 그리스도께서는 제자들이 물에 곧 빠져 죽을지도 모르는 상황인데도 모르는 척 잠을 주무셨다. 성부께서는 자신의 독생자가 십자가에서 고난을 받으며 "나의 하나님, 나의 하나님, 어찌하여 저를 버리셨나이까?"라고 부르짖도록 허용하셨다. 평범하고, 자연적인 수단이 모두 실패로 돌아가면 우리는 좀 더 지속적이고 항구적인 도움, 즉 하나님의 선하신 뜻과 능력을 구해야 한다. 하나님의 도움의 손길을 경험해 본 적이 있으면 어떤 시련 속에서도 더욱 담대하게 그분을 의지할 수 있다. 하나님의 능력은 인간이 연약할 때 비로소 나타나기 시작한다. 하나님은 우리의 상황이 다급할 때 가장 가까이 다가오신다. 하나님이 그런 상황을 허락하시는 이유는 우리를 시험해 우리 안에서 자신의 은혜가 역사하게 하시기 위해서다. 따라서 우리는 가장 곤궁한 상황이 닥치더라도 낙심해서는 안 된다. 인간은 누구든 시련을 겪기 마련이다. 우리의 은혜는 절박한 상황에서 더욱 강해진다.

리처드 십스, *Works*, 5:35-42

에바브로디도는 오랫동안 위험한 질병에 시달렸다. 이것이 인간의 운명이다. 이 운명을 피할 수 있을 것이라고 기대하지 말라. 하나님의 자녀들도 사는 동안 언제든 질병에 걸릴 수 있다. 이것은 일상의 경험을 통해 분명하게 확인되는 사실이다. 우리의 육체 안에는 온갖 질병의 씨앗이 존재한다. 병에서 회복되지 못하면, 하나님은 육체와 영혼을 묶은 끈의 매듭을 서서히 풀어 죽음을 좀 더 수월하게 맞이할 수 있게 해 주신다 . 질병이나 죽음을 피할 수 없다면 그 전에 미리 준비해야 할 텐데 그 방법은 무엇일까? (1) **병에 걸리기 전에 하나님을 친구로 삼으려고 노력하라.** 평생 고집스럽게 죄만 짓고, 하나님을 모독하고, 욕되게 했다면 병에 걸렸을 때 어떻게 위로를 발견할 수 있겠는가? 병에 걸리고 나서 회개하면 죄를 미워해서라기보다 징벌이 두려워서 그렇게 했다는 의심을 피하기 어렵다. 하나님은 종종 그런 사람을 절망 가운데 그대로 놔두신다. (2) **세상을 사랑하는 마음을 버리라.** 그래야만 고난이 닥쳤을 때 잘 견딜 수 있다. 세상에 대해 사랑이 이미 죽은 사람은 죽음을 편안하게 맞이할 수 있다. 세상의 것들의 불확실함과 덧없음을 생각해 보라. 그것들은 우리의 상황이 가장 절박할 때 아무런 도움도 줄 수 없다. (3) **그날에 청산할 것은 그날에 깨끗하게 정리하라.** 질병에 걸리면 미처 처리하지 못한 가장 어려운 일을 더 이상 할 수 없다. 중요한 일을 나중까지 미루는 것은 어리석다. 하나님이 갑작스러운 죽음으로 우리를 부르시거나 우리의 의식과 감각이 제대로 기능하지 못하는 상황을 허락하실 수도 있다. 가장 어려운 일을 우리가 가장 연약할 때까지 미루는 것은 어리석은 짓이다. 우리는 날마다 세상의 영향을 받는다. 따라서 매일 우리 자신을 깨끗하게 할 필요가 있다. (4) **건강할 때 병에 걸렸을 때를 대비해 위로의 근거를 마련하라.** 삶의 상황이 좋을 때 편안한 죽음을 준비해야 한다. 요셉처럼 기근이나 질병이나 죽음의 때를 대비하라. 병에 걸렸을 때 용기를 줄 수 있는 것들을 미리 준비하라.

리처드 십스, *Works*, 5:40-43

여호와의 인자와 긍휼이 무궁하시므로

하나님이 자기 백성에게 베푸시는 긍휼은 지극히 크고, 은혜롭다. 하나님은 자기 백성을 괴롭히고, 슬프게 만드는 것을 좋아하지 않으신다. 하나님은 자신의 명예가 훼손되거나 자기 백성의 안전이 위태롭지 않은 한, 징벌을 쉽게 가하지 않으신다. 하나님의 백성이 겸손한 태도를 보이면 하나님의 마음은 눈 녹듯 녹아내려 그들을 향한 긍휼이 가득 흘러 넘친다. 하나님의 긍휼은 지극히 은혜롭지만, 그분은 때로 그들의 잘못을 바로잡기 위해 그들을 원수들의 손에 넘기시곤 한다. 하나님은 자기 백성이 번영을 누리며 부주의하게 사는 것보다는 차라리 시련을 겪으며 근심하며 사는 것을 더 좋게 여기신다. 가장 훌륭한 신자들도 가장 혹독한 고난에 시달렸고, 지금 천국에서 별처럼 빛나는 성도들도 세상에 있을 때는 배설물처럼 발에 짓밟혔다. 하나님은 자기가 가장 사랑하는 백성들에게 혹독한 고난을 허락하신다. 그렇다면 긍휼을 베풀기를 좋아하는 하나님이 종종 자기 백성에게 고난의 섭리를 허락하시는 이유는 무엇일까? (1) **지극히 지혜로우신 하나님은 그런 섭리를 통해 자신의 이름을 영광스럽게 하신다.** 그분은 혹독한 고난을 겪는 자기 백성에게 도움과 피할 길과 구원을 베푸심으로써 자신의 능력의 영광을 나타내신다. (2) **하나님은 고난을 통해 자기 백성을 더욱 행복하게 하신다.** 그분은 그들이 부패한 본성을 죽이고, 진실함을 입증해 보임으로써 만족과 기쁨을 누리게 하신다. 많은 의심과 두려움이 사라지고, 해결된다. (3) **고난은 교회에서 위선자를 제거하는 목적을 지닌다.** 고난은 순수한 금과 찌꺼기를 분리하는 용광로와 같다. 교회가 형통할 때는 더운 여름철의 파리들처럼 많은 위선자들이 나타나지만, 고난의 겨울이 찾아오면 모조리 죽어 없어진다. (4) **고난은 하나님의 가족들이 서로를 사랑하게 만든다.** 고난은 화합을 이루고, 더 큰 사랑을 나눌 수 있는 기회를 제공한다. (5) **고난은 우리의 의무를 일깨우고, 더 자주, 더 열정적으로 기도하도록 가르친다.** 형통할 때는 나태와 형식주의가 만연하기 쉽다.

존 플라벨, *Works*, 6:6-11

어떠한 형편에든지 나는 자족하기를 배웠노니

이것은 성숙한 그리스도인 안에서 역사하는 성령의 영광스러운 능력을 표현한 말씀으로 우리가 따라야 할 삶의 방식을 보여 준다. 바울은 "배웠노니"라고 말했다. 이 말은 의미심장하다. 이것은 교육이 아닌 거룩한 삶을 통해 터득한 지식이다. 이 세상의 모든 학위를 소지했어도 이 지식은 가르칠 수 없다. 바울은 가말리엘이 아닌 그리스도와 많은 고난을 통해 이 지식을 배웠다. 이 지식은 자연을 통해서도 배울 수 없다. 이 지식은 그리스도의 학교에서 회초리를 많이 맞아야만 배울 수 있다. 하나님은 세상에 있는 자기 백성들에게 다양한 상황을 허락하신다. 궁핍할 때도 있고, 풍요로울 때도 있다. 그런 상황들은 우리의 믿음을 시험해볼 기회를 제공한다. 우리는 다양한 상황 속에서 하나님의 사랑이 견고하고, 확실하고, 항구적이라는 사실을 확인한다. 우리의 삶이 아무리 변해도 하나님은 변하지 않으시고, 그분의 사랑은 늘 한결같다. 우리는 하나님의 통치에 불만을 품지 않는 법을 배워야 한다. 하나님이 우리를 천국으로 인도하는 동안, 그분의 뜻대로 하시게 하자. 하나님이 우리를 천국으로 인도하시는 한, 그 길이 평탄하든 험하든 아무 상관 없다. 하나님의 은혜는 그분의 자녀들이 모든 상황을 잘 헤쳐나가도록 도와준다. 은혜의 사람은 비천한 상태에 처해도 지나치게 낙심하지 않고, 풍부한 상태에 처해도 지나치게 의기양양하지 않으며, 늘 한결같이 처신한다. 그는 풍요롭거나 궁핍하거나 그런 상황을 통해 야기되는 유혹에 굴복하지 않는다. 그는 풍부할 때 교만하지 않고, 궁핍할 때 초조해하지 않는다. 하나님이 그의 분깃이다. 빛이 사라져도 그에게는 여전히 태양이 있다. 가장 궁핍한 상태에서도 하나님은 여전히 그의 소유이다. 그는 풍요롭든 궁핍하든 불평하거나 실망하지 않는다. 그리스도의 학교에서 배우지 못한 사람들은 그렇게 할 능력이 없다. 그들은 마치 세상을 다스리는 섭리가 존재하지 않는 것처럼, 풍요로울 때는 교만하고, 궁핍할 때는 불평하며 낙심하고 초조해한다. 이것이 그리스도인의 탁월함이다. 그리스도인들은 풍요롭거나 궁핍하거나 상황으로 인한 올무에 걸리지 않고 살아가는 법을 터득했다.

리처드 십스, *Works*, 5:177-180

만일 마음을 다하고 뜻을 다하여 그를 찾으면 만나리라

기도에 헌신적인 사람들은 기도를 통해 하나님과 친밀한 교제를 나눈다. 그들은 자기가 기도하는 사람들과 자기 자신에게 하나님의 큰 축복을 가져다 나른다. 기도는 하나님의 마음을 움직이고, 빈 영혼을 채워 준다. 그리스도인은 기도를 통해 친구에게 하듯 하나님께 마음을 열 수 있고, 그분의 사랑을 새롭게 확인할 수 있다. 기도란 진실하고, 분별력 있고, 애정 어린 태도로 그리스도를 통해 하나님께 마음에 있는 것을 쏟아 내고, 성령의 능력과 도우심을 의지해 하나님이 약속하신 것들을 구하거나 믿음으로 그분의 뜻에 순종함으로써 교회를 유익하게 하는 것들을 구하는 것을 의미한다. 기도할 때는 진실한 태도로 하나님을 향해 마음을 열고, 구할 것을 분명하게 아뢰어야 한다. 진실한 기도는 무거운 근심에 짓눌릴 때는 마음으로부터 한숨과 탄식을 쏟아 내고, 은혜를 받고 나서 기쁨이 넘칠 때는 감사의 감정을 표현한다. "하나님이여 사슴이 시냇물을 찾기에 갈급함 같이 내 영혼이 주를 찾기에 갈급하니이다"(시 42:1)라는 말씀대로, 진실한 기도에 담겨 있는 열기와 힘과 생명력과 활력과 열정은 그야말로 대단하다. 다니엘은 참으로 열심히 기도했다. 기도할 때 몇 마디 의미 없는 말을 중얼거리는 것에 그치는 사람들이 너무나도 많다. 열정적인 기도란, 반드시 기도 응답을 받아 그리스도와의 교제와 위로를 경험하겠다는 생각으로 온 마음을 다해 드리는 기도를 의미한다. 신앙의 위인들은 이 축복을 받지 않고 살기보다는 차라리 죽기를 원했다. 그렇게 기도하는 사람은 하늘 아래 있는 모든 것을 공허하게 여긴다. 그는 오직 하나님 안에서만 안식과 만족을 누린다. 올바른 기도를 드리는 사람은 하나님을 구하는 것 외에는 그 무엇에서도 의미와 가치를 발견하지 못한다. 기도는 하나님의 뜻에 순종하는 것을 의미한다(마 6:10). 하나님의 뜻대로 기도하면 담대하게 기도할 수 있다. "그를 향하여 우리가 가진 바 담대함이 이것이니 그의 뜻대로 무엇을 구하면 들으심이라"(요일 5:14).

존 번연, *Works*, 1:623-627

죄가 더한 곳에 은혜가 더욱 넘쳤나니

하나님이 죄를 통해 자기 백성을 가르치실 수 있는지 궁금해하는 사람들도 있을 것이다. 하나님은 그러실 수 있고, 또 그렇게 하신다(롬 8:28). 물론, 모든 것이 합력하여 선을 이루지만 그렇다고 모든 것이 똑같이 작용하지는 않는다. 죄가 유익한 결과를 낳는 것은 순전한 특전으로 오직 절대적인 능력을 통해서만 그렇게 될 수 있다. 그 이유는 죄가 마귀의 고유한 사역일 뿐 아니라 멸망으로 인도하는 성향을 띠고 있기 때문이다. 죄로부터 좋은 결과가 나타났다고 해서 죄 자체에 감사해서는 안 된다. 하나님은 자신의 무기로 사탄을 제압하신다. 고난은 하나님이 허락하시는 재앙이다(암 3:6). 하나님은 고난을 통해 자기 자녀들을 가르치신다. 그분은 약속의 자녀들 가운데서 자신의 은혜로운 계획을 이루기 위해 고난의 강도를 적당히 조절하신다. 고난 자체에 본질적인 가치는 존재하지 않는다. 단지 하나님이 전능한 능력으로 그것을 구원의 목적을 이루는 수단으로 사용하시는 것뿐이다. 고난은 자르는 톱과 같다. 도구는 스스로는 아무것도 할 수 없다. 그것은 말 그대로 일꾼이 사용하는 도구다. 하나님의 자녀들은 징계의 회초리보다는 하나님의 말씀을 통해 좀 더 직접적인 가르침을 받을 수 있지만, 징계는 하나님의 가르침에 더 잘 반응할 수 있는 성향을 마음속에 일으키는 효과가 있다. 은혜는 적절한 상황들을 통해 진리를 강력하게 적용한다. 징계는 마음의 교만을 없애 준다. 교만한 마음은 말씀을 정면으로 거스르고, 마땅히 순종해야 할 명령을 거부한다. 하나님은 고난이라는 도구를 들고 찾아와서 교만의 산성을 무너뜨리신다. 교만한 마음은 악인들 가운데서 크게 소리를 내지만, 경건한 자들 가운데서도 징계를 통해 사라질 때까지는 작은 소리로 속삭여댄다. 고난은 무쇠 같은 마음을 부드럽게 만드는 하나님의 용광로다. 쇠는 차가울 때는 모양을 만들 수 없고, 빨갛게 달궈진 상태에서만 원하는 문양을 새겨 넣을 수 있다. 인간의 마음은 강퍅하다. 그런 본성적 특성은 특히 형통할 때 더욱 강해지는 경향이 있다. 하나님은 시련의 소낙비를 내려 마음을 부드럽게 함으로써 자기에게 더 많은 관심을 기울이게 하고, 세상의 소음에 영향을 덜 받게 해 주신다.

토머스 케이스, *Select Works, A Treatise of Afflictions*, 105-108쪽

주의 법이 나의 즐거움이 되지 아니하였더면
내가 고난 중에 멸망하였으리이다

말씀의 가르침과 징계는 서로 일맥상통한다. 이 둘은 모두 성부 하나님의 사랑에서 비롯한다. 고난은 가르침을 통해 거룩하게 되며, 그것은 하나님의 자애로운 사랑의 징표다. 고난은 아담의 모든 후손에게 공통적으로 주어지지만, 그것을 통해 가르침을 얻는 것은 택자를 향한 하나님의 특별한 사랑의 징표다. 하나님의 사랑과 그분의 징계가 하나로 결속될 수 있다는 것은 의문의 여지가 없는 진리다. 은혜의 증거는 외적인 처분이 아닌 내적인 인상에 놓여 있다. 고난을 벗어난 것에 감사하는 것은 바람직하지만 아무런 깨달음도 없이 고난 자체에서 벗어난 데 만족하는 것은 위험하다. 하나님이 우리를 징계하는 데 그치지 않고 가르침을 주신다는 사실을 알고 있는 사람은 복되다. 형제들이여, 나는 사람들이 고난을 받고 나서도 조금도 변하지 않고, 이전처럼 여전히 무지하고, 교만하고, 세속적이고, 조급하고, 부도덕하고, 그리스도와 자신의 마음을 옳게 알지 못하는 것을 보면 몹시 안타깝다. 고난이 교정의 결과를 가져오지 않는 것은 용광로에 들어갔는데 찌꺼기가 하나도 제거되지 않고 그대로 나오는 것과 같다. 고난은 시련을 겪는 다른 사람들을 동정하는 마음을 일깨우고, 세상의 위로에 집착하지 않고 그 가치를 옳게 평가하는 법을 가르친다. 고난을 통해 예수 그리스도를 닮게 되고, 기도하게 되었다면 복된 결과가 나타난 셈이다. 기도하는 마음 상태를 갖게 된 것보다 더 행복한 상태는 없다. 고난은 성경을 더 잘 이해하게 해주고, 성령을 근심하시게 한 죄를 슬퍼하도록 가르친다. 고난은 천국을 사모하고, 시간을 아끼도록 가르친다. 교훈을 주는 고난은 은혜 언약의 일부다. 은혜 언약에는 고난으로부터 자유가 아닌 죄로부터의 자유가 포함되어 있다. 징계와 말씀은 복되다.

토머스 케이스, *Select Works*, *A Treatise of Afflictions*, 110-127쪽

아버지여, 아버지의 이름을 영광스럽게 하옵소서

고난을 통해 자기 백성을 더 낫게 만드실 수 있는 하나님의 능력과 지혜는 참으로 놀랍기만 하다. 비밀을 한 가지 알려 주고 싶다. 그것은 죄가 세상에 고난을 가져왔지만, 하나님은 고난을 통해 세상에서 죄를 없애신다는 것이다. 하나님이 자기 자녀들을 가장 혹독하게 다루실 때가 그들을 향한 그분의 선의가 가장 크게 드러나는 때이다. 하나님은 영혼을 잃는 것보다 피를 흘리는 것이 더 낫다고 생각하신다. 고난받는 상황은 몸이 실제로 느끼는 것만큼 그렇게 무서운 것이 아니다. 세상은 단지 겉으로 드러난 것만 가지고 판단한다. 그 이유는 고난을 통해 마음에 하나님의 가르침이 주어진다는 사실을 모르기 때문이다. 우리의 복되신 구원자께서 심한 통곡과 눈물로 올리신 간구와 소원이 응답되었다(히 5:7). 그분의 기도가 응답된 이유는 무엇일까? 그 이유는 "이 때를 면하게 하여 주옵소서"가 아닌 "아버지여, 아버지의 이름을 영광스럽게 하옵소서"라는 기도 때문이었다(요 12:27-28). 우리의 기도에 주어지는 가장 큰 보상은 우리의 요구를 들어주는 것이 아니라 우리를 유익하게 하는 것이다. 하나님이 우리가 요구한 대로 응답하지 않으신다고 해도 우리의 기도는 절대로 실패하지 않는다. 고난이 단지 교만을 드러내고, 하나님을 향해 무신론적인 표현을 사용해 불평을 늘어놓는 기회에 그치는 것은 참으로 안타까운 일이 아닐 수 없다. 사람들은 하나님의 가르침을 받고서도 자신의 길을 고집할 때가 많다. 고난을 받은 이후에도 욕쟁이는 여전히 욕쟁이이고, 술주정뱅이는 여전히 술주정뱅이다. 또 다른 기준, 즉 눈에 보이는 것이 아닌 실제적인 것을 통해 모든 것을 심판할 하나님의 날이 다가오고 있다. 고난을 받는 하나님의 자녀들이 자신들의 슬픈 상황을 통해 하나님이 어떤 열매와 유익을 가져다주실지 곰곰이 생각한다면 어리석게 낙심하거나 실망하지 않을 것이다. 고난 자체를 보지 말고, 그 보이지 않는 열매를 바라보라. 그러면 고개를 똑바로 쳐들고, 흔들리지 않는 마음으로 인내할 수 있다. 환난이 인내와 연단과 소망을 이룬다는 것을 알면 환난 중에도 기뻐할 수 있다(롬 5:3-5).

토머스 케이스, *Select Works, A Treatise of Afflictions*, 122-131쪽

나의 영혼도 매우 떨리나이다
여호와여 어느 때까지니이까

하나님이 자기 백성 가운데 일부를 오랫동안 징계의 회초리로 다스리시는 이유는 무엇일까? 하나님은 자기 자녀들을 고난의 학교에 데리고 갈 뿐 아니라 종종 그들을 그곳에 오랫동안 머물게 하신다. 고난은 몇 달이나 몇 년, 또는 수십 년 동안 지속될 수 있다. 유대인들은 바벨론에서는 칠십 년, 애굽에서는 무려 사백 년 동안이나 일종의 교화소에 머물러야 했다. 우리는 역사와 경험을 통해 셀 수 없이 많은 사례들을 발견할 수 있다. 하나님의 백성들은 종종 고난 속에서 "어느 때까지입니까?"라고 부르짖었다(시 13:1-2). 하나님은 때로 자기 백성이 절망 상태에 이르러 더는 구원받을 가능성이 없다는 결론에 도달할 때까지 오랫동안 시련을 허락하신다. "여호와께서 시온의 포로를 돌려 보내실 때에 우리는 꿈꾸는 것 같았도다"(시 126:1)라는 말씀에서 알 수 있는 대로, 구원이 주어졌는데도 그들은 선뜻 믿으려고 하지 않는다. 베드로는 구원을 받으면서도 그것이 꿈인지 현실인지 알지 못했다(행 12:9). 하나님은 도대체 무슨 이유로 자기 자녀들에게 고난을 그토록 오랫동안 허락하시는 것일까? 한 가지 이유는 그들이 오랫동안 죄 가운데 머물러 있는 탓에 하나님이 그들을 교정하시는 시간도 그만큼 오래 걸릴 수밖에 없었기 때문이다. 하나님이 자기 백성을 "어느 때까지입니까?"라고 부르짖어야 할 상황까지 몰고 가시는 이유는 그들이 그분의 입에서 "너희가 어느 때까지 하려느냐?"라는 말씀이 나오도록 만들었기 때문이다(출 16:28). 또 하나의 이유는 하나님의 사역이 아직 완료되지 않았기 때문이다. 교훈을 깨달으면 고난이 신속히 멈출 것이 분명하다. 하나님은 필요 이상의 고난을 허락하거나(벧전 1:6) 고난을 베풀기를 기뻐하지 않으신다(애 3:33). 하나님의 사역이 완료되면 고난으로부터 벗어나는 구원이 임한다. 우리가 개선되어야만 구원이 주어진다. 우리가 기꺼이 죄를 포기하면 하나님은 감옥의 문을 열고, 회초리를 불 속에 집어 던지신다. "주님, 제가 어떻게 악을 행했는지 가르쳐 주소서. 그러면 더 이상 그렇게 하지 않겠나이다."

토머스 케이스, *Select Works, A Treatise of Afflictions*, 131-135쪽

여호와여…아침에 내가 주께 기도하고 바라리이다

기도 응답은 우리의 큰 관심사가 아닐 수 없다. 우리는 거룩하고, 간절한 마음으로 기도 응답을 기다려야 한다. 표적에 명중시키려면 궁수처럼 주의 깊게 조준해야 한다. 우리의 요청을 오와 열을 갖춘 군인들처럼 일목요연하게 하나님께 제시해야 한다. 기도의 요청이 무질서하지 않도록 잘 열거하라. 그런 다음에는 무엇이 필요할까? 기도할 때는 응답을 기대하며 기다려야 한다. 기도에 여러 가지 불완전함이 섞여 있더라도 영혼의 고뇌를 쏟아 정직하게 기도했다면 그 기도를 잃어버려진 기도라고 생각하면서 포기해서는 안 된다. 모세의 어머니는 모세를 더 이상 숨길 수 없게 되자 바구니를 만들고 역청을 발라 강물에 띄웠다. 바로의 딸이 씻으려고 왔다가 아이를 보고, 아이의 어머니를 유모로 삼아 키우게 했다. 감각의 눈으로 볼 때는 우리의 눈물과 한숨과 신음과 기도와 마음의 열매가 죽은 것처럼 보여 단념하고픈 생각이 들지만, 사실 그것들은 여전히 죽지 않고 물 위에 떠 있다. 믿음과 소망을 잃지 말고, 그것들이 어떤 결과를 가져오는지 지켜봐야 한다. 우리가 천국에 보낸 사자가 오래 지체하더라도 그가 다시 돌아오기를 기대하며 기다려야 한다. 기도의 열매가 아무것도 보이지 않더라도 포기하지 말고 '기도를 계속해야 한다'(골 4:2). 낚시꾼은 장시간 동안 한 마리도 낚아 올리지 못해도 낚싯대를 부러뜨리지 않고, 낚싯바늘을 거두어 올려 미끼를 점검하고 다시 물속에 던진다. 그와 마찬가지로 열심히 기도했지만 아무 응답이 없을 때는 스스로의 기도를 돌아보고 무엇이 잘못되었는지 생각해 보아야 한다. 빵 대신 돌을 원했을 수도 있고, 정욕을 부추기는 것을 구했을 수도 있지 않겠는가? 그런 잘못이 있었다면 기도 응답을 받지 못한 것이 조금도 이상하지 않다. 어떤 잘못을 저질렀든 그것을 바로 잡으려고 노력하고, 다시금 담대한 마음으로 기도를 시작하라. 궁수도 거듭 화살을 날렸는데도 표적을 명중시키지 못할 때는 이유를 생각해 보고, 자신의 실수를 교정한 뒤에 다시 화살을 날린다.

조지 스윈녹, *Works*, 1:133-136

구하라 그리하면 너희에게 주실 것이요
찾으라 그리하면 찾아낼 것이요
문을 두드리라 그리하면 너희에게 열릴 것이니

이 말씀은 부지런히 기도해야 할 의무를 일깨워 준다. 명목상의 그리스도인이 아니라 실제로 행위가 따르는 참된 그리스도인이 되기를 원한다면 기도의 사람이 되어야 한다. 기도는 수익을 약속하는 채권에 투자하는 것과 같다. 기도는 더 많은 것을 얻을 수 있는 가장 확실한 수단이다. 그러나 기도와 관련해 불평과 실망을 느끼는 그리스도인들이 너무나도 많다. 그들은 "그토록 오랫동안 기도했는데 형편이 더 나빠졌어. 기도해도 더 나아진 것이 없으니 포기하는 것이 나아."라고 말한다. 그러나 하나님은 말씀을 통해 우리에게 일정한 조건과 한계를 명시하셨다. 우리 편에서 충족시켜야 할 첫 번째 조건은 죄를 회개하고, 믿음을 갖는 것이다. 하나님의 약속들은 그리스도 안에 있는 자들을 위한 것이다. 두 번째 조건은 하나님의 본성과 뜻에 따라 기도하는 것이다. 우리에게 불행한 일이 일어났는데 하나님이 우리의 기도를 듣지 않으신다면 문제의 원인은 그리스도의 말씀이 아닌 우리의 기도에 있다. 기도할 때는 또한 올바른 동기로 기도해야 한다(약 4:3). 간구의 순서도 중요하다. 먼저 하나님의 나라를 구하지 않고 일시적인 것들을 구한다면 신속한 응답이 주어질 리가 만무하다. 우리의 소원이 이루어지지 않는 이유는 하나님이 우리의 기도를 듣지 않으시기 때문이 아니라 우리에게 더 나은 길을 가르치려고 하시기 때문이다. 하나님은 우리에게 가장 중요한 것을 가르치고 싶어 하신다. 아울러, 기도할 때는 믿음과 겸손과 열성을 다해 기도해야 한다. 응답이 지체될 때는 하나님이 들어주실 때까지 희망을 잃지 않고, 인내하며 기도하는 법을 깨우쳐야 한다(시 40:1-2). 응답을 기다리면 하나님께 관심을 집중할 수 있다. 우리가 진지하다면 하나님과 소통할 때까지 포기하지 않을 것이다. 믿음은 하나님이 오실 때까지 문 앞에서 기다리는 것이다. 그러나 우리는 얻을 때까지 기다리지 않는 잘못을 흔히 저지른다. 구세주를 탓해서는 안 된다. 그분의 약속은 변함없이 견고하다. 기다리는 법을 배우면 그분의 말씀을 더 많이 들을 수 있을 것이다.

리처드 십스, *Works*, 7:232-235

구하는 이마다 받을 것이요 찾는 이는 찾아낼 것이요
두드리는 이에게는 열릴 것이니라

하나님은 우리가 기도로 구하는 것들을 언제 우리에게 허락하는 것이 가장 좋은지 알고 계신다. 하나님은 우리에게 자신의 수표책을 주고 자기가 원할 때 지불하신다. 하나님은 그때가 언제인지 분명하게 알고 계시지만 우리에게는 감추어져 있다. 아브라함이 이삭을 결박하고, 그를 죽이려고 손을 쳐드는 순간에 즉각 구원이 임했다. 하나님이 우리의 기도를 듣고 도움을 베푸는 것을 지체하시는 이유를 몇 가지 제시하면 다음과 같다. (1) **첫째는 우리의 믿음을 단련시켜 하나님을 더욱 확실하게 의지하게 하시기 위해서다.** 우리의 경험을 통해 익히 알 수 있는 대로, 상황이 어려워도 용기를 내면 기쁜 결과가 찾아온다. 상황이 혹독하면 승리도 크다. 가나안 여인은 응답받기에 충분했지만, 주님은 그녀의 믿음을 영원히 기억하게 하기 위해 그녀를 기다리게 하셨다(마 15:28). (2) **둘째는 우리를 겸손하게 하시기 위해서다.** "하나님은 교만한 자를 물리치시고 겸손한 자에게 은혜를 주신다"(약 4:6). 우리 스스로 우리의 무가치함을 깨달을 때까지, 또는 바울처럼 극심한 위기에 직면해 "주여, 어느 때까지입니까?"라고 부르짖을 때까지 하나님은 구원을 미루신다(고후 1:9 참조). 하나님은 바울을 겸손하게 낮추고, 극단적인 상황 속에서 생명과 도움과 위로를 발견할 수 있는 유일한 장소가 어디인지를 가르치기 위해 살 소망까지 끊어지게 만드셨다. (3) **셋째는 우리의 열망을 북돋우시기 위해서다.** 하나님이 우리를 영원히 기다리게 하실 것이라는 생각은 잘못이다. 그분은 우리가 포기하지 않고, 더욱 간절하게 기도하기를 원하신다. 이런 경험은 처음에는 힘들지만 나중에는 더없이 은혜롭다. (4) **넷째는 선물의 귀중함을 깨우쳐 주시기 위해서다.** 쉽게 얻은 것은 쉽게 없어진다. 우리는 큰 대가를 치른 것을 매우 소중히 여긴다. 하나님의 것을 얻기 위해 탄식과 눈물을 쏟아내지 않으면 그것을 얻는 것이 쉬운 줄로 생각할 가능성이 크다. 따라서 하나님은 그것들을 쉽게 허락하지 않음으로써 그 참된 가치를 알아 그 귀중함을 깨닫게 하신다.

리처드 십스, *Works*, 7:236-237

나의 원대로 마시옵고 아버지의 원대로 하옵소서

기도할 때는 하나님의 섭리를 잘못 이해해 낙심하지 않도록 조심해야 한다. 우리의 기도가 하나님의 계시된 뜻이나 은밀한 섭리에 어긋나면 응답을 받을 수 없다. 하나님은 자기의 뜻대로 부르심을 받은 자들에게 모든 것이 합력해 선을 이루도록 이끄시기 때문에 우리를 유익하게 할 수 없는 것은 결코 허락하지 않으신다(롬 8:28). 의원은 환자에게 무엇이 유익한지를 환자 자신보다 더 잘 알고 있다. 그와 마찬가지로 하나님도 우리를 해롭게 할 수 있는 것들은 모두 거절하신다. 아버지들이 칼이나 불붙은 나뭇가지와 같이 날카롭거나 위험한 물건을 자녀들에게서 멀리 치워놓는 이유는 그들을 사랑할 뿐 아니라 그들을 안전하게 보호하기 위해서다. 하나님은 우리가 우리의 뜻대로 무엇을 원해도 자기의 뜻에 따라 우리의 기도에 응답하신다. 나아만은 "내 생각에는 그가 내게로 와서 서서 그의 하나님 여호와의 이름을 부르고 그의 손을 그 부위 위에 흔들어 나병을 고칠까 하였도다"(왕하 5:11)라고 말했다. 그러나 하나님은 수단에 얽매이지 않으신다. 배의 안전을 위한 바울의 기도는 응답되었다. 그들은 모두 육지에 안전하게 도착했지만, 일부는 부서진 배의 파편을 의지하고 일부는 헤엄을 쳐서 뭍으로 나왔다. 수단은 하나님이 정하시게 하라. 그러면 구원이 좀 더 신속하고, 편안하게 임할 것이다. 하나님은 우리가 구하는 대로 정확하게 응답하실 때도 있고, 똑같지는 않더라도 더 유익한 쪽으로 응답하실 때도 있다. 하나님은 바울의 가시를 제거해 주지는 않으셨지만 그 대신 충족한 은혜를 베푸셨다. 바울은 더 유익한 쪽으로 응답을 받았다. 우리가 거의 생각하지도 못하고, 느끼지도 못할 때 우리의 기도가 응답될 때가 많다. 우리의 뜻과는 다른 선이 우리에게 이루어진다. 사람들은 외과 의사에게 아프다며 깁스를 풀어 달라고 말하지만, 깁스를 하고 있어야 치료가 이루어진다. 하나님은 우리가 바라는 것보다 훨씬 더 좋은 응답을 허락하신다. 기도를 열심히 했는데도 구하는 것을 받지 못했다면 하나님이 또 다른 방법으로 더 나은 해결책을 제공하실 것이 틀림없다. 우리의 기도는 결코 헛되지 않고, 곱절로 보상 받는다.

리처드 십스, *Works*, 7:235-240

내가 아노니 하나님을 경외하여 그를 경외하는 자들은 잘 될 것이요 악인은 잘 되지 못하며

하나님의 사랑스러운 자녀들은 이따금 극심한 영적 갈등을 겪는다. 하나님은 때로 그들의 믿음이 흔들리게 놔두거나 말씀이 제시하는 원리들을 의심하도록 허용하시지만, 그분이 자기 자녀들을 위해 특별한 섭리를 베풀고 계시는 것만은 분명한 사실이다. 하나님의 길은 헤아릴 수 없을 만큼 심오하기 때문에 때로는 그분의 자녀들을 연단한다. 우리는 다른 사람들도 그런 경험을 한다는 것에서 위안을 얻을 수도 있겠지만, 그런 일을 겪을 때는 괴로워하지만 말고, 절망의 와중에서도 말씀을 통해 하나님의 자녀들의 복스러움을 생각하는 것이 바람직하다. 하나님의 말씀에서 용기를 주는 사례들을 찾아 보라. 그렇게 하면 육적이고, 감정적인 생각을 떨쳐 버릴 수 있다. 육적인 생각은 디베스(부자와 나사로 비유에 나오는 부자—편집주)를 보고 "오, 행복한 사람이여!"라고 말하지만, 성경은 "그는 단지 세상에서만 행복했고, 나사로는 세상에서만 불행했다."라고 말한다. 또 육적인 생각은 "세상에 이런 혼란을 허락하시는 하나님이 하늘에 계신단 말인가?"라고 말하지만, 성경은 "하나님이 모든 것을 지으시되 때를 따라 아름답게 하셨고"(전 3:11)라고 말한다. 일들이 혼란스러운 상태에 있을 때를 보지 말고, 그 결과를 봐야 한다. 감옥에 갇힌 요셉을 바라보면 "그 가없은 젊은이를 지켜 주는 하나님의 섭리는 대체 어디에 있단 말인가?"라고 놀라 외칠 수밖에 없다. 그러나 바로 다음으로 가장 높은 자리에 오른 그를 바라보면 모든 것이 달라진다. 부자의 문 앞에 있는 나사로를 생각하면 역시 놀라 소리칠 수밖에 없다. 그러나 아브라함의 품에 있는 그를 바라보면 모든 것이 달라진다. 빌라도 앞에서 심문을 받고, 십자가에 못 박히신 그리스도를 생각하면 놀라 어안이 벙벙할 수밖에 없다. 그러나 눈을 들어 하나님의 오른편에 앉아 통치하시는 그리스도와 정사와 권세가 그분의 발아래 복종하는 것을 보면 모든 것이 달라진다(엡 1:21). 이처럼 말씀은 일들의 현재 상태를 보지 말고, 하나님이 모든 것을 아름다운 목적을 향해 이끄실 때 나타나는 결과를 바라보라고 가르친다.

리처드 십스, *Works*, 7:82-84

이 세상이나 세상에 있는 것들을 사랑하지 말라 누구든지
세상을 사랑하면 아버지의 사랑이 그 안에 있지 아니하니

하나님의 자녀들은 강물을 거슬러 헤엄치고, 세상의 길과는 반대되는 길을 걸어간다. 그들은 사람들의 틈 속에서 사람들이 사는 모양대로 살아가지만, 성령의 인도를 따라 세상과는 다른 방향으로 나아간다. 다른 사람들은 제멋대로 자기의 길을 갈지라도 우리는 이 길, 곧 하나님께 가까이 나아가는 길을 선택하자. 영혼이 거룩하게 된 사람은 이 시대의 풍조와 시류와 견해를 기뻐하지 않는다. 그는 일시적인 행복이나 부나 명예를 추구하지 않는다(빌 3:18-19). 그는 다른 생각과 견해를 따른다. 하나님의 성령께서 세상과 반대로 살도록 그의 안에서 역사하신다. 하나님은 때로 우리가 실패를 경험하거나 우리의 정욕이 잠시 주도권을 잡도록 허락하기도 하시고, 금단의 열매를 조금 맛보도록 내버려 두기도 하신다. 그 이유는 그 쓴맛을 맛본 경험을 통해 "이것은 하나님을 저버리게 만드는 악한 것이로군."이라고 말하게 하기 위해서다. 하나님께 가까이 나아가는 것이 우리의 최고선이고, 그분을 구하는 것이 우리의 행복이다. 태양을 가까이할수록 빛이 더 많아지고, 불을 가까이할수록 열기가 더 뜨거워지며, 선을 가까이할수록 더 선해지고, 행복을 가까이할수록 더 행복해지는 법이다. 따라서 하나님을 가까이하면 가장 큰 행복을 얻을 수 있다. 하나님은 어디에나 계시며 능력과 섭리를 베푸시지만 자기 자녀들의 마음속에 특별히 은혜롭게 임재하신다. 하나님을 가까이하면 성령께서 그분의 자녀들을 강하게 하고, 위로하고, 고무하고, 굳세게 하신다. 우리도 마리아처럼 더 좋은 쪽을 선택해야 한다. 하나님을 사랑하면 그분과 더 많은 교제를 나누고 싶은 마음이 생긴다. 다른 것들이 우리를 그릇된 방향으로 이끌 때는 우리의 영혼에 이런 사실을 새롭게 각인시켜 달라고 성령께 기도해야 한다. 영적인 것들의 탁월함을 잊지 말자.

리처드 십스, *Works*, 7:84-90

그리스도의 말씀이 너희 속에 풍성히 거하여

하나님의 말씀은 생명수의 원천이요, 값비싼 보화가 묻힌 깊은 광산이요, 산해진미가 차려진 식탁이요, 온갖 맛있는 과일이 가득한 동산이다. 말씀에는 교회의 온갖 특권이 명시된 교회의 헌장이 포함되어 있다. 그리스도인의 개혁을 위한 교훈들과 위로를 주는 귀한 약속들도 말씀에서 발견된다. 말씀은 큰 파도가 성도들을 덮칠 때, 곧 그들이 고난을 당할 때 물속에 가라앉지 않고 고개를 위로 쳐들도록 도와준다. 성경에는 다 죽어가는 영혼을 되살릴 수 있는 강심제와 같은 말씀이 차고 넘친다. 성도가 공격을 받을 때 말씀은 그의 방패가 되고, 영혼이 거룩하지 않을 때 말씀은 영혼을 정결하게 해 준다. 말씀의 물은 우리의 모든 점과 흠을 씻어낼 수 있다. 말씀은 지옥에 갈 것 같은 영혼도 능히 구원할 수 있다. 이 말씀이 특별한 보화로 사람들에게 주어진 이유는 하나님의 뜻에 순종하고, 의로우신 주님을 알게 하기 위해서다. 성경을 부지런히 살피고, 배우는 것이 우리의 의무다. 지식의 나무인 하나님의 말씀은 금지된 열매가 아닌 명령된 열매다. 이 나무는 생명 나무로 향하는 길에서 자란다. 아담의 자손들은 누구나 말씀을 경시함으로써 치명적인 상처를 입은 상태다. 우리는 유일한 치료 약을 내동댕이치는 미친 환자와 같다. 성경은 그리스도의 말씀이고, 하나님은 그분의 말씀에 충실하게 귀를 기울이라고 명령하신다. 말씀은 우리의 구세주, 곧 무한한 가치를 지닌 진주가 보관되어 있는 상자와 같다. 우리에게는 이 상자를 들여다보라는 명령이 주어졌다(요 5:39). 우리는 탐욕스러운 사람이 은을 찾듯 성경을 탐색해야 한다. 하나님의 참된 자녀라면 누구나 말씀이 자기가 물려받은 큰 유산이라는 사실을 알기 때문에 하늘에 계시는 아버지의 뜻을 살피고, 성경에 있는 모든 말씀을 숙고하기를 기뻐할 것이 틀림없다. 성경은 매일 우리와 함께하는 동반자요 조언자다. 이 강심제 없이는 우리는 날마다 실신할 수밖에 없고, 이 무기가 없으면 매시간 벌어지는 싸움을 싸울 수 없다.

조지 스윈녹, *Works*, 1:141-143

간절한 마음으로 말씀을 받고

성경을 교회에 놔두고 가서 일주일 내내 말씀을 읽지 않는 사람들이 있는데 그렇게 하지 말라. 성경을 집에 가져가서 늘 곁에 두고 지내라. 성경을 하룻밤 함께 머물다가 떠나 버리는 나그네처럼 취급하지 말라. 성경을 하숙하는 동거인처럼 대하고, 항상 대화를 주고받을 수 있는 친밀한 친구처럼 여기라. 성경이 하숙비를 넉넉하게 지불하는 손님, 곧 항상 반겨 맞이할 수 있는 너그러운 손님과 같아서 온 세상을 준다고 해도 바꿀 고 싶지 않을 만큼 귀하다는 사실을 깨닫지 못했는가? 신앙의 위인들이 하나님의 말씀을 얼마나 극진히 사랑했는지 생각해 보라. 루터는 자기가 저술한 책들이 성경을 읽는 것을 방해한다면 결코 용납하지 않을 것이라고 말했다. 경건한 자들은 밤낮으로 말씀을 묵상했고, 그것을 가장 달콤한 꿀이나 가장 순수한 금보다 더 귀하게 여겼다. 영국의 순교자들은 성경책 몇 쪽을 얻기 위해 많은 재산을 소비했고, 성경 안에 있는 귀한 과실을 잃기보다는 차라리 자신의 생명을 내놓았다. 책 중의 책인 성경을 항상 앞에 펼쳐 놓고, 온종일 묵상하라. 말씀의 내용을 알고 믿는다면 그것을 손에서 놓고 싶지 않을 것이다. 언약궤에 안치된 두 돌판처럼 성경을 마음속에 깊이 간직하라. 하나님은 성경을 통해 자신의 영원한 선을 드러내신다. 성경은 하나님의 영원한 사랑의 증서다. 하나님의 영원한 작정이 원본이라면 성경은 그 사본이다. 성경에는 하나님이 불행한 죄인들을 자기 아들의 피로 구원해 영광의 영원한 중한 것을 물려받을 상속자로 삼기 위해 창세 전에 마음에 품으셨던 귀한 생각들이 포함되어 있다. 오랜 역사 동안 감추어져 있었던 하나님의 은혜롭고, 신비로운 목적들이 말씀을 통해 모든 사람의 눈앞에 분명하게 드러났다. 말씀의 무대 위에 인류를 향한 하나님의 은혜와 은총이 온전하게 나타났다. 어떤 태도로 말씀을 대해야 할지 신중하게 생각하라. 고결한 베뢰아 사람들처럼 날마다 성경을 상고하라.

조지 스윈녹, *Works*, 1:143-145

352

내게 줄로 재어 준 구역은 아름다운 곳에 있음이여
나의 기업이 실로 아름답도다

우리가 태어나는 가정은 하나님의 섭리를 통해 정해진다. 이것은 우리의 일시적인 행복과 영원한 행복 모두에 영향을 미친다. 하나님을 경외하고, 자녀들을 주님의 훈계로 양육하는 가정에서 태어난 사람은 그런 부모의 슬하에서 자란 것을 가장 큰 은혜 가운데 하나로 여겨야 한다. 부모가 우리가 어려서 아직 스스로 기도할 줄 모르는 때는 물론이고, 우리를 잉태하기도 전에 우리를 위해 기도했다면 그것은 참으로 크나큰 은혜가 아닐 수 없다. 그들은 우리를 위해 은혜의 보좌 앞에서 간절히 자신들의 마음을 쏟아 놓으며 우리의 모든 관심사, 특히 우리의 영원한 관심사를 주님께 대신 아뢰었다. 그들은 우리를 위해 애절한 심정으로 울며 기도했다. 우리는 그런 은혜를 참으로 소중하게 여겨야 한다. 그것은 진정 귀하기 짝이 없다. 신중하고, 경건한 훈육을 통해 우리의 부패한 본성이 고개를 쳐들지 못하도록 미연에 방지해 준 부모들을 둔 것은 큰 축복이다. 그들은 우리가 어려서 아직 여릴 때 우리의 영혼에 하나님에 관한 지식을 신중하게 일깨워 주었다. 그들은 우리의 육체를 먹이고 입히는 일을 조금도 귀찮거나 고달파하거나 아까워하지 않았던 것처럼, 우리의 영혼을 위해 기도하고, 조언하고, 눈물을 흘리는 일을 조금도 힘들어하지 않았다. 그들은 우리가 구원받기를 진정으로 원했다. 그들은 언젠가는 작별을 고해야 할 때가 오리라는 것을 알고, 우리를 그리스도 안에 남겨 둠으로써 그 시간을 가능한 한 편안하게 맞이하려고 노력했다. 그들은 단지 우리의 육체가 건강한 것에 만족하지 않고, 우리가 은혜 안에 있기를 바랐다. 큰 심판의 날에 "주님, 여기 저와 주님이 제게 주신 아이들이 있나이다."라고 말할 수 있는 것보다 더 바람직한 것은 없다. 태어나서 말을 하기 시작하자마자 욕설과 저주를 입에 달고 살도록 가르치는 불경건한 부모들 때문에 지옥으로 곤두박질치는 자녀들이 얼마나 많은지 모른다. 친구들이여, 거룩함의 본보기가 되어 그들의 모범적인 삶을 통해 천국에 이르는 길을 열어 주는 부모를 둔 이 놀라운 하나님의 섭리에 특별한 관심을 기울이고 그로 인해 마음이 뜨거워지기를 바란다.

존 플라벨, *Works*, 4:370-373

마땅히 행할 길을 아이에게 가르치라 그리하면 늙어도 그것을 떠나지 아니하리라

자녀들의 영혼에 아무런 관심도 없이 그들을 속되고, 무익하게 키우는 부모들이 얼마나 많은가? 그런 부모들은 마귀가 자녀들의 영혼을 채가려고 해도 크게 개의치 않는다. 그들은 자녀들에게 토지나 재산을 남겨 줄 수만 있다면 부모의 의무를 충분히 이행했다고 생각한다. 그런 부모와 자녀들이 장차 지옥에서 어떤 말로 서로 인사를 나눌 것인지 궁금하다. 부모들이여, 자신의 의무를 생각하기를 바란다. 당신과 가장 친밀한 관계를 맺고 있는 자녀들과 그들의 행복에 관심을 기울이라. 자녀들은 부모에게 기쁨을 주고, 부모들은 자녀들을 소중히 여긴다. 그런데 이 모든 것이 아무런 보람도 없이 끝나서야 되겠는가? 자녀들을 귀하게 여기면서 어찌 그들의 영원한 운명에 관해서는 아무런 관심도 기울이지 않는 것인가? 하나님은 자녀들의 육체는 물론, 영혼까지 부모에게 맡기셨다. 부모가 소홀히 해서 자녀들이 그리스도를 믿지 않고 죽는다면 무슨 위로가 있겠는가? "내 자식이 지금 지옥에 있다. 그렇게 되지 않게 하려고 내가 기울인 노력은 아무것도 없다. 내가 그를 지옥에 가도록 도왔다."라는 생각이 든다면 참으로 비통할 것이다. 우리는 자녀들에게 거룩함의 길을 가르치는 일을 소홀히 할지 몰라도 마귀는 그들에게 악을 가르치는 일을 절대로 소홀히 하지 않는다. 자녀들에게 기도를 가르치지 않으면 마귀가 그들에게 욕설과 거짓말을 가르칠 것이다. 잡초는 경작하지 않은 땅에서 자라는 법이다. 여린 가지는 어떤 형태로든 쉽게 구부려지지만 다 자란 가지는 구부려지지 않는다. 부모는 자녀들의 영적 불행을 야기하는 도구적인 원인자이다. 그들은 본질상 영적으로 죽은 상태이고, 모방을 통해 부모의 본을 따른다. 자녀들은 부모를 좋아하는 자연적인 성향을 지녔고, 따라서 부모에게는 그들을 가르칠 기회가 날마다 주어진다. 부모는 자녀들의 기질을 잘 알고 있다. 그런데도 부모가 의무를 소홀히 한다면 누가 그들을 도울 수 있겠는가? "내가 보니 죽은 자들이 큰 자나 작은 자나 그 보좌 앞에 서 있는데"(계 20:12)라는 성경 말씀을 잊지 말라. 사랑하는 자녀들이 그리스도의 왼편에 서 있는 것을 본다면 참으로 슬프기 그지 없을 것이다. 친구들이여, 그런 불행을 막기 위해 최선을 다하기 바란다.

존 플라벨, *Works*, 4:373-375

내 어머니의 태로부터 나를 택정하시고…
그의 아들을…내 속에 나타내시기를 기뻐하셨을 때에

하나님의 백성들을 위한 섭리가 그들의 회심의 시기와 도구와 수단을 조정하는 방식은 참으로 놀랍기 그지없다. 섭리는 이 일을 통해 가장 영광스럽게 빛난다. 우리는 다른 어떤 일보다 이 일로 인해 하나님의 가장 큰 은혜를 입는다. 누구든 이 일을 생각하면 마음이 무척 감격스러울 것이다. 은혜로운 마음의 소유자는 누구나 이 일을 묵상하기를 좋아한다. 이것은 그 어떤 이야기보다 기쁜 이야기가 아닐 수 없다. 장소나 사용된 도구들이 너무나도 특별하다. 야곱의 벧엘은 영원히 그의 생각 속에 가장 기쁜 장소로 남았다. 장소와 시기와 도구들이 참으로 경이롭다. 이 섭리가 우리에게 깊이 새겨 준 은혜로운 인상은 기억 속에서 절대로 지워지지 않는다. 주님은 이 일이 이루어지도록 우리를 위해 시기를 정하시고, 가장 사소한 상황까지 다스리신다. 내시가 이사야 선지자의 글을 읽는 바로 그 순간에 빌립이 나타나서 구원의 길을 가르쳐 주었다. 아람 사람 나아만이 섭리적 상황을 통해 포로로 잡힌 여종의 말을 듣고 변화를 받게 된 것은 참으로 기이하기 그지없다. 사마리아인들이 회심하게 된 복된 섭리를 생각해 보라. 우리는 설교자들이 일면식도 없는 사람들의 마음을 향해 정확하게 말씀을 전하는 것을 보고 놀랄 때가 얼마나 많은지 모른다. 그런 기억은 영혼에 큰 기쁨을 안겨 준다. 하나님의 섭리는 우리의 영원한 행복을 목표로 한다. 삭개오는 나무 위에 올라갔을 때만 해도 그리스도의 은혜로운 계획을 전혀 알지 못했다. 우리 가운데도 설교를 들으러 갔을 때 섭리의 목적을 전혀 의식하지 못한 사람들이 적지 않다. 우리를 은혜의 길로 인도하는 하나님의 섭리는 참으로 복되다. 이 은혜는 우리를 선택하신 하나님의 사랑에서 흘러나온다. 다른 모든 것이 우리의 주위에서 무너져 내릴 때도 영원한 은혜가 우리와 함께 할 것이다.

존 플라벨, *Works*, 4:376-387

나의 하나님이…너희 모든 쓸 것을 채우시리라

하나님의 섭리는 이 세상에서 우리에게 주어진 직업과 소명을 이루도록 이끈다. 하나님을 불명예스럽게 하지 않는 정직하고, 합법적인 직업에 종사하는 것은 결코 작은 축복이 아니다. 더욱이 그 직업이 우리의 재능과 소질에 맞는다면 갑절의 축복을 받은 셈이다. 다른 사람들에 비해 노동의 양이 적어 경건한 일에 할애할 수 있는 시간이 많다면 특별한 섭리로 인한 축복인 줄 알고 감사해야 한다. 섭리의 수레바퀴를 통해 일들이 결정되는 것을 보면 참으로 기이하기 그지없다. 다윗은 양들을 돌보는 일 외에 다른 고귀한 이상을 품지 못했던 것으로 보이지만, 하나님은 그를 한 나라의 목자로 세우셨다. 일은 하지만 능력이 충분하지 못한 사람들도 있고, 능력은 충분한데 일을 하지 못하는 사람들도 있다. 하나님이 노동의 기회는 물론, 세상에서 생계를 유지하고, 필요한 위로를 누리게 허락하셨다면 그것은 크나큰 섭리의 축복이기 때문에 크게 감사해야 마땅하다. 만일 생활 형편이 어려워 생계를 유지하기가 힘든 처지라고 해도 낙심할 필요는 없다. 하나님은 세상에서의 분깃은 작아도 경건한 믿음을 지닌 이들에게 "결코 너희를 버리지 않겠다"고 약속하셨다(히 13:5). 하나님의 섭리는 우리의 영원한 행복에 가장 크게 기여할 수 있는 상황을 조성한다. 아마도 세상에서 더 많은 것을 소유했다면 그것을 우리 자신을 이롭게 하는 쪽으로 활용하지 못했을지도 모른다. 우리는 우리에게 주어진 음식과 의복에 만족해야 한다. 의인의 적은 소유가 악인의 풍부함보다 낫다(시 37:16). 그러나 만일 자기 양식만 해결하는 데 그치지 않고 다른 사람들에게 자선을 베풀 만큼 충분히 가질 수 있게 되었고, 그 모든 일이 스스로가 기대하지 않았던 방식으로 이루어진 것이라면 이 또한 섭리의 결과이니 마땅히 하나님께 영광을 돌려야 한다. 세상의 직업과 소명을 성공적으로 이루려면 인간의 노력만으로는 안 되고, 하나님의 축복이 뒤따라야 한다. 어떤 직업과 지위가 주어졌더라도 만족하게 여겨야 한다. 하나님은 지혜로우실 뿐 아니라 우리의 영원한 행복을 추구하신다.

존 플라벨, *Works*, 4:387-391

지존자의 은밀한 곳에 거주하며 전능자의 그늘 아래에 사는 자여

하나님의 섭리는 우리의 상상을 초월할 때가 많다. 다시 말해, 우리가 바라는 것을 허락하는 대신 우리를 크게 유익하게 하는 쪽으로 이루어져 나갈 때가 많다. 하나님은 우리가 바라는 것이 아니라 자신의 무한한 지혜를 통해 가장 좋고, 가장 유익하다고 판단하는 것을 허락하신다. 가능성이 별로 없어 보이고, 관련성이 적어 전혀 있을 수 없을 것 같은 일들이 설명할 수 없는 기이한 방법들을 통해 종종 이루어지곤 한다. 우리는 우리에게 위로를 가져다주는 모든 섭리의 사역을 주관하시는 하나님께 마땅히 영광을 돌려야 한다. 세상사를 운영하는 지혜로운 하나님의 섭리가 우리의 생각을 초월해 모든 것을 이루어 나간다. 하나님의 지혜는 우리의 가족들을 적절하게 부양할 수 있도록 돕는 섭리를 통해 밝히 드러난다. 하나님은 우리의 지나친 바람은 이루어 주지 않으시지만 적절한 양의 것을 공급해 주신다 . 그분은 우리의 실질적인 필요를 채워 주시고, 나그네와도 같은 세상살이에 필요한 것들을 충분히 제공하신다. 사람들은 대부분 지나치게 풍족할 때 하나님을 잊어버리는 위험한 경향이 있다. 때로 하나님은 매우 적은 분깃을 허락해 두려움과 불신앙의 유혹을 느낄 만큼 우리를 곤궁하게 하기도 하신다. 바꾸어 말해, 우리의 필요를 채우기 위해 믿음으로 힘써 기도하는 것이 필요할 정도의 상황이 섭리를 통해 주어질 때도 있다. 하나님은 그런 상황에서 우리의 필요를 채워 줌으로써 자신의 선하심을 더욱 크게 드러내신다. 하나님이 과거에 은혜롭게 베풀어 주신 것들을 잊지 말고, 새로운 어려움이 닥쳤다고 해서 불평하며 슬퍼하지 않도록 주의하라. 섭리를 통해 주어진 운명이나 분깃에 조금이라도 불만을 느껴서는 안 된다. 섭리를 통해 주어진 모든 것을 기꺼이 받아들여 만족하기를 바란다. 섭리를 통해 주어진 것이 우리를 위한 최선이다. 장차 이것이 사실이라는 것을 인정하게 될 날이 올 것이다. 근심 걱정에 사로잡혀 죄를 짓지 않도록 조심하라. 하나님이 공중의 새도 먹이신다는 사실을 기억하라. 그리스도와의 관계를 기억하고, 섭리를 통해 주어진 것들을 만족하게 여기라.

존 플라벨, *Works*, 4:392-398

그런즉 서서

본문은 사탄과 싸울 때 그리스도인이 취해야 할 자세를 묘사한다. 이것은 군사 용어, 곧 장수가 자기 부하들에게 지시하는 명령어다. 겁쟁이는 담대하게 서지 못한다. 그러나 그리스도께서는 담대하게 서서 적을 용감하게 물리치라고 명령하신다. 우리아는 죽음 앞에서도 물러서지 않았다. 그는 자신의 상관을 거역하지 않았다. 목숨을 잃는 한이 있더라도 복종하는 것이 그의 의무였다. 어떤 유혹은 상당한 희생을 감수해야만 겨우 물리칠 수 있다. 어떤 로마 선장은 목숨을 지키는 것이 아니라 계속 항해하는 것이 필요하다고 말했다. 군인은 군주의 명예를 짊어지고 전쟁터에 나간다. 작은 비웃음이나 일시적인 손실이나 어려움을 피하기 위해 하나님의 이름을 욕되게 하는 것은 결코 바람직하지 않다. 하나님은 자기 종들의 피를 경시하지 않으시지만 때때로 고난 속에서도 충실함과 거룩한 용기로 사탄과 싸워 승리하게 하기 위해 힘겨운 일이나 극심한 유혹으로 그들의 충성심을 시험하신다. 하나님은 우리에게 굳세게 설 수 있는 갑옷을 허락하신다. 굳세게 서면 승리할 것이고, 도망치면 패배할 것이다. 하나님의 갑옷에는 등을 가려 주는 장비가 없다. 굳게 서면 총알이 바닥에 떨어질 것이고, 도망치면 심장을 관통할 것이다. 믿고 굳게 서는 사람은 목숨을 잃지 않을 것이다. 하나님은 뒤로 물러나는 사람을 기뻐하지 않으신다. 비록 피를 흘리더라도 죄와 사탄에 힘껏 대항하면 위로를 얻을 수 있다. 비겁함이나 배신의 이유로 처형되는 것보다는 차라리 전쟁터에서 우리의 군주를 위해 싸우다 죽는 것이 더 낫지 않겠는가? 사탄은 겁이 많은 적이다. 그는 우리의 영혼이 깨어 자기를 대적하는 것을 보면 크게 낙심한다. 그는 우리의 믿음을 보고 두려워 떤다. 사탄을 대적할 수 있는 힘을 구하고, 그의 움직임을 적극적으로 차단하라. 그러면 멀리 도망칠 것이다(약 4:7). 사탄은 우리의 동의가 없는 한 우리를 해칠 수 없다. 우리가 저항하면 그는 낙담한 채 떠난다. 우리의 저항이 미약할 때만 그는 공격을 계속 가한다. 사탄을 물리치는 방법은 그를 향해 문을 단단히 걸어 잠그고, 그와의 대화를 모두 거부하는 것이다.

윌리엄 거널, The Christian in Complete Armour, 1:275-278

뜻이 하늘에서 이루어진 것 같이 땅에서도 이루어지이다

성경에 계시된 하나님의 위대한 계획 가운데 하나는 우리를 그분의 뜻을 행하는 자들로 만드는 것이다. 하나님의 뜻을 행한다는 것은 우리가 진실한 마음으로 그리스도를 사랑한다는 증거다. 하나님의 뜻을 행하지 않는 것이 어리석은 일인 이유는, 그분의 뜻을 거부하는 것 안에서 마귀의 뜻을 이행하기 때문이다. 하나님의 뜻을 회피하는 것은 위험하다. 우리가 그렇게 하면 하나님은 억지로라도 자신의 뜻을 이루도록 이끄실 것이기 때문이다. 우리에게 명령된 하나님의 뜻에 순종하지 않으면 우리는 징벌을 받고 나서 순종하게 될 것이다. 하나님의 뜻을 행하는 것은 우리를 유익하게 하고 이롭게 한다. 그것은 왕이 신하에게 금광을 파라고 명령하고, 그가 파내는 금을 모두 그에게 주겠다고 말하는 것과 같다. 하나님의 뜻을 행하는 것은 우리의 의무가 아닌 특권이다. "내 목소리를 들으라 그리하면 나는 너희 하나님이 되겠고"(렘 7:23)라는 말씀은 "내가 너희를 지켜 줄 천사들을 보내고, 나를 너희의 분깃으로 내주고, 성령을 보내 너희를 거룩하게 하고, 내 사랑으로 너희를 위로하고, 내 긍휼로 너희를 구원하겠다."는 뜻이다. 하나님의 뜻은 우리를 존귀하게 만든다. 그분의 명령은 우리에게 짐을 지우는 것이 아니라 우리를 아름답게 한다. 하나님의 뜻을 행하는 것은 유한한 피조물에게 있어 가장 큰 명예다. 그리스도께서는 하나님의 뜻을 행하셨다. "내가 하늘에서 내려온 것은 내 뜻을 행하려 함이 아니요 나를 보내신 이의 뜻을 행하려 함이니라"(요 6:38). 우리는 세상에서 하나님의 뜻을 행함으로써 하늘의 왕의 혈통을 이어받아 그리스도의 친족이 된다. 세상에서 하나님의 뜻을 행하면 살아서나 죽어서나 평화를 누릴 수 있다. 하나님의 계명을 지키면 큰 상을 받는다(시 19:11). 하나님께 순종하며 그분과 친밀하게 지내면 영혼에 은밀한 기쁨이 솟아난다. 죽음을 편안하게 맞이하려면 세상에서 하나님의 뜻을 행하려고 노력해야 한다. "하나님의 뜻을 지나치게 많이 행했어."라고 외치며 죽음을 맞이하는 사람을 본 적이 있는가? 그런 사람은 단 한 사람도 없다. 하나님의 뜻을 행하지 않는 것은 곧 그분의 뜻을 멸시하는 것이다. 불순종은 하나님을 경시하고, 비웃는 것이다. 하나님의 뜻을 행하는 것이 우리의 위로요 면류관이다.

토머스 왓슨, *The Lord's Prayer*, 151-156쪽

마음으로 하나님의 뜻을 행하고

하나님의 뜻을 행하는 방식은 그분의 뜻만큼이나 중요하다. 마음으로 순종해야만 하나님의 인정을 받을 수 있다. 하늘에서 이루어진 대로, 곧 천사들이 하는 대로 하나님의 뜻을 행해야만 하나님의 마음에 들게 그분의 뜻을 행할 수 있다. 그렇다면 천사들은 어떻게 순종할까? (1) **천사들은 망설이지 않고 일관되게 순종한다.** 천사들은 오직 하나님이 명령하신 것만 이행한다. 순종은 하나님의 말씀에 따라 정확하게 이루어져야 한다. (2) **천사들은 하나님의 뜻에 가감 없이 온전히 순종한다.** 그들은 가장 작은 명령도 간과하지 않는다. 모든 명령이 똑같은 권위를 지닌다. 하나님의 뜻에 올바로 순종하려면 한결같은 태도로 순종해야 한다. 하나님의 뜻은 무엇이든 성심껏 순종해야 한다. 하나님의 뜻을 절반만 순종하는 사람들이 많다. 그들은 발을 저는 말이 한쪽 발로만 걷는 것처럼 하나님의 명령을 고르고 선택한다. 류트를 연주하려면 모든 현을 퉁겨야 한다. 그렇지 않으면 음악을 망치게 된다. 위선자들은 입술의 고백만 번지르르할 뿐, 자신들의 이삭을 희생시켜야 하거나 좋아하는 죄를 십자가에 못 박아야 하거나 그리스도를 위해 재산을 포기해야 하는 일이 벌어지면 주저하면서 나아만처럼 "오직 한 가지 일이 있사오니…이 일에 대하여 당신의 종을 용서하시기를 원하나이다"(왕하 5:18)라고 말한다. 어느 정도 잘못이 있더라도 하나님의 뜻을 행하려는 마음이 있고, 더 잘하지 못하는 것을 송구스럽게 생각한다면 하나님이 기꺼이 받아 주신다. (3) **천사들은 진심으로 순종한다.** 첫째, 그들은 하나님의 명령을 온전히 존중한다. 아들을 희생제물로 바치는 것은 아브라함에게는 참으로 힘든 일이 아닐 수 없었다. 그는 조금도 내키지 않았지만 하나님이 명령하신 일이었기 때문에 기꺼이 순종했다. 의무의 근거는 위로가 아닌 명령이다. 둘째, 그들은 오직 하나님의 영광만을 바라는 순수한 마음으로 순종한다. 바리새인들은 헛된 영광을 위해 순종했다. 하나님의 뜻을 옳게 행하는 자는 자신의 영광보다 하나님의 영광이 온 세상에 더욱 크게 나타나기를 원한다. 은혜로운 영혼은 오직 하나님만을 생각하며 그분의 영광을 드높이려는 순수한 동기로 그분의 명령을 이행한다.

토머스 왓슨, *The Lord's Prayer*, 156-159쪽

내가 주의 말씀을 얻어 먹었사오니
주의 말씀은 내게 기쁨과 내 마음의 즐거움이오나

우리는 천사들이 하늘에서 하는 것처럼 불평 없이 즐거운 마음으로 하나님의 뜻에 순종해야 한다. 천사들은 하나님을 섬기는 것을 좋아하며, 그들에게는 하나님을 섬기는 것이 곧 천국이다. 천국은 천사들이 한순간도 떠나기를 원하지 않을 만큼 행복한 곳이다. 그런 그들이 하나님의 메시지를 전달하기 위해 천국을 잠시 떠나는 이유는 그분의 뜻을 행하는 것을 무한한 기쁨으로 여기기 때문이다. 위선자도 선한 일을 할 수는 있지만, 그는 그런 의무를 이행하는 것을 기쁨으로 생각하지는 않는다. 위선자도 때로 하나님의 뜻을 행하지만, 그것이 그의 본심은 아니다. 가인은 마지못한 태도로 희생제사를 드렸다. 그의 예배는 제사가 아닌 노역이었다. 우리는 어떤 의무든 기쁨의 날개를 달고 이행해야 한다. 물론, 거듭난 사람이 항상 한결같이 즐거운 마음으로 순종하는 것은 아니다. 그러나 그는 자신의 그런 모습을 괴롭게 여긴다. 그는 자신의 권태감을 못마땅하게 여기면서 울며 기도하고, 가용한 모든 수단을 동원해 다시금 가볍고, 즐거운 마음으로 하나님을 섬기려고 노력한다. 의무 자체보다 의무를 이행하는 즐거움이 더 귀하다. 천사들처럼 하나님의 뜻에 순종하려면 열정을 다해 그분의 뜻을 이행해야 한다. 천사들은 활활 타오르는 사랑과 열정으로 순종한다. 그들은 하나님을 위해 최선을 다할 뿐 아니라 기꺼운 마음으로 신속하게 순종한다. 그들은 이런저런 변명을 내세우지 않고, 명령이 주어지자마자 즉각 순종한다. 우리도 복종하기를 열망해야 한다. 우리는 때로 선뜻 순종하지 않고 얼마나 오랫동안 미적거리는지 모른다. 그리스도께서는 우리가 은혜의 보좌 앞에 나갈 때보다 더 즐거운 마음으로 십자가 앞에 다가가셨다. 우리는 많은 변명을 늘어놓는다. 바울이 독사를 불에 떨어내 버린 것처럼(행 28장) 의무 이행에 대한 미온적인 태도를 과감하게 떨쳐 버려야 한다. 성령의 은혜를 받은 사람은 나태하게 굴지 않는다(시 18:44). 또한, 천사들은 하나님께 항상 순종한다. 순종의 진가는 일관성에 있다. 우리의 순종은 항상 타올랐던 제단의 불과 같아야 한다. 위선자들은 하나님의 뜻을 이행하는 것을 곧 포기한다. 우리는 하나님의 뜻을 항상 이행해야 한다.

토머스 왓슨, *The Lord's Prayer*, 159-163쪽

분을 내어도 죄를 짓지 말며
해가 지도록 분을 품지 말고 마귀에게 틈을 주지 말라

사탄은 늘 우리의 영역을 침범할 기회를 노린다. 한 가지 유혹에 굴복하면 마귀를 우리의 진지에 불러들여 더 많은 해악을 저지를 수 있는 유리한 고지를 내줄 수밖에 없다. 분노한 사람은 화를 내며 고함을 지르면서 "이만큼만 해야지."라고 생각하는지 모르지만, 그가 분노하며 화를 내는 동안 마귀가 문이 열린 것을 발견하고, 달려 들어와서는 그가 생각했던 것보다 훨씬 더 지나치게 행동하도록 종용한다. 가장 좋은 방법은 마귀에게 틈을 내주지 않는 것이다. 끌려 들어가지 않으려면 죄가 거하는 곳의 문 앞에도 얼씬거려서는 안 된다. 불에 데지 않으려면 유혹의 숯불 위를 걸어서는 안 된다. 한 가지 일과 관련해서만 사탄에게 굴복하고, 다른 일과 관련해서는 굴복하지 않을 것처럼 생각해서는 안 된다. 술주정뱅이와 함께 있으면서 술주정뱅이가 되지 않을 것처럼 생각하는 것은 큰 착각이다. 눈으로 정결하지 못한 것들을 보면서 정결해질 수는 없는 법이다. 그런 생각들은 한갓 망상에 지나지 않는다. 작은 유혹과 관련해서조차 마귀를 대적할 능력이 없는 사람이 어떻게 큰 유혹과 관련해서 그를 대적할 수 있겠는가? 군인들에게 각자 자기 위치에서 싸우라는 대장의 명령은 곧 굳게 서서 대적하라는 뜻이다. 군율에 따르면, 군인들은 특별한 허락이 없는 한 각자의 위치를 이탈해서는 안 된다. 모든 그리스도인은 하나님이 정해 주신 자리에 서 있어야 한다. 먼저 자리를 이탈해 도망치게 해놓고 죽여 없애는 것이 마귀의 전술이다. 성심성의껏 우리의 의무를 이행해야만 하나님이 우리가 가야 할 목적지까지 안전하게 데려다주실 것이다. 바울은 디모데에게 의무에 전념하라고 당부했다. 경건의 능력이 여기에서 나온다. 입으로 하나님을 안다고 고백해 놓고, 행위로 그분을 부인하는 것은 모순이다. 이 둘은 결코 조화를 이룰 수 없다. 일터에서 그리스도인이 아닌 사람은 골방에서도 그리스도인이 아니고, 교회에서는 위선자에 지나지 않는다. 믿음의 일부분이 훼손되면 그 결함이 모든 곳에서 느껴지기 마련이다. 굳게 서라!

윌리엄 거널, *The Christian in Complete Armour*, 1:278-280

아버지께서 내게 주시는 자는 다 내게로 올 것이요

어느 한 영혼의 회심이 이루어지려면 성삼위 하나님의 협력이 있어야만 한다. 이것은 매우 중요한 주제다. 죄인의 마음을 그리스도께로 가까이 이끌려면 하나님의 특별한 경륜이 필요하다. 성부께서는 죄인의 마음을 이끄시고, 성자께서는 그것을 받으신다. 그리고 성령께서는 그 두 가지를 이루는 도구의 역할을 담당하신다. 그분은 죄인의 마음에 생명을 주신다. 이것은 무한히 경이로운 일이 아닐 수 없다. 이 위대한 하나님의 경륜은 네 단계를 거쳐 이루어진다. 첫 번째 단계는 영원 전에 결정된 선택이다. 선택에도 성삼위 하나님이 모두 관여하셨다. 두 번째 단계는 우리를 구원하기 위해 예수 그리스도께서 하나님의 아들로 선포되신 것이다. 그분이 세례를 받으실 때 성부께서 '내 아들'이라고 선언하셨고, 성령께서 비둘기처럼 그분 위에 임하셨다. 세 번째 단계는 죄인에게 믿음이 주어지는 순간이고, 마지막 네 번째 단계는 성부를 비롯한 성삼위 하나님이 신자 안에 영원히 거하시는 것이다. 모든 신자의 영혼은 영원 전에 그리스도께 주어졌다(요 17:6). 우리가 믿을 때 성부께서 하늘에서 벌떡 일어나서 "아들아, 저곳에 내가 영원 전에 네게 준 영혼이 있다. 네가 그를 위해 십자가에서 죽었다. 가서 그를 데려다가 네 소유로 삼으라. 이제는 실제로 그가 네 소유가 되었다."라고 말씀하신다. 또한, 성부께서는 죄인의 마음속에서 속삭이며 그리스도께로 나오라고 권유하신다. 군중 틈에 서 있다가 성부의 부르심을 받는 경우도 있고, 집에서 구원받지 못한 상태를 슬퍼하며 눈물을 흘릴 때 부르심을 받는 경우도 있다. 우리는 성령에 이끌리어 성자를 통해 성부 앞에 나온다. 이처럼 우리는 세 위격 모두와 교제를 나눈다. 성부께서는 은밀한 섭리로 때와 장소를 정하시고, 성령께서는 우리를 예수 그리스도께로 인도하신다. 이것은 결코 사소한 일이 아니다. 우리의 뜻대로 믿고, 회개할 수 있다고 생각하지 말라. 성령께서 감화하실 때 즉각 따르고, 우리를 부르신 하나님의 값없는 은혜를 높이 찬양하라.

토머스 굿윈, *Justifying Faith*, 144-152쪽

우리의 형상을 따라…우리가 사람을 만들고

하나님은 자신의 본성에 합치하는 무죄한 상태로 인간을 창조하셨다. 인간의 육체나 영혼에는 본래 부패함이나 부패함의 원리나 불완전함이 전혀 존재하지 않았다. 하나님은 인간에게 생령을 불어넣을 때 의로운 영혼을 불어넣으셨다. 아담의 영혼은 모든 기능과 성향이 하나님의 도덕법에 부합했다. 그는 하나님의 율법과 자신의 의무를 완벽하게 알고 있었다. 아담의 의지는 모든 면에서 하나님의 의지와 일치했고, 하나님과 그분의 선하심에 자연스레 이끌리는 성향을 지녔다. 하나님의 율법이 그의 마음에 새겨졌다. 은혜로 새롭게 회복된 사람도 모든 점에서 율법이 요구하는 거룩함을 추구하려는 자연스러운 성향을 지니지만, 아담의 경우에는 그 모든 것이 자연적으로 주어졌다. 거듭난 사람의 경우는 그런 성향에 어느 정도의 부패함이 섞여 있지만, 아담의 경우는 섞인 것이 전혀 없이 순수했다. 아담은 하나님의 뜻을 알았고, 그것을 행하려는 성향을 지녔다. 그의 애정^{affections}은 온전한 균형을 갖추었고, 순수하고 거룩했다. 영적인 선이 그의 최고선이자 궁극적인 목적이었다. 그는 모든 무질서와 혼란으로부터 자유로웠다. 그는 자신의 의지를 실현할 능력을 지녔고, 마땅히 해야 할 일이라고 생각하는 것을 이룰 힘을 지녔다. 그의 의는 비록 가변성을 지니기는 했지만 자연스럽고, 포괄적이었다. 인간의 본성에는 잘못된 것이 하나도 없었다. 아담은 영혼과 육체가 온전히 거룩했다. 육체와 영, 이성과 욕망 사이에 아무런 갈등이 없었다. 그에게는 죄를 지으려는 성향이 조금도 존재하지 않았다. 그는 창조의 위대한 목적(하나님을 그분의 뜻대로 사랑하고 섬기는 것)을 능히 이룰 수 있었다. 그는 불결한 것을 쳐다보려는 생각이나 불결함이 전혀 없는 행복한 상태였다. 하나님의 형상이 그에게서 밝게 빛났다. 그는 모든 율법을 지킬 능력이 있었지만 자신의 잘못으로 인해 그 능력을 상실했다. 우리가 짊어져야 할 무한한 책임이 그리스도께 전가되었다. 그리스도는 자신의 보배로운 피로 우리의 자유를 사셨고, 절대로 잃어버릴 수 없는 영원한 안전을 아무 대가 없이 제공하신다.

토머스 보스턴, *Human Nature in its Fourfold State*, 43-54쪽

아담은 낙원에서 완전한 고요와 평화를 누렸다. 그의 양심은 할 일이 아무것도 없었다. 한 쌍의 행복한 부부는 완전한 하나됨을 이루었다. 그들은 질병이나 고통으로부터 온전히 자유로웠고, 순수한 즐거움과 기쁨을 누리며 살았다. 그들의 영혼은 지혜와 지식을 좋아했다. 그들은 하나님을 아는 지식을 소유했고, 그분과 교제를 나누었으며, 하나님의 영광을 보는 즐거움을 누렸다. 에덴동산에 있던 금단의 열매는 아담을 타락하지 않게 보호하려는 은혜로운 방책이었다. 하나님은 인간을 세상의 통치자로 세우셨지만, 아담은 가시적인 상징물을 통해 하나님이 만물의 궁극적인 주권자시라는 사실을 인지해야 했다. 가시적인 상징물이었던 그 나무는 창조주께 모든 것을 바쳐야 한다는 사실을 잊지 않도록 아담을 일깨워 주는 유일한 나무였다. 그 나무의 열매를 금지한 것은 인간을 안전하게 보호하려는 조처였다. 아담은 자신이 피조 세계의 통치자라는 것을 알았지만, 여전히 하나님의 신민일 뿐이라는 사실을 기억해야 할 필요가 있었다. 이 나무는 그에게 위험을 경고해 그의 가변적 상태를 의식하게 하기 위한 하늘의 기념비였다. 인간은 선을 행할 자유 의지를 부여받았고, 생명 나무가 그 증거였다. 아울러 인간은 악을 행할 자유를 지녔다. 금지된 나무가 그에게 그런 심각한 위험을 일깨워 주는 역할을 했다. 그 나무는 아담에게 계속해서 악을 거부하라고 암시했다. 그것은 죄의 암초에 부딪혀 산산이 부서지지 않도록 조심하라고 알려 주기 위해 아담 앞에 세워 둔 등대였다. 하나님이 사람을 두 발로 설 수 있게 창조하신 이유는 자기를 올려다보고, 땅이 아닌 하늘에서 행복을 찾게 하기 위해서였다. 이것이 이 아름다운 나무가 아담에게 가르친 교훈이었다. 아담의 행복은 피조 세계의 즐거움에 있지 않았다. 심지어 낙원에조차 부족한 것이 있었다. 금지된 나무는 사실상 모든 피조물을 대표했다. 그 나무는 인간에게 자기 자신에게서 눈을 떼고, 오직 하나님에게서만 행복을 찾으라고 가르쳐 주었다. 그것은 피조 세계의 문 앞에 걸려 있는 '허무'라는 푯말이나 다름없었다.

토머스 보스턴, *Human Nature in its Fourfold State*, 50-52쪽

한 사람으로 말미암아 죄가 세상에 들어오고 죄로 말미암아 사망이 들어왔나니

무죄한 상태의 인간을 생각하면 아담의 타락이 참으로 심각했음을 깨닫고 탄식하지 않을 수 없을 것이다. 한 웅장한 건물이 잿더미로 변했다고 가정해 보자. 집에 화재가 발생해 재산이 불타 없어지는 것을 본다면 어찌 눈물을 흘리지 않을 수 있겠는가? 그러나 이마저도 인간의 타락이라는 암울한 광경에 비하면 그야말로 아무것도 아니다. 인간의 타락은 마치 별이 하늘에서 떨어지는 것과 같았다. 우리의 본성에 아무런 결함이 없고, 우리의 마음속에 부패함이 없었던 시절로 되돌아갈 수만 있다면 얼마나 좋겠는가? 자색 옷을 입고 자란 사람들이 지금은 똥 더미를 껴안고 있다. 우리가 누렸던 태초의 영광은 어디로 사라진 것일까? 그때에는 생각 속에 어두움이 없고, 의지 속에 반항심이 없고, 애정affections에 무질서함이 없었다. 그러나 신실하던 성읍이 창기가 되었다. 공의가 그 가운데 거했지만 이제는 살인자들뿐이다(사 1:21). 은은 찌꺼기가 되었다. 하나님의 성전이었던 마음이 이제는 도적의 소굴로 바뀌었다. 우리의 이름이 이가봇(영광이 떠남)이 되었다. 인간이여, 그때는 참으로 행복했었다. 금지된 나무에서 이 쓴 열매를 따먹기 전만 해도 고통이나 질병이나 죽음이 인간에게 접근할 수 없었다. 하늘은 찬란하게 빛을 뿌리고, 땅은 환하게 미소를 지었다. 인간은 귀신들의 시샘을 받으며 천사들과 함께 어울렸다. 그러나 면류관이 인간의 머리에서 떨어졌다. 우리의 죄로 인해 우리에게 저주가 임했다. 물이 온 세상을 뒤덮었고, 불이 소돔을 불태웠으며, 개구리 떼가 바로를 응징했고, 벌레들이 헤롯을 먹어 치웠다. 우리는 심하게 타락했다. 불행의 심연 속으로 떨어졌다. 우리를 비추던 태양이 저버렸고, 죽음이 우리의 창문 안으로 날아들어 왔다. 우리 모두 수치와 혼란을 이불 삼아 덮고 먼지 속에 누워야 할 처지가 되고 말았다. 그러나 이런 상황 속에서도 희망은 있다. 죄인들이여, 둘째 아담이신 예수 그리스도를 바라보라. 첫째 아담을 버리고, 더 좋은 새 언약의 보증이요 중보자이신 그리스도께 나아가서 마음속으로 "저의 통치자가 되어 주소서. 주님의 손으로 이 허물을 덮어 주소서."라고 기도하라.

토머스 보스턴, Human Nature in its Fourfold State, 55-56쪽

인간은 본래 행복하고, 사랑스러운 피조물이었지만 죄를 지음으로 스스로를 비참하고, 부도덕한 상태에 빠뜨렸다. 인간이 마음으로 생각하는 것이 항상 악했다. 인간의 생각과 의지가 부패했다. 인간 안에는 하나님이 기뻐 받으실 만한 선한 것이 아무것도 남지 않았다. 온통 악한 마음과 부패한 본성뿐이었다. 부패가 마음과 본성 안에 철저하게 배어들었다. 하나님이 땅 위에 인간을 지으신 것을 한탄하실 정도였다. 인간의 이해력이 오염되었고, 혼란으로 뒤덮였다. 인간은 원수의 손아귀에 붙들린 신세로 전락했다. 인간의 의지는 반역적이 되었고, 사탄의 쇠사슬에 묶인 채 악의 통제를 받는 상태가 되었다. 인간의 애정affections도 완전히 부패했고, 무질서해졌다. 인간의 애정affections은 기수를 거부하거나 기수를 태우고 미친 듯 질주하는 다루기 힘든 말과 같아졌다. 심령heart은 온갖 가증한 것의 온상이다. 심령heart은 미워해야 할 것은 사랑하고, 사랑해야 할 것은 미워한다. 천국과 거룩함에 대한 심령heart의 저항력은 쉽게 끊어지지 않는 삼겹줄처럼 되었다. 생각은 어두워지고, 의지는 왜곡되고, 애정은 무질서해졌다. 양심은 부패해 더러워졌고, 육체도 불결해졌다. 따라서 중생과 본성의 철저한 변화가 필요하다. 인간의 모든 부분에서 치유와 회복이 이루어져야 한다. 중생은 생각을 새롭게 해 참 지식을 추구하게 하고, 심령heart과 애정affections을 새롭게 해 거룩함을 좇게 한다(고후 5:17). 이런 변화는 인간의 노력이 아닌 성령의 강력한 능력을 통해서만 이루어질 수 있다(요 3:5). 사랑스러운 성도들이여, 하나님이 우리를 손으로 붙잡아 주신 날을 잊지 말라. 무엇 때문에 하나님은 우리를 데려다가 쇠사슬을 끊으라고 명령하셨을까? 우리를 진노에서 구원한 비길 데 없는 그분의 사랑을 찬미하라. 우리가 형장으로 끌려가던 바로 그날에 그분은 우리를 자신의 궁궐로 데려오셨다. 온전히 그분의 것이 되고, 죄를 경시하지 말라.

토머스 보스턴, *Human Nature in its Fourfold State*, 59-181쪽

예수께서 이르시되…네게 무슨 상관이냐
너는 나를 따르라 하시더라

우리는 하나님이 우리에게 지정해 주신 길을 걸어가야 한다. 우리는 우리 자신의 일보다 다른 사람의 일을 더 원하는 경향이 있다. 사령관의 일은 병사가 할 일이 아니다. 우리의 길에서 벗어난 사역은 하나님이 기뻐하지 않으신다. 하나님은 자신이 요구하지 않은 일을 했다고 해서 우리에게 고마움을 느끼지 않으신다. 언약궤를 붙잡은 웃사처럼 선한 의도를 지녔다고 하더라도 마찬가지다. 하나님은 그의 열정을 기쁘게 여기지 않으셨다 (삼하 6:7). 사울은 그럴듯한 명분을 내세워 스스로 희생제사를 드렸지만 그것은 그에게 도움이 되지 않았다. 우리는 우리 자신에게 "누가 이것을 우리에게 요구했는가?"라고 물어볼 필요가 있다. 우리의 고유한 소명을 넘어선다는 것은 곧 하나님의 보호막에서 벗어나는 것이다. 하나님과 동행하기를 원한다면 우리의 위치와 소명에 충실해야 한다. 그곳에서 멀어지는 것은 하나님에게서 멀어지는 것이다. 하나님 없이 궁궐에 가서 사는 것보다는 비록 누추한 집일지라도 그분의 은혜로운 임재를 누릴 수 있는 곳에 머무는 것이 더 낫다. 하나님의 임재를 경험할 수 없는 곳에 머물려는 것은 무모한 모험이 아닐 수 없다. 우리가 부르심을 받지 않은 일을 행하거나 우리의 의무를 소홀히 하는 것은 위험하다. 땅은 고라를 더 이상 용납하지 않고 삼켜 버렸다. 바다는 도망친 선지자 요나를 호되게 다루었다. 이런 문제로 인해 스스로 파멸을 자초한 사람들이 한둘이 아니다. 우리는 다른 사람이 아닌 우리 자신의 청지기직에 대해 심판을 받는다. 하나님은 우리가 우리의 자리에서 충실할 것을 요구하신다. 사과나무에 무화과가 아닌 사과가 달려 있으면 그 나무는 아무런 하자가 없다. 사람들이 자신의 고유한 소명과 위치에서 이탈하는 이유는 그릇된 생각 때문이다. 그런 사람들은 교만하고, 하나님이 정해 주신 자리에 만족하지 못한다. 마음이 교만한 사람에게는 온 세상도 행보하기에 너무 좁게만 느껴진다. 그런 사람에게 자신의 가치를 보여 줄 수 있는 기회가 찾아왔다면 그는 과연 군중 틈에 숨어 있으려고 할까? 절대 그렇지 않을 것이다. 그는 그렇게 하는 것을 못 견딘다. 그러나 인간은 항상 자신의 위치를 지킬 때 더 잘되는 법이다.

윌리엄 거널, *The Christian in Complete Armour*, 1:279-284

땅이 혼돈하고 공허하며 흑암이 깊음 위에 있고
하나님의 영은 수면 위에 운행하시니라

태초에 땅에는 생명을 가진 것이나 그런 성질을 지닌 것이 전혀 존재하지 않았다. 성령께서 준비된 물질 위에 운행하면서 그것에 생명의 원리를 부여하셨다. 그와 마찬가지로, 아담을 통해 모든 인류에게 영적 어둠과 죽음이 임한 까닭에 지금까지 세상에 태어난 사람들 가운데 자신 안에 일말의 영적 생명의 원리나 그런 성향을 지닌 사람은 아무도 없었다. 이런 상태에서 성령께서는 생명을 창조하신다. 그분은 하나님이 선택하신 영혼들에게 새로운 영적 생명의 원리를 효과적으로 부여해 창조 사역을 이루신다. 이 사역이 곧 중생이다. 성령께서는 그 일의 근본인이자 작용인이시다(요 3:8). 혈과 육을 비롯해 인간의 의지는 이 사역과 관련해 온전히 배제된다. 거듭남은 오로지 하나님에게서 비롯한다. 하나님은 거듭남을 통해 새로운 영적 존재를 창조하신다. 그리스도께서 이를 위한 기초를 놓으셨다. 그분은 복음을 통해 생명과 불멸의 원리를 밝히 드러내셨다. 영혼의 위대한 의원이신 주님이 우리의 본성에 난 상처를 치유하고, 질병의 원인을 드러내고, 그 심각성을 보여 주고, 우리의 파멸 상태를 일깨워 주기 위해 오셨다. 따라서 우리는 우리의 변화를 감사히 여겨야 마땅하다. 성령께서 이 위대한 사역을 위해 사용하시는 도구는 매우 다양하다. 그분은 자기가 원하는 때에 원하는 방법으로 역사하신다. 그분은 대개 선포된 말씀을 도구로 사용하시지만, 때로는 비상한 방법으로 사람들을 부르기도 하신다. 그러나 중생을 어떤 식으로 경험하든 그 본질은 항상 동일하다. 모두가 하나님에 의해 동등하게 거듭났다. 하늘에 계신 성부의 형상을 더 많이 드러내는 사람들도 있고, 거룩함이나 완전함의 정도도 서로 제각각 다르지만 중생 자체의 차이는 존재하지 않는다. 중생의 종류는 오직 한 가지뿐이다. 중생의 본질적인 형태는 모두에게 똑같다.

존 오웬, *Works*, 3:207-216

그런즉 누구든지 그리스도 안에 있으면
새로운 피조물이라 이전 것은 지나갔으니
보라 새 것이 되었도다

중생은 단지 삶의 도덕적 개혁에 국한되지 않는다. 중생은 영혼과 영혼의 기능에 실질적인 새로운 영적 원리가 주입되는 것을 의미한다. 중생은 반대되는 습관적이고, 불순한 죄의 원리와 하나님을 향한 적개심을 제거하고, 영적 생명과 빛과 거룩함과 의를 부여한다. 오직 이것만이 참되고, 거룩한 순종의 행위를 가능하게 한다. 참된 중생의 원리는 목표로 하는 삶의 개혁을 분명하고, 확실하게 이루어 낸다. 이런 개혁이 사람에 따라 좀 더 완전하게나 불완전하게 이루어지는 차이는 있지만 참되고 진지하다는 점에서는 모두 똑같다. 중생과 개혁은 불가분이다. 중생을 통해 본성의 영적 혁신이 이루어지면 삶의 도덕적인 개혁이 따라올 수밖에 없다. 이런 일은 하나님의 능력으로 말미암는 창조 행위를 통해 이루어져 영혼의 핵심적인 기능에 적용된다. 중생을 통해 마음의 의도와 성향과 목적이 변화된다. 이 새 창조는 단지 행위를 고치는 것으로 그치지 않고, 내적 기능들을 새롭게 하는 데까지 나아간다. 이것이 중생이 '신성한 성품에 참여하는'(벧후 1:4) 것으로 일컬어지는 이유다. 에베소서 4장 22-24절은 중생의 사역을 언급하면서 그 시작과 과정을 설명했다. 성령께서는 각 사람의 본성에 알맞게 역사하신다. 그로써 그들의 영혼과 생각과 의지와 애정affections의 기능이 모두 영향을 받는다. 성령께서는 그들에게 무의식적인 황홀감을 불러일으키지 않으시고, 마치 악한 영이 자기가 장악한 사람들의 육체를 통제하는 것처럼 그들의 내적 기능과 능력을 이용해 역사하신다. 성령의 참된 사역은 성경에 대한 이성적인 믿음을 통해 입증된다. 성령께서는 말씀을 통해 선포된 수단들을 통해 역사하신다. 우리는 모든 것을 말씀으로 시험해 그것들이 진정한 중생의 사역에 해당하는지, 아니면 겉으로만 그렇게 보일 뿐인지를 판단해야 한다.

존 오웬, *Works*, 3:216-225

데마는 이 세상을 사랑하여

　노년에 접어든 바울은 복음의 진리를 위해 피를 흘릴 각오가 되어 있었다. 하나님은 때로 자신이 가장 사랑하는 자녀들이 그들과 가장 가까운 사람들에게 버림을 받도록 허용하신다. 그런 점에서 그들은 사랑하는 제자들에게 버림을 받아 홀로 외롭게 남으신 그리스도 예수를 닮았다. 그리스도께서는 종종 자신의 은혜를 더욱 은혜롭게 하시기 위해 우리의 위로를 잠시 거두신다. 하나님 외에는 우리의 영혼을 안전하게 의탁할 만한 곳이 아무데도 없다. 부와 명예와 친구와 같은 것들은 기댈 만한 의지처가 아니다. 그것들은 천국을 향해 가는 동안 간간이 위로를 제공할 뿐이다. 세상의 위로는 쉽게 사라지고, 그런 다음에는 더 많은 위로가 필요해진다. 그러나 하나님 안에서 누리는 위로는 더럽지 않고, 쇠하지 않는다(벧전 1:4). 하나님은 헛된 것을 의지하지 말고 자기를 신뢰하라고 우리에게 믿음을 허락하셨다. 친구들이나 재산을 하나님보다 더 신뢰하면 그것들을 우상으로 만드는 결과가 초래된다. 인간은 쾌락이나 이익 등, 좋아 보이는 것은 무엇이나 갖고 싶어 하는 본성을 지녔다. 그 때문에 우리는 하늘의 즐거움에 관심을 기울일 수가 없다. 사탄은 어떤 것으로도 그리스도를 신뢰하는 자들을 이길 수 없다는 사실을 잘 알고 있기 때문에 우리의 관심을 세상의 쾌락에 쏟게 만드는 방법을 연구한다. 우리의 길을 끝까지 고수하려면 어떻게 해야 할까? (1) 수치나 어려움을 당할 가능성이 항상 존재하기 때문에 어떤 반대나 핍박에도 굴하지 않겠다고 굳게 결심해야 한다. (2) 진리를 알려고 노력하고, 깨달은 것을 실천해야 한다. (3) 마음속에 하나님의 사랑을 깊이 간직하고, 격려의 말씀에 귀를 기울여야 한다. 뛰어난 지휘관을 모시고 있고, 올바른 명분을 추구하는데 끝까지 버티지 못할 이유가 무엇인가? (4) 자기를 부정하려고 노력해야 한다. 참된 그리스도인은 눈이 한쪽뿐이다. 세속적인 목표는 마음을 둘로 나눈다. 우리는 하나님과 정욕을 함께 추구할 수 없다. (5) 더욱 겸손해져야 한다. 죄를 가장 큰 악으로 여기고, 은혜를 가장 큰 선으로 여길 때 겸손할 수 있다. 그런 사람은 시련의 때에 끝까지 버틸 수 있을 것이다.

리처드 십스, *Works*, 6:408-411

간음한 여인들아 세상과 벗된 것이 하나님과 원수 됨을 알지 못하느냐

한 마음속에 그리스도에 대한 사랑과 세상에 대한 사랑이 상호 공존하는 것은 불가능하다. 이 둘은 서로 반대되는 원리에 따라 통치하는 두 주인과 같다. 성경은, 세상에 대한 사랑이 가룟 유다를 지배하는 순간, 마귀가 그에게 들어갔다고 말한다. 하나님과 세상을 조화시키려는 것은 큰 위선이다. 세상이 마음을 지배하면 하나님을 배신하게 되고, 자신의 소명에 불충실하게 된다. 세상을 본래의 자리, 곧 우리의 발아래 두어야 한다. 우리의 마음을 하나님에게서 멀어지게 만드는 것은 세상이 아닌 세상에 대한 사랑이다. 세상의 것들은 그 자체로는 선하다. 하나님은 천국을 향해 가는 우리를 위로하기 위해 그것들을 허락하셨다. 세상의 것을 잘못 왜곡해서는 안 된다. 문제는 세상의 것을 지나치게 사랑하는 데 있다. 세상의 것을 일평생 우리의 주인이 아닌 종으로 활용하면 위로를 얻을 수 있다. 우리를 해치는 것은 세상이 아닌 세상을 사랑하는 마음이다. 우리의 마음속에 하나님이 계셔야 하는데 온통 세상의 염려가 가득하기 때문에 그럴 수가 없다. 마음이 세상을 향하면 정욕을 충족시키기 위해 하나님에게서 멀어질 수밖에 없다. 세상의 것을 사랑하면 저속하고, 세속적인 사람이 된다. 우리의 애정affections은 우리가 실제로 어떤 사람인지 선포한다. 세상을 사랑하는 사람은 교회에 나올 때도 세상을 가지고 온다. 세상을 이길 수 있는 믿음을 갖기 위해 힘쓰라. 하나님이 우리의 목자가 되시면 아무것도 부족함이 없을 것이다. 우리의 애정을 올바른 방향으로 향하게 해야 한다. 세상이 주는 그 어떤 것보다 하나님의 은혜를 더 소중히 여겨야 한다. 우리가 세상에서 어려움을 당한다고 해도 무엇이 문제인가? 그리스도께서 우리를 위해 고난받으려고 천국을 떠나셨는데 우리도 기꺼이 그분을 위해 고난받아야 하지 않겠는가? 믿음은 세상의 온갖 보화보다 그리스도 안에서 더 큰 행복을 발견한다. 하늘의 것을 찾으면 천국이 우리에게 임할 것이기 때문에 세상에서 아무리 어려운 처지가 되더라도 만족을 누릴 수 있다.

리처드 십스, *Works*, 7:412-413

네 마음을 지키라 생명의 근원이 이에서 남이니라

섭리의 손은 죄의 유혹과 올무로부터 성도를 보호한다. 섭리는 무서운 유혹들을 막아주고, 원수의 치명적인 공격을 무산시킨다. 이것은 태양이 빛을 비추는 것만큼이나 명백한 진리가 아닐 수 없다. 선한 사람들 안에도 부패한 본성이 많이 남아 있기 때문에 그들이 스스로 자기 자신을 돌보는 것보다 섭리가 그들을 더욱 확실하게 보살펴주어야만 많은 죄를 짓지 않고 살아갈 수 있다. 그들이 스스로 자기 자신을 돌보며 날마다 자신의 마음과 행위를 살핀다고 해도 죄는 속이는 힘이 매우 강하기 때문에 섭리가 방책을 세워주지 않으면 죄에 더 자주 얽매여 더럽혀질 수밖에 없을 것이다. 성도들이여, 이런 섭리를 깊이 생각하고, 찬미하라. 우리의 부패한 본성이 죄를 짓도록 맹렬하게 부추기기 때문에 섭리가 어떤 식으로든 그것을 막아 주지 않으면 우리의 선천적인 능력만으로는 그 힘에 저항하기가 불가능하다. 죄를 거의 지을 뻔한 순간에 섭리의 은혜로운 손을 통해 구원받는 경우가 얼마나 많은지 모른다(시 73편). 가장 적절한 때에 은혜로운 섭리의 개입이 이루어진 사례가 참으로 많다. 은혜로우신 하나님이 수많은 유혹으로부터 우리를 구해주지 않으셨다면 우리는 비참하게 되고 말았을 것이다. 그런 섭리를 통해 우리가 받은 은혜는 이루 다 헤아리기가 어렵다. 당신은 평판이 좋고, 양심이 평화로운가? 이 두 가지는 우리의 두 눈만큼이나 중요하다. 이 둘을 온전히는 아니더라도 충분히 소유하고 있다면 그것은 섭리가 온갖 유혹이 난무하는 이 위험한 세상을 잘 헤쳐 나가도록 도와주었기 때문이다. 우리는 하나님의 섭리에 감사해야 한다. 유혹을 피할 수 있었다면 그것은 우연히 나타난 결과도 아니고, 우리 자신이 신중하고, 지혜롭게 행동했기 때문도 아니다. 물론, 그렇다고 해서 모든 것을 섭리에만 맡기고 아무런 노력도 기울이지 않음으로써 섭리를 시험하는 것도 바람직하지 않기는 마찬가지다.

존 플라벨, *Works*, 4:398-402

그러므로 하나님의 전신 갑주를 취하라
이는 악한 날에 너희가 능히 대적하고
모든 일을 행한 후에 서기 위함이라

서 있는 것은 잠을 자거나 게으름을 피우는 것과는 정반대다. 지휘관은 병사들이 바닥에 누워 안일하게 잠을 자는 것을 보면 "무기를 들고 서서 경계하라!"라고 명령한다. 잠을 자는 병사는 처형될 수도 있다. 왜냐하면 그의 나태함이 부대 전체를 죽음으로 몰아넣을 수도 있기 때문이다. 그리스도인들에게는 깨어 경계하는 것이 더더욱 필요하다. 그 이유는 원수가 한시도 잠을 자지 않고 두루 다니며 삼킬 자를 찾기 때문이다. 사탄은 항상 깨어 있기 때문에 그리스도인이 안일하고, 부주의한 태도로 영적 잠에 빠지는 것은 언제나 큰 위험을 초래할 수밖에 없다. 영적인 일을 소홀히 하지 않고, 온전히 깨어 있는 정신으로 적이 공격할 때 즉각 칼을 빼 대항할 준비를 하고 있다면 적에게 당할 가능성은 거의 없다. 은혜가 활력 있게 살아 역사함으로써 항상 싸울 태세를 갖추고 있어야 한다. 사탄은 성도가 잠을 자는 때를 노려 유혹한다. 사자가 잠을 자면 파리들이 겁 없이 달려드는 법이다. 유혹은 아무리 약해도 안일하게 잠을 자는 그리스도인의 허를 찌르기에 충분할 만큼 강하다. 삼손이 잠들었을 때 들릴라가 그의 머리털을 잘랐고, 사울이 잠들었을 때 그의 창이 탈취당했다. 노아가 잠들었을 때 그의 무례한 아들이 그의 벌거벗은 몸을 보았고, 유두고는 졸다가 삼 층 창에서 떨어졌다. 안일하게 잠을 자는 그리스도인은 느닷없이 기습을 당해 영적인 힘을 많이 잃을 수 있다. 그런 그리스도인은 고귀한 신앙고백을 저버리고 수치스러운 행위를 저지르기 쉽다. 사람들은 그런 그를 보고 그의 안에 은혜의 생명이 조금이라도 남아 있는지 궁금해할 것이 틀림없다. 우리는 맑은 정신으로 서 있어야 한다. 영혼도 육체처럼 잠들 수 있다. 안일함에 빠져들지 않도록 주의하고, 스스로 분발해 서 행동하라. 게으름과 나태를 일삼으면 습관으로 굳어지기 쉽다. 분발하라. 신중하고, 부지런한 태도로 굳게 서 있으려고 노력하라.

윌리엄 거널, *The Christian in Complete Armour*, 1:285-286

'구하기를 힘쓴다'는 것은 하나님이 우리의 기도를 이루어 주실 때까지 인내하며 끝까지 기도하는 것을 의미한다. 우리는 오랫동안 기도했는데도 여전히 응답이 지체되면 결국에는 낙심하기 쉽다. 모세처럼 해가 질 때까지 손을 들고 서 있는 것은 너무나도 어렵다. 하나님은 자기 백성을 왜 그런 식으로 다루실까? 기도가 거절된 것처럼 보일 때까지 하나님이 응답을 지체하시는 이유는 무엇일까? (1) 그 이유 가운데 하나는 **하나님 자신의 영광을 위해서다.** 신자가 하나님이 자신을 무시하거나 버리신 것처럼 보이더라도 끝까지 신실하게 충성스러움을 굳게 지키면 하나님이 영광을 받으신다. 하나님이 욥에게 그토록 큰 고난을 허락하신 이유는 그의 믿음과 인내를 통해 영광을 얻으시기 위해서였다. 하나님은 욥을 기쁘게 여기셨고, 그의 충성스러운 믿음을 통해 존귀함을 얻으셨다. 가엾은 영혼이 하나님이 거절하시는 것처럼 보여도 실망하지 않고, 계속해서 자신의 의무를 충실하게 이행하며 하나님께 매달리면 그분은 그것을 통해 영광을 얻으신다. (2) 하나님이 은혜로운 응답을 지체하시는 이유는 **자기 백성을 유익하게 하시기 위해서다.** 하나님은 자기 백성의 인내를 보상해 주신다. 기도를 오래 할수록 은혜도 더욱 커진다. 풍성한 수확은 농부의 인내에 대한 보상이다. 하나님은 때로 자신의 가엾은 자녀들이 울부짖을 때 아무런 반응 없이 잠을 자거나 그들을 잊으신 것처럼 보이지만, 사실 더 큰 은혜를 베풀 준비를 하고 계신다. 오랫동안 큰 어려움을 겪고 나서 은혜를 받으면 하나님의 사랑이 그 어느 때보다 더 은혜롭게 느껴지기 마련이다(마 15:28). (3) **은혜는 지체될수록 더욱 감미롭고, 더 큰 감사와 기쁨을 느낄 수 있게 해 준다.** 그 이유는 오래 기도하며 기다리는 동안 신자의 소원이 더욱 강렬해지기 때문이다. 하나님이 오래 지체하시면 그분이 오실지 안 오실지 몰라 초조해지기 쉽다. 그 과정에서 선한 신자의 마음속에서는 온갖 슬픈 생각이 떠오를 수밖에 없다. 그러면 신자는 기도를 당장 중단하지는 않더라도 무거운 마음으로 기도를 간신히 지탱해 나갈 수밖에 없다. 그러다가 응답이 주어지면 그의 마음에는 기쁨과 감사가 주체할 수 없을 만큼 크게 넘칠 수밖에 없다.

윌리엄 거널, *The Christian in Complete Armour*, 2:511-515

내가 여호와를 기다리고 기다렸더니
귀를 기울이사 나의 부르짖음을 들으셨도다

그리스도께서는 제자들에게 항상 기도하고 낙심하지 말라고 가르치셨다(눅 18:1). 위선자의 정체는 이것으로 판별된다. 위선자는 이따금 이 의무를 이행하지만, 응답이 오랫동안 지체되면 곧 싫증을 느낀다. 사울은 하나님께 기도했지만 응답이 없자 귀신을 찾아갔다. 하나님이 침묵하거나 응답을 거절하시는 것처럼 보일 때, 우리의 마음속에서 어떤 일이 벌어지는지 관찰해 보라. 기도의 열정이 약해지는가, 아니면 오히려 강해지는가? 하나님 앞을 떠나게 되는가, 아니면 더욱 용기를 내고, 열정을 불사르며 그 앞에 엎드리는가? 더욱 열심히 노력한다면 그리스도와 그분의 은혜가 반드시 임할 것이라고 확신할 수 있다. 기도할 때 낙심하는 것은 매우 어리석다. 은혜가 신속하게 주어지지 않는다고 해서 기도를 중단하고 돌아서서야 되겠는가? 기도를 중단하지 말고, 다르게 고치라. 기도가 잘못되었는지 살펴보고, 노력을 배가하라. 우리가 구하는 은혜는 무엇이든 하나님의 손을 통해 주어져야 한다. 하나님은 자기 백성들이 인내하며 기도하기를 원하신다. 병자를 위해 의원을 불렀다고 가정해 보자. 의원은 지체되는 일이 생겨 자기가 갈 때까지 복용할 약을 먼저 처방해 주었다. 그런데 병자가 처음에는 의원의 지시대로 약을 잘 복용하다가 의원이 오래 지체하는 것을 보고는 약 복용을 중단했다면, 마침내 그에게 가려고 길을 나선 의원은 도중에 그 소식을 듣고 발길을 되돌려 아예 가지 않았을 테고, 그 가엾은 병자는 결국 자신의 성급하고 어리석은 행동 때문에 명을 달리할 수밖에 없었을 것이다. 하나님도 어떤 이유로 인해 유혹과 고통에 시달리는 자신의 종들에게 선뜻 달려와서 그들을 구하지 않고 잠시 지체하실 수 있다. 하나님은 그러는 동안 자기가 올 때까지 기도의 의무를 포기하지 말라고 명령하셨다. 하나님은 우리를 구하기에 늦지 않게 오실 것을 보장하신다. 따라서 비록 힘들더라도 그분이 오실 때까지 인내하며 기도해야 한다.

윌리엄 거널, *The Christian in Complete Armour*, 2:515-517

우리에게 있는 대제사장은 우리의 연약함을 동정하지 못하실 이가 아니요

우리에게 있는 대제사장은 지극히 위대하시기 때문에 그분과 견줄 수 있는 사람은 이 세상 어디에도 없다. 그분은 한갓 재와 먼지일 뿐인 우리와는 비교할 수 없는 분이다. 그러나 그분은 우리의 연약함을 깊이 동정하신다. 그분은 우리의 본성을 입은 모습으로 천국에서 우리를 위해 나서신다. 주님은 우리의 연약한 본성을 취했을 뿐 아니라 결핍, 가난, 굶주림, 추위, 피로, 고통, 죽음, 슬픔, 고뇌, 괴로움, 두려움을 경험하셨다. 그분은 우리의 연약함을 모두 아시며, 아무리 작은 연약함도 간과하지 않으신다. 우리는 우리의 고난이 헤아릴 수 없을 만큼 많다고 생각하지만, 그분은 그 모든 고난을 정확하게 알고 계신다. 그분은 그것들을 관념적으로가 아닌 경험적으로 알고 계신다. 그분은 그것들을 몸소 겪으셨다. 그분은 직접 느껴보았기 때문에 그것들이 얼마나 힘들고, 아픈지를 잘 아신다. 그분은 의지할 것이나 머리를 둘 곳이 아무 데도 없는 상황과 궁핍한 상황을 직접 경험하셨다. 그분은 고통과 멸시와 학대와 비난과 증오를 직접 당해 보셨다. 그분은 인생의 비애와 죽음의 고통을 경험하셨고, 죄의 유혹과 사탄의 끔찍한 충동질을 직접 겪으셨다. 그분은 친구들과 하나님께 버림받는 것이 무엇인지 아신다. 한마디로 그분은 그 모든 일에 우리와 같이 되셨다. 그런 분이 지금 우리의 연약함을 동정하시고, 불쌍히 여기신다. 그분은 우리가 느끼는 고통을 모두 맛보았을 뿐 아니라 우리의 고난에 참여해 우리와 함께 고난을 받으신다. 그리스도께서는 전과는 달리 이제는 그런 연약함을 느끼지 않으시지만, 자신의 영혼으로 우리의 고난을 깊이 동정하신다. 그분은 자신의 놀라운 사랑으로 우리를 돕고, 위로하기를 원하고, 우리에게 가장 좋은 것을 해주고 싶어 하신다. 그분은 우리가 친한 친구의 고통을 보고서 느끼는 것과 같은 감정을 우리에게서 느끼신다. 그분은 사랑하는 자녀를 대하는 부모처럼 우리를 동정하신다.

데이비드 클락슨, *Works*, 3:81-85

아버지께서 내게 주시는 자는 다 내게로 올 것이요
내게 오는 자는 내가 결코 내쫓지 아니하리라

아버지의 사랑은 우리를 아들에게 주시고, 아들을 우리의 속죄제물로 내주신 것을 통해 분명하게 드러난다. 아버지께서는 우리의 구원에 가장 큰 역할을 하셨기에 찬양을 받으셔야 마땅하다. 아버지라는 용어는 성경의 다른 어떤 호칭보다 더 은혜롭다. 아버지께서는 자기 백성을 죄와 유혹에서 구원하려는 자신의 계획을 아들께서 온전히 이루실 것을 잘 알고 계셨다. 아들께서는 죽음을 멸하셨고, 죽음의 권세를 쥔 자를 제압하셨고, 무덤을 정복하셨고, 아버지께서 자기에게 주신 자들에게 미치는 죄의 저주스러운 영향력을 없애셨다. 아들께서는 율법의 저주를 없애셨고, 그것을 자신의 십자가에 못 박으셨으며, 원수들을 드러내 구경거리로 삼고 그들을 이기고 승리하셨다(골 2:15). 그분은 죽은 자 가운데서 살아남으로써 지옥과 죽음의 열쇠를 쥐셨고, 그것으로 자신의 승리와 정복을 입증하셨다. 그리스도께서는 우리의 신실한 중보자이시다. 아버지께서 아들에게 택자들을 주셨기 때문에 그분은 그들이 어떤 도발을 자행하거나 잘못을 저지르더라도 항상 온유하고, 인내심 있게 대해 주신다 . 아들께서는 자기 백성의 무지와 무례함과 죄는 물론, 그들이 저지르는 행위나 교리상의 오류를 오래 참아 주신다. 자기 백성을 향한 하나님의 온유한 태도와 인내심은 참으로 놀랍기 그지없다. 하나님은 자기 백성에게 쉽게 분노하지 않고 풍성한 긍휼과 큰 은혜를 베푸신다. 만일 하나님이 그렇게 자애롭지 않으셨다면 아담 이후부터 지금까지 그분이 해오신 것처럼 그들의 태도를 그렇게 인내심 있게 받아 주지는 못하셨을 것이다. 하나님의 긍휼은 어머니가 자기 자식에게 베푸는 긍휼보다 더 위대하다(사 49:15). 그리스도께서는 자기 자녀들을 영광으로 이끄는 과정에서 부딪치는 모든 어려움을 능히 극복하실 수 있는 지혜를 지니셨다. 그분은 하나님의 지혜이시다. 그분은 죄, 유혹, 박해, 타락 등 그 무엇도 자기 백성을 유익하게 하는 것으로 바꾸어 놓으실 수 있다. 그분은 그 일을 할 수 있는 만반의 준비가 되어 있으시다.

존 번연, *Works*, 1:240-246

수고하고 무거운 짐 진 자들아 다 내게로 오라 내가 너희를 쉬게 하리라

요한복음 6장 37절은 아버지께서 그분의 택자들을 예수 그리스도에게 주신 목적을 잘 보여 준다. 아버지의 목적은 그들이 그리스도께 나아가서 구원받는 것이었다. 아들께서는 그 목적이 반드시 이루어질 것이라고 말씀하셨다. 죄나 사탄이나 육신이나 세상, 그 무엇도 그들이 그리스도께 나오는 것을 막을 수 없다. 주 예수님은 충족한 은혜를 베풀어 이약속을 효과적으로 성취하고, 이 목적을 이루는 데 필요한 모든 수단을 사용하기로 결정하셨다. 아버지의 목적은 결코 좌절되지 않을 것이다(요 6:39). '온다'는 것은 마음과 생각을 그리스도께로 향하는 것을 의미한다. 그것은 의롭게 되어 구원받고픈 간절한 바람을 뜻한다. 그리스도께 나오려면 구원받지 못한 자신의 상태를 의식하는 것이 필요하다. 그런 사실을 의식하자 하루에 삼천 명이 회심했고, 간수를 비롯해 많은 사람이 그리스도께 나와 구원받았다. 그들 앞에 죽음이 있었다. 그들은 죽음을 보고, 느꼈다. 만일 그들이 예수 그리스도께 나오지 않았다면 죽음이 그들을 삼켜 버렸을 것이다. 그들은 그리스도 안에서 피신처를 찾지 못하면 영원히 멸망할 것이라는 사실을 의식하자 그분께 나오지 않을 수가 없었다. 그리스도께서는 "수고하고 무거운 짐 진 자들아 다 내게로 오라 내가 너희를 쉬게 하리라"라고 말씀하신다(마 11:28). 그리스도께 나온다는 것은 그분께로 달려가는 것, 곧 다가올 진노를 피해 그분께로 날아가 숨는 것을 의미한다. 우리는 그리스도께로 도망치지 않으면 그 어떤 피난처도 다 소용이 없고, 자기 안에서 죄와 죽음과 저주 외에는 다른 어떤 것도 찾을 수 없다는 사실을 의식해야만 비로소 그분께 달려가서 숨을 수 있다. 예수 그리스도의 절대적 필요성을 의식해야 한다. "주님, 저를 구원하소서. 그렇지 않으면 저는 멸망할 수밖에 없습니다."라는 생각이 필요하다. 정직하고, 진지한 태도로 그리스도를 위해 모든 것을 버려야 한다. "누구든지 자기 십자가를 지고 나를 따르지 않는 자도 능히 내 제자가 되지 못하리라"(눅 14:27). 진정으로 그리스도께 나오려면 모든 것을 뒤에 버려 두고, 그리스도만을 붙잡아야 한다.

존 번연, *Works*, 1:246-248

성령이 하나님의 뜻대로 성도를 위하여 간구하심이니라

성령으로 기도한다는 것은 성령의 역사에 힘입어 진지하고 열정적인 태도로 분별 있게 기도하는 것을 의미한다. 그 누구도 성령의 도우심이 없으면 올바로 기도할 수 없다. 많은 사람이 구하여도 얻지 못하는 이유는 잘못 구하기 때문이다. 우리가 기도하는 동안, 하나님은 우리가 어떤 정신과 동기로 기도하는지를 알기 위해 마음을 살피신다. 하나님은 오직 자기의 뜻대로 드리는 기도에만 응답하신다. 성령의 도우심 없이 기도하는 사람들은 냉랭하고, 분별 없고, 부적절하고, 위선적인 기도를 드릴 수밖에 없다. 성령께서는 우리의 연약함을 도와주신다. 우리의 죄를 확실하게 의식하고 서둘러 하나님 앞에 나오면 성령께서 우리의 영혼을 붙잡아 세우시고, 하나님을 올려다보며 기도하도록 도와주신다. 가엾은 영혼이 자신의 죄와 하나님의 진노를 의식하고, 믿음으로 '아버지여!'라는 한 마디를 외치는 것은 참으로 대단한 일이 아닐 수 없다. 믿음으로 외치는 이 한 마디가 냉랭하고, 형식적이고, 미온적인 기도를 천 번 드리는 것보다 더 낫다. 기도할 때 마음을 방해하는 장애물이 얼마나 많은지 모른다. 우리의 마음속에는 어떻게 해서든 하나님을 피해 달아나려는 강한 성향이 도사리고 있다. 그러나 성령께서 마음속에 들어오시면 우리는 진정한 기도를 드릴 수 있다. 기도할 때 중요한 것은 입이 아닌 마음이다. 가장 훌륭한 기도는 말보다는 깊은 탄식으로 이루어질 때가 많다. 야곱은 기도를 시작하기만 한 것이 아니라 끈질기게 기도했다. 그는 "내게 축복하지 아니하면 가게 하지 아니하겠나이다"(창 32:26)라고 말했다. 다른 경건한 신자들도 모두 그렇게 한다. 그러나 기도의 영이 돕지 않으면 그런 일이 일어날 수 없다(유 1:20). 나는 주님께 기도하고, 기다릴 것이다. 설혹 그분이 침묵하며 위로의 말을 단 한 마디도 하지 않으시더라도 기도를 중단하지 않을 것이다. 하나님은 야곱을 많이 사랑하셨지만, 축복을 베풀기 전에 온 힘을 다해 씨름하게 하셨다. 하나님은 자기 백성이 기도를 드리며 천국의 문을 계속 두드리기를 바라신다.

존 번연, *Works*, 1:627-634

하나님의 섭리는 세상의 가장 작은 일에까지 미친다. 따라서 큰 일이 섭리의 통제를 받는 것은 너무나도 당연하다. 주님은 성부의 허락이 없으면 참새 한 마리도 땅에 떨어질 수 없기 때문에 많은 참새보다 더 귀한 우리는 아무것도 두려워할 필요가 없다고 가르치셨다. 이 가르침은 개인적인 고난이나 공적인 불행이 닥쳤을 때 우리의 마음을 굳세게 해 준다. 폭풍우와 풍랑이 배를 위협해도 하나님은 주무시지 않고 키를 붙잡고 계신다. 그분은 키를 조종하고 다스리시며, 그런 모든 무질서한 세력들을 헤치고 나가 자기의 영광을 나타내시고, 우리를 유익하게 하신다. 그런 흉악한 일들이 어떻게 일어날 수 있는지 궁금해하지 말고, 그것들이 한계를 넘어서지 않도록 통제하시는 하나님의 섭리를 경이로워해야 마땅하다. 만일 하나님이 사람들의 난폭한 욕망을 제멋대로 날뛰게 놔두신다면 거리마다 폭력과 살인이 난무할 것이다. 거리에서 그런 불법이 계속해서 일어나지 않고, 우리가 어느 정도 안전하게 살아갈 수 있는 이유는 모든 것을 다스리시는 하나님의 섭리 때문이다. 사람들의 사악함은 하나님의 통제에서 벗어날 기회를 노린다. 그들의 악은 조금이라도 틈이 있으면 거칠고, 자연스럽게 솟구쳐 나올 것이 분명하다. 하나님의 섭리라는 댐이 무너지면 악의 홍수가 발생하여 온 땅에 흘러넘치고, 불경함과 신성모독이 온 세상을 뒤덮을 것이다. 하나님은 거칠게 넘실대는 바다에 한계를 정해 더 앞으로 나아가지 못하게 막으신다. 세상이 혼란스러우면 우리는 낙심하며 "주의 크신 이름을 위하여 어떻게 하시려 하나이까"(수 7:9)라고 부르짖는 경향이 있다. 그러나 하나님은 심지어 그런 일들을 통해서조차 자기를 영화롭게 하신다. 따라서 낙심할 필요가 전혀 없다. 보이지 않는 지혜로운 손이 모든 것을 형성하고, 모양 짓는다. 개개의 섭리를 모두 하나로 합쳐 놓으면 더할 나위 없이 경이롭고, 영광스러울 것이다.

에제키엘 홉킨스, *Works*, 3:386-388

의인과 악인의 부활이 있으리라

바울은 죽은 자의 부활이라는 교리 덕분에 거친 세파 속에서 온갖 유혹과 혼란을 극복할 수 있었다. 우리가 장차 부활하면 무덤에 묻힐 때보다 훨씬 더 영광스러운 상태로 변화될 것이다. 더 영광스럽게 변화되더라도 우리의 육체는 과거와 똑같은 육체일 것이다. 우리의 육체가 죄와 연약함이 없는 완전한 상태로 하나님의 나라를 기업으로 물려받을 것이다. 우리의 육체는 그 어떤 질병이나 연약함도 없이 영광스럽게 부활할 것이다. 빛은 태양의 영광이고, 힘은 젊음의 영광이며, 흰 머리는 노년의 영광이다. 영광스럽게 부활한다는 것은 모든 아름다움을 지닌 채 인간으로서 소유할 수 있는 가장 완벽한 형태로 부활하는 것을 의미한다. 죄와 부패함으로 인해 우리의 육체와 영혼 속에서 온갖 부조화가 발생했다. 그러나 영광스럽게 변화된 육체에는 저는 다리나 뒤틀린 어깨나 침침한 눈이나 주름진 얼굴이 존재하지 않을 것이다. 하나님이 우리의 낮은 몸을 영광스러운 몸으로 변형시키실 것이다(빌 3:21). 지금 천국에 있는 영혼들이 순식간에 다시 각자의 육체 속으로 들어가서 세상을 떠나기 전처럼 모든 지체와 핏줄 속에 거할 것이다. 그들의 육체가 능력으로 부활할 것이다. 그들의 발아래 죽음과 파괴가 무릎을 꿇을 것이다. 우리는 기품 있게 당당히 설 것이고, 우리의 얼굴은 환하게 빛날 것이다. 또 다른 육체가 아닌 지금의 육체가 신령한 육체로 되살아날 것이다. 지금보다 훨씬 더 영광스러운 상태로 변할 테지만 모든 면에서 지금과 똑같은 인성을 지닐 것이다. 그렇지 않으면 천국에 있는 우리는 우리일 수 없고, 우리가 아닌 다른 것일 수밖에 없다. 우리의 고유한 인성을 잃는다면 우리의 존재를 잃는 것이기 때문에 아무것도 아닌 것이 되어 사라지고 말 것이다. 따라서 그것은 똑같은 몸이어야 한다. 다시 말해, 육의 몸으로 심고 신령한 몸으로 다시 살아나는 것이다(고전 15:44).

존 번연, *Works*, 2:85-96

Alleine, Joseph—

        A Sure Guide To Heaven, Edinburgh: Banner of Truth, 1995.

Baxter, Richard—

        Practical Works, 2 vols., Ligonier: Soli Deo Gloria, 1990.

Boston, Thomas—

        Human Nature in Its Fourfold State, Edinburgh: Banner of Truth, 1997.

Bradford, John—

        Writings of John Bradford, 2 vols., Edinburgh: Banner of Truth, 1979.

Brooks, Thomas—

        Works of Thomas Brooks, 6 vols., Edinburgh: Banner of Truth, 2001.

Bunyan, John—

        Complete Works, 3 vols., Edinburgh: Banner of Truth, 1991.

Burroughes, Jeremiah—

        The Saints' Happiness, Morgan: Soli Deo Gloria, 1996.

Case, Thomas—

        Select Works of Thomas Case, Ligonier: Soli Deo Gloria, 1993.

Charles, Thomas—

        Spiritual Counsels, Edinburgh: Banner of Truth, 1993.

Charnock, Stephen—

        The Existence & Attributes of God, Minneapolis: Klock & Klock, 1977.

Clarkson, David—

        Works of David Clarkson, 3 vols., Edinburgh: Banner of Truth, 1988.

Edwards, Jonathan—

        Works of Jonathan Edwards, 2 vols., Edinburgh: Banner of Truth, 1995.

Flavel, John—

        The Fountain of Life, New York: American Tract Society, 1820.

        Works of John Flavel, 6 vols., Edinburgh: Banner of Truth, 1997.

Goodwin, Thomas—

        Justifying Faith, (Works, vol. 8), Edinburgh: Banner of Truth, 1985.

Gurnall, William—

        The Christian in Complete Armour, Edinburgh: Banner of Truth, 1989.

Hopkins, Ezekiel—

    Works of Ezekiel Hopkins, 3 vols., Morgan: Soli Deo Gloria, vol. 1 – 1995, vols. 2 & 3 – 1997.

Manton, Thomas—

    By Faith, Edinburgh: Banner of Truth, 2000.

    Psalm 119, 3 vols., Edinburgh: Banner of Truth, 1990.

    Works of Thomas Manton, vols. 1-3, Edinburgh: Banner of Truth, 1993.

Mead, Matthew—

    A Name in Heaven the Truest Ground of Joy, Morgan: Soli Deo Gloria, 1996.

Miscellaneous—

    Puritan Sermons 1659-1689, 6 vols., Wheaton: Richard Owen Roberts, 1981.

Owen, John—

    Works of John Owen, 16 vols., Edinburgh: Banner of Truth, 1987.

Rutherford, Samuel—

    The Loveliness of Christ, Edinburgh: Banner of Truth, 2008

Sibbes, Richard—

    Works of Richard Sibbes, 7 vols., Edinburgh: Banner of Truth, vols. 1-6 – 2001, vol. 7 – 1982.

Swinnock, George—

    Works of George Swinnock, 5 vols., Edinburgh: Banner of Truth, 1992.

Ward, Samuel—

    Sermons of Samuel Ward, Edinburgh: Banner of Truth, 1996.

Watson, Thomas—

    The Beatitudes, Edinburgh: Banner of Truth, 2000.

    The Lord's Prayer, Edinburgh: Banner of Truth, 1999.

    The Ten Commandments, Edinburgh: Banner of Truth, 2000.